日本文法

口語篇・文語篇

時枝誠記

講談社学術文庫

目次

日本文法

口語篇

文語篇

第三章　文　論

日本文法

口語篇・文語篇

口語篇

はしがき

日本語は非常にむづかしい言語のやうに思はれ、また云はれてゐる。特に外国語を学習した人たちには、外国語との比較の上から、さう思はれることが多い。これには色々な理由が考へられるが、第一に、日本語では、漢字と仮名といふ、全く異質な文字が併用され、かつ一語一語の表記法が浮動して固定してゐないといふこと、次に、同類の思想を表現したり、それの派生的観念を表現するのに、固有日本語と漢語とが複雑に交錯してゐて、簡明な一の体系によつて貫かれてゐないこと、敬語の使用が複雑であること等々が挙げられるであらうが、日本語には、文法的法則が確立されてゐないのではないかといふ感じも、国語に対して不安の念を抱かせる一の重要な理由になるのではないかと思はれる。日本語に、はたして文法があるのだらうかといふ疑問は、明治初年にヨーロッパの諸国語を学んだ人たちのひとしく抱いた不安であつた。その後多くの文法学者が出て、日本文法に関する研究が盛んになつては来たが、今日まだ標準的日本文法が確立されてゐないことは、右のやうな不安を裏書きすることにもならないとは限らない。しかしながら、今日、日本文法に関して、決定的な結論が出てゐないといふことは、日本文法学がまだ建設の途上にあるためであつて、日本語に文法が存在しないためでないことは明かである。

日本語について、結論的な文法書が出てゐないといふことは、一面、国語学の未熟なことを思はせるのであるが、ヨーロッパの文法学が、ギリシア以来の伝統の重圧のために、革新的な科学的文法学説の出て来る道が妨げられてゐるのに較べて、日本文法学の前途には、これを阻むやうな固定した伝統も標準もないといふことは、この道に携る学者に明るい気持をさへ与へてゐるのではないかと思はれる。ただ私たちは、日本文法に関心を持たれる人たちに、次のやうなことを期待したいのである。

今日、文法学の基礎知識は、日本語についてよりも、むしろ英、仏、独等のヨーロッパの諸国語について与へられる方が多い。そこで、日本語の文法についても、ヨーロッパの諸言語の文法を基準にして考へたがる。その結果、割切れない多くの現象に行き当るのであるが、言語は伝統的なものであり、歴史的なものであつて、思考の法則が普遍的であるやうには、言語の法則は一般的な原理で律することが出来ないものを持つてゐる。日本語の文法は、日本語そのものに即して観察されないかぎり、正しい結論を得ることは困難なのである。ヨーロッパの言語の法則が、一般文法の原理であるかのやうな錯覚を打破することが何よりも大切である。

右のやうな考へは、また次に述べる日本語は変則的、例外的な言語であるといふ偏見につらなつてゐる。変則的、例外的であるから、ヨーロッパの言語の原理的法則に照らして割切れないところがあるのも当然であるといふやうな考へに安住してしまふのである。確かに、今日文化的言語として世界を支配するものは、英、仏、独等の印欧語系の言語である。日本語と同系統、同語族の言語で、これに拮抗し得るのは、ただ日本語だけである。群がる獣類の中の一羽の鳥のやうなもので、数の上から云へば、たしかに例外的、変則的存在に違ひない。日本語の文法現象の一々が破格であり、奇異であると感ぜられるのも当然である。しかし、そこに真理を見出し得ないかぎり、日本語の文法は完全に記述することは困難であらうし、更に世界諸言語の文法現象の奥にひそむ、より高次な言語的真理を把握することは不可能となるであらう。世界諸言語の文法的真理の探求といふことは、日本文法学のヨーロッパ文法学への近寄せといふやうな安易なことで達成出来るとは思へないのである。明治以後の文法研究者の悩みはそこにあつた。最初は、ヨーロッパ文法の理論に忠実に従ふことによつて、日本文法を完全に記述することが出来ると予想したのであるが、やがてそれが不可能であることが分つて見ると、原理は結局日本語そのものの中に求めなければならないこととなつたのである。これは誰にも頼ることの出来ない、また既成の学説や理論にすがることの出来ない、日本の学徒が、日本語と真正面から取組んで始めて出来ることなのである。しかし、ここで日本文法学が始めて正しい意味の科学として出発することになつたと云ふことが出来るのである。ただここで考へ得られる一の足場は、古い日本語研究に現れた学説と理論とである。鎌倉時代（西紀第十二世紀）或はそれ以前から、日本学者が日本語について考察し、思索して来た理論や学説は、まさに日本語そのものの一の投影として、私たちの行手を照らす灯であるに違ひない。本書は、右のやうな研究方法に立脚して、日本語の理論を遠い過去の先学の研究に求め、それを理論的に展開して日本文法学を組織しようとしたものである。その意味で、本書は、拙著『国語学史』（昭和十五年岩波書店刊）の研究を前提とするものであることを附加へて置きたい。

私の見るところでは、その基礎的構造の理論をつかみ得るならば、日本語は、印欧語に比して、比較的簡明な文法を持つた言語であると云ふことが出来るのではないかと考へてゐる。ただし、ここに云ふ日本語の基礎的構造を、理論的に把握するためには、問題を言語そのものの本質的究明にまで掘下げて考へる必要があるのである。本書は、それらの点について詳論する暇が無かつたので、大体の記述に止めて、詳しくは拙著『国語学原論』（昭和十六年岩波書店刊）に譲ることとした。

今日の日本文法学は、その組織の末節にある異同を改めたり、言語学の最高水準に照して理論をより確実にしたりすることによつては、もはやどうにもならない、もつと基本的な問題にぶつかつてゐるのである。それは、言語そのものをどのやうに考へるかの問題である。本書は、そのやうな根本問題を出発点としてゐるので、日本文法の大体の輪廓を知らうとする人たちにとつては、煩はしいまでに、理論のために頁を割いてゐるが、日本文法を日本語の性格に即して観察されようとする人たちにとつて、或は言語と人間精神、言語と人間文化の交渉の秘奥を探らうとする人たちにとつては、何ほどかの手がかりを示すことが出来ると信ずるのである。

ちなみに、本書に用ゐた学術用語は、殆ど古来の使用と現在の慣用のものを用ゐ、その概念内容を改めて行くことに力を注いで、努めて新造語を避ける方針をとつた。しかし、現在の用語がすべて適切であると考へてゐる訳ではなく、それに対する試案は、本論、文法用語の項目の中にも述べて置いた。

以上のやうな理由に基づいて、本書では、日本文法の組織の骨組を作ることに追はれて、充分な記述にまで手がのびなかつたことを、諒承されたい。

また、本書に用ゐた「かなづかひ」については、私は「現代かなづかい」の根本方針に疑ひを持つてゐるので新かなづかひ法が、(1)確実な理論の上に制定されるまでは、暫く旧来の方式に従ふこととした。私一己の試案(2)もあるけれども、かりそめに、そのやうなものを実行することは、徒に混乱の種を増すことであると考へて見合はせることにした。

(1)　国語審議会答申の「現代かなづかい」について（国語と国文学　第二十四巻第二号、『国語問題と国語教育』に収む）

(2)　国語仮名づかひ改訂私案（国語と国文学　第二十五巻第三号、『国語問題と国語教育』に収む）

第一章　総　論

一　日本文法学の由来とその目的

日本文法がどのやうなものであり、また日本文法研究がどのやうな目的と任務を持つものであるかを明かにするには、まづ、日本文法を研究する学問である日本文法論或は日本文法学の成立の由来を明かにすることが便宜であり、また必要なことである。

今日見るやうな日本文法の研究は、江戸時代末期に、オランダ語の文法書が舶載され、それに倣つて国語の文法を組織しようとしたことに端を発し、明治時代になつては、主として英文法書の影響を受けて、多くの日本文法書が作られ、また日本文法の研究が促されるやうになつた。

当時輸入された外国の文法書は、学問的な文法研究書といふよりは、外国語の学習の手引きとしての教課文法書であつたため、国語の文法書も専らそのやうな見地で編まれたものであつた。即ち、文法書は、国語の、特に文語の読解と表現とに役立つものといふことが、主に倣つたことも止むを得ないことであつた。

日本文法の全面的な組織と体系化は、右に述べたやうに、外国の文法書の影響によるものではあつたが、それに類した研究や、その部分的研究に属するものは、従来の国語研究に全然無かつた訳ではなかつたので、江戸時代の国語学者の研究にも捨てがたいものがあり、見るべきものがあることが顧みられるやうになつて、ここに日本、西洋の研究を取入れた折衷文法書も現れるやうになつて来た。更に進んで、ヨーロッパの言語学の理論に立脚し、日本語の文法を根本的に研究しようといふことになり、従来の実用主義を離れて、全く純科学的精神に立脚し、日本文法を言語学或は国語学の一環として研究するやうになつたのが、近代の日本文法学の大体の状況であるといふことが出来るのである。しかしながら、日本でも西洋でも同じことであるが、文法研究の淵源に溯つて見ると、文法研究は、古典の読解、表現の技法のために存在したものであつて、単に学問のための学問として存在したものではなかつた。云はば、人間の言語的実践に対応するものとして存在したのであつた。何となれば、古典の言語は、現代に於いては意味不通のものとなつて、先づ言語的に解明して行くことが必要とされたからである。文法学が必要とされるのは、理解の場合だけではない。古典言語によつて表現することが、唯一の表現方法であつた時代に於いては、文法学はまた表現の重要な任務とされた。また日本文法の組織の立て方、説明の方法も、専ら外国の文法書のそれ要な武器でもあつたのである。このことは、今日外国語学習に於ける外国語文法学の関係と全く同じであると云ふことが出来る。

近代になつて、言語研究の課題が、古典言語から、現代語へと移つて来た。現代口語の文法が研究されるやうになつたのは、我が国では明治三十年代のことである。ところで、外国人は別として、我々は、現代語については、その文法的知識なくしても、一往の理解と表現に事欠くことはないと考へてゐる。確かにそれは事実である。もし口語文法の研究と教授が、文語文法のそれの意味なき伝承に過ぎないものではないと考へるならば、そしてまた、それが単なる学問のための学問以上の意義があると考へるならば、それにどのやうな意義が附与されるであらうか。今、これを教育の立場に於いて考へて見よう。昭和六年中学校令施行規則及び教授要目が改正され、中学校の低学年に口語文法が課せられるやうになつた時、橋本進吉博士は次のやうに述べて居られる。

現代に於ては、口語文が一般に行はれて文語文は甚だ稀にしか用ひられません。まして中学校に入つて始めて文法を学ぶものは、口語文にかなり親んで居りますが、文語文には甚だ疎いのであります。既知から未知に入り、易から難に及ぶのが、教育の根本原理であるとすれば、かやうな実情の下にあつて、文語の文法から始めるのは順序を顚倒したものであつて、既に習熟してゐる口語について文法を説き、然る後、文語の文法に及ぶのが最も自然な道筋であると考へます(1)。

博士は、口語文法の教授を以て、文語文法に入る階梯準備として考へられた。博士はまた同時に、口語法の教授に、ただ文語法への階梯としての意義だけでなく、更に別個の、独立した意義のあることを述べて居られる。

広く国語教育の立場から見れば、文法の知識は、我が国語の構造を明かにし、国語の特色を知らしめ、又、文法の上にあらはれた国民の思考法を自覚せしめるに必要である事は既に述べた通りである(2)。

口語法の教授は、言語の表現、理解のためといふ実用的見地を離れて、国語の構造、更に国民の思考法に対する自覚を喚起させるところにあることを主張されたもので、これは昭和六年の教授要目にある「文法ノ教授ニ於テハ国語ノ特色ヲ理解セシムルト共ニ国語愛護ノ精神ヲ養ハンコトニ留意スベシ」といふことと揆を一にするものである。橋本博士は、更にその考を進めて、

国語教育といふ立場だけからでなく、一般に教育といふ立場からして、国文法の学修といふ事を考へて見る時、ここにまた別種の意義が見出されるのではなからうかと思ふ。

組織的の教育に於て課せられる種々の学科は、それぞれの領域に於ける特殊の知識を与へる外に、種々のものの見方考方取扱方を教へるものである。（中略）精神や文化を研究する専門の学としては文科的の諸学があるが、これ等は普通教育に於ては十分に学的体系をなした知識としては授けられないやうであり、（中略）唯国文法のみは、かやうな所まで行きうるのでなからうかとおもはれる。(3)

文法科の任務を、ただ国語についての認識を高めるばかりでなく、文化現象を観察する唯一の学科として考へるやうになり、その後の国定文法教科書は、右の線に沿つて、生徒自ら国語の法則を発見し、これを組織する研究的、開発的な方法によつて行はれるやうな組織に改められた。

普通教育に於ける文法科は、以上述べたやうに、文化現象としての国語の法則を観察する認識学科となつたのであるが、その理由は、口語文が国語教育の主要な内容となつて来たためである。口語文が重要視された結果、口語法が文語法教授にとつて代はることになつたが、同時に、従来、文語法教授の主要な任務であつた古典講読のための文法教授といふ実用的意味も当然改められ、以上のやうな新しい意味を口語法教授に附与することとなつたのである。それも文法科の一の行き方ではあらうが、中等学校の諸科目が、大学、専門学校に於ける学科別の縮図である必要はなく、またあつてはならないことを思へば、文法科を認識学科として見る現今の取扱ひ方には大きな問題があると見なければならない。

文法学は、確かに人間の精神や文化を研究する学問の一つではあるが、中等学校に於ける文法科の目的は、必しも小国語学者、小文法学者を養成することではない筈である。中等学校に於ける文法科の任務を正当に理解するには、もう一度これを国語科の中に引戻して、国語教育全体の立場から、文法科を考へて来る必要があるのである。普通教育としての国語科の任務は、何と云つても、国民の国語生活である、読むこと、書くこと、聞くこと、話すことの訓練、学習にあることはまちがひないところであらう。この四の国語生活の形態は、人間一生の生活を通じて、片時も離れることの出来ないもので、これを円滑に実践することが出来るやうにすることは、国語教育に課せられた根本的使命である。これらの実践を有効にし、適切にするためには、国語に対する或る程度の自覚と認識が必要であつて、国語要説とか文法学は、その意味に於いて中等学校の教科目として意味があるのであつて、それ自身独立した学問としてあることが必要なのではない。

口語法の教授に、実用的見地が否定されるやうになつたのは、文語法の組織がそのまま口語法に踏襲されたことが重要な原因をなしてゐると見ることが出来る。動詞・形容詞の活用形と、その接続する語との関係のやうな事実は、古語の場合には非常に重要な事柄であらうが、現代語の場合には、殆ど問題にならない自明の事柄である。従つてそこから、口語法を実用的意味に於いて課することが否定されるやうになつたのも、当然であると云へるのであるが、そのことから、直に口語法を精神観察のための認識学科として位置付けることには大きな飛躍がある。本来から云へば、口語文教授に即応して口語法が学科目として取上げられた時、先づ考へられなければならなかつたことは、現代語生活に文法教授のやうなものが必要であるかどうか、もし必要であるとしても、そこに取上げられる問題、または文法書の組織といふものは如何にあらねばならないかといふことが仔細に考究されねばならなかつた筈なのである。ところが、そのやうなことは殆ど問題にされることなく、文語文法の方法と組織とがそのまま口語法に踏襲されたが為に、口語法教授が文語法教授の持つてゐる実用的意味を持ち続けることが出来なくなり、文法教授の任務に大転換を行ふことを余儀なくされたのである。その根底には、文語文法教授の内容と組織とは、凡そ文法学の絶対的な規範であるといふ考へが存してゐたと見ることが出来るのではなからうか。文語文法の組織は、文語文のために必要な組織であり、口語のためには、またそれとは別個の文法組織と問題とが当然考へられなくてはならない筈なのである。文語文の理解と表現には文語法の知識が必要であるが、現代語生活に於いては、もはや文語法の組織をそのまま教授するやうなことは必要ないのであつて、現代語生活をよりよくするためには、それを助ける何等か別の形に於ける文法学の教授といふことが必要とされるのである。これは今後の口語法研究の重要な課題である。

学校教育に於いて、文法学科を研究的に、開発的に行ひ、生徒自ら言語の法則を発見するやうに導く教授法が不適当であると考へられることには、以上のほかに猶次のやうな理由が考へられる。その一は、言語現象は自然現象と異なり、極めて複雑な人間の精神現象であるから、中学校の低学年に於いてこれを課することは、生徒の智能の発達段階から見て不適当であるばかりでなく、これを無造作に行ふことは、言語に対する誤つた観念を植ゑつけてしまふといふ危険が生ずることである。その二は、言語に対する認識は、言語の自覚的な実践の上にはじめて築きあげられるものであることは、文学の学問的認識が、文学的体験をまつてはじめて可能であるのとひとしい。文学的体験なくして文学論を云々することが危険であるやうに、言語的経験を自覚的にすることなくして、言語の法則を問題にすることは本末を顚倒したことになる。

以上のやうな理由によつて、学校教育に於ける文法科は、生徒の言語的経験を自覚的にし、確実にするといふ実用的見地に於いて課せられるといふことが望ましいので、このやうな実践的経験をまつて、はじめて国語に対する認識も、自覚も高められることとなるのである。このことは、一見、文法科の教育的意義を無視して、旧来の暗記的学科に逆転させるやうに受取られるかも知れないのであるが、学校教育に於ける文法科は、それ自身独立した一学科としての意義があるのでなく、国語科の一翼を荷ふものとしてのみ存在価値があることを理解するならば、当然のことであると云はなければならないのである。

私は余り文法学の教育的な面ばかりを述べ過ぎたやうであるが、純粋の学術的な文法学の任務についても同じやうなことが云へるのである。一個の科学としての文法学についても、究極に於いてそれは実用的意義を失ふものではないのである。実用的意義を考へることによつて、学問自体が歪められることは、厳に戒めなければならないことであるが、一方文法学の実用的意義を考へることによつて、文法学の正しい発達を促す面のあることも忘れてならないことである。

文法学とその実用的意義との交渉は、単に文法学の理論が、言語的実践に効果があるといふ、学理とその応用との関係に於いて交渉があるばかりでなく、実はもつと深いところで交渉してゐると見なければならない。それは、言語は本来人間生活の手段として成立するものであり、常にある目的意識を持ち、それを達成するに必要な技術によつて表現されるものである。従つて、このやうな言語の投影である文法学は、当然実践的体系として組織されなければならない筈である。また実践的体系を持つた文法学にしてはじめて真の科学的文法学と云ひ得るのである。

私は本書に於いて、以上述べたやうな文法学の体系を組織することを企図したのであるが、現実はその半にも到達することが出来ない結果に終つたやうである。それらの点については、今後の研究にまつこととした。

（1）『新文典別記』（初年級用）の新文典編纂の趣意及び方針の項

（2）『国語学と国語教育』（岩波講座　国語教育、橋本進吉博士著作集　第一冊）
（3）同上書

二　文法学の対象

文法学は、言語の事実全般を研究対象とする言語学の一分科として成立するものであることは明かであるが、それならば、言語の如何なる事実を研究するものであるか。言語の学問としては、文字を研究する文字学、音声を研究する音声学、意味を研究する意味学、或は言語の方言的分裂の事実を研究する方言学、歴史的変遷の事実を研究する言語史学等々を数へることが出来るが、それらの種々な分科に対して、文法学は如何なる言語の事実を研究するものであるのか。文法学の対象が、文法であるとするならば、文法とは、言語に於ける如何なる事実であるのか。先づこの点を明かにしなければならない。

文法を以て、言語構成に関するすべての法式、または通則と解する考方がある。橋本進吉博士は、次のやうに述べて居られる。

すべて言語構成の法式又は通則を論ずるのが文法又は語法であるとすれば（筆者註、ここでは文法、語法といふことを、文法学、語法学の意味に用ゐてゐる）、右に挙げた音

声上の種々の構成法や、単語の構成法や、文の構成法は、すべて文法（語法）に属する事項といふ事が出来る。(1)

事実、文法研究の中に、音声組織の研究や語源研究をも含めてゐる多くの文法書もあるが、それは、言語についての一切の法則的なものを文法とする考方に基づくものであらうが、さうすれば、結局、文法学は言語についての一切の法則的なものを研究対象とする言語学と同意語となつてしまつて、文法学の真の対象を決定することが困難になるおそれがある。

右のやうな説に対して、山田孝雄博士は、文法学の概念を限定して次のやうに述べて居られる。

これ（筆者註、文法学を指す）は語の性質、運用等を研究する部門なり。(2)

即ち文法学は、語の研究に限定されることになるのである。博士に従へば、語は言語に於ける材料であるから、当然その静止態の研究と同時に、その活動態の研究も含まれるが故に、いはゆる文の研究もこれに含まれると見るのである。安藤正次氏が語法を定義して、語の相互間の関係を規定する法則をさして語法といふ(3)。とといはれたのは、山田博士の意味するところと大体同じであると考へて差支へないのであつて、かくして文法学に於いて、一般に語を研究する語論或は品詞論、及び語の運用或は語の相互的関係を論ずる文論、文章論或は措辞論に大別されることになるのである。

このやうな語及び語の相互関係の研究に対して、文字或は音声の研究の如きは、語の分析された個々の要素についての研究を意味するのであつて、文法研究が、常に言語を一体と見て、それら一体である語の相互関係を研究対象とする点に於いて著しく相違するのである。

以上述べたところによつて、文法研究の対象が、言語の要素に関する研究である文字論、音声論、意味論などと異なり、言語自身を一体として、それの体系を問題とし、研究する学問であることが、明かにされたと思ふのであるが、一体としての言語とは如何なるものであるかについて、それが語であるか、文であるかといふことになれば、今日までのところ、まだ明確な理論の基礎が築かれてはゐないやうである。一体としての言語が如何なるものであり、その体系が如何なるものであるかを明かにしようとするならば、先づ何よりも言語とは如何なるものであるかといふこと、即ち言語の本質が何であるかといふことが問はれなければならないのである。次に私はこの点を明かにしようと思ふ。

（1）『国語学概論』（橋本進吉博士著作集　第一冊　二九頁）
（2）『日本文法学概論』一五頁
（3）『国語学通考』二九五頁

三　言語の本質と言語に於ける単位的なもの（一）

言語の本質が何であるかといふ言語本質観には、今日、全く異なつた二の考方が対立してゐる。その一は、言語は思想と音声或は文字が結合して出来上つた一の構成体であると見る考方である。これを構成的言語観、或は言語構成観と名づけることが出来る。言語の研究にあたつて、対象の観察、分析に先立つて、このやうな本質観が問題にされるのは、何故であるかといふならば、言語は我々にとつて極めて親近なものであるにも拘はらず、それは、我々の周囲にある動物や植物などのやうに直接に手に触れ、目に訴へて観察することの出来るものと異なり、その正体を捉へることが困難なものであるからである。そこで言語の現象的な事実から、言語はこれこれのものであらうといふ臆測のもとに、一の仮説を立てて理論を構成して行かなければならないのである。この仮説が、言語のあらゆる現象を残すところなく説明しおほせるならば、その時、この仮説は一の言語理論として定立され、更に種々な言語現象を説明する根本理論となることが出来るのである。右に述べた言語構成観は、言語は種々な要素の結合体と見るのであるから、言語研究はこれらの要素を抽出して、それが如何に結合されてゐるかを研究することになるのである。言語に対するこのやうな見方及び研究方法は、物質を原子に分析し、その結合の状態を研究する自然科学の物質観とその方法とに類似してゐると見ることが出来るのである。このやうにして言語から、音声と思想との二要素が抽出される。音声を更に分解すれば、音節が抽出され、音節は更に単音に分解されることになる。しかしながら、このやうに分解を推し進めて行けば、それは結局言語の一面しか明かにすることが出来ないと考へられるところから、思想と音声との結合したものを単位として分解を施して行く時、句、或は橋本進吉博士のいふところの文節なる単位が得られ、更に之れを思想と音声との相関関係を破壊することなく分解して行く時、単語に到達する。単語の性質と、単語相互の関係の法則を文法といふならば、文法は、単語を究極の単位として、それが結合される場合の法則をいふものであると見ることが出来るのである。文法の概念は、一般に右のやうに考へられてゐるのであるが、右のやうな考方の特質は、言語の音声に於いて、究極の単位として単音を分析し、単音の結合に於いて音声を説明し、理解して行かうとする考方と全く同様で、言語に於いて、究極の単位として単語を抽出し、単語の結合に於いて言語を説明し、その結合法に於いて文法なる言語事実を認めようとするのである。従来の文法学が、単語論、品詞論を基礎とし、或は中心として、その上に、文章論、或は措辞論が組織されたのは、右のやうな理由に基づくのであつて、根本は、言語を要素或は単位の結合から構成されてゐると見る言語構成観の当然の結論であると見ることが出来るのである。

言語構成観は、既に述べたやうに、自然科学的物質構成観から類推された言語観であつて、それがはたして、人間的事実に属する言語のあらゆる現象を説明し尽すことが出来るかどうかといふ疑問から次の別個の言語観が成立するのである。

次に挙げるところの言語観は、言語を人間が自己の思想を外部に表現する精神・生理的活動そのものと見る考方である。これは、言語を要素の結合としてでなく、表現過程そのものに於いて言語を見ようとするのであるから、これを過程的言語観、或は言語過程観と名付けることが出来るであらう。

言語過程観は、日本の古い国語研究の中に培はれた言語本質観であつて、それはヨーロッパに発達した言語構成観に対立する全く異なつた言語に対する思想である。この言語観の由来とその理論体系、また言語構成観との相違については、私の『国語学史』（岩波書店、昭和十五年十二月刊）及び『国語学原論』（同、昭和十六年十二月刊）に詳説したので、委細はそれに譲つて、ここでは極めて簡単にその概要を述べることとする。

一　言語は思想の表現であり、また理解である。思想の表現過程及び理解過程そのものが言語であると考へるのである。

二　思想の表現がすべて言語であるとはいふことが出来ない。思想の表現は、絵画、音楽、舞踊等によつても行はれるが、言語は、音声（発音行為）或は文字（記載行為）によつて行はれる表現行為である。同時に、音声（聴取行為）或は文字（読書行為）によって行はれる理解行為である。

三　言語は、従って人間行為の一に属する。言語を行為する主体を言語主体と名付けるならば、言語は、言語主体の行為、実践としてのみ成立する。そして、それは常に時間の上に展開する。時間的事実であるといふことは、言語の根本的性格である。絵画や彫刻も行為としてまた実践として成立するが、それは平面或は空間の上に展開する事実である。

四　言語が人間的行為であり、思想伝達の形式であるといふことは、表現の主体（話手）、理解の主体（聞手）を予想することであり、話手、聞手は、言語成立の不可欠の条件である。

五　構成的言語観で、言語の構成要素の一と考へられてゐる思想は、言語過程観に於いては、表現される内容として、言語の成立にはこれもまた不可欠の条件ではあるが、言語そのものに属するものではない。

六　構成的言語観で、言語の構成要素と考へられてゐる音声及び文字は、言語過程観に於いては、表現の一の段階と考へられる。

七　言語は、常に言語主体の目的意識に基づく実践的行為であり、従って、表現を調整する技術を伴ふものである。

八　言語を実践する言語主体の立場を主体的立場といひ、言語を観察し研究する立場を観察的立場といひ、この両者の立場を混同することが許されないと同時に、この両者の立場の関係を明かにして置くことは重要である。

九　言語の観察者が、他の言語主体によつて生産された言語を観察する場合でも、これを観察者自身の主体的活動に移行して、内省観察する以外に、言語研究の方法は考へられない。他人の言語をそのままに観察するといふことは出来ないことである。奈良時代の言語を観察するといふことは、奈良時代の言語主体の言語的行為を、観察者の主体的活動として再現することによつて観察が可能とされるのである。これを別の言葉でいふならば、「観察的立場は、常に主体的立場を前提とすることによつてのみ可能とされる。[1]」といふことになる。

一〇　言語研究者の観察の対象となるのは、常に特定個人の個々の言語である。その中から特殊的現象と普遍的現象とをよりわけ、原理的なもの、法則的なものを帰納するのは、言語研究者の任務である。このやうな普遍化的認識と同時に、特定個人の言語の特殊相を明かにする個別化的認識も言語研究者の重要な任務である。この二つの方向は、相寄り相助けて完全な言語研究の体系を構成する。

以上は、言語過程観の最も根本的な言語に対する考方であつて、本書の論述の基調をなすものである。

（1）『国語学原論』二九頁

四　言語の本質と言語に於ける単位的なもの（二）

言語構成観に対立する言語過程観の概略は、以上述べたやうなものであるが、本書に於いては、日本文法を専ら右に述べた言語過程観の立場に於いて概説しようと思ふ。従つて、言語の究極的単位として単語を考へ、単語を基本とし、出発点として、その結合に於いて言語を考へて行かうとする構成的な考方をとらないで、分析以前の統一体としての言語的事実を捉へ、それを記述することから出発しようとするのである。このやうな研究対象としての統一体としての言語的事実を、言語に於ける単位と名付けるならば、言語に於いて単位と認められるものはどのやうなものであらうか。言語に於ける単位的なものとして、私は次の三つのものを挙げようと思ふ。

一　語
二　文
三　文章

ここにいふ語及び文は、従来の文法研究に於いて取扱はれたものであるが、文章は、従来、語及び文の集積或は運用として扱はれたもので、例へば、芭蕉の『奥の細道』や漱石の『行人』のやうな一篇の言語的作品をいふのである。これらの文章が、それ自身一の統一体であることに於いて語や文と異なるものでないことは明かである。

今、この三つのものを文法研究の単位と称する時、ここに用ゐられた単位の概念を明かにして置くことは、右の対象設定の推論を明かにする上に有効であらうと思ふので、以下そのことについて述べようと思ふ。

一般に、語が言語に於ける単位であると云はれる場合と、私が右に語を単位とするといふ場合の単位の概念には、相当の距離があるのである。一般の用法では、言語の分析の究極に於いて見出せる分析不可能なものとして、これを言語の単位といふのであつて、それは原子論的単位としての単位の意味である。そこには全体に対する部分の意味が存在するのであつて、それは構成的言語観の当然の帰結である。私がここに云ふ単位といふのは質的統一体としての全体概念である。人を数へる場合に単位として用ゐられる三人、五人の「人」は、長さや重さを計量する場合に用ゐられる尺や瓦が、量を分割するための基本量を意味するのと異なり、また全体を分析して得られる究極体を意味するのとも異なり、全く質的統一体を意味するところの単位である。言語の単位として挙げた右の三者は、音声または文字による思想の表現としての言語であることに於いて、根本的性質を同じくし、かつそれぞれに完全な統一体であることによつてこれを言語研究の単位といふことが出来るのである。このやうな単位の概念は、例へば、書籍に於いて、単行本、全集、叢書を、それぞれに書籍の単位として取扱ふのと同様に考へることが出来るのである。

語と文とを言語研究の対象とすることは、従来の文法学に於いて行はれたことで、既に相当の業績を収めたことであるが、ここに云ふ文章については、従来、専ら修辞論に於いて取扱はれて来たことであつて、それが果して、文法学上の対象となり得るかどうかについて疑ふものが多いのではないかと思ふ。文章が国語学の対象となり得るかどうかについて疑はれるといふことは、それが専ら個別的な技術に属することで、そこから一般的な法則を抽象することが不可能ではないかといふ考へに基づくのである。もちろん文章成立の条件は、個々の場合によつて異なり、そこには一般的法則が定立しないやうに考へられるが、文章が文章として成立するには、それが絵画とも異なり、音楽とも異なる言語の一般的原則の上に立つて成立するものであることは明かであるから、そこから一般的法則を抽象し得ないとは云ふことが出来ない訳である。文章の構造或は文章の法則は、語や文の研究から帰納し得るものでなく、文章を一の言語的単位として、これを正面の対象に据ゑることから始めなければならないのである。

文章が、今日専ら修辞法の問題として取上げられてゐることは、語や文が嘗ては修辞法の立場から論ぜられたのと同じである。規範を論ずるには、その根底に、事実の科学的な研究や分析が必要であるところから、語や文の修辞論の前提として、科学的な語研究や文研究が成立するやうになつた事情を思へば、規範的文章論が成立するためには、当然科学的な文章研究が起こらなければならないことが分かるのである。文章のことは、修辞論に属することで、科学的な言語研究の対象とするに値しないもののやうに考へることは正しいことではない。

文章を対象として研究することは、一個の教材をそれ自身一の統一体として取扱はねばならない国語教育の方面から、現実の問題として強く要請されてゐることである。それは、国語教育の当面の問題は、語でもなく、また文でもなく、実に統一体としての文章（音声言語の場合も含めて）であるからである。国語教育に於いては、問題は文章の理解と表現との実践、訓練にあることは勿論であるが、そのやうな教育活動の根底に、文章学の確固たる裏付なくしては、その教育的指導を完全に果すことが出来ない訳である。

ここで再び最初の文法学の対象は何であるかの問題に立返つて見るならば、文法学は、言語に於ける単位である語、文、文章を対象として、その性質、構造、体系を研究し、その間に存する法則を明かにする学問であつて、同じく言語研究ではあるが、言語の構成要素である音声、文字、意味等を研究する学問とは異なるのである。文法学は以上のやうなものであるから、古来、それが言語研究の中枢的な位置を占め、時には言語学と同意語のやうに考へられたのも当然である。音声、文字、意味の研究も、このやうな文法研究から派生し、その発展として分化して来たものであると見ることが出来る。これは国語学の歴史に於いても認め得ることであり、語法或は文法といふやうな名称も、その間の事情を物語るものである。近代言語学は、言語の歴史的変遷や方言的分裂を主要な言語研究の課題にして来たために、文法研究は圏外に置かれたかのやうな観があつたけれども、文法研究が、常に言語を言語としての統一体の姿に於いてこれを把握し研究する部門であることに於いて、言語学の基礎的で、かつ中枢的な領域であることは動かせないであらう。

以上のやうな単位設定の方法に対して、著しい対照をなすものは、従来の文法研究に於ける単位の概念である。そこでは、単位は言語の分析に於いて到達する分析不可能な究極的なものとして考へられた。そこには、自然科学に於ける物質構造の考方が反映して居ることを見出すのである。文法は、これら単位である語の運用上の法則として考へられて来たのである。しかしながら、自然科学的な単位の概念を、言語の研究に適用することは、そもそも無理なことであつて、次第に、統一体としての単位概念に移行するのは自然であつた。そのことは、文法研究の歴史を見れば、明かであつて、語を文法研究の単位として設定することに既にそれが現れて居る。山田孝雄博士が、語を言語に於ける単位と考へ、その単位の意味を述べて、

単位とは分解を施すことを前提としたる観念にしてその分解の極限の地位をさすものなり。(1)

といはれる時、その単位の意味は、正に原子論的単位の意味であるが、

単語とは語として分解の極に達したる単位にして(2)

といはれる時は、既に「語として」といふ質的統一体としての単位の概念が混入してゐるのである。語を質的統一体として見るならば、ここに当然起こらなければならない疑問は、文もまた語と同様に言語に於ける単位ではないかといふことである。この疑問に対して山田博士は、

語といふは思想の発表の材料として見ての名目にして、文といふは思想その事としての名目なり(3)

といふやうに説明して居られるのであるが、文の中の語が、思想発表の材料として考へられるべきものであるかといふことには、疑問が残るのである。文法研究に、質的統一体として

の単位概念を導入するならば、文及び文章も、語に劣らず、言語に於ける厳然たる単位として認められなければならないのである。

(1)『日本文法学概論』二九頁
(2)『改訂版日本文法講義』九頁
(3)『日本文法学概論』二〇頁

五　文法用語

今日文法学上用ゐられてゐる用語には、体言、用言、係《かかり》、結《むすび》、その他、用言の活用形に関する未然形、連用形等、或は、活用の種類に関する四段活用、下一段活用、上一段活用等の名称のやうに、古い国語学上の用語を継承したものもあるが、品詞名の大部分は、ヨーロッパ諸国語特にオランダ、イギリス文法の用語の飜訳に基づくものが多い。それら、外国文法の用語の飜訳については、大槻文彦博士に、『和蘭字典文典の訳述起原』(1)の論文があつて、詳細に述べられてゐる。文法上の用語のやうなものは、その実用的見地から云つても、世界共通であることは、望ましいことであるが、言語は本来歴史的伝統的のもので、言語によつて、その性格を著しく異にし、その体系も従つて相違するので、これを一律に統一してしまふことは、理論的に殆ど不可能のことである。同じく印欧語族に属する言語の中でも、英語とオランダ語とはその性格を異にしてゐるので、例へば、英語の adjective に相当するものは、オランダ語では、By Voeglyke Naam Woorden として、名詞に近いものとして取扱はれてゐるのは、それが名詞と同じやうな格変化をするためである。して見れば、印欧語とは著しく性格を異にする国語の文法用語にそれ独特のものがあるのは、当然のことと云ふべきで、一端の類似から同一名称を借用する時は、却つて誤解と混乱をひき起こす原因とならないとも限らない。ただし国語内部で、同一文法的事実に種々な用語が用ゐられることは、決して望ましいことではないから、適当にこれを整理統一することは必要であるばかりでなく、徒に奇を好んで新用語を創作することは、厳に戒める必要があると思ふのである。ただここで注意したいことは、用語は便宜的なものに過ぎないとは云つても、名称が事実を反映してゐることは、実用上極めて便宜であるから、用語の制定に当つては、文法理論、学説の厳密な検討の上に立つてなされなければならないことは云ふまでもない。

今日の文法用語の大部分が、外国文典の飜訳に起原するものであることは既に述べたことであり、そしてその中のあるものは、習慣が固定して、確固として抜くことの出来ないものになつてゐるものがあるが、もともと、性格を異にしたヨーロッパ文法の用語をそのまま飜訳借用したために、今日、国語の正しい認識に妨げになつて居るもの、或は不便を感ずるやうなものが少くない。これらについては、再検討をする必要を感ずるのであるが、習慣が久しいために、これを変改することは容易でないのであるから、国語の文法について考へようとするものは、さしあたり、用語にひきずられることなく、事実そのものについて深い洞察を怠らないやうにする必要がある。

次に、現在の私の見解に基づいて、問題とすべき文法上の用語を列挙して見ようと思ふ。

一　形容詞

本来、adjective 或は attributive の訳語として出来たもので、それはこれらの語の持つ機能の上から、実質概念を表はす名詞に対して、属性概念を表はす語として、名詞に附属する語であると考へるところに成立した名称である。従つて、この品詞名には、多分に文論に於ける文構成要素の考へを交へて居ることは明かである。これに反して、国語に於いて形容詞と呼ばれる語は、元来、用言中の一部として認められたもので、それは、語形の変らぬ体言に対して、語形の変る語として認められたものである。勿論、古く国語学上に於いても、これを形状の語といふやうに命名したものもあるが、(2)それが動詞と一類をなして、用言であると認められたことは同じである。国語に於いては、以上のやうに、語の機能的関係からではなく、全く語そのものの持つ性質上から分類されたものである。このやうに、adjective と形容詞とは全く異なつた性質を持つた語として理解されたものであるにも拘はらず、これに形容詞といふ属性概念の表現を意味するやうな名称が与へられた結果、国語の文法操作の上

に、少からぬ混乱を招いたことは事実である。その一は、

イ　美しい鳥

ロ　飛ぶ鳥

イの美しいが形容詞と呼ばれるならば、ロの飛ぶも当然形容詞と呼ばれなければならないのではないかと云ふ疑問である。事実英語に於いて、a flying bird の傍線の語は、participial adjective と呼ばれて、形容詞として取扱はれてゐるのである。国語に於いては、更に進んで以上のやうな形容詞、動詞の連体形を、形容詞的修飾語などと呼ばれることがあるが、かうなると、もはや用言の一類としての形容詞の名義を逸脱して、英語に於ける attributive の概念そのままで用ゐたことになる。これは甚しい概念の混乱であつて、国語の形容詞の本質的性格を確認するためには、むしろ、形容詞の名称を避けて、用言の名称に立帰る必要があるのである。そして、この形容詞の名称は、近時学者によつて指摘されるやうになつた特別の語、即ち連体修飾語にのみ用ゐられる「或る」「あらゆる」「件の」等の語のために保留して置くことが望ましいのではないかと思ふ。形容詞の原義は、文の成分としての意味を含めてゐるのであるから、このやうにして保留された形容詞の名義の中には、時に一切の連体修飾語として用ゐられた語を含めて云ふことが出来るのである。本書では、暫く従来の慣用

に従ふこととしたので、英語等に於ける adjective の概念は、形容詞よりも、近頃使はれるやうになつた連体詞に相当するものと考へてほしいのである。

二　助動詞

この品詞名も今日広く行はれてゐるものであるが、その起源はやはり英文法などの auxiliary verb に発してゐるものである。大槻文彦博士の『広日本文典』には次のやうに説明してある。

助動詞ハ、動詞ノ活用ノ、其意ヲ尽サヾルヲ助ケムガ為ニ、其下ニ付キテ、更ニ種々ノ意義ヲ添フル語ナリ。

これは全く、英文法などの概念に従つて、動詞の意義を補助するものと考へたのであるが、今日、助動詞として取扱はれてゐる大部分の語は、古く、「てにをは」「てには」「辞」などの名称によつて取扱はれて来たもので、それは、決して、動詞に種々の意義を添へるものとして、考へられたものではなかつた。むしろ今日の助詞と一括して、助詞が活用のないてにはであるのに対して、これらの語は、活用のあるてにはと考へられたので、近世の国語学者は助詞に対して語辞体言（東條義門『活語指南』）、静辞（富樫廣蔭『詞の玉橋』）の名称を用ゐ、いはゆる助動詞に対しては、語辞用言或は動辞の名称を用ゐた。ところが明治以後になつて、辞の中の活用あるものを、助動詞と概念して、助詞とは全く別のカテゴリーに所属させたために、これらの語の真義が全く忘れ去られてしまつた。てには或は辞に属する語は、国語に於ける重要な語として、国語研究の中枢をなして来たのであるが、これらの語の真義が忘れ去られたといふことは、同時に、国語の真の性格が理解出来なくなつたことを意味するのである。『広日本文典』は既に述べたやうな見解であるから、助動詞を、動詞、形容詞の次に論じ、山田博士の『日本文法論』『日本文法学概論』は、助動詞といふ名称は用ゐられなかつたが、むしろ積極的に動詞の語尾として、動詞内部の構成部分のやうに取扱はれて、これを複語尾と名付けられた。助動詞が助詞と全く異質なものとして考へられたことは同じである。橋本進吉博士は、その文節論の立場から、文節構成に於ける助詞と助動詞との機能が同一であることを認められて、これを古来の名称である辞の名義に一括されたのであるが、それは専ら単独で文節を構成し得るもの、常に他の語に伴はれるものといふ語の分類原理に従つて、辞を附属する語として考へられ、助動詞をその中に所属させたので、古来の辞としての助動詞の真義を復活されたのではなかつた。

　本書では、助動詞の真義を古来のてには研究の中に求めて、これを辞の一類としたのであるから、助動詞の名称そのものが、既に内容の実際を示さないことになる。そこで、もし適切な名称を求めるとするならば、動辞、活用あるてには、動くてには等の名称を選ぶのであるが、習慣を尊重して暫く助動詞の名称を存置することとした。

代名詞の名称とその内容についても問題とすべきことが多いが、それについては、その項目の中で論ずる予定である。

文節の名称も、橋本進吉博士の提唱以来、国定教科書などにも採用されるやうになつたが、このことについても問題があるので、文論中、「句と入子型構造」の中に附説することとした。

（1）明治三十一年三月、『復軒雑纂』に収む。
（2）富士谷成章の『装図《よそひ》』に於いては状《さま》といひ、鈴木朖の『言語四種論』に於いては形状の詞といふ。

六　用言の活用と五十音図及び現代かなづかい

五十音図はもと梵語学の影響の下に作られた国語の音韻表であるが、その組織がよく国語の音韻、語法の性質を反映してゐたがために、近世になつてから、国語の現象、特に用言の活用研究に利用されるやうになつた。動詞、形容詞の分類も、全くその活用と五十音図との関係から出て居り、特に動詞の活用の種類は、全く五十音図の行と段とに配当されて、何行何段と呼ばれるやうになつて居る。そこで五十音図の性質を明かにして置くことは、活用研究の真意を理解する上からも大切なことであらうと思ふのである。

近世以来、五十音図が国語の活用現象をよく説明するところから、五十音図は国語学上、動かすことの出来ない鉄則のやうに考へられ、近世末期に至つては、五十音図を神秘化する思想まで生まれるに至つたが、元来、五十音図は国語の音韻、語法現象の観察から帰納されたもので、これを絶対視すべきものではないのである。かつ、五十音図は、国語の音韻が或る程度崩壊した時代に成立したもので、その成立の年代は、凡そ平安時代前期と推定されてゐるのである。しかし、この音図が仮名で書かれるやうになつてから、既に消滅したア行ヤ行のエの区別は、この五十音の中に現はれて来なくなつた。そのやうな次第であるから、もしこのやうな音韻表が、奈良時代或はそれ以前に作られたとしたならば、その組織はよほど変つたものであつたらうと想像されるのである。更に中世、近世に至つては、国語の音韻は五十音図成立時代よりも更に減少したのであるから、今日このやうな音韻表を作るとするならば、それはまた五十音図とは相違したものが出来るであらうと云ふことは想像に難くない。このやうに、五十音図は、相対的価値において見られねばならないのである。ただ近世国語学の扱つた国語資料と五十音図成立の年代とが、それほど隔つてゐなかつたことが、五十音図の利用を有利に、また効果的にしたのである。もし上代国語を、その厳密な音韻体系において整理しようとするならば、時代を異にして成立した五十音図の利用は恐らく困難であつたらうと想像されるのである。同様の理由を以て、後代の国語を、その音韻に即して整理する場合には、当然後代国語の音韻体系に基づいた音韻表によつて整理し、組織しなければならないのであるが、近世国語学者の活用研究は、活用をその音韻によらず、専ら文字によつて組織したために、五十音図の利用は効果的であつたのである。活用について、ハ行四段活用などと云はれてゐるのは、その音韻に即して云はれてゐるのではなく、ハ行音の文字に即して云はれることで、音韻に即して云ふならば、当然ワ行何段と云はれなければならないのである。

国語を純然たる表音主義によつて記載しようとする場合には、まづ現代国語の音韻体系に基づく音韻表が作られることが何よりも大切なことである。国語の活用現象もそれによつて組織されることになるのである。

「現代かなづかい」は、その根本方針として、国語の表音主義を採用してゐるのであるが、同時に、音韻とは関係のない文字の使用を規定してゐるので、「現代かなづかい」による国語表記の基礎となる音韻表は、音韻体系と文字体系との両者をにらみ合はせてこれを制定しなければならない。旧来の五十音図を保存し、その上に立つて「現代かなづかい」による国語の文法体系を説明しようとするのは甚しい矛盾であり、また国語を混乱させる原因となるものである。

今試みに現代語の音韻文字表を作製して見ると別表のやうになる（次頁参照）。

五十音図による音韻と文字との対照表

行／段	母韻			音節							備考
	ア	ワ	ヤ	カ	サ	タ	ナ	ハ	マ	ラ	
	あ	わ は	や	か	さ	た	な	は	ま	ら	「は」は語中語尾の〔ワ〕の音及び助詞の〔ワ〕に用ゐられる
	あ	わ は	や	か	さ	た	な	は	ま	ら	助詞の〔ワ〕に用ゐられる
	イ			キ	シ	チ	ニ	ヒ	ミ	リ	
	い ゐ ひ			き	し	ち	に	ひ	み	り	「ひ」は語中語尾の〔イ〕の音に用ゐられる
	い			き	し	ち	に	ひ	み	り	
	ウ		ユ	ク	ス	ツ	ヌ	フ	ム	ル	
	う ふ		ゆ	く	す	つ	ぬ	ふ	む	る	
	う		ゆ	く	す	つ	ぬ	ふ	む	る	
	エ			ケ	セ	テ	ネ	ヘ	メ	レ	
	え ゑ へ			け	せ	て	ね	へ	め	れ	
	え へ			け	せ	て	ね	へ	め	れ	「へ」は助詞の〔エ〕に用ゐられる
	オ		ヨ	コ	ソ	ト	ノ	ホ	モ	ロ	
	お を ほ		よ	こ	そ	と	の	ほ	も	ろ	
	お を		よ	こ	そ	と	の	ほ	も	ろ	「を」は助詞の〔オ〕に用ゐられる

表の解説

一　表に於いて、片仮名は音韻を表はし、平仮名は、その音韻に相当する文字を示したものである。従つて、右の表は、根本に於いて国語の音韻表であるといふことが出来る。従来の五十音図は、音韻表でもあり、また仮名表でもあつて、その区別が明かでなかつた。

二　〔ア〕〔ワ〕〔ヤ〕三行の音は、これを母韻と認めて、表の先頭に掲げることとした。この三行は、〔イ〕段に於いては、すべて〔イ〕音に統合され、〔ウ〕段に於いては、〔ア〕〔ワ〕行は〔ウ〕音に統合され、〔エ〕段に於いては、すべて〔エ〕音に統合され、〔オ〕段に於いては、〔ア〕〔ワ〕行は〔オ〕音に統合されてゐる。

三　右のやうに整理することによつて、〔ア〕行と〔ワ〕行との相違は、単に〔ア〕段に於いて、相違があるのみとなつた。

四　〔ア〕〔ワ〕〔ヤ〕三行の音は母韻であるから、〔カ〕行以下の音は、すべて拗音であることも許されるのである。例へば、〔カ〕は、〔キャ〕或は〔クヮ〕として認められるのである。

五　音韻に相当する仮名は、歴史的仮名づかひの場合を上段に、現代かなづかいの場合を下段に置いて示した。

表について見れば明かなやうに、歴史的かなづかひに於いては、ワ音に対して「わ」

「は」二文字が当てられ、イ音に対して「い」「ゐ」「ひ」三文字が当てられてゐる。この複雑性を除く「現代かなづかい」の方針に従へば、ワ音に対しては専ら「わ」字を用ゐ、助詞のワ音に対してのみ「は」を用ゐることとし、イ音に対しては、「い」を用ゐて「ゐ」「ひ」を用ゐない。ウ音に対しては「う」、エ音に対しては、「え」を用ゐ、助詞のエ音に対してだけ「へ」を用ゐることとし、オ音に対しては「お」を用ゐ、助詞のオ音に対してだけ「を」を用ゐることとしてゐる。音韻と文字との関係をどのやうにするかといふことは、仮名づかひ問題の論の分かれるところであるが、表音主義を徹底させる立場をとるかぎり、助詞の〔ワ〕〔オ〕〔エ〕の音に対して、「は」「を」「へ」を用ゐるといふ規定は矛盾である。もし、歴史的仮名づかひの訂正によつて新仮名づかひを制定する方針をとるならば、この表に於ける音韻と文字との関係を訂正して行けばよろしい。例へば、イ音はすべて「い」と書き、動詞の語尾の「ひ」だけを保存するといふことになれば、イ音に対しては、「い」「ひ」の文字が残ることとなる。現代かなづかいに即して云ふならば、ハ行四段活用はワ行四段活用となり、次のやうに活用する。

思う　―わ　―い　―う　―え

問題は意志の表現「思はう」（現代かなづかいは、「思おう」と書く）の処理である。この処理には二の方法が考へられる（動詞活用形の項参照）。一は、表記そのものに即して「思お」を活用形とすることである。さうすれば、この動詞の語尾は、オ段にも活用するので、ワ行五段活用の動詞であるといふことになる。この方法は、「書いて」といふ助詞接続から、「書い」を一の活用形と認める方法と一致するのである。ところが、このやうな処理方法には、一の難点がある。「おもおう」といふ記載は、「おもお」と「う」の結合ではなく、「う」は長音の記号であるから、或は「おもおー」と記載してもよい訳である。さうなると、「おー」を「お」と「ー」とに分析して、「おもお」を一の活用形とすることが困難になるのである。表音的記載法は、どこまでも音声現象の記載であるから、その記載が常に必しも文法的事実をそこに反映してゐるとは限らない。あたかも、美的鑑賞の立場から、或ひは生活に便利であるといふ立場から仕立てられた衣服が、人間の五体の生理的状況を反映してゐないのと同じである。かくて、動詞と意志表現との結合した「おもおう」といふ語句から、記載のままに活用形を抽出することは困難なのである。

次に第二の方法は、「書いて」の「書い」を一個の別の活用形と立てずに、連用形の音便とする方法である。この場合には、記載法は問題にならない。文法的事実を、言語の音声現象の奥にひそむ法則の体系と考へて、助詞「て」の一般的接続関係を求めるならば、それは連用形に接続するものであることが分かる。して見れば、「書いて」の「書い」も連用形でなければならない。「書く」の連用形「書き」が「書い」となるのは音便現象としてさうなるに過ぎないのである。このことは、単に観念的にさう云はれるばかりでなく、歴史的事実からもそのやうに云はれるのである。動詞につく意志の表現は、「見よう」「受けよう」のやうに動詞の未然形に附くものであることは、他の動詞の場合からも、また歴史的にも、証明することが出来るといふことになれば、「おもおう」といふ表現は、動詞「思う」の未然形「思わ」に「よう」に相当する意志の助動詞「x」が附いたものと見ることが出来るのである。この「x」は、歴史的に溯れば、「う」或は「む」であるから、このやうな助動詞と「思う」との結合が、音便的になり、それを「おもおう」と記載するのであると説明しなければならない。ただこの場合注意しなければならないことは、「おもおう」の「う」は長音記号であつて助動詞ではないが、歴史的仮名づかひにおける助動詞「う」の類推から、これをも助動詞と誤認する錯覚に陥ることである。厳密に云ふならば、口語四段活用に接続する意志を表はす助動詞は、それがどのやうな語であるかは抽出することが出来ないのであつて、ただ歴史的に従来これを「う」として取扱つて来たに過ぎない。この「う」と現代かなづかいの長音符号「う」を混同してはならないのである。そこで現代かなづかいに基づく動詞の接続には次の注意書を加へる必要がある。

四段活用の未然形に意志を表わす助動詞が附いた場合はこれを次のように記す。

書か―意志の助動詞………書こう

買わ―意志の助動詞………買おう

（この三行は「現代かなづかい」による）

第二章　語　論

一　総　説

イ　言語に於ける単位としての語

総論に於いて述べたやうに、本書に於いては、語を文及び文章とともに、言語に於ける単位的なものと考へ、文法学の第一部門と立てたのであるが、語を単位として認定することの根拠は、語は、言語の観察、帰納によつて求められるものでなく、言語主体の意識に於いて、既に単位的なものとして存在してゐるといふ考へに導かれたものである。

語を単位として認定することに関しては、右に述べたこととは、全く異なつた考方が存在してゐる。その一は、語と文とはいづれが具体的な言語単位であるかといふ問題に対して、語を以て思想表現の材料、資材であると見る考方である。これについて、山田孝雄博士は次のやうに述べて居られる。

文法研究の直接の対象は言語にありといふ、その研究の基礎とすべきは言語の如何なる部分なるかといふことなり。これにつきては普通には単語を以て研究の基礎とすといはるるが、しかも近時は往々文法研究の唯一の具体的単位は文なりと主張せるものありて、これらの論者は世に語といふものは後に文より抽出したるものなりと説くなり。この説は頗る勢力あるやうになれりと見ゆ。この二様の見解はいづれを正しとすべきか。先づこれを決せざるべからざるなり。(1)

とし、この疑問を次のやうに解決しようとされた。

語といふは思想の発表の材料として見ての名目にして、文といふは思想その事としての名目なり。(2)

この考方は、材料とその運用の関係に於いて、語と文との相違を見ようとしたもので、ソシュールが「ラング」と「パロル」の二を対立させたのと極めて近いといふことが出来るであらう。(3)

本書の基調とする言語過程観に従ふならば、語は思想表現の材料ではなく、語それ自身、思想の表現と見なければならない。問題は、同じく思想の表現である文と、統一体としての単位の性質にどのやうな相違があるかといふことでなければならない。
語に対する考方の第二は、語は文の分析によつて得られる究極的な単位であるとする考方で、そこには、学問的な分析作業が前提とされてゐることは明かである。

単語とは語として分解の極に達したる単位にして、ある観念を表明して談話文章の構造の直接の材料たるものなり。(4)

とあるのはその一例である。
その第三は、単語を以て、文節から帰納、抽出されたものであるとする考方で、この場合でも、語は学問的操作の結論として見出せるものと考へられてゐるのである。
実際に物を言う場合には、文節以上に短く句切って発音することはない。ところで、このような文節を数多く並べてみると、共通した部分を持っているもののあることがわかる。

桜が　咲く。
桜を　植える。
見渡す　限り　桜です。

この三つの文における「桜が」「桜を」「桜です」という文節を比べてみると、「桜」という部分が共通している。この共通している部分が、単語といわれるものである。(5)

以上いづれの考方に従つても、単語は、言語の主体的意識に於いて存在してゐるものではなく、言語に対して、何等かの学問的操作を施した結果、得られた結論であるとするのである。これは、先に述べた単語を以て言語主体の意識に於いて、既に単位として存在するものとする考方と甚しく相違するものであるが、単語が分解或は帰納的操作の結論でないことは、主体的立場に於いて単語を指示することが、極めて自然に出来ることによつても明かである。例へば、

私の好きな学科は、国語と数学です。

といふやうな思想表現に於いて、これを句切つて発音すれば、

私の　好きな　学科は、国語と　数学です。

のやうになり、「これ以上句切って発音すると、実際の言葉としては、聞いておかしく感じ

られたり、わからなくなったりする。(6)」といふところから、このやうな句切れを文節と称し、文の単位と考へる考方もあるが、右の表現に於いても、「私」「好き」「学科」「国語」「数学」といふやうな語が、それ自身統一体としての単位として意識されないとは云ふことは出来ない。英語の my 或はラテン語の属格の mensae から、無格の「私」「テーブル」に相当する語を考へるといふことは、主体的意識に於いては、恐らく困難なことであらうが、国語に於いては、むしろ、「私」「テーブル」といふ語を独立した単位と考へるのは容易である。

語が、言語の分析或は帰納的操作の結論でないことは、従来の文法書が、極めて無造作に語論から出発してゐることからも云はれることであり、また辞書に於ける語の排列から見ても、語が主体的立場に於いて、極めて自然に認定されるものであることは明かである。

(1)『日本文法学概論』一九頁
(2) 同上書　二〇頁
(3) 小林英夫訳、ソシュール著『言語学原論』序説第四章「言語の言語学と言の言語学」
(4) 山田孝雄『改訂版日本文法講義』九頁
(5) 文部省『中等文法』（口語）四頁
(6) 文部省『中等文法』（口語）三頁

ロ　語の構造

語は、文及び文章とともに、言語に於ける単位として、既に主体的立場に於いて認定されて居るものであることは、前に述べて来た。語、文及び文章は、その関係を外形的に見れば、文は語の結合されたものであり、文章は文の集積したものであると考へられ、従来も多くそのやうに説明されて来た。この考方は、一切のものを、その究極的単位から説明しようとする自然科学的原子論的考方の類推に基づくものであることは既に述べた。本書に於いて単位としてとられた語、文及び文章は、そのやうな原子論的単位ではなく、それ自身一の統一体としての性質を備へたところの単位であることを注意しなければならない。従つて問題は、語、文及び文章が、統一体としての性質上、どのやうな点に相違があるかといふことが追求されなければならないのである。語、文及び文章は、それが言語であるからには、言語主体がその思想内容を音声或は文字によつて外部に表出する精神、生理的過程であることに於いて共通してゐることは明かである。もしそこに何等かの質的相違があるとするならば、これらの単位の表現としての構造の上に相違があると考へなければならない。以下、語がその構造上、文及び文章とどのやうな点に相違があるかを考へることにする。

語の構造がどのやうなものであるかを、結論的に云ふならば、語は思想内容の一回過程によつて成立する言語表現であるといふことが出来る。例へば、一輪の椿の花をとつて、これを〔ハナ〕といふ音声を以て表現するならば、これは、〔ハ〕といふ音声で花の或る部分を表はし、〔ナ〕といふ音声で花の他の部分を表はしたのではなく、〔ハナ〕といふ音声の結合を以て花を表はしたのであるから、これを一回過程の表現といふのである。即ちこのやうな表現過程を一語といふのである。もしこの場合、同じ花を指して〔ツバキノハナ〕といふならば、それは、〔ツバキ〕〔ノ〕〔ハナ〕といふ三回過程をとつた表現であるから、これを一語であるとすることは出来ないのである。この場合、表現される事物は前の場合と全く同じであるから、一語か否かの決定には、表現される事物の単複は、全く関係しないといふことがわかるのである。またこの場合、表現の媒材となる音声の単複といふことも、この語の単複とは関係がない。〔ツバキ〕は三音節から成つてゐるが、語としては一語である。

以上述べるところによつて、一語と云はれるものの構造上の性質が明かにされたと思ふのであるが、なほ次のやうな場合をどのやうに説明すべきかといふ問題が起こると思ふのである。十字科〔十字花科。アブラナ科の旧称〕に属して「あぶらな」と云はれてゐる植物をとつて、これを〔ナノハナ〕と云つた場合、この構造は、前の「つばきのはな」と同一でないことが分る。「つばきのはな」は、一個の花が何に属するものであるかの説明であるのに対して、「なのはな」は、花そのものを云ひ表はすところの一回過程の表現であることが分る。ところが、この「なのはな」は、「花」を〔ハナ〕と云ふ場合の一回過程とは幾分の相違が認められる。それは、「なのはな」が一回過程の表現でありながら、その中になほ観念の分析と、それに対応する〔ナ〕〔ノ〕〔ハナ〕といふ三回の過程を包含してゐることである。即ちそれは三語を含むところの一語であつて、これを図解すれば次のやうになる。

イ 

「はな」の場合

ロ 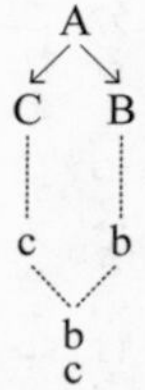

「なのはな」の場合

ABCはそれぞれ語によつて表現される事物或は思想を意味し、abcがそれに対応する音声を意味するならば、イの場合は、Aといふ思想が音声aによつて表現される一回過程の語の場合を示し、ロの場合は、同じAが、表現の過程に於いて、B及びCといふ思想に分裂し、その分裂した思想に対応する音声bcによつて最初のAを表現しようとするのである。

一般にこのやうな構造を持つた語を複合語或は合成語と呼んでゐる。複合語或は合成語は、その表現過程に於いて複雑な経過をとつたものであるにしても、その結果に於いては一回過程の一語と全く同じである。その点、説明的意図を含むところの「つばきのはな」はこれを複合語或は合成語とは云ふことが出来ないのである。一の図形を「三角形」と云つた場合、これを複合語であると云ふことが出来るが、同じ図形を「三辺によつて囲まれた図形」と云つた場合は、これを複合語とは云ふことは出来ない。

以上述べて来た語の定義に於いて、二の重要な点が観取されるであらう。その一は、一語の決定は、その語によつて表現される事物或は思想そのものの単複によらないといふことである。「はな」といふ語によつて表現される事物は、これを客観的に見れば、かべん、ずい、がく等の構成体であつても、「はな」といふ語は一語である。何となれば、その表現過程が一回に過ぎないからである。「社会」「デパート」「さとり（悟）」等によつて表現される事物、事柄の内容が如何に複雑であつてもこれらは皆一語である。

その二は、語の単複の決定は、その語の表現主体の意識によつて決定されるといふことである。「さかな」といふ語は、「酒」「菜」の複合であると云つても、現代人の意識に於いては、もはやこのやうな思想の分裂は意識されてゐない。従つて、現代語としてはこれを複合語とは云ふことが出来ないのである。

以上述べたことは、言語過程観に立つた語に対する考方であつて、従来行はれて来た言語構成観による語の説明とは根本的に異なるものである。構成観に従ふならば、言語は思想と音声との結合体であると考へるところから、語の単複を、言語の思想の単複によつて決定しようとするのであるが、それが困難であることは既に述べた通りである。また構成観によれば、語は、言語主体と何のかかはりもないのであるから、これについて単語、複合語の別を決定することも出来ないのである。語源学者から云へば複合語であると云はれるものが、一般には単語と考へられて居つて、その類別についての明確な基準を求めることが出来ないこととなる。

言語過程説は、以上のやうな困難な点を克服して、語の単複の決定を、その過程の上に求め、かつ表現者の主体的意識に基づくこととしたのである。

単位としての語と、単位としての文の構造上の相違は、文論に於いてこれを明かにするであらう。

ハ　語の認定

ある語が一語であつて二語でないと云はれる根拠は、その過程的構造にあることは前項に於いてこれを明かにした。単位としての語は、本来主体的意識として成立するので、学問的な帰納、分析の操作によつてはじめて求められるものでないこともこれを明かにしたのであるが、このやうな語の認定に関しては、なほ多くの困難な問題が潜んでゐる。「山」「川」「犬」「猫」等が一語として認定され、かつそれが主体的意識に於いて存在するものであることについては、恐らく問題が無いであらう。ところが、今日一般に行はれてゐる文法書に於いては、「静かだ」「ほがらかだ」「綺麗だ」を一語と認めてこれを形容動詞と称してゐる。その根拠は、「静か」「ほがらか」「綺麗」等は、それだけで独立して用ゐられることなく、常に「だ」と結合して用ゐられるからであるとするのである。しかしながら、最も素朴な主体的意識に於いても、「静か」「ほがらか」「綺麗」を一の統一体として意識することは決して困難ではない。現に、辞書は、「静か」を以て一語として掲げて居つて、「静かだ」を掲げてゐないのは、それが自然な一語としての認定に基づくがためである。かつ、「静かだ」といふ時は、概念の表現と同時に、それとは全く性質の異なる陳述の表現がこれに加はり、それが「だ」によつて表現されてゐるといふ自然意識が存在してゐることは事実であらう。このやうな見地から、「静か」を一語と認め、同時に「だ」もまた一語と認めることの出来る根拠があるのである。同様にして、「行けば」「咲かない」等に於ける「行け」「咲か」はそれだけで独立して用ゐられることなく、常に「ば」「ない」等と結合して用ゐられるにもかかはらず、「行け」「咲か」を一語と認めることが出来るのである。このやうに、語の認定が主体的意識にあるといふことは、言語主体が、「これは一語である」といふ自覚に於いて用ゐられてゐるが故に一語と認定するのでなく、語の運用に於いて認められる無自覚的な意識に於いて云ふのである。文法学は言語に於ける右のやうな潜在意識的なものを追求し、これを法則化するのである。ここに文法学がややもすれば観念的に、思弁的になる危険があるのであるが、ただ現象的なものの追求からは文法学は生まれて来ない。

二　語の分類——詞と辞

語はすべて同様な性質を持つものではなく、種々の点から同類を集め異類を分つことが出来る。このやうにして分類されたものを今日「品詞」と呼んでゐる。品詞の名称は外国文法学の飜訳から出たものであらうが、このやうな学問的作業は、外国語学をまつて始めて行はれたことではなく、古くは鎌倉時代に成立したと認められる『手爾葉《てには》大概抄』などで試みられてゐる「詞」と「てには」の分類の如きは、やはり語の品詞分類の一種である。品詞の名称は、語の種類別の意味であるから、オランダ文典輸入当時には、詞品、蘭語九品のやうに用ゐられて居つたものが、現在のやうに品詞となつたのは、恐らく、「九品の詞」「八品の詞」の省略形であつて、詞品の語の顚倒したものではないのであらう。従つて意味は、語の品定めであり、語の種類別であるから、語種、語類と云つても差支へない訳である。

語の種類別であるから、その分類の根本的基準は語といふものの性質がどのやうなものであるかといふことに対する考方に基づくと同時に、また語の現象のしかたが諸言語によつて区々であるから、分類の方法も、実際に即して、それぞれの言語の性格から割出されて来なければならないのである。ここに外国語に於ける語の分類方法が、国語にそのまま適用することが出来ない理由があり、国語の分類には、国語に対する深い沈潜と洞察とが要求される所以である。

語の分類をするからには、何よりも先づ語そのものの性質がどのやうなものであるかの検討から入るのが正しい順序であらう。

一の語を規定するものは、言語構成観に従へば、思想内容と音声形式との結合にあつた。この考へに従ふならば、一切の語は、思想内容と音声形式との結合であるから、その点に於いては語はすべて同一であると云はなければならないのである。そこで、従来、語を分類する基準をどのやうな点に求めたかと云ふならば、例へば、山田孝雄博士は、第一にその語が独立観念を持つか持たないかといふ点に分類の基準を求めようとされた。

一切の単語は之を同の方面より見ればそが単語たるに於いて一致す。然れども吾人は其の中に異を求めてこれを分類せざるべからず。かくて、これを独立の観念の有無によりて区別すれば、一定の明かなる具象的観念を有し、その語一個にて場合によりて一の思想をあらはし得るものと然らざるものとあり。一は所謂観念語にして他は独立の具象的観念を有せざるものなり。この一語にて一の思想をあらはすことの絶対的に不可能なるものはかの弖尓乎波の類にして専ら観念語を助けてそれらにつきての関係を示すものなり。（中略）この故に、先づ単語を大別して観念語と関係語との二とす。(1)

即ち、山田博士は、これを具象的な独立観念の有無といふことで説明されようとするのであるが、てにをは或は助詞といはれるものが、他の語に比較して具象的な独立観念を持たないかといふのに、必しもさうとは云へないのである。博士が、観念語と云はれるものの中にも、極めて抽象的な概念しかあらはさない「こと」「もの」のやうな語もあり、関係語の中にも、「か」「も」の如く疑問、強意の如き具象的な思想をあらはすものもあつて、独立観念といふ点で、この両者を截然と分つことは困難である。山田博士は、更に独立的に思想をあらはし得るものと、さうでないものとの別を以て説明されようとする。この分類基準は、橋本進吉博士もとられたところのものであつて、博士は語が文節を構成する手続きの上から、一はそれ自らで独立して文節を構成し得るもの、二は常に第一の語に伴つて文節を構成し得るものに二大別され、前者を詞、後者を辞と命名された[2]。しかしながら、語が独立して用ゐられるか否かといふことは、必しも絶対的なものでなく、語を分類する絶対的な条件とはすることが出来ないものである。例へば、用言の活用形、「行け」「行けば」の「行け」は、「ば」と結合してのみ用ゐられるものであつて、「行け」はそれだけで文節を構成するものとは考へられない。また「八百屋」「肉屋」の「屋」も、決してそれ自身独立して文節を構成するものとは考へられないにも拘はらず、「屋」を助詞の中に入れることはない。独立する語、附属する語の二大別は、国定の文法教科書に採用されて、広く普及するやうになつた分類基準であるが、それは語そのものの相違に基づいたものでなく、単に用法上の相違に基づいたものであるといふ点から見ても、語の分類基準とするには、既に理論的に薄弱であると云はなければならない。語の分類基準を、語そのものの性質の上に相違を見出すことが出来なかつたのは、語を構成的に見る言語構成観の当然の結論であつたのである。

語の根本的性格を、表現過程に求めた言語過程観は、語の類別の根拠をも、当然その過程的構造形式に求めるのである。一切の語について、その思想の表現過程を検するのに、次のやうな二の重要な相違を見出すことが出来る。

一　概念過程を含む形式

二　概念過程を含まぬ形式

一は、思想内容或は表現される事柄を、一旦客体化し、概念化した上でこれを音声、文字によつて表現するところのものである。人間を取りまく森羅万象は、これを表現する時、既にそれが客体化されて居るものであるから、これを表現するには、そこに客体化、概念化の作用を経過するのは当然である。「花が咲いた。」といつた場合の「花」といふ語は、目前の具体的な「花」をあらはすことに於いて、その花を客体化してゐると同時に、具体的な花そのものをあらはしてゐるのでなく、これを概念化して、花一般として表現してゐるのである。鈴木朖は、このやうな表現に於ける働きを、「さし顕はす」と呼んでゐるのである。(3) この働きはVorstellen（表象する）の作用に似てゐる。語の中のあるものは、このやうな作用を経て表現するところのものである。このやうな表現は、自然物の表現に於いては勿論であるが、主観的な情意に関することをも同様な手続きで表現することが出来る。「よろこび」「悲しみ」「要求」「懇願」等の語はこのやうにして出来るのである。

語のあるものは、このやうにして、表現される事物を客体化するといふ作用を経て表現されるものであると同時に、それらが表現される事物の個々のものを個物として表現してゐるのでなく、これを概念化して、一般的なものとして表現するものであることも注意すべきことである。「花が咲いた。」と云つても、それは、我が家の具体的な桜或は椿をそのままに表現してゐるのではなく、これを「花」として一般化して表現してゐるのである。これを「桜が咲いた。」と表現した場合でも、具体的な桜を、桜一般として表現してゐるのである。語が常に概念しか表はすことが出来ないといふことは、言語の持つ宿命的な性質であつて、従つて個物をいくらかでも具体的に表現するために、「庭の桜」とか、「綺麗な桜」とか、種々な修飾語がこれに冠せられるのであるが、それらの修飾語といへども、それが概念的なものであることには変りはないのである。

以上のやうな経過をとる表現に対して、よろこび、かなしみ等の主観的情意を、客体化せず、また概念化せず、そのまま直接に表現する語がある。その著しいものは、いはゆる感動詞であつて、「ああ」「おや」「まあ」「はい」「ねえ」等がこれに属する。鈴木朖は、「さし顕はす」ところの語に対して、このやうな語を「心の声」と呼んでゐる。(4) 心の直接的な表現で、客体化、概念化の作用を含まぬ意味であらうと思ふのである。現今文法書で説かれてゐる助詞、助動詞、接続詞、感動詞を大体これに入れることが出来るのである。この両者の区別は、例へば、「ああ」に対して「驚き」、「行かない」の「ない」に対して「否定」、「雨が降るだらう」の「だらう」に対して「推量」等の語を対比して内省して見るならば、自ら理解し得るであらうと思ふのであるが、「驚き」といふ語は、「ああ」によつて表現される感情内容を客体化し、概念化して表現したところのものである。

　このやうな語の類別は、国語に於いては、既に古く鎌倉時代から行はれた方法で、第一の形式をとつた語を詞（シ或はコトバ）といひ、第二の形式をとつた語を辞（ジ、或はテニハ、テニヲハ）といつて居つた。この両者の表現の相違を、古来種々な比喩を用ゐて説明してゐるのであるが、宣長は、表現全体を人間の衣服に譬へ、詞に属するものを布であるとし、辞に属するものを、布を縫ふ手或は技術に譬へてゐる。或は、詞を玉にたとへ、辞を、玉を貫く緒にたとへたりしてゐる。玉とこれを貫く緒によつて、装飾品が出来るのである。(5)

　これらの比喩を通して我々が観取出来ることは、詞と辞とは、その表現であることに於いて共通してゐるのであるが、この両者の表現の間には次元の相違が存在してゐることが認められてゐることと、辞は常に言語主体の立場に属するものしか表現出来ないといふことである。次元の相違といふことは、詞が常に客体界を表現するのに対して、辞は、客体界に志向する言語主体の感情、情緒、意志、欲求等を表はすことをいふのである。その関係は次のやうに図示することが出来る。

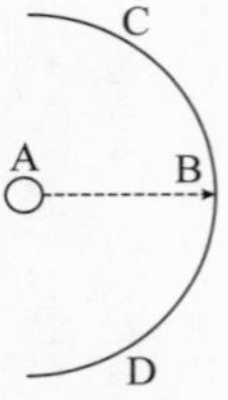

C—Dは客体界であり
A—Bは言語主体の情意である

左の図が示すやうに、C—Dの表現と、A—Bの表現とは、それぞれに独立したものでなく、相互に緊密な関係があるものである。このことは、文論に於いて詳細に論ずる予定であるが、既に宣長が云つたやうに、詞は布であり、辞はそれを縫ふ技術として相互に結付く関係にあり[6]、鈴木朖もまた「詞はてにをはならでは働かず、てにをはは詞ならではつく所なし」[7]と云つて、その関係について述べてゐるのである。

語を構成的に見るかぎり、一切の語は、音声と思想との結合体に過ぎず、そこに語を分類する何等の差別をも見出し得ないのであるが、言語を表現過程と見ることによつて、ここに右に述べたやうな極めて著しい表現性の相違の存在することが認められるのである。この事実は、文法に於ける品詞分類の第一基準として、文法学に重大な変革をもたらすものでなければならないのである。

語に次元を異にした詞と辞の区別の存在することは、日本語特有の現象ではなく、凡そ言語といはれるものには、通有の事実と考へられるのであるが、日本語に於いて、この区別が、既に古く西紀第十三世紀頃に学者の注目するところとなつてゐたといふことは、日本語が、このやうな理論を導き出すに都合のよい構造をなしてゐたといふことが主要な原因であつたといへるのである。即ち、ヨーロッパの言語に於いては、詞的表現と辞的表現とが、屢〻合体して一語として表現されるのに対して、日本語に於いては、この両者が多くの場合に別々の語として表現されてゐるために他ならないのである。例へば、ラテン語に於いては、国語に於ける格を表はす辞が、詞の中に融合して、語の変化といふ形式によつて表はされてゐる如きがそれである。ラテン語に於ける一語は、云はば国語に於ける詞と辞の合体したものに相当するものであると云へるのである。ヨーロッパ語に於いても、前置詞、接続詞の如きは、それ自身辞と考へることが出来る品詞である。

（1）『日本文法学概論』八四頁
（2）『国語法要説』（橋本進吉博士著作集　第二冊　五三頁）
（3）『言語四種論』
（4）同上書
（5）『詞の玉緒』総論
（6）同上書
（7）『言語四種論』

三　詞

イ　総説

詞は、「シ」「ことば」と呼ばれ、語の分類に於いて辞に対立するものであり、その一般的性質は、大体次のやうに要約することが出来る。

一　表現される事物、事柄の客体的概念的表現である。

二　主体に対立する客体化の表現である。

三　主観的な感情、情緒でも、これを客体的に、概念的に表現することによつて詞になる。

四　常に辞と結合して具体的な思想表現となる。

五　辞によつて統一される客体界の表現であるから、文に於ける詞は、常に客体界の秩序である「格」を持つ。

以下、詞の下位分類について述べることとする。

ロ　体言と名詞

事物、事柄の客体的、概念的表現である詞を分つて、体言、用言とする。

体言、用言の別は、詞が、他の語との接続関係に於いて、その語形式を変へないものを体言といひ、その語形式を変へるものを用言といふ。この分類法とその概念規定は、古来の方法とその命名法に従つたもので、国語の性質をよく反映してゐるものとして合理性が認められる。体言をはたらかぬ語、用言をはたらく語といふのも、語形変化の有無の点から云つたものである。

体と用との意義については、今日学者の間に説が分れて居つて、語についてその思想の面を特に重視する山田孝雄博士は、体言といふ名称は、概念を表はす語の意義であつて、活用せぬ語を体言といふのは誤つてゐると詳細に述べて居られる(1)。博士の云はれるやうに、体用の名称は、その起源的意味に於いては、確かに、実体と作用の意味に用ゐられたものであらうが、それだからとて、国語学上に於ける体用の名称を、その起源的意味に解するのが正しいとは云へないのである。用言に語形変化があるといふことは、本来、体用の観念とは別に学者によつて注目されて居つたことで、それを音相通の現象として説明し、またそのやうな現象を、ひらくとかはたらくとか称し、それに対して語形変化のない語を、「ひらきなき語」とか、「はたらかぬ語」といふ風に呼んでゐた。たまたま体用といふ名称が連歌等に用ゐられて一般に普及して居つたので、この名称を国語上の現象に借用したので、ここで体用といふ名称は、国語学上では、語形変化をしない語、語形変化をする語の意味に用ゐられるやうになつたのである。事実が先で、名称は後である。東條義門の如きは、語を先づ二大別し、体言の中に、活用のない辞、即ち今日云ふ助詞をも所属させ、用言の中に、活用のある辞、即ち助動詞をも所属させてゐるが、この分類法は、それまでの詞と辞の二大別に対して、活用するかしないかといふことを第一分類基準として特に強調したものと見ることが出来るのである。山田博士の文法体系は、語について、それが表はす概念内容の性質を特に重視された為に、体用の名称についても、これを言語的立場に於いて見ることを避けられたものと想像されるのであるが、既に述べたやうに、名称の起源的意味は、これらの名称が現実に使用されて来た実際とは距離のあるものであることを知る必要がある。

さて、以上のやうに、語形変化をしない語を体言とする時、第一に問題になることは、「あめ」（雨）といふ語が「くも」（雲）といふ語と結合する時、「あまぐも」となり、「ふね」が「ふなうた」となるやうな場合、「あめ」「ふね」は語形変化をする故、体言でなく用言とすべきであるかといふ疑問が提出されるのであるが、これらは、複合語を構成する場合に起こる一時的な音声現象に過ぎないのであるから、これを文法的な語形変化といふことは出来ない。従つて、「あめ」「ふね」のやうな語は用言でなく体言と見なければならないのである。これに反して、用言と云はれる語は、他の語に接続する場合、一様に、また規則的に語形を変化するところの語である。

以上のやうに、体言の名称は、語の形式に基づくものであつて、その意義に関係しない。

これをヨーロッパ諸国語に於ける noun 或は substantive の名称と比較するならば、後者が実在に対する名称の意義に用ゐられて居つて、むしろ表現される事柄に即した名称であることに於いて、山田博士のいはゆる起源的意味に於ける体の名義に近いといふことが出来るであらう。国語に於ける体言の中に、比較的自由に主語、述語、修飾語になることの出来るものを名詞と称するならば、それは noun 或は substantive の訳語としての名詞に近づくであらう。自由に主語、述語、修飾語になることが出来る体言とは、ほぼ明瞭にその実在を指摘し、また考へることが出来るやうな語である。本書に於いては、体言の中、このやうな語を便宜、名詞と呼ぶことにする。名詞といふ品詞名は本来国語学に於いて発生したものでなく、外国語学の名称を借用したまでのものであるから、どこまでも便宜的のものであつて、体言の中、どこまでを名詞とするかの明瞭な一線を劃することは勿論困難である。

体言の中、「山」「川」「犬」「猫」「正直」「親切」「ゆとり」「あはれ」等は名詞と名づけるに相応しいものであるが、体言の中には、次のやうな、いはゆる名詞の中に入れるには相応しくないものがあることを注意しなければならない。

一　いはゆる形容動詞の語幹と云はれてゐるもの
　暖か　のどか　はで　綺麗　丁寧　厳重　急　批判的

二　形容詞の語幹

あま（甘）　から（辛）　ひろ（広）　ちか（近）

三　いはゆる形式名詞

知らない筈がない。

大きいのがいい。

おいで下さる由。

出かけるつもりです。

四　接尾語の中、活用のないもの

赤さ　つよみ　私たち　帰りしな

五　漢語の中、語の構成に用ゐられるもの

旅館　図書館　映画館

商人　役人　小作人

平和的　国際的　立体的

駅長　事務長（長は独立しても用ゐられる）

六　接頭語

お写真　御夫婦　玉音

本書に於いては、右のやうに、名詞とするにはふさはしくないが、或る観念を表現し、かつ語形変化をしないものを体言とした。

(1) 『国語学史要』第九項、『日本文法学概論』第六章

ハ 代名詞 (一)

代名詞の名称は、オランダ文法などからの直訳によつて出来た品詞名であることは云ふまでもないのであるが、今日、英文法などでも、この名称が、その内容を適切に云ひ表はしてゐるかどうかといふことについては、学者の間に問題があるのであつて、我々が国語について考へるに当つても、この名称を一往離れて、事実そのものに即して考へて行くことが必要であらうと思ふ。

一般に代名詞の代表的なものとして挙げられてゐるものに、人称代名詞がある。即ち、第一人称に属するものに、私(わたくし、わたし)、僕、俺等があり、第二人称に属するものに、あなた、君、おまへ等があり、第三人称に属するものに、あのかた、彼、あいつ等がある。これらの語は、語形が変化しない点から云つて、体言に属することは明かであると同時に、明瞭な個体的事物を表現することに於いて、名詞と同様に見ることも出来るのである。ところで、これらの語が、何故に、文法上一般の名詞とは別に、代名詞として取扱はれて来たのであらうか。これが先づ考へるべき重要な点である。一般に名詞は、具象的と抽象的と

の別にかかはりなく、事物の概念を表現するものである。「商人」といふ語も、「人」といふ語も、ともに名詞であることは明かである。既に挙げたところの人称代名詞は、それが何等かの人を表現するものであることに於いて名詞「商人」或は「人」と共通して居るのであるが、これらの名詞と異なるところは、人称代名詞は、常に言語主体即ち話手と事物との関係を表現する場合にのみ用ゐられる語であるといふことである。対人関係を表現する語には、「親」とか「兄」とか「先生」等の語があるが、これらの語は、必しも話手との関係の表現にだけ用ゐられるといふものではない。聞手との関係に於いても、第三者との関係に於いても、「親を大切になさい。」といふ風に用ゐられる。ところが、「君は行きますか。」といふ場合の「君」は、必ず話手に対して聞手の関係に立つものに対してのみ用ゐられるのである。第一人称の代名詞は、話手が自分自身を話手といふ関係に於いて表現する時にのみ用ゐられ、第二人称の代名詞は、話手が他者を聞手としての関係に於いて表現する時にのみ用ゐられ、第三人称の代名詞は、話手が他者を話題の事物としての関係に於いて表現する時にのみ用ゐられるのである。従つてどのやうな職業、階級に属する人でも、人そのものの概念内容に関せず、話手との関係によつて、「私」となり、「あなた」となり、「彼」となるのである。このやうに見て来るならば、人称代名詞の特質は、話手との関係概念を表現するところにあると云ふことが出来る。ここに繰返して注意すべきことは、話手との関係といふことであつて、話手との関係といふことは、その人が聞手であるか、話題の人物であるか、或は話手自身であるかといふこと以外には無いのである。代名詞の特質を、以上のやうに、話手との関係概念の表現といふことに求めるならば、そのやうな関係に置かれるものが人であるか物であるかといふことは、代名詞の本質を左右するものではない。そこで、そのやうな関係にあるものが、事物、場所、方角である場合には、これを指示代名詞といふ。事物、場所、方角等は、話手との関係に於いて、話手となつたり、聞手となつたりすることは、擬人的用法以外には考へられないから、それは常に第三人称の立場に立つのである。人称代名詞が、話手との関係概念を表現すると同時に、そのやうな関係に立つ「人」そのものをも含めて表現するやうに、指示代名詞もまたそのやうな関係に立つ「物」を同時に含めて表現する。「これ」「そこ」「あちら」等がそれである。

代名詞と云はれる語が、事物の概念を表現するのでなく、常に話手と聞手、話手と表現内容との関係を表現するものであるために、進んで、話手と表現内容との関係の表現にも次のやうな差別の表現が考へられてゐる。即ち、表現内容が、話手に近い関係にあるか、聞手に近い関係にあるか、或は両者に対して第三者的関係にあるか、或は不定であるか、の識別の表現である。例へば、表現内容になつてゐる人物や事物について、「こいつ」「そいつ」「あいつ」「どいつ」といふ語が対立するのはそれである。場所や方角についても同様に、「ここ」「そこ」「あそこ」「どこ」、或は「こちら」「そちら」「あちら」「どちら」などと区別するのである。一般に代名詞に於ける近称、中称、遠称、不定称などと云はれる事実で、この関係の識別の表現は、国語に於いては、諸外国語に比して著しい特色をなしてゐる事実である。(1)これらの代名詞に於いて、関係概念を表現する中心的部分が、「こ」「そ」「あ」「ど」であるところから、佐久間博士は、代名詞の体系をコソアドの体系として把握して居られることは注意すべきことである。このやうに、代名詞と云はれてゐる語は、すべて話手との関係を規定し表現するところに特色があるので、その点に於いて一般の体言或は名詞と明かに区別せられなければならないものなのである。これらの語の特色は、話手の属性的概念の表現にあるのでなく、全く話手との関係概念の表現にあるので、文法研究に於いて、話手が考慮されねばならない一つの事例といふことが出来るのである。

以上述べて来た代名詞は、話手との関係概念を表現すると同時に、その関係に置かれた事物の概念をも含めた表現であるが故に、これらを体言或は名詞に対応させて体言的或は名詞的代名詞と云つてもよい訳である (noun pronoun)。

次に、左の文について見るに、

この絵は立派な絵ですね。この作者は誰ですか。

ここに用ゐられてゐる「この」といふ語は、「庭の桜」「川の水」等に於ける「庭の」「川の」等が、或る事物的概念を表現して、「桜」或は「水」の修飾語になつてゐるのと相違して、話手と事物との関係概念を表現して、「絵」或は「作者」の修飾語になつてゐる点で、既に述べて来た代名詞の性質に共通してゐるものである。従つてこれらの語は、本質的には右の代名詞の範疇に所属せしむべきものなのである。ただ既に述べて来た体言的或は名詞的代名詞と異なるところは、「この」の「こ」が、話手と事物との関係概念だけを表現して、そのやうな関係にある物を含めてゐないといふことである。代名詞の基本的形式は、このやうな関係概念だけを表現すべきものであるかも分らないのである。事物をも含めるといふことは、代名詞と名詞との複合語と認むべきものなのである。事実、「このかた」は、「話手とこのやうな関係にある方」の意味で、「こ」だけが純粋の代名詞と認めることも出来るのである。「ここ」は「こ処」の意味であることも一般に知られてゐることである。前の例文に於いて、同じ例文中の「この絵」の「この作者」の「こ」が、純粋の関係概念の表現であることは以上の如くであるが、「この作者」の「こ」の場合の「こ」は少しく異なり、話手と作者との関係を云つたものではなく、この話手とこの絵との関係概念と同時に、その関係に置かれた事物即ちここでは、「絵」をも含めて表現してゐるものであることは明かである。して見れば、この第二の場合は、既に述べて来た名詞的代名詞の例に入れるべきものである。

御意見は結構ですが、その具体案を示して下さい。

いつか承つた事件、あの結末はどうなりましたか。

右の「そ」「あ」は共に「その御意見」「あの事件」の意味に用ゐられたものである。

右のやうな「この」「その」「あの」「どの」等については、「こ」「そ」「あ」「ど」が分離して他の助詞に結合して用ゐられることなく、常に「の」とのみ結合して連体修飾語に用ゐられることから、これを一語と見るべきであるといふ説があり、これを連体詞に所属させる考方があるが、既に述べたやうに、これらの語は、話手との関係概念を表現する点から、代名詞以外の品詞に所属させることは、理論上からも実際上からも当を得たことではない。ただし、人称代名詞、指示代名詞が名詞に対応するところから、これを名詞的代名詞と名づけたと同様に、「この」「その」等を連体詞的代名詞と名づけることは許されるであらう。

以上のやうな理由で、次のやうな語もこれに所属させることが出来る。

こんな　そんな　あんな　どんな

形容詞といふ名称を、もし連体修飾語として用ゐられる語の名称に保留することが出来るならば、これらの語に形容詞的代名詞の名称を用ゐることが最も適当してゐる。

連体修飾語的代名詞に対して、次のやうな例が見られる。

かう、こんなに

かう忙しくてはやり切れない。　こんなにも考へられます。

さう、そんなに

さう忙しくては本も読めないでせう。　そんなに考へて下されば助かります。

ああ、あんなに

ああ忙しくては体に悪いのではないのですか。　あんなに云つてゐるのですから、何とかするつもりでせう。

どう、どんなに

どうするつもりなのですか。　どんなに考へて見ても駄目です。

右のやうな語は、連用修飾語としてのみ用ゐられるので、これを副詞的代名詞と称することが許されるであらう。

代名詞分類表

話手との関係＼事柄の種類	人	物	所	方角	関係	情態
話手（第一人称）	わたくし 僕	○	○	○	○	○
聞手（第二人称）	あなた 君	○	○	○	○	○
事柄（第三人称） 近称	このかた	こ これ	ここ	こちら こっち	この	こんな かう こんなに
事柄（第三人称） 中称	そのかた	そ それ	そこ	そちら そっち	その	そんな さう そんなに
事柄（第三人称） 遠称	あのかた	あ あれ	あそこ	あちら あっち	あの	あんな ああ あんなに
事柄（第三人称） 不定称	どのかた どなた	ど どれ	どこ	どちら どっち	どの	どんな どう どんなに
	名詞的代名詞				連体詞的代名詞	副詞的代名詞

右の表についての説明

一　右の表を理解するについては、第一に、言語の成立条件である話手、聞手及び表現される事柄の関係とそれらの性質をよく理解しなければならない[2]。

二　話手及び聞手は一般に人であり、表現される事柄は、人、物、所、方角、関係、情態等の種々のものが含まれる。

三　代名詞の最も基本的なものは、右の表の中の「関係」を表はす代名詞であるが、それは常に「の」と結合して連体修飾語としてしか用ゐられない。

四　その他の代名詞は、この関係概念を表はす代名詞に、その関係に置かれた人や物を含めて云つたものである。「このかた」は「こ」の関係にある人を意味する。

五　以上のやうであるから、代名詞は、体言や名詞の中の一類でもなく、また体言や連体詞や副詞と並ぶ一類の品詞でもなく、それらに対応して別個の系列を作るところの品詞であることが分る。代名詞が、常に話手を軸として、それとの関係を表現するところに、他の品詞との根本的な表現上の相違を見出すことが出来る。

（1）　佐久間鼎『現代日本語の表現と語法』前篇　第五

（2）　『国語学原論』総論　第五項

二　代名詞（二）

以上、私は、一般に代名詞と呼ばれて来た品詞の性質を吟味して、その特質を、話手と事柄との関係概念を、話手の立場に於いて表現するものと解して来た。従つて、一切の事柄は、その事物的概念の相違にかかはらず、話手との関係をひとしくすることによつて、例へば、商人であれ、官吏であれ、使用人であれ、その人が話手に対して聞手の関係にある時、これを、「あなた」「君」「おまへ」と呼ぶことが出来る訳である。そしてこれを文法上第二人称の代名詞と呼ぶのである。この代名詞中の小変異、「あなた」と「君」との区別ですらも、聞手そのものの事物的概念によるのではなく、話手との身分関係の相違によるのであるが、これらの代名詞が、代名詞と云はれる根本の理由は、何よりも、話手に対立する聞手であるといふ関係の表現にかかつてゐる訳である。ともかく、以上のやうな特質を持つた語を従来代名詞と称して来たのであるが、ここに問題になることは、このやうな語を代名詞と呼ぶことの可否である。代名詞といふ名称が、言語的事実そのものを云ひ表はしてゐると見るべきか、或は名称と事実とは全く別のものであると見るべきか、その辺の事情を明かにして置かないと、思はぬ混乱が生じないとも限らないのである。

最初に、これは極めて通俗的、常識的な用語法に属することであるが、例へば、「知識人とは、理窟ばかり達者で、実行力を伴はない人間を云ふ代名詞である。」といふやうな場合の代名詞の名義である。これは云はば名詞に代用される別の名詞、即ち代用名詞の意味に用ゐられた場合で、厳密な文法上の用語法とは云ふことが出来ないものであるが、代名詞の皮相な観察から、右のやうな代名詞観が生まれて来ないとは限らない。「鈴木さん」と呼ぶ代りに「あなた」と呼び、同じ人を「先生」と呼んだとすれば、「あなた」も「先生」も、「鈴木さん」といふ名称の代用であるから代名詞であるといふ考へは屢〻云はれることである。このやうな見解からは、代名詞の真義が理解出来ないことは既に述べた通りである。

次に、従来屢〻用ゐられて来た代名詞の定義は、代名詞はものを指す語であるといふ考方に基づくものである。

> 代名詞とは名目をいふ代りに用ゐる詞の義にして、体言の一種なるが、概念そのものを直接にあらはさずして、ただ其を間接にさすに用ゐらるるものなり。[1]

> 代名詞は事物を指していふ語です。[2]

なほ、佐久間鼎博士は、代名詞を「指す語」の体系として述べて居られる。[3]

代名詞を指す語として規定することは、これも外国文法の飜訳に基づくものであらうが、代名詞を指す語として理解することにはなほ多くの問題があると思ふのである。語はその根本に於いて表現であるとする時、代名詞の特質としての「指す」といふことは、表現の如何なることを云ふのであるかを明かにしなければならない。もし語が表現そのものであると見る考方に従ふならば、表現される事柄と表現との関係に於いて、一切の語は、表現によつて、表現される事柄をさすものであるといふことが出来る。鈴木朖が詞について、「物事をさし顕して詞となる」(4)と云つてゐるのは、正にそのことであると考へてよいのである。語が常にそのやうな性質のものであるならば、代名詞を特に「指す語」として規定することは不充分である。代名詞を「指す語」と規定した一の大きな理由と考へられることは、既に述べたやうに、代名詞は表現される事物そのものについては甚だ漠然とした概念しか表現しない。例へば、一個の机を「これ」と云つたとしても、それが必ず「机」を意味するとは受取られない場合が多い。何となれば、「これ」は机でも椅子でも、或は机の上の紙でも鉛筆でも意味することが出来るからである。そこで、この欠陥を補ふために、指なり、眼なりによつて、事物それ自体を指示することが行はれる。これが代名詞を「指す語」と規定するやうになつた一の理由ではないかと考へられるのであるが、もしさうだとすれば、それは代名詞の表現の特質を云つたものであるよりも、その特質から来る結果について云つたものであるから、そこに我々は代名詞の特質を見出す手がかりを見出さなければならないのである。

既に述べて来たところで明かにされたやうに、代名詞が、何等かの概念的表現であることに於いて、他の詞と共通するのであるが、その概念が、話手を基準にした関係概念であることに於いて、他の詞と根本的に相違するものである。このことは、表現性の特質から代名詞を規定したことになるのである。

本項を終はるに当つて、代名詞研究の重要性について一言して置かうと思ふ。代名詞研究の重要性は、要するに、言語の表現上から云つて、代名詞が主要な機能を持つことを意味するのである。

第一に、代名詞は、話手と事柄との関係の概念的表現であるから、話手と同一関係にある一切の事柄を、すべて同一の代名詞を以て表現することが出来る。これは表現上のすばらしい経済である。会話の場合などは、環境の補助によつて、代名詞が最大の効果を発揮することは、あまねく知られてゐることである。しかしながら、代名詞は、話題の事柄に関して、ただその関係概念か、事柄の極めて抽象的な概念しか表現しないのであるから、聞手は、屢〻同一関係にある数種の事柄の中、いづれを採るべきかに迷ふことが起こるのは当然である。そこに誤解の原因が生ずるのであるから、代名詞の使用については、それが表はす事柄が、明瞭に理解出来るやうに用ゐられなければならない。このことは、音声言語の場合でも、また文字言語の場合でも同じであるが、現場の補助もなく、その都度、確実性を追求する機会もなく、かつ比較的複雑な内容を表現する必要のある文章表現の場合には、特に細心の注意が払はれなければならない。例へば、一般の歴史の上に於いて、民衆に関する研究は、あまり多く開けてゐない。これは研究さるべきものであつて、しかも歴史研究から逸し、かつ忘れられてゐたものである。

といふやうな文章に於いて、傍線のある「これ」といふ代名詞は、筆者が直前に云つた或る事柄を承けてゐることは事実である。そこで、それが何であるかを検して見ると、それは、直前の「民衆に関する研究」を承けて居るのではないかといふことが想像される。そこで、この語をもう一度再現して来れば、次のやうになる。

……あまり多く開けてゐない。民衆に関する研究は研究さるべきものであつて、しかも……

これで意味が通じないといふ訳ではないが、「研究は研究さるべきものであつて」といふ表現は上乗のものとは云ひ得ない。そこで、「これは」によつて承けられる前文を次のやうに改めることによつて、その承接を一層論理的にすることが出来る。

民衆に関することの研究は、あまり多く開けてゐない。これは研究さるべきものであつ

て、

即ち、後文は前文を承けて、「民衆に関することは研究さるべきであつて」となるのである。しかしながら、また、前文を虚心に読み下して行くならば、「これ」といふ代名詞は、次のやうな文の展開を導く方がより自然のやうにも考へられるのである。

民衆に関する研究は、あまり多く開けてゐない。これ（「前文を全部承けてゐると見ることが出来る。」）は研究の困難に原因するのである。

とでも展開すべき勢を持つてゐる。何となれば、「これ」といふ代名詞は、話手と事柄との最も近い関係を表はし、かつそのやうな関係にある事柄を表現する語だからである。もし以上のやうな展開が最も自然であると仮定するならば、それに反した代名詞の用法は、文章の理解を難渋にし、時にはその論理的把握を誤らせる結果に導くのである。代名詞が単に一語によつて表はされる事柄を承けるばかりでなく、右に述べたやうに、一の文によつて表はされるやうな複雑な事柄をも表はすものであることも注意しなければならない。

代名詞は、文章の理解を正しくするためにも、また表現を確実にする上からも、充分注意されなければならないことである。このことは、本書の文章論に於いて重要な問題となることである。

(1)『日本文法学概論』一一九頁
(2)『新文典別記』(初年級用)五二頁
(3)『現代日本語の表現と語法』前篇　第四
(4)『言語四種論』

ホ　形式名詞と形式動詞

形式名詞といふ用語は、従来文法学上用ゐられたものであり、またそのやうな事実についても学者の間で問題にされたことである。(1) 木枝増一氏はこれを次のやうに説明して居られる。(2)

実質名詞といふのは名称に対してそれに相当する一定の実質概念(具体的にせよ抽象的にせよ)のあるものを言ひ、形式名詞といふのはその名称に対して一定の実質的意義をもつてゐないもので、単に名詞としての一般的形式しかもつてゐないものを言ふのである。従つてこの形式名詞を用ひる時は、その上に必ず之を制限(限定)する語を加へなければならないのである。

それはどのやうな語を指すかといふのに、例へば、

そはわが欲するところにあらず。

すつぽんのことを上方にてはまるといふ。

前後の事情から考へてそんな筈がない。

に於ける「ところ」「こと」「筈」のやうな語を指すのであるが、これらの語が、単に名詞としての一般的形式しかもつてゐないと見ることは疑問であつて、やはり語として或る概念を表現するものであることは間違ひないであらうが、ただその概念が極めて抽象的形式的であるために、常にこれを補足し限定する修飾語を必要とするやうな名詞であるといふ方が適切である。従つて、これらの語が表現する概念内容が漠然としてゐるといふ点で、接尾語と極めて近いのであるが、異なるところは、接尾語は、他の語と結合して一の複合語を構成することが出来るのに対して、形式名詞は、他の語に対する接続の関係は、独立した名詞と同じやうに用ゐられるが、それだけで独立して用ゐられることがないといふことである。例へば、接尾語「さ」は、「暑さ」「淋しさ」などといふやうに、一語を構成するが、形式名詞「こと」は、「あついこと」「さびしいこと」といふ風には用ゐられるが、「あつこと」「さび

しこと」などとは云はれない。形式名詞が文法上注意されるのは、その概念内容の問題ではなく、それが常に何等かの修飾語を伴ひ、それを含めて始めて主語なり、述語なりに立ち得る非独立性の名詞であるといふ点にあるのである。山田博士は、形式体言として、数詞と代名詞とを挙げて居られるが、(3)この中、数詞は確かに形式概念を表現するものではあるが、ここにいふ形式の意味とは異なるものである。代名詞は、その項に述べるやうに、話手と或る事柄との関係概念を表現する語ではあるが、これもここに云ふ形式名詞の中に入れるべきものではない。形式名詞といふ名称そのものが甚だ不適当ではあるが、ここでは既に述べたやうに、概念内容の極めて抽象的なそれだけでは独立出来ない名詞について云ふことにする。もし形式名詞、形式動詞の名称が不適当であるとするならば、不完全名詞、(4)不完全動詞の名称を用ゐる方がよいであらうが、不完全動詞の名称は、一般には、活用形の整はない、例へば、「敢へ」「能ふ」といふやうな動詞をいふ場合に用ゐるので、ここではこれを避けることとした。

形式名詞の例

たび（度）　このたび　私が会ふたびに

筈　そんな筈はない。　行く筈です。

ため　子供のためを考へる。　雨が降つたために止めた。

まま　思つたままを書く。

わけ　さういふ訳です。

の　私が話したのは誤です。（橋本博士はこれを準体助詞として助詞の中に入れられたが、形式名詞と考へるのが適当であらう。佐久間博士は代名助詞とされる）

折　参上の折

やう　人のやうでもない。

こと　嬉しいことだ。

うへ　お目にかかつた上で

ゆゑ　病気のゆゑを以て

間《かん》　その間

件　お話しの件　使用の件　購入の件　雑件　用件

点　指摘して下さつた点は

あげく　散々使つたあげくに

もの　馬鹿にしたものでもない。

ところ　あなたの云ふところは正しい。

よし　病気のよし

形式名詞（体言）に対して、当然、形式動詞或は形式用言が考へられる。形式動詞に関連して、形式用言の名称が、山田博士の文法学によつて一般に知られてゐるので、まづ、博士の形式用言の説について見ることにする。

山田博士は、従来動詞に所属させられて居つた「あり」を動詞の範疇から引離し、これを形式用言と命名された。これと他の実質用言としての動詞との相違点はどこにあるかと云へば、

実質用言とは陳述の力と共に何らかの具体的の属性観念の同時にあらはされたる用言にして、形式用言とは陳述の力を有することは勿論なるが、実質の甚しく欠乏してその示す属性の意味甚だ稀薄にして、ただその形式をいふに止まり、その最も抽象的なるものはただ存在をいふに止まり、進んでは単に陳述の力のみをあらはすに止まるものなり。(5)

と述べて居られるやうに、ここで形式的といふのは、概念内容の稀薄なものを指して云はれてゐるのであるから、博士のいふところの形式用言は正に上に述べて来た形式体言とその性質を同じくするものであると考へて差支へないのである。山田博士の文法体系は、語の表現する概念内容の異同といふことを、根本的な基準としてゐるやうに考へられるのであるが、

本書のやうに、表現性の相違といふことを語の類別の基礎とする考方に従ふならば、形式用言を特に実質用言と区別する必要を認めないことは、形式名詞の場合と同じである。そこで、本書では、形式用言といふものを特立せず、動詞の中で、概念内容の極めて稀薄にして、従つてそれには常に何等かの補足する語を必要とするやうな動詞を形式動詞として述べようと思ふ。この場合でも、形式名詞の場合と同様に、接尾語との関連に絶えず注意する必要がある。

形式動詞としてまづ注目されるのは「ある」であるが、今日では、「ある」は陳述だけを表現する助動詞として広く用ゐられてはゐるが（助動詞の項参照）、形式動詞としては、あまり用ゐられず、むしろ「ゐる」を多く用ゐてゐる。

「ゐる」は極めて抽象的な存在、状態の概念を表現するために、多くの場合、これを限定する修飾語を必要とする。例へば、

花が咲いてゐる（文語の「花咲きてあり」「花咲きたり」に相当する）。

川が流れてゐる。

右は、「花」「川」の存在、状態を表現してゐるのであるが、「花がゐる」「川がゐる」だけでは全く意味をなさず、連用修飾語「咲いて」「流れて」を伴つて始めて意味が完全になる。

これは形式名詞が連体修飾語を伴つて始めて意味が完全になるのと全く同じである。「する」も同様で、

暖かくしてお出かけなさい、寒いから。
見もしないで、あんなことをいふ。
びくびくする。ぬらぬらする。
それが駄目だとすれば、かうやつて見よう。
何としてもそれはまづい。

右は「す」（為）の一般的な意味である身体的な動作の意味から転じたもので、概念内容の極めて漠然とした形式動詞になつたために、多くの場合、これを補足する連用修飾語を必要とする。このやうに「する」の表現する内容が稀薄であるために、「あり」が陳述を表はす辞に転換して行つたと同様な径路をとつて、殆ど陳述を表はすに近くなつてゐる場合もある。

君にしては、上出来だつた。
月清くして、風涼し（文語）。

「なる」もまた形式動詞に数へることが出来る。

水がぬるくなる。
あの方もおいでになる。
私は実業家になる。
気が楽になる。

右は「水がなる」「私はなる」では意味の表現が全く不完全であつて、これを補ふものとして、「ぬるく」「実業家に」といふ連用修飾語を必要とする。右のやうに、それ自身では全く完全な意味を表はすことの出来ない動詞の意味を補ふための連用修飾語を、特に補語といふことがある。形式動詞について、もし補語を認めるならば、形式名詞の連体修飾語もこれを補語とすべきであるといふ湯澤幸吉郎氏の説は傾聴に値するものであり、それはまた文法操作の上に、便宜なものであると考へられる(6)。

「なす」は「す」と殆ど同義語で、一般に敬譲の接尾語を添へて「なさる」の形を以て、用ゐられる。

お読みなさる。
はらはらなさる。
御出席なさる。

「いたす」も前項と同様、「す」と同義語である。

おねがひいたす。　承知いたす。

「やる」「もらふ」「あげる」「くださる」等の語も、それが物の授受、或は上下の意味でなく、次のやうに用ゐられた時、やはりこれを形式動詞といふことが出来るであらう。

甲が乙に読んでやる。
甲が乙に読んであげる。
甲が乙に読んでもらふ。
甲が乙に読んでくださる。

「給ふ」「申す」「あそばす」についても同じである。

（1）『日本文法学概論』一〇三頁
（2）『高等国文法新講』品詞篇　七五頁
（3）『日本文法学概論』一〇四頁
（4）吉澤義則『高等国文法』
（5）『日本文法学概論』一八九頁
（6）『修飾語に関する考察』（国語と国文学　昭和六年五月）

へ　動　詞

動詞は用言の一種である。用言は体言に対立する品詞の総括的な名称で、一語が、種々の用法に従つて語形の変化するものをいふ。語形が変化する語には動詞と形容詞とがあるが、動詞は形容詞と異なつて、語尾が五十音図の行に従つて変化するものを総称したものである。

動詞の定義には、しばしば、その表現する概念内容から、「動詞は事物の動作、作用、存在をいふ語である」といふことが云はれて居り、動詞といふ名称そのものが、そのやうな意味を示してゐるやうに考へられるが、概念内容の上から動詞を規定することは用言の場合と同様、国語の性質から見て適切でない。本書では、動詞を専ら用言の根本的な性質である語形変化といふ点から規定することとした。

動詞を観察するには、次の諸点に注意しなければならない。

一　活用と接続　二　語尾と語幹　三　活用形　四　動詞の活用の種類

一　活用と接続

動詞の品詞的性質が、語形の変化する語であることは既に述べた。この変化するといふことを別の語で云へば、活用或は活用するといふことである。しかしながら、ここで大切なことは、動詞における活用の意味である。語が変化するといふ点だけを問題にするならば、英語、ドイツ語、フランス語等の verb の conjugation も活用であるといふことが出来るのであるが、conjugation と国語の活用とは、同じ語形変化でも、その性質が根本的に異なつてゐる。conjugation は、一語が、人称、単複数、時、法に従つて形を変化することを意味するのであるが、国語の場合は、これと異なり、動詞が他の語に接続したり、或はそれ自身で終止したりする場合に起こる語形変化である。国語の動詞の変化とは、動詞の断続による語形変化であつて、これを動詞の活用といふのである。国語の活用の意味が以上のやうなものであることは、活用研究の歴史が明かにこれを示してゐるので、例へば、本居宣長の門下である鈴木朖に、『活語断続譜』といふ著書があるが、ここに云ふ断続とは、終止及び接続の意味で、断続譜とは今日で云ふ活用表のことである。断続表であるから、それは当然活用する動詞と、それに接続する種々な語の両者を含めて成立するのであるが、活用研究が進み、

活用が整理されるに従つて、変化する動詞の語形だけを、

咲か　―き　―く　―け

のやうに、排列するやうになつた結果、活用とは、語形の変化を意味するものと一般に考へられるやうになつたが、それはどこまでもその語の終止或は他の語との接続による語形変化であることを忘れてはならない。

動詞の活用と、conjugation の相違は以上述べた通りであるが、もし活用を接続に基づく語形変化であると規定すると、ここに更に一の疑問が生じて来る。それは、例へば、「さけ」（酒）といふ語と、「たる」（樽）といふ語が結合する時、「さけ」の最後の音節が〔ア〕韻に転じて、「さかだる」といふやうな現象が起ることである。これも語の接続から起こる変化の現象であるとするならば、これと活用の相違はどのやうな点にあるかといふことである。右のやうな変化は、全く音声上の変化で、そこには意味といふものが関連することがない。これに反して、動詞の活用の場合は、常に特定の陳述、例へば、推量とか打消、或は連用修飾的陳述、連体修飾的陳述等に応ずるところの語形変化で、しかもそれがすべての動詞を通じて法則的に行はれるところに特色がある。「流れる水」と云へば、外見だけを見れば、動詞と名詞との結合であるが、実はこの二の語の間には、連体修飾的陳述を表はす辞が

零記号の形で存在してゐると見なければならない。これは次の二の表現を比較して見れば明かである。

イ　きれいな‖水

ロ　流れる■‖水

イの連体修飾的陳述を表はす指定の助動詞「な」に相当するものは、ロにおいては別の語によつて表現されずに零記号になつて居るが、その語に相当するものが、語形の変化即ち活用として現れてゐるのである。このやうに活用現象は、云はば、語特に辞の機能に相当すると云ふことが出来る。活用が単なる音声的事実でなく、文法的事実と考へられる所以である。活用現象はたしかに陳述の機能を含むものではあるが、しかしそれは、活用する語形、例へば、「咲き」といふ語形に特殊の陳述の意味が固定して寓せられてゐることを意味するのではない。

花は咲|かない。

花が咲|き、鳥が歌ふ。

花が咲|く。

右の三の例の「咲く」は皆述語として、そこには陳述が想定されるのであるが、語形はそれぞれに異なつてゐる。「咲か」は打消の陳述に応ずる語形であり、「咲き」は、陳述の中止に、「咲く」は陳述の終止に応ずる語形であつて、根本は動詞の接続終止に関係するのである。

二　語尾と語幹

語尾とは、動詞がそれだけで終止したり、他の語に接続したりする場合の終止面及び接続面をいふ。連続した語句、例へば、「花が咲けば」のやうなものを基にして考へるならば、そこから語を分析した場合の動詞の切断面であるといふことが出来る。右の例で云へば、「咲け――ば」の「け」が語尾であるといふことになる。今、動詞を主にして、「咲く」といふ語に例をとるならば、それが「ない」「ます」「時」「ば」及びそれが終止する場合を考へて見るのに、

咲か|ない。
咲き|ます。
咲く|時、

咲けば、
咲く。

右の傍線の部分が、接続面或は終止面であつて、この接続面或は終止面を動詞の語尾といひ、語尾を除いた直接接続に関係のない部分即ち「さ」が語幹である。次に、「越える」といふ動詞の接続面と終止面とを取り出して見ると、

越えない。
越えます。
越える時、
越えれば、
越える。

右のやうに、「ない」「ます」に接続する語尾は、「え」であるが、「時」「ば」及び終止の場合は、「る」「れ」が接続面であり、また終止面であるが、このやうな語については、「える」「えれ」をこの動詞の語尾といふのである。「える」「えれ」をまとめて語尾といふのは不合理のやうに考へられるが、富士谷成章は『脚結抄《あゆひしょう》』の中の装《よそひ》(1)図の中で、右のやうな

「る」「れ」を靡《なびき》と称してゐる。恐らく語尾がなびいたものといふふうに比喩的に考へたものであらうが、動詞の接続関係から考へるならば、語尾を以上のやうに考へることは適切であらうと思ふ。

ある動詞については、語幹と語尾が同じになつてゐて、語幹がそのまま接続終止の面を兼ねることがある。「見《み》る」「為《す》る」「寝《ね》る」等の動詞は、語幹の「み」「す」「ね」がそのまま、「みよう」「します」「ねない」のやうに接続する。

三　活用形

動詞について活用形といふことを云ふ場合、一往それは動詞が他の語に接続する場合の語形であるといふことが出来る。例へば、「咲けば」といふ句において、動詞「咲く」が「ば」に続く場合の「咲け」が活用形である。また、「咲きました」から分析される「咲き」、「咲いた」から分析される「咲い」もそれぞれに活用形である。しかしながら、活用形といふのは、動詞が他の語に接続する個々の語形について云はれるのでなく、そのやうな語形の整理統合されたものについて云はれるのである。それならば、そのやうな整理統合は、どのやうな見地において行はれるかと云ふならば、それは接続する語を基準にしたものである。例へば、一切の体言は、一の動詞については必ず同じ語形から接続して、「咲く時」「咲く花」「咲くやうだ」のやうに云ふ。そこでこのやうな体言に接続する語形を一の活用形と立てて連体形といふ名称が成立することになる。次に、助詞、助動詞について、これを見ると、すべての助詞、助動詞が、みな一様にある語形から接続するのではなく、例へば、「ない」といふ助動詞は、「行か」といふ語形に接続するのに対して、「ます」といふ敬譲の助動詞は、「行き」といふ語形に接続するといふやうに、接続する語形を異にするのであるが、「ない」と同様な接続関係を持つ語は、他に、「う」「よう」等の語があり、「ます」と同様なものに、一切の動詞等がある。そこで「ない」の語群、「ます」の語群に応ずる活用形として、未然形、連用形といふ名称が成立する。このやうな研究の手順によつて、近世の国語学者によつて整理された活用形の名称は、次のやうなものである。即ち、

未然形　連用形　終止形　連体形　仮定形（文語では已然形或は既然形といふ）　命令形

の六であり、それぞれの動詞について、活用形の簡単な判別法として次のやうな方法がとられてゐる。

未然形　助動詞「ない」が附く語形。

読まない　起きない　来ない

連用形　敬譲の助動詞「ます」が附く語形。

受けます　します

終止形　切れる語形。

書く。考へる。

連体形　体言例へば、「時」が附く語形。

見る時　する時

仮定形　助詞「ば」が附く語形。

起きれば　考へれば

命令形　命令を表はし、或は命令の意味の助詞「よ」が附く語形。

押せ。投げよ。

このやうな活用形の研究は、近世においては、全く文語を基礎にして整理されたものであり、明治以後になつて、やうやく口語の活用形が整へられるやうになつた。今日においては、一般の動詞については、終止形に接続する語群と、連体形に接続する語群との間に接続関係の相違を認めることが出来ないので、むしろこれを統合して、終止連体形といふ活用形を立てることも一の方法であるが、文語法との関連上から、及び指定の助動詞「だ」については、今日なほ連体形「な」「の」の形が行はれてゐるのであるから、従来の終止形、連体形の名称を保存する理由もあるのである（指定の助動詞の項参照）。

活用形についてその接続関係を考へる時、助動詞「た」は、次のやうな語形から接続する。即ち、

咲いた
立つた
読んだ

これらを「た」の接続する特殊の活用形と見て、学者によつてはこれを音便形の名称を以て呼ぶことがある。(2)現代口語の事実に即するならば、確かに「た」の接続は、右に述べたやうな特殊な語形から接続するのであるが、このやうな接続関係は、四段活用では、サ行動詞を除いたものについて存在し、サ行四段及びその他の活用の動詞については、「ます」の一群に属する語と同様に、一律に連用形に接続する。即ち、

貸した
起きた
受けた

して見れば、「た」は原則的には連用形接続の語と認め、「咲い」「立つ」「読ん」の語尾「い」「つ」「ん」は、連用形の語尾の変形したものと認めることは必しも不当ではない。かつこれを歴史的に見れば、或る時代には、「咲い」「立つ」「読ん」は、「咲き」「立ち」「読み」の音便現象として並行して行はれたのであるから、これら音便形を連用形と全く別の活用形として立てる理由はないのである。以上述べた音便形の処理は、実は文法学上の根本に触れる問題を含んでゐるのであつて、文法的処理は、言語の現象的事実にのみ執することは許されないのであつて、現象の奥にひそむ法則を探求することが重要な任務とされるのである。さればと云つて、現象を無視して法則を立てるならば、それはまた言語の事実に沿はないこととなる。現象の奥にひそむ法則の探求と云つても、そこには必ず言語学的証明に堪へるものがなければならないのは当然である。

次に、活用形の名称について屢〻起こる誤解について説明をして置かうと思ふ。例へば、未然形といふ名称から、「行か」「受け」といふ語形そのものに、右の名称のやうな意味があると考へるのは大きな誤解である。この名称は、この語形に接続する一群の語の一端をとつて仮りに命名したのであるから、誤解を避ける意味からするならば、むしろ第一活用形と名づけ、順次、第二、第三と命名するのも一方法と思ふのであるが、誤解のおそれを除くならば、従来の名称も便宜であるのでこれに従ふこととした。

四　動詞の活用の種類

動詞において活用形が明かにされるといふことは、その動詞の接続関係が明かにされることを意味する。活用形の研究によつて、動詞の接続関係は簡明にすることが出来た。更に進んで、それぞれの動詞の活用形の語尾を整理分類することによつて、すべての動詞は、それぞれに一定数の基本形式に分属させることが可能である。このやうにして明かにされたものが動詞の活用の種類である。動詞の種類の分類は、いろいろの見地からこれを分類することが出来るであらう。例へば、自動詞、他動詞による分類、概念内容による動作性動詞と状態性動詞等の別が考へられるであらうが、動詞の品詞としての根本的性質は活用する語即ち用言にあり、そのことは換言すれば、活用形の変化にあるのであるから、その点に着目して分類することは、国語の動詞の性質の上から見て、また実用的見地から見て当然のことである。活用形の変化は、これを動詞の語尾の変化に置換へることが可能である。そして語尾の変化は、これを五十音図の仮名の上に配当することによつて一層明瞭にすることが出来る。例へば、語尾が、五十音図の何行のあいうえの四段に配当されるものが何行四段活用であり、同様にして、い及びい段に「る」、「れ」の添つたものに配当されるものが上一段活用である。ここに「上《カミ》」といふのは、やはり五十音図に即して、う字を界にして、あいうが上であり、うえおが下であると考へたところから来るのである。かくして今日、口語において認められてゐる活用の種類は次の通りである。

四段活用
上一段活用
下一段活用

外に「来る」「する」の二語だけが、例外的な活用をするので、次の二の変格活用を設ける。

か行変格活用
さ行変格活用

以上正格三種、変格二種あはせて五種の活用が認められてゐる。これを図に示せば次の通りである（次頁参照）。

動詞について何行といふのは、語尾の音韻に即していふのではなく、五十音図に配当された仮名に即していはれてゐることである。故に、「笑ふ」が「は」行四段であるといふのは、この動詞の語尾が、五十音図の「は」行文字に活用することである。この動詞の語尾を表音的に訂正した場合のことについては、総論第六項を参照されたい。

活用の種類を示す表

動詞の種類＼活用形	未然形	連用形	終止形	連体形	仮定形	命令形	五十音図配当
四段活用（書く）	—か	—き	—く	—く	—け	—け	(あ)(い)(う)(え)お
上一段活用（起きる）	—き	—き	—きる	—きる	—きれ	—き	あ(い)うえお
下一段活用（捨てる）	—て	—て	—てる	—てる	—てれ	—て	あいう(え)お
カ行変格活用（来る）	こ	き	くる	くる	くれ	こ	あ(い)(う)え(お)
サ行変格活用（為る）	し せ	し	する	する	すれ	し せ	あ(い)(う)えお あ(い)(う)(え)お

（1）『国語学史』一五七頁。今日の活用表に当る。
（2）橋本進吉『新文典別記』（初年級用）

ト　動詞の派生語

接尾語が、体言的なもの、用言的なものを通じて、語の構成要素となつて、新しい語を作ることは後に述べる予定である。接辞が附いて出来た語を派生語 derivative といふのであるが、ここでは、これら派生語の中で、極めて普遍的に行はれる動詞の派生語について述べることにする。

一　自動詞と他動詞との対立

日本語では、客語（或は目的語）object を表示する記号が無いために、客語の必要の有無といふことで、本来的に動詞について、自動、他動を決定することは出来ない。ただ意味の上から、或は接尾語によつて、動詞の対立が考へられる場合、相互に一方を自動詞といひ、他を他動詞といふことがある。

(一) 自・他ともに同じ活用形のもの

増す (自、サ行四段)　水が増す。
増す (他、サ行四段)　水を増す。

吹く (自、カ行四段)　風が吹く。
吹く (他、カ行四段)　火を吹く。

(二) 自・他が活用の種類は同じで、行の相違によつて分れるもの

あまる (自、ラ行四段)　費用があまる。
あます (他、サ行四段)　費用をあます。

おこる (自、ラ行四段)　事件がおこる。
おこす (他、サ行四段)　事件をおこす。

(三) 自・他が活用の行は同じで、種類の相違によつて分れるもの

あく (自、カ行四段)　門があく。
あける (他、カ行下一段)　門をあける。

くだける (自、カ行下一段)　氷がくだける。
くだく (他、カ行四段)　氷をくだく。

(四) 自・他が活用の行と種類の相違によつて分れるもの

埋まる（自、ラ行四段）　堀が埋まる。
埋める（他、マ行下一段）　堀を埋める。

揚がる（自、ラ行四段）　旗が揚がる。
揚げる（他、カ行下一段）　旗を揚げる。

（五）自動詞の語尾（未然形）に、他動の意味を表はす接尾語「す」「せる」「させる」が附いて自・他に分れるもの

驚く（自、カ行四段）　子供が驚く。
驚かす（他、サ行四段）　子供を驚かす。

思ふ（自、ハ行四段）　昔を思ふ。
思はせる（他、サ行下一段）　昔を思はせる。

寝る（自、ナ行下一段）　子供が寝る。
寝させる（他、サ行下一段）　子供を寝させる。

二　受　身

動詞の語尾に、受身を表はす接尾語「れる」「られる」をつけて表はす。「れる」は四段活用の未然形に、「られる」はその他の活用の未然形につく。

笑ふ（自、他　ハ行四段）　子供が（を）笑ふ。
笑はれる（受、ラ行下一段）　弟に笑はれる。

蹴る（他、ラ行四段）　石を蹴る。
蹴られる（受、ラ行下一段）　馬に蹴られる。

また、サ変の動詞が受身になる場合は、「しられる」とは云はずに、「される」と云ふ。

議論する
議論される

不問にする
不問にされる

右のやうに、受身の動詞を作る接尾語「れる」「られる」は、従来、助動詞として取扱はれて来たのであるが、その項にも述べるやうに、これらの接尾語は、辞としての助動詞に属するものではなく、詞の中の用言に属する接尾語として考へなければならないものである。一般に助動詞の附いたものは、例へば、「授けない」は「授け・ない」のやうに、一の句であつて、どこまでも二語として取扱はなければならないものであるが、接尾語の附いたものは、「授けられる」のやうに、これを複合動詞或は全く一語として取扱ふことが出来るのである。従つて、主語との照応も受身の場合は、接尾語の附いたものが一語としてその述語となることが出来る。

彼は賞を与へない（主語「彼」に対する述語は「与へ」である）。
彼は賞を与へられる（主語「彼」に対する述語は「与へられる」である）。

以下、可能、自発、敬譲、使役についても同じことが云へる。

三　可　能

動詞の語尾に、可能を表はす接尾語「れる」「られる」をつけて表はす。「れる」「られる」の接続のしかたは、前項の受身の場合と同じである。

読む（マ行四段）　私は本を読む。
読まれる（可能　ラ行下一段）　私は本が読まれる。

寝る（ナ行下一段）　早く寝る。
寝られる（可能　ラ行下一段）　私はよく寝られる。

可能を表はすには、自他の対立の場合の㈢のやうに、四段活用を下一段に活用させても表はすことが出来る。

水を飲む。　　マ行四段
この水は飲める。　マ行下一段

四段以外の動詞についても、「起きられる」を「起きれる」、「食べられる」を「食べれる」、「受けられる」を「受けれる」などといふこともある。可能の表現には、意味上、命令形を用ゐることはない。

四　自発或は自然可能

動詞の語尾に、自発或は自然可能を表はす接尾語「れる」「られる」をつけて表はす。「れる」「られる」の接続のしかたは、前項の受身、可能の場合と同じである。命令形を用ゐないことは可能の場合と同じである。

｛昔のことを思ひ出す（サ行四段）。
　昔のことが思ひ出される（ラ行下一段）。

｛あなたの来るのを待つ（タ行四段）。
　あなたの来るのが待たれる（ラ行下一段）。

自発と可能との間には意味の本質的な区別があるわけではない。

五　敬　譲

動詞の語尾に、敬譲を表はす接尾語「れる」「られる」をつけて表はす。「れる」「られる」の接続のしかたは前項と同じで、この場合には時に命令形を用ゐることが出来る。

｛私は今日出かける（カ行下一段）。
　先生は昨日出かけられた（ラ行下一段）。

｛人の厚意を受ける（カ行下一段）。
　人の厚意は素直に受けられよ（ラ行下一段）。

敬譲の接尾語による敬譲の表現は、話手の敬意の表現と考へるならば、事柄の表現に関することではなくて、話手の立場の表現として、これらの接尾語は、むしろ助動詞として辞に属するのではないかと云ふ疑問が起こるであらうが、右のやうな敬譲の表現は、話手の敬譲の意の直接的表現ではなくして、事柄について、それを特殊なありかたのものとして表現するところに右のやうな敬譲の表現が成立つのである。従つて右のやうな表現は、敬譲の意に基づく事柄の表現といふことが出来るのである。これを次のやうな敬譲の表現と比較すると一層明かにすることが出来る。

先生は昨日出かけられた。
先生は昨日お出かけなされた。
先生は昨日お出かけになつた。

即ち、或る動作を、事実そのままのものとして表現せず、「なさる」「になる」といふ語を用ゐて、そのやうな事実が、「出来する」「成就する」といふ表現をすることによつて、それが敬譲の表現となるのと同じである。

以上述べた受身、可能、自発、敬譲の表現に用ゐられる接尾語「れる」「られる」は、その起源に於いては、恐らく、存在を意味する動詞「あり」の用法の種々に分化発達したものではあるまいかと考へられる。

また、これらの接尾語がついたものは、一語として考へられると同時に、複合語としても考へられるのであつて、次のやうな用例についてこれを見ることが出来る。

如何に困難であるかを知られるのである（『夜明け前』、原本は「知らるる」とある）。

右の「知られる」は「知る」と「れる」との結合した複合動詞であつて、もしこれを一語と見れば、当然右の文は、「困難であるかが知られる」とならなければならないのであるが、例文のやうに、「……を知られる」となつてゐるのは、「知る」が分離して、その客語として、「……を」といふ助詞が用ゐられたものと解されるのである。同様に、

島と島との間を見通せないので（『志賀直哉全集』巻七）

右の「……の間を」は、「見通す」（他動、サ行四段）の客語であり、「見通せ」は、サ行下一段の可能の動詞として次へ続いて行くのであるから、この「見通す」といふ動詞は、一語でありながら、意味的には二語の複合語と同じやうに用ゐられてゐるのである。

妻を殺され、子を殺されて、われ亦死しては竟に益なし（『八犬伝』巻二）。

「殺す」の客語は、「妻」及び「子」で、その主語はその殺害者であるが、「殺され」の主語は、この文の話手「われ」であつて、「殺され」といふ動詞は、ここでは前々例文と同様に、二語に分離して用ゐられてゐる。

私は電話をかけられて困つた。
事の顚末を報告されて、私も安心した。

右の文は、次の文とは当然意味が異なつて来る。

事の顚末が報告されて、一切が明かになつた。

前の文では、「事の顚末」は、「報告す」の客語であるが、後の文では、「報告され」の主語となつて居つて、受身の意味を持つ一語として用ゐられてゐるのである。

六　使　役

他動詞の語尾に、更に他動を表はす接尾語「す」「せる」「させる」をつけて表はす。

「す」「せる」は四段の未然形に、「させる」はその他の動詞の未然形につく。

読ます（使、サ行四段）　本を読ませば、読める。
読ませる（使、サ行下一段）　本を読ませれば、読める。
受けさせる（使、サ行下一段）　試験を受けさせた。

「す」「せる」は必しも相通じて用ゐられるとは限らないやうであるが、次のやうに用ゐられる。

やらした　やらせば、やります（「す」を附けた場合、サ行四段）。
やらせた　やらせれば、やります（「せる」を附けた場合、サ行下一段）。

持たした　筆を持たせば、立派に書く。
持たせた　筆を持たせれば、立派に書く。

サ変の他動詞を使役にする場合には、「発見しさせる」とは云はずに、「発見させる」といふ。

使役とは、他動詞に更に他動の接尾語が付いたものであるから、いはば、二重の他動といふことが出来る。それが複合語的性格を持つて分離されることがあることは前項同様である。

私は彼に劇をやらせた。

右に於いて、「私」は「やらせ」の主語であるが、「劇」は「やる」の客語である。使役の構成は、二重他動にあるのであるから、自動詞に「す」「せる」「させる」をつけても使役にはならない。

沈む（自）
沈める（他）　沈ます（他）
沈めさせる（使役）

浮く（自）
浮かす（他）　浮かせる（他）
浮かさせる（使）

喜ぶ（自）
喜ばす（他）　喜ばせる（他）

寝る（自）
寝す（他）　寝かす（他）　寝かせる（他）
寝させる（使）　寝かさせる（使）

ただ、「せる」「させる」のついた他動詞は、そのまま使役に用ゐられることが多いやうである。

チ　形容詞

形容詞は用言の一種であつて、動詞と異なるところは、活用の語尾が五十音図の排列とは無関係に、一律に「く」「い」「けれ」と活用することである。形容詞もその接続終止の関係から活用形を持つが、それぞれの活用形に接続する語は、動詞と必しも一致しない。また、動詞の場合には、語尾変化だけで命令を表はすことが出来るが、形容詞の場合には、指定の助動詞「ある」を附け、その命令形によつて表はすから、形容詞そのものの語形変化としては命令形を欠いてゐる。また、動詞の場合では、活用形に直に接続して表はすことの出来る推量、並に過去及び完了は、形容詞の場合には、指定の助動詞「ある」を介して附く。

命令の表現

正しくあれ（「あれ」は形容詞の連用形に附く）。

推量の表現

寒からう（寒く―あら―う）。

過去及び完了の表現

美しかつた（美しく―あつ―た）。

形容詞の活用形は次の通りである。

未然形　助動詞「ない」が附く語形。(1)

正しくない。　高くない。

連用形　助詞の「て」或は用言が附く語形。

丸くて大きい。　美しく見える。

終止形　切れる語形。

流れが早い。　損害が大きい。

連体形　体言、例へば「こと」が附く語形。

勇ましいこと　高い山

仮定形　助詞「ば」が附く語形。
早ければ待ちませう。　恥かしければ止めよ。

語尾及び語幹については既に動詞の項で触れたが、動詞の語幹は一般に全く独立性を失つてゐるのに反して、形容詞では、語幹が一の体言として意味的に独立性を持つことが屢〻ある。形容詞の語幹は、体言に転成する可能性を持つ動詞の連用形に匹敵するものである。従つて、形容詞の語幹は、他の体言、用言と結合して複合語を構成することがある。

㈠　手なが　足ばや　待ちどほ
㈡　高値　遠ざかる　細長い
㈢　深さ　寒さ

また、「ほそぼそ」「近々」のやうに語幹を重ねて一語を構成したり、「ながのいとま」「はや到着した」のやうに一語としての機能を持つことが多い。
以上のやうな形容詞の語幹の性質から判断して、形容詞の語尾「い」は、語尾と考へるよりも、むしろ活用を持つた接尾語と見る方が適切であると云へるのである。類似の接尾語として、「しい」「ない」「らしい」「がましい」等がこれに属する。動詞の語尾は、起源的には接尾語或は独立の一語と見るべきものもあるであらうが、今日においては、動詞の語尾と語幹は全く一語に結合して殆ど遊離性を持たない点で形容詞と異なつてゐる。

（1）　助動詞「ない」の代りに、打消助動詞「ぬ」を用ゐる場合は、助動詞「ある」を介して、次のやうにいふ。この場合「ある」は形容詞の連用形につく。

面白からぬ傾向（面白く—あら—ぬ）

リ　いはゆる形容動詞の取扱ひ方

本書では、形容動詞の品詞目を立てなかつた。そこで、従来、形容動詞として取扱はれて来た語をどのやうに説明するかを明かにする必要がある。

まづ、形容動詞と考へられて来た語を挙げて見るのに、

一「白からう。」「白かつた。」といふ云ひ方に於いて、「白から」「白かつ」を形容動詞の活用形と認めるのである（文語に於いて第一種形容動詞といはれて来たもの）。

二「静かだ。」「丈夫だ。」の如き類である（文語に於いて第二種形容動詞といはれて来たもの）。

三「堂々たる風采」「確乎たる意志」に於ける「堂々たる」「確乎たる」を形容動詞の活用形と認めるのである（文語に於いて第三種形容動詞といはれて来たもの）。

橋本進吉博士に従へば、右の中、第一の場合は、活用形も、未然形、連用形以外には用ゐられず、かつ助動詞「う」と「た」とに接続する場合だけであるから、これを形容詞の活用系列の中に収めて、特に第一種形容動詞といふものを立てない。次に第三種形容動詞については、体言に連る場合にかぎられるから、これを連体詞に入れて、特に形容動詞として取扱ふ必要はないとされた[1]。かくして、口語で形容動詞と認むべきものは、文語の第二種形容動詞に当るものだけに限られ、その活用形は次のやうになるとされてゐる。

語幹＼語尾	未然形	連用形	終止形	連体形	仮定形	命令形
静か	だら	だっ で に	だ	な	なら	○

以上は橋本博士の見解であつて、これは国定教科書に採用されて広く行はれてゐる考方である。なほ、他の学説も紹介すべきであるが、それらについては、随時、必要に応じて附説することにして、ここでは直に本書の見解を述べることとする。

第一に、「静かだ」「丈夫だ」を一語と考へ、そこからこれを形容動詞といふ一品詞を立てるべきであるといふ考へが出て来るのであるが、これらの語を一語として取扱ふことが、一の問題として取上げられなければならない。一般に我々の常識的な言語意識として、「静か」「丈夫」といふやうな語は、「親切」「綺麗」「勇敢」「大胆」「おだやか」「すなほ」などの語と共に、一語として考へられ、辞書に於いても一般にそのやうに採録されてゐる。これは、文法を取扱ふ上の一の重要な根拠である。橋本博士は、これらの語が、単独で用ゐられないことを理由として、一語と認めることを不穏当であるとされるのであるが、「たちまち」「すぐ」といふやうな語も、連用修飾語以外に主語として単独に用ゐられることのない、用法の限られた語であるが、これを一語でないとは云ふことは出来ない。かつ、「静かだら」「静かなら」といふやうな語もそれだけ単独に用ゐられることがないから、これを一語とすることは不穏当であると云はなければならないのである。

今、「静か」「丈夫」を一語とするならば、「静かな」「静かだ」或は「丈夫に」「丈夫で」「丈夫なら」に於ける「なら」「で」「に」「だ」を何と見るべきかといふに、本書では、これを指定の助動詞「だ」の活用系列と考へたのである。即ち、「静かな」「丈夫に」は、「静か」「丈夫」といふ語形の変化しない語、即ち体言に、指定の助動詞の附いたものと考へたのである。このことについては、後章指定の助動詞の項を参照せられたいが、右のやうにして、いはゆる形容動詞は、一般に体言（名詞）に指定の助動詞の附いたものと全く同等に取扱はれることとなるのである。

彼は私の親友（体言）だ（指定助動詞）。

彼は親切《体言》だ《指定助動詞》。

ただ右の二例について区別されることは、意味の上から云つて、前者の「親友」が名詞的であるのに対して、後者の「親切」が形容詞的であり、従つて、後者には、「大変」「非常に」といふやうな連用修飾語を加へることが出来る。しかし、それは意味の上から来ることで、「親友」「親切」の二語が語性を異にしてゐるためであるからではないのである。例へば、「健康」「単純」「単調」といふやうな語をとつて見ても、

彼は健康を誇にしてゐる。
彼は非常に健康だ。
単純を選ぶ。
極めて単純な事柄。
単調に飽いた。
すこぶる単調だ。

これらがいづれを名詞とし、いづれを形容動詞とするかは容易に判断を下し得ないことであ

つて、教育上からも極めて困難な問題である。これらの相違は、品詞の別として教授せらるべき事柄ではなくして、名詞の意味論に所属する問題である。全く名詞と考へられてゐる語の中にも次のやうな用法がある。

明日から学校だ。

水に入つたら、てんで金槌だ。

名詞や体言が、連用修飾語をとることについては、文論の述語格の項を参照されたい。

形容動詞を立てることの不合理は、その敬語的表現の説明に困難を感ずることである。「静かだ」に対応する敬語的表現は「静かです」となるのであるから、「静かだ」を形容動詞と立てるならば、「静かです」も当然形容動詞としてその活用系列が説明されなければならない筈であるが、国定教科書に於いては、「です」を断定を表はす助動詞としたため、「静かです」は形容動詞の語幹に「です」が附いたものといふやうに説明せざるを得なくなつたのであるが、もし「静か」を一語と見ることが出来ないといふ立場を固執するならば、「静かです」も当然それだけで一語と見なければならないし、「です」を分離させて、断定を表はす語であると見ることも出来ない訳である。本書に於いては、「静かです」或は「静かでございます」の場合も、「静かだ」の場合と同様に、体言に敬譲助動詞「です」「でございす」が附いたものとして説明した。

橋本博士は、「確かである」「立派でございます」のやうなものは、形容動詞の「確かだ」「立派です」などとは別で、副詞「確かで」と、補助用言「ある」「ございます」との連語であると説明された。(2) しかし博士は、また別のところで、「確かで」「立派で」を形容動詞の連用形として扱つて居られると同時に、(3) 形容詞の連用形を副詞とすることには賛成して居られないのであるから、(4) 右の取扱ひには多分に矛盾が存すると云はなければならない。これは、「確かだ」を一語の形容動詞と考へるところに無理があるのであつて、本書では、「確か」といふ体言に、指定の助動詞「だ」「で」「に」「である」「です」「でございます」等が附いたものとしたのである。「確かに」を副詞とするのは、広義の副詞の場合に許されることで、本書では、体言「確か」が連用修飾語に立つたものとした（連体詞と副詞の項参照）。

（1）『国語の形容動詞について』橋本進吉博士著作集　第二冊
（2）『新文典別記』（上級用）（昭和十年二月版）二九八頁
（3）『国語の形容動詞について』橋本進吉博士著作集　第二冊　一二二頁
（4）『改制新文典別記』（口語篇）三七頁

ヌ　連体詞と副詞

日本語に於いて認定される単語は、一般に格の記号を持たないのが普通である。語は無格性であるといふことが出来る。従つて、そこから導き出される品詞の概念にも、格の概念を伴はない。これに反して、ヨーロッパの言語のあるもの、例へば、ラテン語、ドイツ語の如きに於いては、名詞は必ず何等かの格記号を伴ふのが常で、無格の名詞、例へば、「机」といふ語に相当するラテン語、ドイツ語を考へることは出来ない。そのやうな場合には、主格を以て代用するのである。印欧語は元来このやうに有格性の言語であるために、そこから導き出された品詞の概念の中には、他の語との関係の概念が含まれることが多い。adjective, adverb のやうな品詞は、これらの語が、常に他の語に附加されるといふ機能的関係から命名されたものである。動詞 verb に対する見方にも、それが、主語である名詞の陳述をすることに、その本質的性格を認めようとするのである。ここにも陳述と動詞の概念的表現とが不可分離のものとして融合してゐる。

以上のやうな印欧語の性格に対して、国語に於いては、格は必ず別の語、即ち助詞によつて表現される。従つて、名詞と格表現との結合である句が、ラテン語やドイツ語に於ける一語に相当する訳である。同様にして、国語の動詞は、用言即ち語形変化をする語として理解される以外に、それが陳述の機能を持つと考へることは誤りである（文論、用言に於ける陳述の表現参照）。

ところが国語に於いても、或る種類の語は、連体修飾語か、連用修飾語以外には用ゐられないといふやうなものがある。即ちこれらの語は、格表現がその語の中に本来的に備つてゐると見るべきものなのである。そこで、これらの中、連体修飾語としてのみ用ゐられるものを連体詞といひ、連用修飾語としてのみ用ゐられるものを副詞といふことにする。これらの名称は、体言、用言、動詞、形容詞等の品詞の概念が、全く語それ自体の持つ性質に基づいてゐるのに対して、文構成上の役目をも含めて呼ぶところに、大きな相違点を見出すのである。これらの品詞と他の品詞との関係を明かにするために、先づ連体詞について説明を試みてみる。

イ　昔のことです。（体言）

ロ　ある日のことです。（連体詞）

イの「昔」といふ語は、助詞「の」を伴つて、下の体言「こと」に対して連体修飾格に立つてゐるが、修飾的陳述の表現である「の」を除いた「昔」といふ語は、体言であつて、それは他の別の格にも立つことが出来る語である。換言すれば、体言がこの場合連体修飾語に用ゐられてゐるので、ここでは、体言としての品詞の性質と、その文構成上の職能は別のものと考へられる。これに反して、ロの「ある」は、語形の変らないといふ点では、一往体言とすることが出来るが、この語は、英語のthis, that等が連体修飾語として用ゐられたものを、demonstrative adjectiveと呼ぶやうに、その用法が限定された特殊の語であるから、その文構成上の職能をも含めて連体詞と呼ぶことにするのである。連体詞といふ名称は、近頃の学者の考案したものであるが、既に総論文法用語の項に於いて述べて置いたやうに、いはゆる形容詞といふ名称は、このやうな形容を意味する特殊な語のために保留して、連体詞と呼ぶ代りに、これらをこそ形容詞と呼ぶのが適切ではないかと思ふ。従つて、これらの語は、形容詞的職能を持つ品詞の意味になるのである。連体詞の名称は、このやうに職能を含めた名称であるから、これを拡張して、前例のイの場合の「昔の」を、その修飾的陳述を表はす「の」を含めて、連体詞と云つても差支へないことになる訳である。厳密な意味に於ける連体詞に於いて、右のやうな修飾的陳述を表はす語は、語そのものの中に、融合してしまつてゐると見るべきである。元来国語の諸語は、無格性を常とするのであるから、厳密な意味に於ける連体詞は極めて少数である。例を挙げるならば、

一　本問題　該事件等の漢語に属するもの。

二　とんだ災難　いはゆる秀才型　大きな家[1]　去る十日　曲つた道[2]

三　イ　こんな話　あんな出来事

　　ロ　この本　その時

三は、これらの語の性質上、むしろ代名詞の系列に所属させるべきものであることは、代名詞の項に述べたところであるが、その職能をも含めていふならば、連体詞的代名詞とでも呼ぶべきものである。

次に、副詞について述べる。

イ　昔おぢいさんとおばあさんがありました。

ロ　会議はすでに終つてゐた。

イの「昔」は、連体詞の場合と同様に、品詞としては体言であつて、この場合、連用修飾語として用ゐられたものである。ところが、ロの「すでに」は、「静かに」「ほがらかに」等のいはゆる形容動詞と云はれてゐる語が、「静か」と「に」、「ほがらか」と「に」に分解して二語の結合と考へられるのに対して、これだけで一語と考へざるを得ない語である。そしてイの場合と異なるところは、この語が体言として種々の格に立つことが出来る無格性のものではなく、連用修飾語として以外には用ゐられない語である。即ちこの語は、連用修飾語としての性質をその中に持つてゐると見ることが出来る。このやうにして、一語にして概念と同時に修飾的陳述を含む語を特に副詞と名づけるのである。一般に次のやうな例に於いて、花が美しく咲いてゐる。

「美しく」を形容詞と見るべきか、副詞と見るべきかについて疑問が起こる。これを形容詞と見る立場は、この語を用言の一活用形と見るのであつて、その場合、この語の、この文に於ける職能といふものは考慮の外に置かれてゐる。それは、「美しい」といふ語は、用言として、本来、無格性のものであるから、この語の品詞が何であるかと問はれるならば、右のやうに答へるのは当然である。今、この語を副詞と見る立場は、この語の持つ連用修飾的陳述をも含めて云ふのであつて、実は、そのやうな連用修飾的陳述は、零記号の形式を以てこの語に別に加へられたものと解することは、無格性を本体とする国語の単語に於いて当然認められなければならないことである。これを図示すれば、次のやうになる。

美しく■

即ち、「美しく」と、零記号の陳述とを含めて始めて副詞といふことが出来るのである。もし副詞の名称も広義に解するならば、この語の、この場合の用法に即して副詞といふことが許されるのは、連体詞の場合と同様である。しかし、「美しく」だけに即して云ふならば、

美しく、赤い花

とも云はれるやうに、連体修飾語にも立ち得る語であり、更に他の活用形を考へに入れるならば、一義的に副詞とは云へないことは明かである。ヨーロッパの言語が、接尾語 -ly を添加して連用修飾語的職能を一語の中に表示するのと異なり、国語の用言の活用形は、決して格を表示するものではないのであるから、一語に即して云ふならば、右のやうな形容詞の連用形を副詞といふことは出来ないのである。ところが、若干の語は、「すでに」のやうに、一語の中に連用修飾的陳述を含めてゐるのがあるので、特にこれを副詞として取扱ふのである。

ここで連体修飾語及び連用修飾語の名称について一言するならば、連体、連用といふことは、活用形の名称の適用であると思ふのであるが、この名称は、専ら用言と体言との接続関係を形式的に云つたもので、そこには、文の職能に関する概念は含まれてゐない筈である。文の構成要素の間の職能関係は、体言、用言等の品詞別を超越して、語の意味的関係に於いて成立するのであるから、文構成の職能に関する用語としては、先きに保留した形容詞的修飾語及び副詞的修飾語の名称を使用するのが合理的である。何となれば、形容詞、副詞の名称は、語の意味的な機能関係について云はれることだからである。例へば、きつぱりお言ひでしたか。

明日から学校だ。

に於いて、「きつぱり」は常に副詞的修飾語に用ゐられる語であるから、これを副詞と名づけることは既に述べた。そしてこの語は、下の「お言ひ」といふ用言から転成した体言を修飾する関係に立つてゐる。しかし、「きつぱり」といふ副詞は、体言といふ品詞に関係してゐるのでなく、この語の持つ動作的意味に関係してゐるのである。また、次の「明日」は、助詞「から」によつて格が表示され、連用修飾語に立つてゐる体言であるから、一般には、用言との関係が予想されるのであるが、ここでは、体言「学校」が関係してゐる。これも、実は体言そのものが関係してゐるのでなく、「学校」といふ語の持つ意味に関係するのである。「学校」は、ここでは建築物の意味でなく、学習、勉学と同義語に用ゐられ、動作、状態を意味するのである。従つて、「明日」といふ語も、連用修飾語といふよりは、副詞的修飾語と呼ぶのが適切である。橋本博士は、形容詞的修飾語、副詞的修飾語、特に形容詞的修飾語の名称は、適当でないとして、連用、連体の名称を用ゐると云つて居られるが(3)、それは、形容詞の名義が国語に於いては特殊の用言の名義に用ゐられて居ることが理由とされるからである。右に述べた私の提案は、形容詞の名称を今日いはゆる連体詞の名称に保留した場合にのみ成立するものであることを附加へて置きたい。

副詞の修飾関係を右のやうであるとして見れば、

一　大層静かな家　　もつと穏かな日

に於いて、副詞「大層」「もつと」は、従来、形容動詞「静かな」「穏かな」を修飾してゐると考へたので、連用修飾語として差支へなかつたのであるが、本書では、形容動詞を否定して、これを、体言「静か」「穏か」と「な」の結合としたので、これらの副詞は、当然体言を修飾するものと考へなければならない。これらの副詞は、これらの体言の持つ、状態的意味の修飾語と考へられるのである。

二　もつとゆつくり歩け。
　　だいぶんはつきり見える。

右の傍線の副詞は、「ゆつくり」「はつきり」といふ体言に関係するといふよりも、前例と同様に、これらの語の状態的意味に関係することによつて副詞と云はれる。

三　わづか三人で仕上げた。
　　すこし右へよれ。
　　ずつと昔の話

右の例は、甚だ難問であつて、確実な説明は下しにくいが、「わづか三人」の場合は、「三人」が量的な状態を表はしたものと考へられる。「すこし右」の場合の「右」は、単なる方向でなくして、そこには、動作の概念が含まれて居るものと見られる。「ずつと昔」の場合の「昔」も同様に、時間を遡つて行くといふ思考上の動作があるやうに見られる。従つて、過去の年代が決定されて居る場合、例へば、「ずつと寛永時代に」などとは云はれない。「はるか頂上には雲がただよつてゐる。」といふやうな場合にも、「頂上」といふ語に視覚的な動作が伴ふが故に云はれることであらうと思ふ。右の原理は、推して、「ひとり歩き」「いちや漬け」のやうな複合語の要素間の関係についても、云はれるのではないかと思ふ。これらに於いては、「ひとり」「いちや」はそれぞれ下の転成の体言の動作的意味に対して副詞的修飾語に立つてゐるのではないかと思ふ。

　最後に、従来副詞の用法として挙げられて来たものの中で、今日なほ問題とされてゐるものは、いはゆる陳述の副詞と云はれてゐるものである。例へば、明日は恐らく晴天だらう。
彼はあのことを決して忘れない。
もし君が行けば、僕も行く。

右の傍線のある「恐らく」「決して」「もし」は、それぞれ「だらう」「ない」そして「行け」の零記号の陳述に「ば」を伴つた仮定的陳述を修飾してゐるところから、陳述副詞と一般に云はれてゐる。今まで述べて来た副詞の諸例は、そのすべてが、詞に関係するのであるが、ここに挙げた陳述副詞は、辞を修飾するのであるから、副詞の用法としては、極めて異例に属するものと云はなければならない。そこで、これらの副詞は、はたして詞に所属して副詞と云ふことが出来るものであるかどうかといふ疑が起こつて来る訳である。思ふに、これらは、副詞として詞に所属するものでなく、辞に所属するものではないかと考へるのである。その理由は、詞はその根本的性格として、事柄の概念的表現であるから、話手に対立する一切の事柄を表現するのである。「おほかた仕事もすんだ。」「多分にいただいた。」等の傍線の語は、事柄のありかたを表現して詞であり、これらの語は、各人称に関係する事柄に通じて用ゐることが出来る。ところが、これらの詞が話手に関することに、更に話手の心持に関する表現に限定されるやうになると、辞と共通した性質を持つやうになる。

おほかた　仕事もすむ頃だらう。

多分　うまく行くだらう。

右の「おほかた」「多分」は、十中八九は断定し得るが、一分の疑ひを残してゐるやうな気持を表現してゐるのである。これらが、辞とみなされる理由は、これらの語が第二者、第三者の心持ちの表現には用ゐることが出来ないからである。「勿論」「無論」といふやうな語も、本来は「誰が見ても異議がなく」の意味で、

勿論、次のやうな場合は例外である。

のやうに用ゐられるのであるが、これが次第に話手のことに限定されて来ると、強い判断の表現として陳述の辞と呼応して来る。「断じて」といふ語も同じで、第二、第三人称に通じて、「断じて行へば、鬼神も避く」といふやうに用ゐられ、それが詞に属することは明かであるが、この語が、話手の心持ちの表現に限定されて来ると、強く主張する話手の気持の表現として、特に否定辞と呼応して、「断じて不正は行はない」といふ風に用ゐられる。この場合、「行ふ」の主語が、どのやうな人称に属してゐても、「断じて」は必ず話手の否定に関して云はれることである。かうなると、もはや詞ではなく辞であるといはなければならな

い。

佐久間鼎博士は、

この料理は　だんじてうまい。
あの映画は　だんじておもしろかつた。

といふやうな方言的用例を挙げて居られるが、これは述語の状態について云つたもので、詞としての副詞の転義であるから陳述に関係がない(4)。

以上のやうに、陳述副詞と云はれてゐるものは、云はば、陳述が上下に分裂して表現されたもので、「無論……だ」「決して……ない」「恐らく……だらう」を一の辞と考へるべきであらう。古く話手の禁止表現として行はれた

吹く風をな来その関と思へども

の「な……そ」と同類と見ることが許されはしないか。暫く疑ひを残して試案を提出することにした。次に、いはゆる陳述副詞の例を挙げるならば、

無論
勿論
きつと
}……「だ」「です」或は用言の零記号の陳述に呼応する。

決して
とても
断じて
}……強い否定の「ない」に呼応する。

おほかた
恐らく
}……想像、推量の辞「だらう」「でせう」に呼応する。

どうか
どうぞ
}……懇願を表はす辞即ち命令形に呼応する。

もし……仮定的陳述に対応する。

(1)「大きな」は、「静かな」「ほがらかな」等のいはゆる形容動詞と同様には考へられない。形容動詞の場合には、「静か」「ほがらか」を一語として、「な」を指定の助動詞とすることが出来ることについては前項に述べたが、「大きな」については、「大き」「な」と分解することが出来ない。「大き」といふ語には一語としての意識がないからである。「大きな」は連体修飾語以外には用ゐられない語である。

(2)「曲つた」の「た」は、起源的には「たり」から出たもので、「たり」の用法は、「……してゐる」といふ状態を表はす詞としての用法と、過去及び完了を表はす助動詞の用法が並立し、次第に助動詞的用法に移つて行つたのであるが、「たり」から出た「た」にも、右のやうな二の用法が並立してゐる。詞としては、「尖つた帽子」「腐つた根性」「沈んだ顔」などと用ゐられるが、これはすべての動詞について規則的に云はれる訳ではない。「走つた犬」「泳いだ魚」「倒れた人」等は、「走つてゐる」「泳いでゐる」「倒れてゐる」の意味には用ゐられない。また、右の状態を表はす詞としての「た」は、ただ連体形としての用法に於いてそのやうな意味に用ゐられるので、「帽子が尖つた」は「帽子が尖つてゐる」の意味には用ゐられない。して見れば、右の状態を表はす「た」は、連体修飾語としてしか用ゐられないものとして連体詞とするのが適切である。右のやうな「た」は、状態を表はす一種の接尾語と認められるのである（接頭語と接尾語の項及び過去及び完了の助動詞の項参照）。

（3）『改制新文典別記』（口語篇）二三〇頁
（4）佐久間鼎『現代日本語法の研究』九〇頁

ル　接頭語と接尾語

接頭語、接尾語は、接頭辞、接尾辞ともいひ、これを総括して接辞とも云はれてゐるものである。他の品詞がすべて語としての性質上から一類を立てたものであるのに対して、ここに述べるところの接頭語、接尾語といはれるものは、他の語と統合して、一語を構成することの出来るやうな語をいふのである。従つて、それは、一語の内部的な構成要素と考へられ、これを研究するのは、文法学以前の語の語源学に属するやうにも考へられるが、接頭語、接尾語の多くは、古くは一語としての独立の機能と意味を持つて居つたと考へられるものが多く、また現在でも、語とこれら接辞との劃然とした境をつけることが困難な場合が多い。このことは、語の品詞的性質を決定する接尾語に於いて特に重要な意味を持つて来るのであつて、これを全く語の内部的な構成要素と見るか、或は一語としての機能を認めるかといふことは、国語の構造の問題にも関連し、ひいては、文の意味的理解にも重要な関連を持つ問題となつて来るのである。

一　接頭語

接頭語は、prefix の訳語で、明治以後新しく加へられた文法学上の名目であつて、独立した一語としての機能を持たない造語成分を云ふのであるが、本来、独立した一語と認められるものもあり、かつそれだけで一定の意味を有するものであるから、これがついて出来た語は、複合語と認むべきものである。現代語として比較的造語力のあるものの例を挙げるならば、

す

す｜足　す｜つぱだか　す｜がほ

お

お｜米　お｜いそがしい　お｜つかれ

ま（まつ）

ま夜中　ま新しい　まつか（真赤）　まつくら

こ

こうるさい　こぎれい　こやかましい

ひく

ひつたくる　ひつかく　ひきはがす

ぶつ

ぶつたたく　ぶつかける　ぶちのめす　ぶんなぐる

なほこの外に漢語起源のものを挙げれば、

ふ（不）

不案内　ふたしか　不都合

ぶ（無）

無器量　ぶしつけ　無風流

ご（御）

御馳走　御苦労　ごたいそう

ぜん（全）

全日本体育連盟

二　接尾語

接尾語は、suffix の訳語で、独立した一語としての機能を持たない造語成分を云ふのであるが、英語などと比較して、国語の接尾語は、機能上、単語内部の要素と考へるよりも、一語として取扱ふ方が適切である。英語などの接尾語も、起源的には一語としての機能を持つたものが、相当多かつたのであらうか、今日接尾語と云はれるものは、皆、一語の内部的構成要素となつてしまつてゐるものについて云はれる。そして、それらは、語に特定の品詞性を与へるものと考へられてゐる。例へば、ly を附ければ nobly のやうに副詞としての資格が与へられる。このやうな接尾語の概念を、そのまま国語に適用して説明することが出来るかは甚だ疑問である。例へば、山田孝雄博士は、接尾語を分けて、意義を添ふるものと、一定の資格を与ふるものとし、後者に於いて、更にこれを四に分け、名詞の資格を与ふるもの、形容詞の資格を与ふるもの、動詞の資格を与ふるもの、副詞の資格を与ふるものといふ風に分類して居られる(1)。しかしながら、この外国語文法の適用が、国語の性格を如実に説明出来るかどうかは甚だ疑はしい。第一に、国語に於いて、一般に接尾語と云はれてゐるものは、単純に或る品詞性を附与するものではなく、接尾語それ自身が、皆それぞれに或る概念内容を持つものであることに於いて、英・仏・独語の接尾語と甚しく相違する。例へば、動詞の資格を与ふる接尾語として山田博士の挙げられたものを見ると（山田博士は接尾辞と云はれてゐる）、

めく——春めく　時めく

がる——おもしろがる　見たがる

が挙げられてゐるが、これらの接尾語は、もとの語にある別の品詞的性格を与へるものであるといふよりは、更に別の意味を加へてゐるものであることが分る。即ち、接尾語それ自身が或る概念内容を表現してゐるのである。英語で noble から nobly が出来、フランス語で heureux から heureusement が出来る場合には、ly, ment はただ副詞としての品詞を決定するもので、語の意味に新しいものを附加へてゐるとは考へられない。第二に、国語に於いては、接尾語は他の語との関係に於いて、一語としての機能を持つてゐると考へられることである。例へば、次の例、

私に何か云ひたげにしてゐた。

地に届きさうな様子です。

あなたにほめられたさにそんな事をするのです。

に於いて、接尾語と云はれてゐる「げ」「さう」「さ」は、それぞれに、「云ひたげ」「届きさう」「ほめられたさ」で一語を構成してゐるのではなく、「私に何か云ひた」「地に届き」「あなたにほめられた」に附いたものと考へなくてはならない。即ち「げ」は様子の意味を以て、「私に何か云ひたい」といふ句全体によつて修飾されてゐると考へるべきである。それは一語の構成要素といふよりも、それ自身一語として、他の語と同等の資格を以て結合してゐるものである。異なるところは、一般の語であるならば、「私に何か云ひたい様子」といふ風に、これも形容詞を構成する接尾語と云はれてゐる「たい」の連体形から接続するのに対して、この場合は、語幹から直に接続してゐる。これは「さ」の場合も同じである。そしてまた、「げ」「さ」「さう」は、それだけで独立して用ゐられず、常に何等かの修飾語を伴ふといふ相違がある。国語の接尾語は以上のやうな性質を持つてゐるので、これらと、他の語、特に独立しない語との間に明確な一線を劃すことは困難である。例へば、助数詞と云はれる「二羽」「三羽」の「羽」、「四本」「五本」の「本」も接尾語と云はれてゐるが、これらと独立した用法を持つ「二箱」の「箱」、「六円」の「円」の如きもの、或は動詞的接尾語の中、「ばむ」「めく」の如きものと、独立しても用ゐられる「才子ぶる」「時めかす」の「ぶる」「めかす」と本質的に異なつたものとは云ふことが出来ないのである。そこで、国語の接尾語をもし定義するならば、比較的独立性が少く他の語と合して一語を構成することの出来る語とでも云はなければならない。一語を構成することが出来るといふ点で、いはゆる形式名詞のやうなものと区別することが出来る。形式名詞についてはその項に既に述べた。

右のやうな接尾語の概念は、これを漢語の場合にも適用出来る。

館（写真館、本館）　店（商店、薬店）

手（歌手、運転手）　人（病人、役人、軍人、法人）

以上のやうなものと、独立した用法もある長（駅長）、感（読後感、責任感）などと根本的な相違は認め難い。

体言的接尾語の例

げ　——文語的な云ひ方に残る。

がた　——殿がた　あなたがた

かた　——読みかた　泳ぎかた

がてら——人を訪ねがてら、京都へ行きました。(2)

さ　——寒さ

さま　――山下さま（敬称）
さう　――悲しさうな顔　あの人は、うれしいさうです。
しな　――東京を立ちしなに
たち　――君たち
だらけ――泥だらけ
ども　――私ども
て　　――売手　読みて（「てがない」といふ時は独立する。）
なみ　――軒なみ　足なみ　人なみ（人と同等の意）
ながら――本を読みながら歩く　皮ながら食べる
「こはいながらも通りやんせ」「若いながらしつかりしてゐる」の場合は助詞。
み　　――赤み　すごみ
め　　――こはいめ　三番め　つぎめ
もと　――枕もと　手もと
やう　――書きやう　今やう　返事のしやう
や　　――餅や　わからずや
た　　――尖つた　曲つた（これが附いた語は、連体詞と認むべきことは、「連体詞と副詞」の項で述べた。）

域——職域　地域

間——東京大阪間　一年間（「その間」などと用ゐられる時は形式体言）

化——能率化　具体化

観——世界観　側面観

線——東海道線　本線

然——政治家然　殿様然

用言的接尾語の例

がる——寒がる　悲しがる　いやがる

がましい——おしつけがましい　催促がましい

がたい——読みがたい　済度しがたい

きる——やりきる　食べきる

しい（い）——赤い　目星い　大人しい　腹立たしい　たのもしい

させる（使役）——起きさせる　受けさせる

じみる——世帯じみる　老人じみる

す（他動）——おこす　あるかす

だつ――殺気だつ　目だつ　きはだつ
だす――動きだす（始める意）　さぐりだす（出す意）
たがる――行きたがる　見たがる
たい――行きたい　見たい
づく――産気づく　怖気づく　物心づく
つける――行きつける　見つける　叱りつける　呼びつける
なす――山なす大波　滝なす汗
ばむ――汗ばむ　黄ばむ
ぶる――大人ぶる　学者ぶる
めく――春めく　田舎めく
らしい――男らしい　馬鹿らしい　いやらしい
れる、られる――叱られる　受けられる

用言的接尾語の中、動詞に規則的に附く受身、可能、使役、敬譲の接尾語については、動詞の派生語の項で詳細に述べた。これらの接尾語が、従来、助動詞の中で説かれてゐたものであること、そしてそれが助動詞に所属するものでなく、詞として接尾語に所属させなければならないといふ根拠については、特に注意する必要がある。

（1）『日本文法学概論』五八二―五八六頁

（2）木枝氏は、『高等国文法新講』品詞篇　八二二頁に、接続助詞として説いてゐられる。

ヲ　結

以上述べた詞の下位分類の中には、形式名詞、形式動詞のやうに、名詞、動詞の特殊例と認められるもの、或は接尾語のやうに、各品詞に分属させられるものを、併せて述べたので、それ等を除いて、純粋に品詞と認むべきものは、左の通りである。

一　体言（名詞を含む）

二　用言
　イ　動詞
　ロ　形容詞

三　代名詞
　イ　名詞的代名詞
　ロ　連体詞的代名詞
　ハ　副詞的代名詞

四　連体詞
五　副詞

四　辞

イ　総説

辞は、「ジ」「てには」「てにをは」と呼ばれ、語の二大別の一として、詞に対立するものである。語の構造上から云へば、概念過程を経ないところの表現で、その一般的性質は、大体次のやうに要約することが出来る。

(一) 表現される事柄に対する話手の立場の表現である。
(二) 話手の立場の直接的表現であるから、つねに話手に関することしか表現出来ない。
(三) 辞の表現には、必ず詞の表現が予想され、詞と辞の結合によつて、始めて具体的な思想の表現となる。
(四) 辞は格を示すことはあつても、それ自身格を構成し、文の成分となることはない。

ロ　接続詞

接続詞は、一般に、語、句、文を続ける語であると定義されてゐるが、この定義から、接続詞があたかも物と物とを連結する連結機のやうな役目をするものと考へられ易い。言語をこのやうに物質化して、物質相互の機能として考へて行くことは、理解を助ける一往の方法ではあらうが、言語の本質に即して考へて行く方法としては正当ではない。それはどこまでも比喩にしか過ぎない。言語が表現であるとするならば、何よりも先づ接続詞と云はれてゐる語が、如何なる表現の語であるかを明かにしなければならない。

イ　山また山を越えてゆく。
ロ　彼は英語も話せ、かつドイツ語も読める。
ハ　それは私も読んだ。しかし面白い本ではない。

右の例の傍線の語は、それぞれに、語、句、文を接続する接続詞であるといはれてゐるが、それがどのやうな理由で接続詞であるといはれるかを検討して見ようと思ふ。これらの接続詞が、何等かの客体的な事柄を表現してゐるかを考へて見るのに、「また」「かつ」「しかし」といふやうな語が、何等かの事実の概念を表現してゐるとは考へられない。イの場合について見るのに、「山」といふ客体的な事柄の外に、何か別の事柄があることが表現されてゐるのではなく、あるものは「山」「山」である。ただこの場合、話手の立場に於いては、

「山」が連続してゐるだけではなく、一の山に更に別の山が加つて来るものとして考へられる。山の連続が特殊の意味を以て迎へられるといふ話手の立場の表現として「また」が用ゐられてゐるのである。ロの場合も同様で、事実として表現されてゐるものは、「彼が英語が話せる」といふことと、「彼がドイツ語が読める」といふことであつて、前者に後者が加つてゐると見るか、前者と後者とがただ並列してゐると見るかは、話手の立場の相違で、「かつ」はそのやうな立場の表現を明かにしたものである。もし別の話手であるならば、同じ事実を次のやうに表現するかも知れないのである。

彼は英語が話せ、ドイツ語が読める。

ハの場合も同様で、ただ事実をそのまま記述するならば、

私も読んだ。面白い本ではない。

となるのであるが、この二の事実に因果関係を見出すのは、話手の立場の相違による。話手が、面白いであらうと期待して読む場合とさうでない場合とでは、当然二の事実の関係が異なるべきで、そのやうな立場の表現が、この「しかし」といふ語によつて表現されるのであ

る。以上のやうな理由から、接続詞と呼ばれてゐる右のやうな語は、第一に話手の立場の表現として辞に所属させるべきものであることが分ると同時に、そのやうな立場が、二の事柄に関係して生じたものであるところから、結果として、語、句、文を接続するといふことになり、これらの語が接続詞と云はれることになるのである。あたかも両性間の愛情は、本質的には常に相手に対する感情の表現としてのみ存在するのであるが、結果から見れば、愛情が両性間を結合してゐるやうに見えるのと似てゐる。

接続詞の性質を理解するためには、これを詞との関係に於いて見ることと、同じく接続の用をなすと考へられてゐる接続助詞との関係に於いて見ることが大切である。

イ　いづれまたおうかがひいたします。

ロ　昨日はお邪魔しました。またその節は御馳走様になりました。

イの場合の「また」は、「おうかがひいたします」といふ動作が再び繰返されることを云つたので、体言が副詞的修飾語として用ゐられたものである。この語は、また、同様な意味で、「またの機会」「またぎき」などとも用ゐられる。いづれも体言で詞に属する。ロの場合は、イのやうに属性概念の表現ではなく、話手が或る事柄を、前の事柄に附加へて述べる意図を表現したもので、この場合「また」は「御馳走になる」といふ事実が再び繰返されたことを意味してゐるのでは決してない。

「なほ」といふ語についても、

イ　そんなことをされては、なほ困る。

ロ　明日御注文の品をお届けします。なほその時くはしく御説明します。

イは前項の「また」と同様、困りかたの度が一層はげしくなることを云つたので、体言が副詞的修飾語として用ゐられたので、詞に属する。ロは、説明を更にくはしくする意味ではなく、注文を届ける旨を述べ、それに附加へて、説明することをも申し述べる旨を云つたので、前項のロの場合と全く同様である。手紙などに、「なほ」として、別の事項を書き加へるのを「なほなほ書き」などと云ふのは右のやうな意味に於いてである。語形式が同じで、一方が詞に属し、一方が接続詞として辞に属する理由は、以上の具体例によつてほぼ明かになつたことと思ふ。

次に、接続詞は、意義上、接続助詞といはれる一群の助詞と極めて近似してゐるので、その相違を明かにして置く必要がある。接続詞を辞に所属させるならば、それは接続助詞と根本的に所属をひとしくしてゐるので、更にそれぞれの特質を明かにして置かなければならない。助詞は、常に詞と結合して句を構成し、詞によつて表現される事柄に対する話手の立場の表現であるが、接続詞は、それに先行する表現に対する話手の立場の表現であることに於いて助詞と共通するが、常に詞と結合して句を構成せず、形式上、それだけで独立してゐる。

山と、山を越えて行く（助詞）。　山また山を越えて行く（接続詞）。

それは私も読んだが、面白い本ではなかつた（助詞）。　それは私も読んだ。しかし面白い本ではなかつた（接続詞）。

彼は英語も話せるし、ドイツ語も読める（助詞）。　彼は英語も話せ、かつドイツ語も読める（接続詞）。

上段の助詞の場合は、形式上、上の語或は句に密接し、それで一の句を構成してゐることは他の助詞の場合と全く同じであるが、これらの助詞が、その意味上、他の思想を並列、展開させるところから、接続助詞と云はれるのである。これに反して、下段の接続詞と云はれるものは、形式上、それだけで独立して詞を伴はない。これは一見、辞としての原則に反してゐるやうに見えるのであるが、それは形式的にさうなのであつて、意味的に見るならば、接続詞も、必ずそれに先行する思想の表現を予想しなければ成立しないことは明かである。

けれども、私は行かなければなりません。
しかし、もう駄目です。

のやうな文は、それに先行するものとして、「今日はひどい雨です。」とか、「私は全力を尽しました。」といふやうな思想を受けて、はじめて「けれども」「しかし」といふことが出来るのである。従つて、辞としての接続詞も、広い意味に於いて詞を予想すると云ひ得るし、またそのやうに理解することが、接続詞の正しい処理であると云ひ得るのである。ここに接続詞と接続助詞との密接な関係が考へられるのである。

雨がひどく降つた。だが道はさほど悪くない。

「だが」は、先行文の陳述を「だ」で受け、それに助詞「が」の加つたもので、助動詞と助詞との複合であるが、一般の助詞助動詞の通則である詞との結合を持たず、それだけで独立してゐるので、これを接続詞といふことが出来るのである。「だが」の代りにただ「が」といふことがあるが、この場合は起源的には接続助詞で、なほかつこれを接続詞といふことが出来るのは、助詞としての結合機能を持たないからである。このやうに、接続助詞と接続詞との間には、密接な関連があるのである。

また次のやうな例に於いて、

雨が止んだ。すると急に鳥が鳴き出した。

雨が止んだ。それで鳥が鳴き出した。

「すると」の「する」は、「雨が止む」といふ動詞を受けたものであるから、詞に属すべきものので、それに接続助詞「と」[1]が附いたものであるから、全体で詞と辞の結合した句であり、かつ、「と」は接続助詞としての結合機能を持つてゐる。このやうな「すると」を接続詞と見るべきか、或は句として、「と」を助詞と見るべきかの問題が起こる。これに対する解答は、「すると」を詞と辞との結合と見るのは、この語の語原的分解であつて、今日の主体的意識に於いては、もはや「する―と」の意識は無くなつて、むしろ次の表現と同価値になつてゐる。

雨が止んだ。と急に鳥が鳴き出した。

そこで、前項の「だが」「が」を接続詞と認めたと同様な意味で、「すると」を接続詞と認めることが出来るのである。次の「それで」についても同様なことが云へるのである。以上の

「すると」「それで」の「する」「それ」が、明らかに先行文の内容を表現してゐるとは意識されなくなつても、これらの接続詞が、常に先行文の意味を承けてゐるといふ意識のあることは認められると思ふ。これらの語が接続詞と云はれる理由である。

以上の説明の中、「それで」といふ接続詞については、なほ附加へるべき重要なことがある。「それで」は、その成立について云へば、「それ」と助動詞「だ」の連用形「で」の結合であり、かつ、「それ」は先行文に示されてゐる「雨が止んだ」といふ事実であるといふことは既に述べたことであるが、この場合の「それ」は代名詞であることは明かである。そして、それは、特定の事柄と、話手との間の関係概念を表現し、かつそのやうな関係にある事柄を表現する機能を持つものであるから、「それで」は、先行文に述べられた事実を、次の文に関係させる機能を持つ訳である。これが、接続詞の持つ重要な機能であつて、「それで」がその起源的意味を失つた後でも、独立した接続詞として右のやうな機能を持ち続けるのである。接続詞は、従来、極めて軽く扱はれて来たが、それは従来の文法研究の対象が、語もしくは文の範囲に限られて居つたがためである。従つて、主語、述語、修飾語といふやうなものは、文の構成要素として重要視され、これに反して、接続詞のやうなものは、文の構成要素以外のものとして、これに注意を払はれることが少かつた。しかし、もし文章を思想の展開と見る時、文章を構成する個々の文の関係といふことが重要な問題になつて来る。その場合、注意の焦点は当然この関係に重要な役割を持つ代名詞、接続詞に注がれなければならないのである。そして、接続詞成立に、代名詞が重要な関係を持つことは以上の説明によつて明かにされたと思ふ。

それならば、接続詞はどのやうにして、二の思想を結ぶのであらうか。

雨が止んだ。それで鳥が鳴き出した。

右の接続詞を伴ふ表現は、その意味に於いて、

雨が止んで、鳥が鳴き出した。

と同じである。そして、「雨が止んで」を一般に、副詞的（或は連用）修飾節と呼んでゐる。何となれば、「雨が止む」といふ事実は、「鳥が鳴き出す」といふ事実の条件になつてゐると考へられるからである。今もしこの二の思想を、接続詞を以て結び、かつ「それで」といふ語に、先行文の思想が含まれてゐるものと解することが出来るとするならば、「それで」は副詞、或は副詞的修飾語と認めて差支へないことになる。山田博士の主張される接続副詞の考方はこのやうにして生まれて来たものと考へられるのである。(2) これに対する解答は次の通りである。既に述べたやうに、明かに接続詞と認められるものは、辞に属し、詞と区

別される。従つて、辞は格を表現するけれども、それ自身格に立つことはない（このことは後の文論の格の項で述べる）。今もし、「それで」が辞であるとするならば、それはただ思想の転換することを直接的に表現したので、「それで」自身が何等かの格に立つといふやうに考へることは出来ないのである。もし山田博士の説が認められるとするならば、それは、「それで」の中の「それ」といふ語だけが、下の述語に対して、副詞的修飾語に立つといふことが云へるのである。ところが、ここでは、「それで」はもう一語として、これ以上分析することが出来ないものとするならば、副詞的修飾語の格に立つのは、先行の「雨が止んだ」といふ文、或は「雨が止んで」といふ節でなければならない。換言すれば、「それで」は、先行文に副詞的修飾格を附与する辞と考へるべきであるといふことになるのである。この事実は、次の二の用例について見れば一層明かにされるであらう。

イ　彼は私に水を飲ませて呉れました。それから路銀のために若干の金まで恵んで呉れました。

ロ　私は○月東京に着いた。それから急いで彼の家にかけつけた。

右の中、イの場合は、辞としての「また」「なほ」と同様に、或る事柄を云ひ添へることを云つたもので、明かに接続詞であるが、ロの場合は、「それから」の「それ」が先行文を明かに承けてゐるので、「それ」を下の述語の副詞的修飾語であると云ふことが出来る。今もしこの両者を共に接続詞と云つた場合でも、イはただ表現を附加へるための表現であり、ロは、前後の文の論理的関係を表現するのであるから、これを副詞的接続詞と呼ぶことが出来るであらう。即ち、前後の文を副詞的修飾語の意味で関係づける接続詞の意味である。

接続詞の概念を明かにするために、凡そ語・句・文の接続の表現は、どのやうにしてなされるかを考へて見ることも必要である。

一　語に関して

1　接続詞による

犬或は猫　老人及び病人

2　単に語を並べる（この場合符号の助を借りることがある）

山川草木　金・銀・銅・鉄

二　句或は節に関して

1　接続詞による

鳥が鳴き、そして花が咲く。

風が吹き、かつ雨がはげしい。

2　接続助詞による

鳥が鳴いて、花が咲く。

春が来たけれども、花が咲かない。

3　用言、助動詞の連用中止法による

鳥が鳴き、花が咲く。

風が寒く、温度が降る。

彼は健康で、気分も朗かだ。

三　文に関して

1　接続詞による

鳥が鳴く。そして花が咲く。

風が吹く。けれど寒くない。

2　文をただ連ねる

鳥が鳴く。花が咲く。

風がはげしく吹きつける。船は木の葉の様に奔弄される。

思想の展開、接続は大体以上のやうな方法で表現されるのであるが、接続詞及び接続助詞がその一半の任務を負ふことは、既に述べたところで明かにされた。接続詞或は接続助詞の助を借りずに、ただ用言の連用中止法を以てするのは、現代語法では、大体、順態接続の場合に限られるやうである。これを以て見ても、接続詞の機能は、接続の関係を特に明かにするところにあり、またそのために発達して来たものと考へられるのである。接続形式の最も単純なものは、用言及び助動詞の連用中止法にあると云ふことが出来る。そこで、この連用中止法といふものが如何なるものであるかを見るに、用言に於いては、詞の活用形に属することであるが、それは用言の概念内容に関することでなく、用言に加へられた零記号の陳述に関することで、陳述の未完結形式が用言の活用形式を借りて具現したものと見ることが出来るのである。陳述は辞と同価値と認めることが出来るから、接続の表現は、本来的に辞の受持つ任務であるといふことが出来る訳である。これを図に示すならば、

零記号の辞の未完結形式（用言の連用中止法）——接続助詞——接続詞

以上述べたところによつて明かなやうに、接続詞の持つ機能は、極めて重要なものであり、それを反映してか、接続詞を語原的に分析すれば、その中には、辞の持つ陳述機能、代名詞、助詞等の機能が織込まれてゐる。それにも拘はらず、接続詞の品詞目を認めることは

充分に認められてよいのではないかと思ふ。
接続詞として認められてゐるものを左に掲げて置く（中に問題になるものも含める）。

が　かつ　けれど（も）
さて　さらに　されば
しかし　しかしながら　したがつて　しかるに
すると　すなはち
そうすると　そうして　そこで　そして　そもそも　そのうへ
それで（も）　それとも　それに　それどころか　それ故
それから　それなら　それだから　そのくせ
ただ　ただし　だが　だから　だつて　だけど　だのに　だつたら
ついては　つぎに
で　では　でも　ですが　でしたら
と　ところが　ところで　とはいふものの
なほ　ならびに
はた　はなしかはつて
また　または　もつとも

ゆゑに　よつて

（1）この場合の「と」を助詞と考へることについては、次のやうな異説を提出することが出来る。本書に於いては、右のやうな「と」を不完全形式を持つ指定の助動詞の連用形とみなして、陳述性を持つものと解した（指定の助動詞「と」の項参照）。従つて、「すると」は、零記号の陳述を伴ふサ変動詞の連用形と同じ資格を持つたものと解することが出来る。更に進んで、この場合のサ変動詞は、先行文の動詞「止む」を受けてこれを繰返すところの代用動詞と考へるならば、この例文は次の表現と同じ意味となるのである。即ち、

雨が止んだ。雨が止み急に鳥が鳴き出した。

右の傍線の概念内容を省略し、ただその陳述性のみを残して表現すれば、次に掲げる

雨が止んだ。‖と急に鳥が鳴き出した。

になると見ることが出来る。従つて、この「と」は、接続詞と見るよりも、指定助動詞の連用形と見て、詞を伴はない辞の用法と見ることも出来る。これを図解すれば次のやうになる。

雨が止んだ。□と急に鳥が鳴き出した。

同じやうなことは、助動詞「だ」の連用形「で」についても云はれる。

雨が止んだ。で急に鳥が鳴き出した。

右のやうな助動詞の連用形が、用言の連用形と共に、接続を表現することは、後に説くところである。

（2）『日本文法学概論』三九二頁以下

ハ　感動詞

感動詞は、感歎詞、間投詞とも云はれ、話手の感情や呼びかけ応答を表現する語である。感情、呼びかけ、応答の表現ではあるが、これら話手の思想内容を客体化したり、概念化することなく、直接的に表現するものであることに於いて、これを辞の一種と見ることが出来る。感動詞が常に話手の感情、応答の表現であつて、第二人称者や第三人称者の感情や、応答を、「おや」とか「まあ」といふ風に表現出来ないことは極めて自明のことである。感動詞は辞に属する語ではあるが、他の辞と異なることは、そのやうな感情、応答の志向対象となる事柄の表現を伴はずに、それだけで独立して表現されることである。しかし、感動詞によつて表現される感情や応答に対応する客体的な事柄の存在することは明かであつて、喜びの感情の表現には、そのやうな主体的感情の志向する客体的な事柄があり、「いいえ」といふ拒否の応答には、相手の何等かの勧誘なり、要求がある訳である。ところが、感動詞に於いては、そのやうな感情の志向対象である事柄の表現を伴はずに、ただ主体的な感情だけが表現されるのであるから、辞としては、云はば例外的であると云ふべきである。しかし、これは、客体的なものが省略されたと見るべきでなく、むしろ主客合一、主客未剖の表現であると見るべきである。従つて、感動詞は、それだけで、具体的な完結した表現と認めることが出来るから、一の文と見なすことが出来るのである。感動詞が、「文相当のもの」(sentence equivalent) と云はれる理由はそこにある。

感動詞は右に述べたやうに、主客未分の表現であるから、感動詞に続いて現れる表現は、多くの場合、その未分のものの分析であることが多い。

ああ、面白い本だ。

に於いて、「面白い本だ。」といふ表現は、「ああ」といふ感動の言語的分析になつてゐるのである。「いいえ、私は行きません。」「やれ、これで安心だ。」等に於いてこれを理解することが出来る。感動詞とそれに続く文との間には、以上のやうな密接な連関があるので、感動詞は、文法上では一文をなすが、句読法の上では、点を以て続けることが多い。

山田孝雄博士は、感動詞とその後続文との間に右のやうな関係があるところから、感動詞を感動の副詞として副詞の中に所属させて居られるが(1)、副詞と感動詞の、語の性質上の相違が以上の如くであり、かつ、感動詞を後続文の修飾語と見ることに甚しく無理があると考へられるのである。

感動詞は、感動と応答の音声的表現であるが、それならば、一切の感動、応答の表現、例へば、溜息のやうなものも感動詞であるかと云ふに、感動詞が言語であると云はれるには、やはりそこに社会慣習的な形式を持つ必要がある。或る個人が驚いた時に、「ケー」と叫んだとしても、それは単なる叫声であつて感動詞と云はれないことは、個人が勝手に線を組合せて備忘の用にしたとしても文字と云ふことの出来ないのと同じである。

（1）『日本文法学概論』三六九頁

二　助動詞

助動詞の名称が不適当なものであり、従つて今日一般に文法書で説かれてゐる内容についても、検討を要するものであることは、総論の文法用語の項で述べたことであり、また助動詞中の受身、可能、使役、敬譲の意を表はす「れる」「られる」「せる」「させる」は、助動詞としてよりも、接尾語として取扱ふべきものであることも、動詞の派生語の項で述べたことである。本書では、国語研究の古い伝統にむしろ合理性を認め、古い用語法に従つて、これを助詞と共に辞（或は、てには、てにをは）に属するものとして取扱ふこととした。従つて、助動詞の名称も、近世の国語研究において用ゐられた動くてには、或は動助詞の名称を適当と考へるのであるが、暫く慣用に従ふこととし、ただ概念規定に於いて改訂を試みることとした。

　以上述べたやうに、助動詞は辞に属するものとして、辞の一般性に於いて、他の感動詞、接続詞、助詞と同様に、話手の立場の直接表現であり、従つて、話手以外の思想を表現することの出来ないものであり、常に詞と結合して始めて具体的な思想の表現となることに於いて共通するのであるが、最もその性質が近い助詞と比較して、次の点に於いて重要な相違が認められる。

　助動詞は、話手の立場の中、何等かの陳述を表現するものであり、そのことのために、助動詞は、多くの場合に活用を持つことになるのである。用言は、単純な肯定判断の陳述の場合は、一般には零記号の形に於いて陳述が表現される。換言すれば、陳述の辞を用ゐず、その代りに、用言それ自身の活用によつて下の語に接続するのである。

暖か《体言》‖な日　暖か《体言》‖だ。（「な」「だ」は指定の助動詞の活用形）

暖かい《用言》|日　暖かい《用言》|。（「な」「だ」に相当する辞が省略され、用言の活用形がその代用となる）

助動詞によつて表現される陳述と、それに属する語は次のやうに分けられる。

一　指定　だ　ある

二　打消　ない　ぬ　まい

三　過去及び完了　た

四　意志及び推量　う　よう　だらう　らしい　べし

五　敬譲
- 指定　ます　です　でございます　ございます
- 打消　ません　でありません　ありません
- 推量　でせう

（一）指定の助動詞　だ

語＼活用形	未然形	連用形	終止形	連体形	仮定形	命令形
だ	で	で に と	だ	な の	なら	○

指定の助動詞は、話手の単純な肯定判断を表はす語である。この中、「に」「と」「の」は、従来助詞として取扱はれてゐたものであるが、下に挙げる例によつて知られるやうに、そこには明かに陳述性が認められるので、これを助動詞と認めるのが正しいであらう。また、右の表に掲げた各活用形は、その起源に於いては、それぞれ異なつた体系に属する語であつたであらうが、今日に於いては、一の体系として用ゐられるやうになつたものである。本書に於いては、形容動詞を立てないから、従来形容動詞の語尾と考へられてゐた「だら」「だつ」「で」「に」「だ」「な」「なら」は、そのまま、或は分析されて、すべて右の活用形に所属させることが出来る。次に用例を活用形に従つて掲げることとする。

未然形[1]

体が健康で‖ない。

連用形

体が健康で‖ある。（「ある」は指定の助動詞であるから、この場合は二重指定の表現といふことが出来る）

体が健康で‖あらう。（健康だらう[2]）

体が健康で‖、性質が愉快だ。（中止の場合）

私は健康で‖働いてゐます。（連用修飾的陳述を表はす場合）

月明かに、風涼し。（中止の場合、文語だけに用ゐられる）

元気に、愉快に、働いてゐる。（連用修飾的陳述を表はす）

隊伍整然と行進する。（連用修飾的陳述を表はす）

花が雪と散つてゐる。（右に同じ）

「今日は行かない」(4)と(3)云つてゐた。（右に同じ）

野となく、山となくかけまはる。

終止形

今日は日曜だ。(5)

連体形(6)

それが駄目な時

僅かの御礼しか出来ない。

仮定形(7)

明日おひまなら、お出かけ下さい。

気分が悪いなら、お止めなさい。

あなたが行くなら、一緒に行きませう。

(1)　助動詞「ない」の接続する活用形を未然形の「で」としたのは、「ない」が動詞に於いて、一般に未然形に付くのを原則とするところから、考へたことである。動詞では、未然形に付く助動詞として「ない」の外に「う」があるが、「で」の場合には「う」はそのままつかず、中間に「ある」といふ助動詞を介して付くことになる。「ある」は動詞の場合と同様、連用形の「で」に付くから、「で」の未然形の用法は「ない」に付く時だけといふことになる。そのやうな点からも、「ない」は連用形の「で」に付くと考へた方が簡明であるとも云へる。

(2)「であらう」の結合した「だらう」を本書では、別に推量の助動詞としても取扱つてゐる。分析的に考へれば、「で」は指定、「あら」も指定、「う」は推量であるから、これを総括して推量といふことが出来るわけである。推量の助動詞は、これを厳密に云へば、推量的陳述或は推量的指定の助動詞といふことが出来るからである。

(3)引用文を受ける「と」も全く同じで、引用文全体に、連用修飾格の資格を与へるもので、前の二の例と文法的関係に於いて差異はない。

(4)この場合も前例と同様であるが、打消の助動詞「ない」を伴つてゐる。「となく」は、「でなく」と同じ意味であるが、幾分古い形であると云つてよい。「でなく」に対して「である」があるやうに、「となく」に対して「とある」或は「とする」がある。「とある」が「たる」となることは一般に知られてゐる。「とする」の「する」は形式動詞として殆ど陳述のみの表現に転成することがある。

‖とある家の側に（「と」の上にあるべき連体修飾語が省略されたものと見ることが出来る）

一つと‖して上手に出来たものがない。

また次のやうな例も同様に考へることが出来る。

雪子は昔を恋ふるあまり、さういふ義兄の行動を心の中で物足りなく思ひ、亡なつた父もきつと自分と同様に感じて、草葉の蔭から義兄を批難してゐるであらうと思つてゐた。と、ちやうどその時分、――父が死んで間もない頃（『細雪』上）

(5)「だ」はどのやうな品詞に接続するかと云へば、

(一) 名詞及び体言　山だ。　それは僕の生命だ。　行くのだ。　花のやうだ。　ほがらかだ。　元気だ。　駄目だ。

(二) その他、方言では用言の零記号の陳述の代用に用ゐられることがある。
それはいけないだ。　もつとやらすだ。

従来、形容動詞の終止形の語尾と考へられたものは全部これに入ることになる。

(6)「な」「の」は、屢〻共通して用ゐられるが、語によつて、「な」の附く場合と「の」の附く場合とがある。「駄目の」「僅かな」とも云ふことが出来るが、「突然」「焦眉」「混濁」等には「の」がつき、「親切」「孤独」「あやふや」等には、大体に「な」がつくやうである。

(7)「なら」は「ならば」とも用ゐられる。体言について仮定的陳述を表はし、また用言にもつく。この場合は、用言の仮定形に「ば」のついたものと同じになる。用言の零記号の陳述とこの指定の助動詞とが同じ価値になるわけである。

(二) 指定の助動詞　ある

語＼活用形	未然形	連用形	終止形	連体形	仮定形	命令形
ある	あら	あり	ある	ある	あれ	あれ

指定の助動詞「ある」は、元来、詞としての動詞「あり」が陳述を表はす辞に転成したもので、指定の意味から云へば、前項の「だ」と同じであるが、文語では、接続機能の少い「に」「と」と結合して、「なり」「たり」といふ助動詞を構成する。このやうに、「あり」は、他の用言或は助動詞の接続機能を助ける役目を持つ。「あり」は、単純な肯定判断を表はす助動詞であるから、これが附いても、陳述の内容に変化は無く、時に肯定判断を強めるやうな場合もある。前項の「だ」に於いて、推量の陳述を表はす場合、一般に動詞ならば、未然形に「う」を附ければよいのであるが、「だ」の場合には、未然形「で」に「う」を附けることが出来ない。そこで、「で」と「う」の中間に「ある」を加へて次のやうにいふ。

彼は正直で—あら—う（正直だらう）。

従つて、意味は、単に陳述に推量の加つたものに過ぎない。これと同じことが形容詞の場合にも適用される。

風が寒く―あら―う（寒からう）。

形容詞の零記号の陳述が、「ある」といふ助動詞に置換へられて、その接続を助けるのである。同様のことが、過去及び完了を表はす場合にも起こる。

彼は正直で―あつ―た（正直だつた）。

風が寒く―あつ―た（寒かつた）。

「あり」が附いても、陳述の内容に変化が無いから、前項の「だ」の活用形に、更に「ある」を加へても、同じ意味を表はすことが出来る。肯定判断が二重になつたのであるから、陳述が一層念入りになつたとも見ることが出来る。

彼は政治家で―あり、また音楽家で―ある（政治家で、音楽家だ）。

波がおだやかで―あれば、愉快で―ある（おだやかなら愉快だ）。

「ある」が否定を表はす打消助動詞に加つた時も、従つて、打消の意味に増減はない。

我が生活楽にならず―あり（ならざり、ならず。文語）。

未然形(1)

君はいやであらう。

花もぢき咲くであらう。

連用形

今日は休日であり、大変な人出です。

昨日は寒くあつた（寒かつた）。

終止形

成績は良好である（「良好だ」と同じ）。

色は紅に―あり（紅なり。文語）。

前途洋々と―あり（洋々たり。文語）。

連体形

彼が健在であることは頼もしい（「健在なこと」と同じ）。

仮定形

正直であれば、きつと成功する（「正直なら」と同じ）。

命令形
　勤勉であれ。

(1)「であらう」は「だらう」ともいひ、それ全体で推量の助動詞として用ゐられる（推量の助動詞の項参照）。

(三) 打消の助動詞　ない

語＼活用形	未然形	連用形	終止形	連体形	仮定形	命令形
ない	○	なく	ない	ない	なけれ	○

未然形(1)　口語では用ゐられない。
連用形(2)　風も吹かなくて、愉快な遠足でした。
　体も丈夫でなく、余り無理は出来ない。
　気温も寒くなく、快適だ。
終止形

一向本も読まない。
今日は暑くはない。
体は丈夫でない。
本も読まないで、遊んでゐる。
病気はたいして悪くないらしい。

連体形

あの人が来ないのは珍らしい。
このことを知らない人はありません。

仮定形

勉強しなければ、駄目だ。
寒くなければ、出かけよう。

接続のしかたは、動詞形容詞においてはその未然形に附く。ただし、四段活用の「ある」には附かない。必要のある時は、形容詞の「ない」を用ゐる。

机の上には本がない（「本があらない」とは云はない）。

また、助動詞「だ」の未然形「で」にも附く。

(1)　一般に未然形に附く推量の「う」は、連用形から「ある」を介して次のやうにいふ。

病気ではなく—あら—う（なからう）と思ふ。

また、「食べなくない」「なくない」といふ二重の打消も考へられなくはないのであるが、比較的少いので、未然形を欠くこととした。

(2)　動詞の未然形に附く「ない」は、一般に助動詞と認められてゐるが、形容詞の未然形に附く「ない」は、助動詞でなく、形容詞であるとされてゐる。その理由は、形容詞の場合は、

寒くはない。　寒くもない。

といふやうに、形容詞と「ない」との間に、助詞「は」「も」等を介入させることが出来るからといふのであるが、それは、この「ない」を形容詞であるとする理由にはならない。意味は動詞に附く時と同様に、打消であることに変りはない。動詞に附く場合には、「は」「も」等の助詞を次のやうにして用ゐる。

流れはしない。　流れもしない。

即ち、動詞の場合には、「しない」が打消助動詞と同じ資格になるのである。この場合のサ変の「し」

は、形式動詞の項に述べたやうに、殆ど陳述性のみの表現に転成してゐると見ることが出来る。このやうな表現法は、文語の形容詞の否定表現にも現れるのであつて、例へば、

寒くはあらず。　寒くもあらず。

に於いて、「あら」は、詞としての動詞から陳述の表現である辞に転成したもので、「あらず」が全体で否定の辞としての役目をしてゐる。口語形容詞につく「ない」は、この「あらず」の置換へられたものであるから、当然助動詞と考へられなければならない。

(四)　打消の助動詞　ぬ

語＼活用形	未然形	連用形	終止形	連体形	仮定形	命令形
ぬ	○	ず	ぬ（ん）	ぬ（ん）	ね	○

打消助動詞「ぬ」は、文語の残存形として、或は方言として用ゐられる。

未然形　口語では用ゐられない。

連用形

飲まず、食はず、歩く。

そんなことにとんちやくせず、仕事を続ける。

終止形

そんなことは引受けられん。

誰も来んね。

連体形

早くやらんことには、間に合はん。

仮定形

切符を買はねば乗れません。

接続のしかたは、動詞においては未然形に附く。ただし四段活用の「ある」には附かない。必要のある時は、形容詞の「ない」を用ゐることは、打消助動詞の「ない」の場合と同じである。

サ変の動詞に附く時は、「しぬ」と云はずに、「せぬ」と云ふ。これは、「ぬ」が文語的であるために、文語サ変動詞の未然形に接続する形が残されてゐるのである。

形容詞においては、そのまま附かずに、助動詞「ある」を介する。

暑からず、寒からず、まことに愉快だ（暑く—あら—ず、寒く—あら—ず）。

好ましからぬ評判を聞く。

「ぬ」は右に述べた活用系列の外に、連用形の「ず」に「ある」を介する用法が並び行はれるが、文語的用法である。

いらざることを云ふものだ（「いらず—ある—こと」の意、「いらぬ」と同じ）。

思はざるも甚しい。

橋本進吉博士は、右のやうに、「ず」と「ある」とが結合した「ざり」を、「ず」とは別の一助動詞として居られる。さうすれば、同様に、「ない」「べし」に対して、「なく—ある」「べく—ある」の結合した「なかる」「べかる」も一助動詞としなければならないことになる。

（五）打消の助動詞　まい

語＼活用形	未然形	連用形	終止形	連体形	仮定形	命令形
まい	○	○	まい	（まい）	○	○

終止形

その話は知るまい。

つまらぬことは考へまい。

連体形

あるまいことでもない。

接続のしかたは、四段活用の動詞においてはその終止形に、その他の動詞においてはその未然形に附く。

「まい」は、第一人称に関する動詞に附く時は、打消に意志が伴ひ、他の人称に関する動詞に附く時は打消に推量の意が伴ふ（「多分、私は行かれますまい」の時は推量）。

私は行くまい（意志）。

あの人は行くまい（推量）。

（六）過去及び完了の助動詞　た

語＼活用形	未然形	連用形	終止形	連体形	仮定形	命令形
た	たら	○	た	た	たら	○

「た」は、起源的には接続助詞「て」に、動詞「あり」の結合した「たり」であるから、意味の上から云つても、助動詞ではなく、存在或は状態を表はす詞である。

をみなへしうしろめたくも見ゆるかなあれたる宿にひとり立てれば（『古今集』秋上）

老いたる人

右のやうな例は、「荒れてゐる」「老いてゐる」の意味であるから、詞と見るべきものである。このやうな「てあり」の「あり」が、次第に辞に転成して用ゐられるやうになると、存在、状態の表現から、事柄に対する話手の確認判断を表はすやうになる。過去及び完了の助動詞と云はれるものはそれである。過去及び完了と云へば、客観的な事柄の状態の表現のやうに受取られるが、この助動詞の本質は右のやうな話手の立場の表現であるが、従来の習慣に従つて過去及び完了の語を用ゐることとした。山田孝雄博士が、回想及び確認といふ語を用ゐて居られるのは以上のやうな理由に基づくのであらう。[1]

「た」の起源が以上のやうな有様であるために、現在でも、存在、状態を表はす用法がある。

尖つた帽子　曲つた道　さびた刀

しかしこのやうな用法はすべての動詞にあるわけではなく、「走つた犬」「泳いだ魚」「読んだ人」は、「走つてゐる」「泳いでゐる」「読んでゐる」の意味ではないから、前者のやうな存在、状態を表はす「た」は接尾語と見て「尖つた」「曲つた」は、複合的な詞として連体詞に所属させるのが適当である。そして、単語としての「た」はすべて助動詞と認めるべきである。

未然形

汽車が着いたらう。[2]

終止形

昨日は風が吹いた。

勝負はきまつた。

風が寒かつた(寒く—あつ—た)。

連体形

君に送つた手紙

私が読んだ本

仮定形

着いたら、電報を下さい。

話したらば、驚くでせう。

接続のしかたは、動詞にはその連用形に附き、形容詞には、助動詞「ある」を介してその連用形に附く。

サ行以外の四段活用の動詞に附く時は、その連用形は音便になり、ナ行マ行バ行の場合は、「た」が連濁になつて、「だ」となる。

書いた(イ音便)

勝つた(促音便)

呼んだ。（撥音便、連濁）

（1）『日本文法学概論』第十五章　複語尾各説

（2）「た」が事柄の客観的な状態の表現でなく、話手の立場の表現として、回想或は確認を表はすものであることは、例へば、「勝負はきまつた」といふ表現は、必しも客観的な事柄として勝負が既に完了した時ばかりでなく、話手が、勝負の数を見通して、その決定を確認したやうな場合でも云ふことが出来るのである。甲は「勝負はきまつた」と表現しても、乙は必しもそのやうに表現しない場合がある。話手の立場によつて定まるので、事柄によつて定まるのではない。しかしながら、そのやうな話手の立場は、事柄の客観的な事情に基づくことが多いので、この両者には相互に密接な関連がある。「手紙が来ない」「風は寒くない」といふやうな否定判断は同時に、「手紙」「風」についての状態を表現してゐるわけであるから、「来ない」「寒くない」をそれぞれ形容詞と見ることも出来る。（『国語学原論』二八八頁の註を参照）。

（七）意志及び推量の助動詞　う　よう

語＼活用形	未然形	連用形	終止形	連体形	仮定形	命令形
う	○	○	う	（う）	○	○
よう	○	○	よう	（よう）	○	○

「う」「よう」は、起源的には話手の推量の意を含めた陳述を表はす助動詞であるが、今日ではむしろ意志を表はす助動詞と云つた方が適切である。従つて、それらの陳述の内容をなす述語は、第一人称に限られてゐる。例へば、

明日は出かけよう。

と云へば、述語「出かける」の主語は、第一人称の「私」であつて、「あなた」或は「彼」ではない。従つて、第二人称或は第三人称の動作に関しては用ゐることが出来ない。

父は明日出かけよう。

あなたは明日出かけよう。

などとは云ふことが出来ない。

しかしながら、「う」「よう」は、本来、推量を表はす助動詞であつて、次のやうな場合には今日でも例外的に推量を表はすものとして用ゐられてゐる。

月が登らうとしてゐる。

そんなこともあらう。

それもよからう（よく—あら—う）。

「う」「よう」が話手の意志の表現に転用されるやうになつた結果、推量を表はす語が別に用意されるやうになつた。それが次項に述べる「だらう」である。「だらう」はすべての人称を通じて推量を表はす語として用ゐられてゐる。

終止形

今日は大にがんばらう。

もう起きよう。

さぞうれしからう（推量）。

それを云はうとしてゐた（推量）。

連体形

そんなことを信じよう筈がない（推量）。

接続のしかたは、「う」は四段活用動詞の未然形に附き、「よう」はその他の動詞の未然形に附く。形容詞には、助動詞「ある」を介して附く。

（八）推量の助動詞　だらう

語＼活用形	未然形	連用形	終止形	連体形	仮定形	命令形
だらう	○	○	だらう	（だらう）	○	○

前項に触れて置いたやうに、話手の推量的陳述を表はす。

終止形

彼も多分来るだらう。

さぞかし淋しいだらう。

あれは山だらう。

今夜は風もおだやかだらう。

連体形

彼が承諾するだらうことは望めない。

接続のしかたは、「う」「よう」が専ら動詞に附くのに対して、「だらう」は、体言、動詞、形容詞に自由に接続する。これは、「だらう」は元来、指定の助動詞連用形の「で」と、同じく指定の助動詞「ある」の結合したものに、更に推量の助動詞「う」が附いたものであるためで、体言に接続するのが元来の接続法であつたものと考へられる。後に「であらう」が一語としての機能を持つやうになつた結果、「う」「よう」の代りに推量の助動詞として、広く用言に接続するやうになつたと考へられる。以上のやうな理由で、本書では、「であらう」「だらう」を一語の推量の助動詞として取扱ふこととした。「だらう」を一語と認めるならば、「だつた」も過去及び完了の助動詞と認めてよかりさうであるが、「だらう」が一語として機能するのに対して、「だつた」は、「雨が降るだつた」「今日は寒いだつた」とは云はれないから、「だつた」はやはり「で」「あつた」の複合と見るのが適切である。

(九)　推量の助動詞　らしい

語＼活用形	未然形	連用形	終止形	連体形	仮定形	命令形
らしい	○	らしく	らしい	らしい	○	○

「う」「よう」は、時間的に見て、将来起こり得る事実に対する推量及び意志の表現であるに対して、「らしい」は現在起こつてゐる事実に対する推量を表現するものである。

父は出かけるらしい。

「出かける」といふ動作は、現在の事実であるが、それが確実なこととしてではなく、そのやうに推測されるといふことを表はす。

頭が痛いらしい。

「頭が痛む」といふ事実は、現に起こつてゐる事実であらうが、その判断が、その状況から推量される場合である。「らしい」といふ判断には、常に或る客観的な状況が、その判断の根拠になつてゐる点で「だらう」と異なる。「頭が痛いだらう」といふ推量判断には、必しもそのやうな判断を成立させる客観的な状況を必要としないが、「らしい」といふ推量判断が、右のやうに客観的状況を条件とするところから、接尾語の「らしい」と密接な関連を持つことが理解されるのである。

玄関に来たのはお客さんらしい（推量の助動詞）。
すつかり商人らしくなつた（接尾語）。

前者は、「お客さん」であると推定される客観的条件を多分に備へてゐる場合であるが、後者は、客観的状況の商人的であることを云つてゐるので、そこには判断が表現されてゐるのではなくして、事柄の属性概念が表現されてゐる。後者の「らしく」は、「商人」と結合して一個の複合形容詞を構成してゐるのである。

連用形

彼は気分が悪いらしく、ふさいでゐた。

あまり気乗りしないらしうございます。

大変心配らしかつた（らしく—あつた）。

どこかへ出かけるらしくて、いそいでゐた。

終止形

父は喜んでゐるらしい。

母は淋しいらしい。

海はおだやからしい。

雨が大分降つたらしい。

連体形

そのことには不服らしい様子です。

何か起こつたらしいけはひだ。

接続のしかたは、「らしい」は動詞、形容詞の終止形及び体言に附く。また、助動詞の「ない」「た」の終止形にも附く。

「らしい」は元来推量的陳述を表はす語であるから、当然その中に判断の表現が含まれてゐる筈であるが、時に次のやうに、指定の助動詞「である」を重ねる用法もある。

計画の実行は困難であるらしい（「困難らしい」と同じ）。

（一〇）推量の助動詞　べし

語＼活用形	未然形	連用形	終止形	連体形	仮定形	命令形
べし	○	べく	○	べき	○	○

「べし」は本来、文語の助動詞であるが、口語の中にも屢〻これを混ずることがある。ただし、その用法は次のやうに極めて限定され、終止形が全然用ゐられないことは、この助動

詞が口語特有のものでないことを示してゐる。

方言では、「べし」の転訛した「べい」が終止形として用ゐられることがある。

連用形

御期待に添ふべく、努力しよう。

それは云ふべくして、行はれない。

連体形

そんなことはなすべきことではない。

恐るべき病魔のとりことなつた。

多かるべき筈がない。

接続のしかたは、動詞にはその終止形に附き、形容詞には、指定の助動詞「ある」（終止形）を介して附く。

多かるべき筈がない（多く―ある―べき）。

（一一）敬譲の助動詞　ます　です　ございます　でございます

話手が聞手に対する敬譲の心持を表現する語の中で、特に陳述に現れるものを敬譲の助動詞といふ。「あの方は私の先生です。」といふ表現で、「あの方」「先生」は、第三者に関する語であるが、「です」は、この表現の相手である聞手に対する話手の敬譲の心持を表現する語であつて、敬譲の意を含めない、通常の指定の助動詞「だ」に対応するものである。

既に述べて来たやうに、陳述を表はす助動詞は、（一）指定（二）打消（三）過去及び完了（四）意志及び推量に分類されるが、聞手に対する敬譲は、以上四のそれぞれにあるわけであるから敬譲の助動詞は、次のやうに分類することが出来る。

（一）指定の敬譲助動詞
（二）打消の敬譲助動詞
（三）過去及び完了の敬譲助動詞
（四）推量の敬譲助動詞（意志を表はす敬譲の助動詞は含まない）

これらの敬譲助動詞は、それぞれに、通常の指定、打消、過去及び完了及び推量の表現に対応するので、これを表に示せば次のやうになる。

	語	敬譲の表現	通常の表現
指定	ます	雨が降ります（述語が動詞の場合）	雨が降る
	ございます	今日は寒うございます（述語が形容詞の場合）	今日は寒い
	です	今日は天気です（述語が体言の場合）	今日は天気だ　天気である
	でございます	今日は天気でございます（述語が体言の場合）	今日は天気だ　天気である
打消	ません	雨が降りません（述語が動詞の場合）	雨が降らない
	ありません	今日は寒くありません（述語が形容詞の場合）	今日は寒くない
	でありません	今日は天気でありません（述語が体言の場合）	今日は天気でない
	ございません	今日は寒く（う）ございません（述語が形容詞の場合）	今日は寒くない
	でございません	今日は天気でございません（述語が体言の場合）	今日は天気でない
過去及び完了	ました	昨日は雨が降りました	昨日は雨が降つた
	でした	昨日は天気でした	昨日は天気だつた　天気であつた
	ございました	昨日は寒うございました	昨日は寒かつた（寒くあつた）
	でございました	昨日は天気でございました	昨日は天気だつた　天気であつた

推　量		
ませう（意志）	行きませう　受けませう	行かう　受けよう
でせう	明日は雨が降るでせう	明日は雨が降るだらう
	明日は寒いでせう	明日は寒いだらう
	明日は天気でせう	明日は天気だらう
ございませう	明日は寒うございませう	明日は寒いだらう
でございませう	明日は寒いでございませう	明日は寒いだらう
	明日は天気でございませう	明日は天気だらう
らしいです	今日は雨が降るらしいです	今日は雨が降るらしい
	今日は寒いらしいです	今日は寒いらしい
	今日は天気らしいです	今日は天気らしい
らしうございます	今日は雨が降るらしうございます	今日は雨が降るらしい
	今日は寒いらしうございます	今日は寒いらしい
	今日は天気らしうございます	今日は天気らしい

右の表についての総括的補足説明

一　右の表は、話手の聞手に対する敬譲の表現が、通常の表現に対してどのやうに対応するかを示したものである。敬譲と通常の表現を含めて待遇と呼ぶことにした。

二　「ます」に対応する通常表現の説明に用ゐた■の記号は、用言の陳述が、言語の形に表現されてゐないことを示す。「ます」といふ敬譲の助動詞は、この表現されてゐない零記号の陳述に対応するものである。

三　指定の敬譲助動詞に、「あります」「であります」を加へてもよろしい。形容詞の連用形について「寒くあります」、体言について「天気であります」が稀に用ゐられる。この用法は打消の場合には、「寒くありません」「天気でありません」となつて一般的に用ゐられる。

四　「です」が動詞の終止形について「降るです」と用ゐられることがあるが、一般的ではない。形容詞の終止形について「寒いです」といふ云ひ方は、かなり広く行はれるやうになつた。それは、「寒い」と「寒うございます」の中間に位する適当な敬譲の表現であると考へられるためであらう。

五　「ます」の命令形「ませ」「まし」は、「くださる」「なさる」「あそばす」などにだけ附く。

六　「降らない」「寒くない」「天気でない」の打消敬譲の云ひ方には「降らないです」「寒

つたものである。

くないです」「天気でないです」などといふ云ひ方もある。打消と敬譲との云ひ方が逆にな

七　過去及び完了の敬譲表現には、「降つたです」「寒かつたです」といふ云ひ方もある。

八　「ませう」は、意志ばかりでなく「降りませう」といふやうに、推量にも用ゐられる。また、「降りませう」「寒うございませう」などを、「でせう」を用ゐて、「降りますでせう」「寒うございますでせう」などともいふ。陳述の累加した表現で、敬譲の意が強くなる。

九　種類の異なつた陳述を重ねた場合には、敬譲の表現は、一般に最後に来る。

雨が降つたらしうございます。（過去及び完了と推量）

雨が降らなかつたでせう。（打消、過去及び完了と推量）

ホ　助詞

（一）総　説

助詞が辞として持つ一般的性質については、辞の総説の項に述べて置いた。次に、助動詞と助詞との相違点についても、助動詞の項に概略を附説した。その要点は、助動詞は常に陳述即ち判断を表はすものであり、従つて、その点、文の中に用ゐられてゐる用言と同様に、その運用上、多く活用を具備するのであるが、助詞は、陳述の表現ではないから、活用を持

たない。近世の国語学者がこれを静辞と云つたのは、活用を持たない辞の意味である。

文法上、助詞をどのやうに分類、整理するかについては種々の観点があり得るであらう。その一は、他語との接続関係から分類することである。助詞は助動詞と同様に、常に他の詞と結合して句を構成するものであるところから、最近は、専ら附属語或は従属語としての見地からこれを整理することが行はれて来た。(1)

橋本博士の助詞の分類法は、博士の文法体系が、詞と辞の結合である句、博士のいはゆる文節を出発点とするところから、詞との接続関係に重点が注がれるやうになつたことは当然の帰結であるが、辞を常に詞との接続関係に於いて見ることは、はたして当を得たことであらうか。辞の根本的意義は、客体的な事柄に対する話手の立場の表現にあるのであつて、如何なる詞と結合するかといふことは、辞の根本的性質を規定するものではない。文論の総説に於いて述べるやうに、辞は常に客体的な事柄を総括する機能を持つてゐることを考へるならば、それらが、話手のどのやうな立場の表現であるかといふことが、表現を有機的に理解し、文の構造を明かにする上に大切なことである。例へば、

朝起きてから、夜寝るまで勉強した。

に於いて、助詞「から」「まで」、助動詞「た」が、それぞれ、「て」「寝る」「勉強し」に接

続するといふことは、助詞、助動詞の機能や性質を理解する上に、さまで重要なこととは考へられない。そこで本書に於いては、話手の立場を理解する上から、助詞、助動詞の意味を重要なものとして、分類の基準を立てた。この方法は、助動詞については一般にとられてゐる方法であるが、助詞の場合にも当然適用されなければならないのである。

そこで、本書では、助詞を次の四種に分つこととした。

格を表はす助詞
限定を表はす助詞
接続を表はす助詞
感動を表はす助詞

右に述べた助詞によつて表現される格以下の思想内容は、云ふまでもなく概念的表現ではなく、話手の種々な立場の直接的な表現である。右の四種の助詞の中、感動の助詞について見れば、その性質を幾分明かにすることが出来るであらうと思ふ。例へば、「雨か！」といふ表現は、これを図解すれば、

雨か。

となり、「か」は感動を表はす助詞として詞と結合してゐる。この「か」は、感動の概念的表現である「うれしい」「悲しみ」或は「情緒」などといふ語と全く相違して、感動そのものの音声的表現である。従つて、この表現を受取るものは、この「か」によつて、話手の感情情緒をそのままに読取ることが出来るのである。雨に対する話手の立場がそのまま表現されてゐるからである。助詞の表現の特質はほぼ以上のやうに云へるのであるが、このことは、格を表はす助詞についても云へることである。上の図において、甲と乙と二の棒が、右のやうな関係に置かれた場合、この関係を、「甲が乙によりかかつてゐる」と云ふ認定と、「乙が甲を支へてゐる」と云ふ認定は、全く話手の立場にまかされてゐる。その認定の相違によつて、「甲が乙によりかかる」といふ表現も、「乙が甲を支へる」といふ表現も出て来るのであるが、その際の「が」「に」「を」といふ助詞は、全く前例の場合と同様に、関係の概念的表現ではなく、事柄そのものに対する認定の直接的表現であると云へるのである。

(1) 橋本進吉博士の『新文典』には、語を独立する詞と附属する辞とに分けて、助詞を附属する辞に所属させて、専ら接続のしかたによつて助詞を分類されてゐる。

（二）格を表はす助詞

事柄に対する話手の認定の中、事柄と事柄との関係の認定を表現するものであるから、感情的なものは無く、殆どすべてが、論理的思考の表現であると云つてよい。

が	風が吹いてゐる。	病気が恐ろしい。(1)
は	万葉集は歌集である。(2)	
の	池の水	海の見える丘。(3)
に	庭に木を植ゑる。	甲にひとしい。(4)
へ	町へ行く。	紙へ書いて置いた。(5)
を	木を切る。	梯子をのぼる。
と	茶碗と箸	友だちと出かける。
から	はじめから終りまで	そんなことから失敗するのだ。
より	そんなことよりこれをおやりなさい。	夏より暑い。
で	庭で遊んでゐる。	耳で聞く。(6)
まで	どこまで行くのですか。	夏まで続ける。(7)

（1）上の「が」が主格を表はすのに対して、下の「が」は対象格を表はす（文論対象語格の項参照）。

(2) (三)の「限定を表はす助詞」の「は」と相違して、他と区別する意味はない。

(3) 上の「の」は、所属格を表はし、下の「の」は、従属句の主格を表はす時に用ゐられる。これらの「の」は、指定の助動詞「だ」の連体形の「の」とは異なる。

(4) 「政治家になる」といふ場合の「に」は、指定の助動詞「だ」の連用形である。

(5) 「に」は場所、「へ」は方向を表はすのであらうが、現代口語ではこの区別は必しも厳重に守られてゐない。ただし、その区別が極めて明かな場合には、「うちに居る。」「外へばらまく。」のやうに、「に」「へ」の区別を有効に使ひわけるやうである。

(6) 「耳で聞く。」「健康で暮す。」「節約で切抜ける。」等の例を見て来ると、このやうな「で」は或は指定の助動詞「だ」の連用形とも考へられる。

(7) 限定を表はす「まで」と比較すれば、格を表はす助詞の真意がよく理解されるであらう。

(三) 限定を表はす助詞

「限定を表はす」といふ説明が当つてゐるかどうかは疑問であるが、暫く右のやうに概括することとした。実例を以て云ふならば、例へば、甲が勉強してゐるとする。この事実の表現は、ただこの事実そのものが表現を成立させるばかりでなく、周囲の事情によつて話手の事実に対する認定に相違があり、従つて表現も異なる。その事情といふのは、甲の外に、乙も丙も勉強してゐる場合、甲以外は乙も丙も勉強してゐない場合、怠者である甲が勉強してゐる場合、優等生である甲が勉強してゐる場合等によつて、この事実そのものの認定のしかたを異にする。従つて次のやうな表現が成立する。

甲が勉強してゐる。
甲も勉強してゐる。
甲でも勉強してゐる。
甲は勉強してゐる。
甲だけ勉強してゐる。
甲ばかり勉強してゐる。
甲まで勉強してゐる。

右の表現における助詞には、話手の甲に対する期待、評価、満足等が表現されてゐることが分る。

か　ペンか鉛筆かを貸して下さい。　行くか止めるかを決めよう。
は　ぼくは駄目です。　日曜は家です。
も　私もお伴します。　笑ひもしません。
や　みかんや林檎がある。　あれやこれやと忙しい。

さへ　これさへ出来れば、あとは簡単だ。　一寸顔を出しさへすればよい。

ばかり(1)　水ばかり飲む。　百円ばかり貸して下さい。

ぐらゐ(2)　二里ぐらゐある。　これぐらゐはかまはない。

でも　お茶でも飲みませう。　明日でもお届けします。

だけ　百円だけ貸して下さい。　見るだけでよろしい。

しか　君しか持つて来ない。　そんなことしか出来ない。

なり　目なり耳なり働かせなさい。　行くなり止まるなり、君の御随意です。

たり　寝たり起きたりの生活です。　読んだり書いたり出来ますか。

こそ　それこそ私の得意のところ。　ようこそお出で下さいました。

きり　それきり何とも云つて来ない。　二日きりしかもたない。

づつ　三つづつ配る　五人づつに組を分ける。

ほど　一時間ほど経つた時　私ほど愚かなものはない。

だの　ああだのかうだの云つてゐる。　本だのペンだのが散らばる。

やら　靴やら下駄やらがいつぱいです。　医者を呼ぶやら薬を買ひに行くやら、大変です。

など　これなどはよい方です。　「大丈夫だ」などと云ふものですから

まで(3)　衣類は勿論、旅費まで恵んで呉れた。　そんなにまで云はなくてもよい。

（1）「ばかり」には二の意味がある。上はその事柄に集注されてゐるといふ認定の表現であり、下は、漠然たる限定を表はす。

（2）「くらゐ」は元来、程度を意味する体言であつたものが、辞として用ゐられるやうになつて、漠然たる限定を表はす。

このくらゐ飲んでも差支ない（飲んで差支ない分量を云ふ。体言）。
これぐらゐ飲んでも差支ない（飲んで差支ない物の範囲を云ふ。助詞）。

ただし、第二の「これ」が分量を云ふ時は、第一と同じ意味になる。

（3）格助詞の「まで」と比較する必要がある。

（四）接続を表はす助詞

同時的に存在する物と物との関係は、格助詞によつて表現されることは既に述べた。同時的に存在する動作及び行為、或は時間的に継起する事柄と事柄との関係の認定も助詞によつて表現される。この一群に属する助詞は、陳述に伴ふ点で格助詞と著しく相違するものである。元来、陳述と陳述との関係は、用言の活用形の中、連用形中止法を以て示されるのであるが、特殊な関係は、更にそれに助詞を加へることによつて一層明瞭にされる。用言の活用形が、辞と同じ機能を持つものであることは既に述べたところであるが、本項に所属する助詞を考へるに当つては、まづそのことを念頭に置く必要がある。

雨が降り、地が固まる（零記号の陳述に相当する用言の連用形が因果関係を示す）。

雨が降ると、地が固まる（「と」は指定の助動詞「だ」の連用中止法で、前例の零記号に相当する）。

雨が降るなら、地が固まる（「なら」は指定の助動詞「だ」の仮定形で、前例の零記号及び「と」に相当する）。

雨が降つて、地が固まる（因果関係を明かにするために、陳述に助詞「て」が添はつた場合）。

右の「て」は、「雨が降る」といふ事実が原因であることの表示であるが、表現された文に即して云へば、前句を後句に結合する役目をしてゐるやうに見えるので、これを接続を表はす助詞と一般に呼んでゐるのであるが、語そのものが接続機能を持つやうに考へるのは、単に比喩的にのみ云ふことが許されるものであることを、ここでも改めて確認する必要があるのである。

が　老人だが、元気だ。　私も知つてゐるが、彼は親切だ。
ば　雨が降れば、中止する。　風がつめたければ、のどを悪くするかも知れない。
と（1）　腰をかけると、窓を閉めた。　谷へ下りると、水がある。
て（2）　図書館に行つて、しらべて見る。　外をのぞいて見る。
ても　話しても、だめでせう。　体が小さくても、元気です。
　本を読んでも、頭に入らない。
から　水が出るから、お洗ひなさい。　気候がはげしいから、風を引きます。
けれど（けれども）　叱るけれど、ききめがない。　暖いけれど、風がつめたい。
し　雪も降るし、風も吹いて来た。　山は高いし、谷も深い。
ながら（3）　話を聞きながら、記録する。　貧しいながら、よく勉強する。
のに　雨が降るのに、出かけた。　学生なのに、一向勉強しない。
ので　雨が降るので、止めた。　学生なので、遠慮した。
つつ　悪いと知りつつ、やつてしまつた。　水は次第に減少しつつある。

（1）このやうな「と」を一般に接続の助詞として取扱つてゐるが、これは指定の助動詞「だ」の連用形の中止法と認むべきではないかと思ふ。古くは、このやうな場合、同じく指定の助動詞「に」が通用して用ゐられたやうである。

いそぎ参らせて御覧ずるに、めづらかなる児の御かたちなり（『源氏物語』桐壺巻）。

外目しつればふと忘るるに、にくげなるは罪や得らむと覚ゆ（『枕草子』）。

（２）「て」は同時的な事柄、継起的な事柄のいづれの接続にも用ゐられる。

（３）「ながら」は状態の持続をいふ体言であつたものが、接続の助詞に転成したものである。上と下との「ながら」に意味の相違が認められるが、それは第三者の解釈であつて、話手の気持としては、両者とも、「その状態に於いて」の意味に過ぎないのであらう。

（五）感動を表はす助詞

か（1）　これはあなたの帽子ですか。　そんなことが分らないのか。

　おや、雪か。

かしら　今日は雨かしら。　今日はやつて来るかしら。

よ　鳥が飛んでゐるよ。　これを御覧よ。

　蝶よ。舞へ〳〵。

な（なあ）　よく廻るな（なあ）。　名人だな（なあ）。

ね（ねえ）　可愛いね。　よく出来たねえ。

さ　早く起きるさ。　その道の達人さ。

な　枝を折るな。　ぐづ〱するな。

ろ（よ）　みんな起きろ。　じつくり考へて見よ。

ぞ　そら、押すぞ。　これは大金だぞ。

わ　私も行きますわ。　綺麗ですわ。

ものか（もんか）　行つてやるものか。　悲しいもんか。

とも　勉強するとも。　それでいいとも。

の　いらつしやいますの？　いいえ、いただきませんの。

や　花や、一寸おいで。　そんなことよせや。

こと　まあ、すばらしいこと。　お利口だこと。

（1）　第三の限定を表はす「か」と根本的に区別があるわけではない。ある事柄に対する不定の気持ちを表現する場合は、これを限定の助詞と見て置く。ここに挙げた例は、陳述に伴ふ場合で、これを感動の助詞としたのであるが、感動と疑問と反語の間に劃然とした線を引くことは出来ない。「そんなことが分らないのか」といふ表現は、疑問でもあるし、感動でもあるし、また「分る筈だ」といふ反語にもなり得るものである。

第三章　文論

一　総説

文が、語或は文章とともに、文法学の対象として、言語における一つの単位であることは既に述べた。文法学における文研究のなすべき最初のことは、言語における単位的なもの、一の統一体としての文の性質を明かにすることであり、第二に、文を、それを構成する要素に分析して、その構成において文を考察することであり、第三に、文と語との交渉を明かにすることである。

文の性質を説明する方法として、従来一般にとられた方法は、文を構成する要素の結合として説明する方法であつて、例へば、主語と述語の結合されたものが文であるとするのはそれである。しかしながら、文が一の統一体であるとするならば、そこには必ず、語が一の統一体であるといふこととは異なる、全く別の統一原理が存在しなければならない。この統一原理を明かにすることが、文の性質を明かにする第一の仕事である。

文の性質を規定するものとして、大体、次の三つの条件が考へられる。

(一) 具体的な思想の表現であること。
(二) 統一性があること。
(三) 完結性があること。

以下、右の三点について説明を加へようと思ふ。

(一) 具体的な思想の表現であること

語も、文と同じく思想の表現であるが、語は、話手の客体的な面か、主体的な面かのいづれかの表現である。体言「山」「机」、動詞「動く」「打つ」、形容詞「涼しい」「高い」等は話手の表象、概念の表現であるのに対し、「ない」「だ」等は話手の判断の表現に属するものである。語は右のやうに、客体的な面か、主体的な面かのいづれかに属して、そこから文法学上の詞と辞の分類が成立するのであるから、語は人間の思想のある面を表現するものではあるが、決して具体的な思想を表現するものではない。人間の具体的な思想とはどのやうなものであるかと云へば、人間は絶えず外界の刺戟を受け、或は主観的な感情情緒を対象化することによつて、主体に対立するところの客体界を構成すると同時に、一方、そのやうな客体界に対して、常に判断、感情、情緒を以て反応するものである。換言すれば、具体的な思想とは、客体界と主体界との結合において成立するものである。従つて、具体的な思想の表現とは、客体的なものと主体的なものとの結合した表現において云ふことが出来るのである。文とは、このやうな具体的な思想を表現するものである。従つて、「犬、猫、山、川」といふやうな語を連呼しても、それは結局、客体界の表現に終始してゐるのであるから、語の連続ではあるが、文といふことは出来ない。ところが、

犬だ。

といふ表現になると、客体界の表現「犬」と同時に、それに対する判断が、「だ」といふ語によつて表現されて、ここに主体、客体の合一した具体的な表現が成立する。これが即ち文と云はれるものである。以上のやうに、文は主体客体の合一した表現であるが故に、その最も簡単な形は、前例の「犬だ」の表現に見ることが出来るのであるが、これを次のやうに図示することが出来る。

犬｜だ‖。

具体的な思想の表現と云つても、それは常に主体的表現と客体的表現とを具備するとは限らない。次の例、

まあ！　驚いた。

「まあ」は主体的な感情の表現であるが、この表現には、この感情の志向的対象である事件とか、人とかが表現されてゐない。しかしそれは当然何ものかについての驚きの表現として「まあ」と云はれたのであるから、この「まあ」も具体的な思想の表現として文と云つて差支へない。また次の例、

犬！

においては、一単語の表現のやうに見えるが、ここには語として表現されない話手の感情が、抑揚、強調の形式を以て表現されて居り、文字言語として！の記号を以て表現されて居るのである。して見れば、この表現も、主客の合一した具体的な思想を表現したものとして、文といふことが出来るのである。一語文 sentence equivalent と云はれるものがそれである。

国語においては、用言は一般にはそれだけで概念と同時に陳述を表現する。坂道を登らうとする時、次のやうに叫んだとする。

あぶない。

右の表現は、表面上は一語でありながら、零記号の陳述が伴つてゐるものと見て、これを文と認めることが出来るのである。

以上述べるところは、説明が演繹的になつてゐるが、実は素朴な文の意識を考察することによつて、そのやうな意識の成立条件として帰納せられたものに他ならないのである。

（二）統一性があること

文に統一性があるといふことは、それが纏まつた思想の表現であることを意味する。如何に語が連続してゐても、纏まりのないものは文とは云ふことが出来ない。例へば、商店の看板にある営業種目の羅列のやうなものである。文の纏まりは何によつて成立するかといふならば、それは話手の判断、願望、欲求、命令、禁止等の主体的なものの表現によるのである。前に述べた具体的思想の中、主体的立場の表現がそれに当るので、それによつて、客体的な表現が纏まりを持ち、統一性を獲得するのである。従来、文は多くの場合、纏まりを受ける要素を数へあげて、例へば、主語と述語がなければ、文が成立しないといふやうに考へて来たが、更に重要なものは、むしろ各要素を纏めこれを統一する主体的な機能であると考へなくてはならない。一の統一した都市を成立させるものは、その交通、経済、衛生等の諸設備よりも、それを統一運営する行政的機能にあると考へなければならないと同じである。このやうに考へて来た場合、国語における文の統一性が、如何なる語により、如何なる形式において表現されて居るかといふことは、具体的な問題として重要になつて来る。

国語において、主体的なものの表現として辞があり、その中で、感動詞は主客未分化の表現としてそれ自身文であることは既に述べた。次に接続詞は、前の文を統一して後の文をおこすために用ゐられるものであるから、文の展開に役立つものとしてこれを除外すれば、文の統一に関与するものとしては、助詞及び助動詞が考へられるのである。

更に、用言に伴ふ零記号の陳述を、陳述を表はす指定の助動詞と同価値のものと認めるならば、文に統一を与へるものは、次の三に概括することが出来る。

一　用言に伴ふ陳述　　二　助動詞　　三　助詞

次に、これらの語が、どのやうな形式において文に統一性を与へてゐるかを観察して見る。

一　用言に伴ふ陳述

裏の小川がさらさら流れる。

右の表現において、これを統一する陳述は、特別な語によつて表現されてゐるのではなく、一般には「流れる」といふ用言に具有されてゐると考へられてゐる。しかしながら、この表現されない、零記号の陳述は、「裏の小川がさらさら流れる」といふ事実全体に関係するものとして、次の図形に示すやうな関係でこの表現を統一し、その故にこれが文であると云はれるのである。

裏の小川がさらさら流れる	■

即ち、■記号で示される話手の陳述が、「裏の小川云々」全体を包むやうな形式において統一してゐるのである。あたかも、風呂敷が種々な品物を包んで統一を形づくつてゐるのと似てゐる。この統一形式は、国語の構造の特異な点であつて、英・独語における

S―P

の図形の示すやうな統一形式と著しい対照をしてゐる。英・仏・独語においては、統一の表現は語の中間に存在して天秤型をなしてゐる。以上の点から考へて、国語において、陳述が用言に具有されてゐると考へることは、その統一形式を理解する上に大きな妨げとなると考へられるので、本書においては、陳述を用言の外に置いて考へるといふ説明法をとつたのである。この云はば仮説的理論は、次の統一形式を考察することによつて一層明かにされるであらうと思ふ。

二　助動詞

今日は波の音も静かだ。

右の表現における陳述は、明かに語の形式をとつて、「だ」と表現されてゐる。この陳述「だ」は、単に「静か」といふ語に結合して、具体的な思想の表現となつてゐるのではなく、「今日は……静か」全体と結合し、そのやうな事実に統一を与へるものとして表現されてゐることは見易いことであると思ふのである。「だ」の代りに「でない」「だつた」「らしい」を置換へても、その統一形式に変りはない。

三　助　詞

今日もまた雨か。

右の表現においては、陳述「である」が省略されて、助詞「か」が全体を統一し、話手の詠歎的な気持ちが表現されてゐる。それは、「今日もまた雨である」ことに対する詠歎の表現である。詠歎と詠歎の対象及びその統一形式は、前二項の陳述の場合と全く同じである。

(三)　完結性があること

文の成立条件として、統一性があるといふことは、同時に具体的思想の表現であることを意味するのであるが、それらの統一性を与へる陳述、及び助詞、助動詞の存在は、必しも文を成立させたことを意識させない。

裏の小川はさらさらと流れ

といふ表現において、陳述は零記号の形式で存在はしてゐるのであるが、それが「流れ」といふ動詞の連用形が示すやうに、完結しないものとなり、この表現全体が或る統一を得ながら、更に展開する姿勢を取つてゐる。換言すれば、この表現には完結性が無いことになつて文といふことは出来ないのである。この表現が文であると云はれるためには、表現の最後が、終止形によつて切れる形をとることが必要な条件となる。国語においては、倒置法の場合を除いて、文の終りが完結形式でなければならないといふことは、一の特質とも云ふことが出来るであらう。このことは、活用における断続の現象とも相呼応するものである。

助動詞によつて統一された場合も同様で、それが終止形によつて完結されて居るといふことは必要な条件となる。

助詞の場合も同じで、すべての助詞は、それの附く語に或る種の統一性を与へるものであらうが、常に必しも完結性を与へるとは限らない。「寒いか」「起きろ」「えらいぞ」等の「か」「ろ」「ぞ」は、完結して文を成立せしめるが、「行くが」「美しいけれど」「よければ」等の「が」「けれど」「ば」は完結を与へない助詞である。古く連歌等で、切字と呼ばれてゐるものは、完結性を与へる助詞、助動詞を意味したので、切字があるか無いかといふことは、それによつて文が成立するか否かを意味することになるのである。

以上は、文をその構成要素によつて説明せず、文成立の基本的条件を吟味することによつて、言語研究の一の対象である統一体としての文の性質を明かにしたのである。

二　詞と辞との意味的関係

詞と辞によつて表現される思想内容を、思想内容そのものとして見れば、客観的な自然、人事であり、また主観的な感情、意志等であつて、そこに何等の差異を見出すことが出来ないのであるが、これを表現に即して考へるならば、そこに根本的な相違があることは既に述べたところである。即ち、詞は、思想内容を概念的、客体的に表現したものであることによつて、それは、言語主体即ち話手に対立する客体界を表現し、辞は、専ら話手それ自体即ち言語主体の種々な立場を表現するのである。そして、この両者の表現の間には密接な関係が存在する。即ち話手の立場の表現と云つても、それは必ず或る客体的なものに対する話手の立場の表現であり、客体界の表現には、必ず何等かの話手の立場の表現を伴つてはじめて具体的な思想の表現となるのである。例へば、「故郷の山よ。」といふ表現に於いて、話手の感動を表はす「よ」といふ語は、この場合、話手に対立する客体界である「故郷の山」に対する感動の表現であつて、この主体、客体の表現が合体して始めて具体的な思想の表現となることが出来るのである。この関係は上のやうに図示することが出来る。

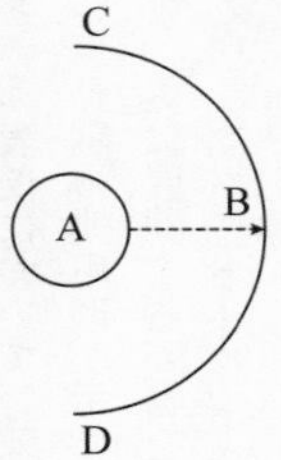

Aを言語主体（話手）とする時、弧CDは、Aに対立する客体

界の表現、点線ＡＢは、客体界ＣＤに対する話手の立場の表現であつて、ＡＢと、ＣＤとの間には、志向作用と志向対象との関係が存在し、ＡＢＣＤが即ち具体的な思想の表現であると云ふことが出来るのである。国語に於いては、この主体的なもの辞と、客体的なもの詞とは、常に次のやうな関係に結合されるのである。

詞　辞
故郷の山｜‖よ

この関係は、また別の言葉で云へば、客体的なものを、主体的なもので包む、或は統一してゐるとも云ふことが出来るのである。包むものと包まれるもの、統一するものと統一されるものとの間には、次元の相違が存在するので、このやうな詞と辞との関係を、本書に於いては次のやうに図解することにする。

［故郷の山］よ　或は　故郷の山｜よ‖

客体的表現、詞が、主体的表現、辞によつて包まれ、また統一されるといふ関係は、種々なものに譬へてこれを説明することが出来る。菓子を箱に入れた場合、菓子は食べるものとして云はば客体的存在であるが、箱は、これを包むものであり、またこれを統一するものであり、かつ、この菓子を人に贈らうとする贈主の心づかひの表現として、主体的表現であると云へる。一方は食べるものであるのに対して、他方はこれを保護する容器として、そこに次元の相違が存在する。また、汽関車と客車の関係について見れば、客車は運搬されるものであるのに対して、汽関車はこれを運搬するものであるから、これにも客体的なものと、主体的なものとの相違が認められる。汽関車は客車を包むものであり、また、統一するものである。客観的に見れば、ともに車輛であるこの両者に、機能的に見れば以上のやうな相違が認められるのである。絵と額縁との間の関係も同じである。絵は画家にとつて客体的なものの表現であるが、額縁は、絵そのものを収めるに相応しいものとして画家によつて選ばれる。客体的なものに対する画家の志向の表現である。しかも額縁はそれによつて絵を包み、かつ統一し、この両者によつて絵がはじめて完成されるのである。本書に於いて、図解に用ゐたは机の抽斗《ひきだし》と引手との関係を象徴化したもので、引手は箱の一面に取付けられてはゐるが、抽斗を引出すものとして、これを包み統一する関係になつてゐる。かつ引手は、この抽斗を用ゐる主体の使用を助けるものとして、手の延長と考へることが出来るのである。

このやうな詞と辞との関係は、鈴木朖も既に次のやうな譬喩を以て説明してゐる。(1)

詞　　辞（てにをは）

物事をさし顕はして詞となり、　其の詞につける心の声なり
詞は器物の如く　それを使ひ動かす手の如し
詞はてにをはならでは働かず　詞ならではつく所なし

かくして、

字を書く。
字も書く。
字だけ書く。
字ばかり書く。

に於いて、複線を以て示した語は、すべて辞であり、単線を以て示した詞に対する話手の何等かの認定を表現するものである。これらの辞は、「書く」といふ動作の主格には何の関係もない。「甲は字ばかり書く」と云つても、それは、甲が絵をかくことを拒否して、専ら字を書くことだけを欲してゐるといふ、甲の意識を表現してゐるのではない。「ばかり」はそのやうな客体界の事実を表現することは出来ないのである。また例へば、停車場に汽車を待つてゐる人が、遥か彼方に汽車の姿を認めて、次のやうに云つたとする。

汽車が来ます。
汽車が来ました。
汽車が来るらしい。

複線の語は辞であつて、この場合も前例同様に、ただ「汽車が来る」といふ事実に対する話手の認定の表現であつて、これらの語によつて、「汽車が来る」といふ事実そのものが確実であるか、不確実であるかといふ客観的な情勢を表現することは出来ないのである。

凡そ辞と云はれるものは、すべて右のやうな性質を持つてゐるのであつて、従つてそれは常に話手の認定の対象になる客体的なものと密接に結びつき、或る場合には、客体的なものの表現である詞に融合して一語のやうになつてしまふ場合もあり得るのである。印欧語に於ける格変化を含んだ名詞の如きはそれである。国語に於いては、辞は多くの場合詞と遊離して一の語と考へられてゐるが、音声的には、詞と辞は結合して一のまとまりをなしてゐる。これを句或は文節（橋本進吉博士）と云ふ。

辞のうちで、感動詞はいささか特例と考へられるのであつて、「ああ」「おや」の如きは感動の主体的表現として、当然、辞と考へられるのであるが、これらの感動の表現にも、必ず感動の対象となるべき客体的事物、事柄が存在しなければならない。即ち或る事柄に対する驚き、詠歎の表現である筈である。しかし感動詞の場合には、そのやうな客体的なものが、言語の形に表現されず、主客未剖の形で表現されてゐると解することが出来るのである。

詞と辞の関係が、以上のやうに、客体的なものと主体的なもの、統一されるものと統一するものとの関係にあり、その間に次元の相違が認められるのに対して、詞と詞との間にはそのやうな関係が成立しない。例へば、接尾語の結合した

さむさ　うれしがる　笑はれる

に於いては、結合した全体が一語として取扱はれ、概念相互の間に部分と全体との関係が存在するだけである。

（1）『言語四種論』

三　句と入子型構造（一）

詞と辞とは、その表現性の相違から、常に結合して、具体的な思想表現上の一単位をなす。この詞辞の結合を句といふ。従つて、句は語と文、或は節との中間的存在であるといふ

ことが出来る。右に、具体的な思想表現と云つたのは、文としての思想表現を云つたので、ただ単に「梅、桃、桜」といふ風に語を連ねたものは、或る事物、或る観念の表現ではあつても、具体的な思想表現とは云へない訳である。句といふのは、例へば、次のやうなものである。

山の　川に　静かで　きれいに　私が　本を

詞辞の結合が完結形式をとつて、「春だ。」と云はれる時は、通常これを文と呼ぶのであるが、このやうな詞辞が結合して完結したものが、一の文の一部分をなす時は、これをも句といふことが出来る。例へば、「山も春だ。」に於いては、「山も」も「春だ」もともに句と云ふことが出来る。以上のやうに、句の概念の中には、詞と辞の結合といふことと、文の断片であるといふ二の概念が含まれてゐると見るべきである。

句が、詞と辞の結合で音声的に一のまとまりをなして居るといふことは、音声連鎖の上に、中間休止が存在することを意味するのであつて、句を形成するといふことは、句切れが出来ることである。

ここに句切れが出来ると云つても、それは単なる生理的条件によつて出来る休止ではない。例へば、ある音節以上は、息を続けることが出来なくて休止が出来るといふやうなものではない。たとひ、二音節でも「メガ」（芽が）で休止が出来る。これは句を構成する一語一語の意味によつて支へられるからである。厳密に云へば、詞と辞との主体的意識に於ける弁別によつて、語と語の間に離合の現象が生ずるのである。

サクラガ　サイタ（桜が咲いた）。

は、決して

サクラ　ガサ　イタ

と云はれないのは、辞は常に上の詞と結合して一まとまり（句）にならうとするからである。

国語に於いては、用言には特に陳述を表はす辞を用ゐることなく、用言だけで陳述を表はすのが普通である。このやうな場合には、表現されない零記号の辞を含めてこれを句といふことが出来る。

日程を変へ■‖、明日出発する■‖

辞を伴はないのは、用言の場合ばかりでなく、前例の「明日」の如きは、名詞であつて、格を表はす辞「に」を伴はずに連用修飾語として用ゐられてゐる。従つて、この「明日」の下にも零記号の辞を想定することができる。つまり（文字表現としては）、「明日」だけで句をなしてゐる訳である。

次に、句と句との間には、意味上或は構造上、どういふ関係があるかを考へて見るのに、次のやうな注意すべきことがある。例へば、

梅の花が咲いた。

といふ文は、これを句に分つて見れば、これを次のやうに図解することが出来る。

梅の╢花が╢咲いた╢

即ち三の句に分つことが出来る。それならば、文は句がこのやうに層々相重つて出来たものであるかと云ふのに、「花が」は、「梅の」に対して、一の句をなすと同時に、また一方、「梅の花」を一の詞とし、それに「が」といふ辞が附いて、「梅の花が」を一の句と見ること

が出来る。この二の句切りかたは、一見矛盾してゐるやうに見えるが、互に矛盾し相排斥するところの事実ではなく、実は「梅の花が」といふ句の中に、「梅の」といふ句を含んでゐると見ることが出来るのである。これを図解すれば次のやうになるのである。

梅の花が

右の図解によつても明かなやうに、「が」といふ辞は、詞「花」に附いて句をなすのであるが、それは、ただ「花」といふ語に単純に附いてゐるのではなく、「梅の」といふ修飾語を伴つたところの「花」に附くと考へられるのは当然である。句を含む句を考へることは、思想の統一された表現の構造を考へる上に、極めて大切なこととなるのである。次に、右の例文中の「咲いた」は、詞と辞の結合として同様に句と考へられるのであるが、右の辞「た」は、ただ単に「咲く」といふ語だけに附いたものでなく、特定の主語（ここでは「梅の花」）を持つた述語に附いて句をなすと考へなくてはならない。従つて右の文は次のやうに図解されることとなる。

梅の花が咲いた

即ち、右の文は、全体として、詞と辞の結合した句と見なすべきものとなるのである。ただし、右の句は、辞「た」によつて完結してゐるので、これを文と云はなければならないのであるが、「咲いた」といふ語結合だけについて見れば、文の部分としてこれを句といふことが出来る訳である。右の例文を、もう一度全体的に図解すれば次のやうになる。

梅の花が咲いた

この図形を、既に用ゐた枡型式に改めるならば、

のやうになる。右の図形によつて、語の連結がどのやうにして句をなし、句が重つてどのやうにして統一した思想の表現に到達するかを理解すべきである。

このやうな単位の排列と統一の形式を入子《いれこ》型構造と呼ぶのである。入子型構造は、原子的排列構造とは異なつた構造形式を持つものであつて、その適例は、入子盃といはれる三重の

盃に見ることが出来る。その構造は図のやうに、大盃cは、中盃bをその上に載せ、中盃bは、更に小盃aをその上に載せて、そして全体として統一した三段組の盃を構成してゐる。abcはそれぞれに全体に対しては部分の関係に立つと同時に、bがcに対する関係は、単独にbがcに対するのではなく、aを含んだbとして、cに対するのである。cは盃自体として見れば一の統一体ではあるが、

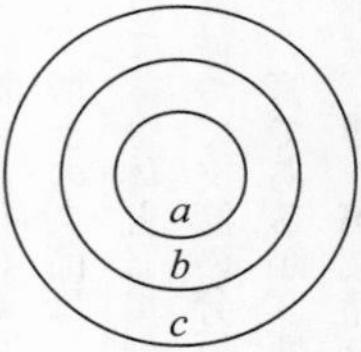

aを含んだbを、更に含むことにより三重の盃としての統一を完成するのである。入子型構造とは、右のやうな興味ある構造形式を持つものであつて、数珠の排列と統一に於ける形式と比較するならば、その特質を理解することが出来るであらう。

以上述べた入子型構造は、物質に関することであり、かつ空間的構造に属するものであつて、これを時間的に展開する表現であるところの言語に類推することは極めて困難なことであるが、国語に於ける語の連結とその統一構造とは、もしこれを直観的に把握しようとするならば、以上のやうな入子型構造に於いて理解するのが最も適切ではないかと思ふのである。

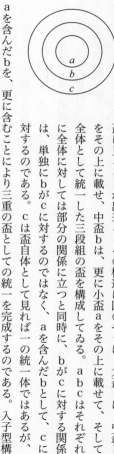

四　句と入子型構造（二）

前項に於いて、私は、主体的意識に於ける詞と辞との表現性の弁別に基づく、語の結合を句と命名することとした。従つて、句はその構成内容から云へば、文と同じものであるが、それが完結形式をとらず、或は完結形式をとつた場合でも、文の一部分をなすことによつて句と云はれるのである。

私がここに句と呼ぶところのものは、実は橋本進吉博士が文節[1]と名づけられたものに対する批判の上に成立つてゐるので、まづそのことを明かにしなければならない。

橋本博士は、文に於ける切目を文節と命名されたが、それは音声論に於ける音節の概念の類推に基づくものである。しかしながら、音節が単なる調音の曲折によつて生ずるものであり、波の起伏に類するもので、そこには全体の統一といふものを考へる必要が無いのに対して、博士の文節は、必しも文に於ける単なる思想表現の曲折ではなく、それは意味に支へられて、全体として一の統一を形成すべきものである。

従つて文節の分析は、思想表現の意味的曲折及びその統一形式と関連して来なければならない筈であるが、博士の文節に対する考察はそこまで到達することが出来なかつた。その根本は、博士が文節を文の節として把握したところに原因してゐると思ふのである。文節の名称は、博士の指摘せられた文節の事実そのものの正しい理解を進展させるには不適当であつた。寧ろ、文節の名称は、文章の一節或は一段である paragraph を呼ぶに適切な名称として保留したいと思ふのである。次に、それならば、橋本博士によつて指摘せられた事実としての文節を呼ぶ名称が従来無かつたかと云ふに、それに最も近く、或は更に適切な用語と考へられるのは、和歌、連俳等に用ゐられた「句」の名称である。上句、下句、初句、二句、発句、平句、或は句切れ等の句の語義を見ると、文節の名称よりも、句の名称を用ゐることが慣用の上からも適切である。ただ一般に句と云はれてゐるものは、博士が文節と云はれたもの以上の句切れを意味するところから、句の名称を斥けて文節の名称が採用されるやうになつたものと思はれるのである。例へば、

久方の―光のどけき―春の日に―静心なく―花の散るらむ―

に於いて、初句は一文節から成り、二句は「光」「のどけき」の二文節から成り、三句は「春の」「日に」の二文節から成り、四句は「静心」「なく」の二文節から成り、五句は「花の」「散るらむ」の二文節から成つてゐる。以上のやうに見て来れば、一見句と文節とは一致しないやうではあるが、二の句「光のどけき」はこれを次のやうに図解することが出来る。

光■のどけき■

右は句を含む句と考へられるから、文節としても当然二句全体を一文節とも考へることが出来るのである。三句は、二文節であると同時に、「春の日に」を一文節と考へることは極めて容易である。四句は二句と同様、一文節と認めて差支へなく、五句も左のやうに文節を含む文節として一文節と認めることは困難ではない。

花の散るらむ

以上のやうにして、句は句を含んで思想の統一が完成して行くことを考へるならば、従来の句に分つ立場と、文節的分析は決して矛盾するものではなく、全く一致するものであることを知るのである。更に一二三句を合して上句といひ、四五句を合して下句といふ場合でも、句としての根本概念には、いささかの変化も無いのである。して見れば、従来慣用された句の名称以外に文節の名称を用ゐる特別の根拠はなく、句の名称の方にむしろ融通性があり、入子型構造を自然に暗示するものがあるといふことが出来る。句のまとまりによつて出来る語の連鎖の中の休止は、従つて句切れと呼び、またこのやうに適当に語のまとまりをつけることを句切るといふ訳である。連歌、俳諧の初句である発句《ほつく》は、本来、その表現技術の掟に従ふならば、独立の思想と形式を持たなければならないものであるから、当然文法上の文に属して、これを句と称することが出来ない筈のものではあるが、発句の具体的なありかたは、歌仙或は百韻の一部分であるといふ見地から句と呼ばれることが出来るのである。このことは和歌に於いても同様であつて、

天つ風雲のかよひ路ふきとぢよ
　少女の姿しばしとどめむ

に於いて、上句は、そこで思想が完結するにもかかはらず、なほ句と呼ばれるのと同じである。発句が全く独立して、なほ句或は俳句と呼ばれるのは、歴史的な理由以外に何もないのであつて、文法上から云へば句と呼ぶことが出来ないことは勿論である。そこでは、一の詩形の名称として用ゐられるに過ぎないのである。

句の名称は、また phrase の訳語として一般に通用してゐる。それは、phrase が上に述べて来た詞と辞の結合である句に近似してゐるところから対訳に用ゐられたのであるから、句の名称を保存することは、彼我の言語の性質を比較対照する上にも便宜である。

（1）『国語学概論』橋本進吉博士著作集　第一冊　二三頁、『国語法要説』同著作集　第二冊　五頁

五　用言に於ける陳述の表現

詞は、それが概念作用による事柄の客体化の表現として、辞に対立するものであるが、それならば、詞は皆すべて一様であるかといふのに、そこにはなほ常に語形を変へないものと、語形を変へるものとが区別される。

山、川、犬、猫等は前者でこれを体言といひ、走る、受ける、暖い、楽しい等は後者でこれを用言といひ、その中に動詞と形容詞とが区別されることも既に述べたところである。動詞、形容詞は、共に詞として概念を表現するのであるが、これらの語が一般に使用されてゐる状態を見ると、例へば、

犬が走る。
気候が暖い。

のやうに、それは概念ばかりでなく、判断即ち文法上にいはゆる陳述をも表現してゐることは事実である。そこで、用言は陳述をも表現するものであつて、その点が体言と異なるとこ

ろであるといふ説が出て来るのである。山田孝雄博士は、

抑も用言の用言たる所以はこの陳述の能力あることによることは既に繰返し説きたる所なるが(1)

と述べて、用言に於ける陳述性を強調して居られる。ところが既に述べて来たやうに、陳述といふことは、話手の主体的表現に属することであり、国語に於いては、客体的表現と、主体的表現とは一般に分離して別の語を以て表現され、この両者の表現上の相違を以て、語分類上の根本基準とする立場に立つ時、用言に於ける右のやうな事実をどのやうに取扱ふかは重要な問題である。外形だけから考へるならば、陳述は確かに前例の「走る」「暖い」といふ用言に累加され、含まれて居るやうに見える。しかしながら、主体的表現である辞は、常に客体的表現である詞とは別の語によつて表現され、かつそれは客体的なものを包み、統一する関係にあるといふ国語の一般原則に立つならば、陳述は次のやうな零記号に於いて表現されてゐると見ることが出来るのである。

犬が走る■

気候が暖い■

右のやうな説明法は、「故郷の山よ」といふ表現に於いて、感動を表はす「よ」が表現されず、「故郷の山！」と表現された場合、これを

故郷の山■

として図解説明するのと同じである。

以上のやうに、国語に於いては、用言は常にそれだけで別に陳述を表はす語を伴はずに陳述的表現とすることが出来るのであるが、方言の中には、「犬が走るだ」といふやうに、「だ」を以て陳述を表はしたり、「犬が走るです」「気候が暖いです」といふ風に、「です」を以て陳述を表現することがある。また、「日中は暖い。だが朝晩は冷える。」といふやうに、前文を受けて、これを繰返す場合に、ただ陳述だけを繰返して、「だが」といふことがある。この場合「だ」は前文の零記号の顕現したものと見ることが出来るのである。また、「朝晩は冷える。」といふ表現は、聞手に対する敬意を含める時、「朝晩は冷えます。」といふ表現をとる。「ます」は、「だ」「です」と同様に、零記号の陳述が、語の形式をとつて現れたものと解することが出来るのである。用言に於いて、零記号の陳述を想定するといふことは、一見極めて観念的な説明法のやうではあるが、国語の陳述表現の一般より類推する時、

以上のやうに解することがむしろ妥当であることが了解されたと思ふのである。用言に零記号の陳述を想定することは、以上のやうな述語的陳述に於いてばかりでなく、修飾的陳述に於いても同様である。

流れる│小川

寒い│夜

右の用言「流れる」「寒い」は、それぞれ「小川」「夜」の間に零記号の修飾的陳述が介在してゐると見なければならない。更に次のやうな例に於いては、

さらさら流れる小川

ひどく寒い夜

修飾的陳述は、「さらさら流れる」「ひどく寒い」を統一して、下の体言を修飾するものであることは、「梅の花が」に於いて、助詞「が」が、ただ「花」が主語に立つことを表はすばかりでなく、「梅の花」を統一しつつ、これ全体が主語に立つことを表はすのと同じである。

国語に於ける用言と陳述との関係を右の如く解する時、ヨーロッパの言語と国語との構造上の相違を次のやうに説明することが出来る。

A dog runs.

のやうな表現は、一般に次のやうに説明されてゐる。

A dog is running.　即ち [A] is [B]

のやうに、陳述を表はす辞が、AとBとの中間にあつて、両者を結合するものと考へる。即ち零記号の辞を、AとBとの中間に想定するのである。然るに、国語に於いて、

犬　走る。

といふ表現は、AB二の観念の配列に於いて英語の場合と全く同じであるにも拘はらず、これを次の如く解さなければならない。

犬　走る■

即ち、ＡＢ二観念を統一する辞は、ＡＢ二観念の外から、これを包む形に於いて統一してゐるのである。前者を天秤型統一形式と呼ぶならば、後者のやうなのは、これを風呂敷型統一形式と呼ぶことが出来るであらう。このことは、文の統一を論ずる際に、再び触れることではあるが、明治以後、英文法の知識によつて、日本人は、統一といへば、天秤型以外にはあり得ないやうに教へ込まれて来たのであるが、右に述べるやうに、別個の統一形式の存在が可能であることを深く銘記しなければならないのである。それは、物を箱に入れたり、紐で括つたりするところの統一形式である。

(1)『日本文法学概論』六八一頁

六　文の成分と格

イ　総　説

前数項に亙つて述べて来たことを、ここで一往概括して見るならば、第一に、言語に於ける単位としての文がどのやうな条件を持つものであるかを明かにし、次にそれを具体化して、客体的な詞と主体的な辞との結合を以て文を説明する原則とした。そしてそれを次のやうな図形に表はした。

次に、右のやうな文の構造を構成するものの中、主体的な辞が、客体的な詞をどのやうにして統一するかの面を述べて、辞特に用言の陳述に説き及んだ。ここで、文を構成する他の要素である詞について述べるべき順序となつた。

文に於いては、詞は常に辞と結合して句を構成してゐるのであるから、文に於ける詞を考察するといふことは、そのやうに辞によつて規定された詞について考察することを意味する。換言すれば、辞は常に詞を統一するものであるから、辞によつて規定された詞を考察するといふことは、統一されたものの相互の関係を考察することに他ならない。辞によつて統一された詞は即ち文の成分であり、文の成分を全体的統一との関係に於いて見た場合にこれを格といふことは、従来の文の成分論で既に説かれたことである。

文の成分及び格の概念は以上の如くであるから、成分及び格は、句の中から、辞を除いたものについて云はれなければならないのは当然である。

花が咲いた。

右の表現に於ける文の成分は、句「花が」「咲いた」から助詞「が」、助動詞「た」を除いた「花」「咲く」について云はれることで、その両者の関係に於いて格と云ふことが云はれるのである。

ロ　述語格と主語格

すべて陳述の助動詞或は零記号の陳述によつて統一されたものが述語格である。

勉強家です。
静かだ。
暖い■。
飛んでゐる■。

右の例は、すべて辞と結合して句をなしてゐるが、それらの中から辞を除いた傍線の語が、述語格と云はれる。更に次のやうな例の傍線の部分も同じ原則によつて、述語格と云はれる。

彼は勉強家です。
波が静かだ。
風は暖い。
鳥が飛んでゐる。

これら傍線の部分は、語の結合であるが、陳述によつて統一されたものとして、一の詞と同様に見なすことが出来る。しかしながら、それぞれの述語格は、「彼は」「波が」といふやうな句を含んでゐる。そこで、これらの句の中から、助詞「は」「が」を除いた「彼」「波」と、「勉強家」「静か」との間に文の成分上の関係が問題になつて来る。一般にこのやうな場合、これを論理的な観点から、「彼」「波」を、「勉強家」「静か」の主語と称するのである。ここに恐らく次のやうな疑問が生ずるであらう。「彼は勉強家」を述語としながら、「彼」に対して「勉強家」を述語とするのは何故であるか。いづれを述語とするのが正解であるか。この疑問に対する答は、既に述べたところの入子型構造の原則によつて氷解するであらう。「彼は勉強家です」といふ表現は、既に述べたやうに、「彼は」「勉強家です」の二句から成立し、そしてこの二句の間には、次のやうな入子型構造が成立することも既に述べた。

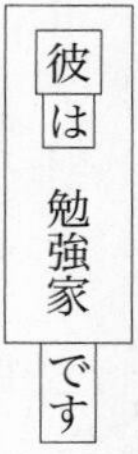

右の図形は、「です」によつて統一されたものとして、「彼は勉強家」を述語と呼ぶことが出来ると同時に、その中から、「彼」を主語として取出した場合、その主語に対しては、「勉強家」を述語と呼ぶことが出来るといふ関係を示してゐるのである。この関係は、国語の文の構造として具体的に示すことが出来るのであつて、例へば、「芽生える」「歯がゆい」「腹が立つ」「気が長い」等の語が、それぞれに一の詞として述語に用ゐられると同時に、「芽」「歯」「腹」「気」を主語と見れば、それに対する「生える」「かゆい」「立つ」「長い」を同時に述語と見ることが出来るのであつて、国語の構造の一の根本的な性格と見ることが出来るのである。

次に、右の図形から結論することが出来る重要な点は、国語に於いては、主語は述語に対立するものではなくて、述語の中から抽出されたものであるといふことである。国語の特性として、主語の省略といふことが云はれるが、右の構造から判断すれば、主語は述語の中に含まれたものとして表現されてゐると考へる方が適切である。必要に応じて、述語の中から主語を抽出して表現するのである。それは述語の表現を、更に詳細に、更に的確にする意図から生まれたものと見るべきである。主語を述語の中に含めるところにも、それなくしても自明である場合、主語を取出すことが憚られる場合等があるためである。
述語に対する主語の関係を以上のやうに見て来るならば、主語は、後に述べる述語の連用修飾語とは本質的に相違がないものであることが気付かれるであらう。事実、国語に於いては、主語は、述語に対する論理的関係から云はれるだけで、例へば、次の例に於いて、

私には出来ません。

「私」は、述語に対して、事実としては「出来ません」といふ述語の主語たるべきものではあるが、この場合「には」といふ助詞に規定された「私」は、むしろ述語の修飾語と見るべきものである。従つて、それは、「私に於いては」といふ意味の表現と見なければならないのである。国語に於いては、主語は述語の修飾語と見ることが出来るのである。

ハ　述語格と客語、補語、賓語格

主語が、述語から抽出されたものであり、修飾語と異なるところは、論理的関係に於いて、主語が述語の主題であるやうな事柄であるのに対して、修飾語はむしろ述語の中の属性的事実の抽出であるところにある。客語、補語も述語から抽出された概念であることに於いて主語或は修飾語と同性質のものであり、ただそれが、述語の主題ではないところから、今

日、普通の文法書では、客語、補語を修飾語として取扱つてゐる。本書でもこれを修飾語の一として取扱ふのであるが、述語に対する論理的関係から、修飾語のあるものを、主語といふことが出来るやうに、述語及び主語に対して、或る特殊の論理的関係のある修飾語を、客語、時には目的語、或は補語といふことが出来、また便宜上そのやうに取扱つてゐる。これはヨーロッパ諸言語の類推に基づく取扱ひであるが、国語には、述語と客語、補語との関係を規定するやうな明確な文法的記号を指摘することが困難で、ただ意味の上から、さう云はれるに過ぎない。助詞「を」に規定された詞が客語であるといふことも、決定的ではない。

橋を渡る。
空を飛ぶ。

右の傍線の語のやうなものは、単に行為の行はれる場所を云つたもので、客語と云ひ切れないものである。このことが、ひいては、国語に於いて自動詞と他動詞との区別をつけることが出来ない原因となつてゐる。

補語は、述語に対する論理的関係によつて規定された成分であるといふよりは、述語の意味の充足に関する成分である。ある種の述語は、それだけでは意味が分らないばかりか、文としての形式が整はない場合がある。これを補ふところの文の成分が補語である。このことは、既に述べた形式動詞に関係して来る。

室を暖かくする。　私はびくびくする。

気が楽になる。　科学者になる。

右の傍線の語を除けば、この文は成立しないことになる。しかしながら、この場合でも、補語を規定するやうな特殊な助詞がある訳ではないから、その判定が決定的であるとは云へない。以上のやうな成分の識別は、結局、文を分析してその論理的関係を明かにする上の便法と見るべきであらうと思ふ。そのやうな事情から、今日では、多くの文法書が、主語を除いて、客語、補語をすべて修飾語として一括するやうになつたことにも理由があることである。この場合、主語を修飾語から除外することに、特別の理由がある訳ではないといふことは既に述べた通りである。

国語に於いて、主語、客語、補語の間に、明確な区別を認めることが出来ないといふ事実は、それらが、すべて述語から抽出されたものであり、述語に含まれるといふ構造的関係に於いて全く同等の位置を占めてゐるといふことからも容易に判断することが出来る。

私は六時に友人を駅に迎へた。

に於いて、「私」「六時」「友人」「駅」といふやうな成分が、すべて、「迎へる」といふ述語に対して、同じ関係に立つてゐるのである。その点ヨーロッパ諸言語が、主語と述語との間には、不可分の関係が結ばれて、他の文の成分とは全く異なつた関係にあるのとは異なる。

ただし、国語に於いて、成分の間の関係を表はす格助詞の分類に対応させるならば、客語以外に更に多くの格を対立させることが当然考へられなければならないのであつて、ただ客語だけを特立させるといふことは片手落ちである。このやうな成分上の区別は、それと述語との関係に於いて必要なのではなく、むしろ、成分を規定する助詞の意味との関係に於いて重要となつて来るのである。

次に、賓語について云ふならば、従来の文法書では、用言は概念と陳述との合体したものと考へ、これを述語としたために、概念と陳述との別れた表現、例へば、

波が静かだ。

に於いて、「静かだ」を用言に匹敵するものと考へたので、更にこれを分析して、「だ」を述語とし、「静か」を賓語としたのである。一般には、陳述の表現を述語と考へるところから右のやうな結論が出て来るのであるが、本書に於いては、文の成分は、辞によつて規定され

た詞についてのみ云はれねばならないものとしたので、陳述そのものは述語となるべき資格はない。陳述された内容が述語であるから、右の例に於ける「静か」は述語であつて、特にこれを賓語といふ必要のないものである。賓語といふ名称は、complement の訳語であるが、complement と predicate との間の混乱から、ひいてはその訳語である賓語、補語、述語の間にも混乱があり、用法が区々である。今、山田孝雄博士の文法体系と本書とを対比して見るのに、博士に於いては、陳述の表現そのものに、格を認めて居られるのに対して、本書に於いては、陳述そのものに格を認めないので、次のやうなずれが生じてゐる。

○『日本文法学概論』	○本書
述格………………	陳述と述語格とに分れる
賓格………………	述語格
補格………………	客語、補語等の修飾語格

註　山田博士の述格は、実質概念と陳述との結合を意味する場合（用言が述格になる時）と、全く陳述のみを意味する場合（「花なり」の「なり」）とがあるのを、本書に於いては、概念と陳述とを峻別する立場をとつた。従つて、山田博士の賓格に相当するものが述語格となつた。

二　修飾語格

修飾語の問題としては、

（一）前項に述べたやうに、国語の構造上、主語、客語、補語等を修飾語と区別することが、困難であるところから、これらをすべて修飾語とすることは最近の傾向である。しかしながらこれにもなほ疑問があつて、前項の補遺として、ここに一言加へたいと思ふ。次のやうな例文をとつて見るのに、

学校に‖行く。
親切に‖世話する。

「学校に」「親切に」の「学校」「親切」はともに体言であり、文の成分としては、修飾語として取扱はれてゐる。これらの語は、同様に「に」といふ語が附いてゐるのであるが、「学校に」の「に」は助詞で、「親切に」の「に」は指定の助動詞「だ」の連用形であつて、その品詞の所属を異にし、従つて意味が相違すると見なければならない。ここに、同じく修飾語であると云つても両者に何等かの相違があるべき筈である。この相違は、次のやうにして説明することが出来るのではないかと考へられる。先づ、体言に指定の助動詞の附いたものは、零記号の附いた用言の連用形に相当する。

親切に世話する。……心よく■世話する。

すみやかに流れる。……早く■流れる。

そして、これらの修飾語は、事柄の属性概念の表現であることが分る。これらの修飾語に対して、体言に助詞「に」の附いたものは、

六時に出発した。

東京に着く。

電車に乗る。

のやうに、事柄それ自体の属性ではなく、事柄に関係する外的なものの表現である。

このことは、助動詞「と」と、助詞「と」の間にも云はれる。

雨霰と散る。……はげしく■散る。

茫然と暮す。……淋しく■暮す。

右は助動詞の場合であるが、

友と遊ぶ。

甲は乙と同じ。

は助詞の場合であつて、両者の間には前の「に」と同様の差別が存することが分る。

以上のやうにして、修飾語と云つても、格助詞の附いた場合と、助動詞の附いた場合とでは、事柄の外部に関するものと、内部に関するものとの相違があるので、この両者をどのやうに区別するかが問題にならなければならないのである。ただ「に」及び「と」について、格助詞と認むべき場合と、助動詞と認むべき場合と、判然と区別し難い場合があるので、この問題は必ずしも容易ではないのである。ともかくも、この差別は、次のやうな表現を識別するに役立つであらう。

近く見える。

近くに見える。

前者は、「見え方」の如何を云つたものであり、後者は「近く」が一個の体言として、助詞「に」が附いて、「見える」場所を指したものとなるのである。

（二）修飾語と被修飾語との関係は、結局、語と語との関係になるので、被修飾語が、体言であるか、用言であるかに従つて、連体修飾語と連用修飾語とに分れる。

星が美しく輝いてゐる。（連用修飾語、形容詞連用形）
星が沢山に輝いてゐる。（連用修飾語、体言、助動詞「に」を伴ふ）
美しい星が輝いてゐる。（連体修飾語、形容詞連体形）
沢山な星が輝いてゐる。（連体修飾語、体言、助動詞「な」を伴ふ）

連用修飾語は、用言へ接続するのであるから、一般に用言の連用形か（零記号の陳述を含める）、体言に指定の助動詞の連用形「に」「と」及びその他の助動詞の連用形の附いたものであり、連体修飾語は、用言の連体形か、体言に指定の助動詞の連体形「な」「の」及びその他の助動詞の連体形のついたものである。しかしながら、この原則は決定的なものでなく、文の成分の関係は、品詞的関係であるよりも、意味的関係であるから、次のやうな現象が生ずる。

今日は、お早い御出発ですね。（修飾語は連体形、被修飾語は体言）
今日は、お早く御出発ですね。（修飾語は連用形、被修飾語は体言）

即ち、述語が体言であるにもかかはらず、連用形を以て修飾するのは、被修飾語が動作的な意味を持つためである。一般に個体的な意味に決定されてゐる体言に対しては、連体修飾語が用ゐられるが、状態性、動作性の意味を持つ体言に対しては、連用修飾語をとることが可能になつて来る。

綺麗な花です。（連体修飾語）
勉強する学生だ。（連体修飾語）
明日から学校です。（連用修飾語）
一所懸命に勉強です。（連用修飾語）

以上のやうに見て来ると、連体とか連用とかの名称が、既に不適当に考へられて来るので、これに対して、形容詞的修飾語、副詞的修飾語の名称を用ゐるのが適切ではないかと考へられる。これに関しては、もちろん、品詞としての形容詞の名称を改めて、このために保留されることを前提とするのである（総論「文法用語」参照）。

ホ　対象語格

この一般には用ゐられてゐない術語を、ここに用ゐる理由は、国語に於ける次のやうな現象に基づくのである。まづ、

山が高い。　川が流れてゐる。

の例に於いて、述語「高い」「流れてゐる」の主語が、それぞれ「山」「川」であることは、容易に理解されることである。ところが、

仕事がつらい。　算術が出来る。

の例に於いて、「仕事」「算術」を、「つらい」「出来る」の主語とすることが出来るかといふと、ここに問題がある。主語は、それとは別に、

私は仕事がつらい。　彼は算術が出来る。

に於ける「私」「彼」を主語と考へるべきではないかといふ議論も出て来て、「仕事」「算術」をどのやうに取扱ふべきかが問題になる。ここで、「私」「彼」は当然主語と考へられるので、「仕事」「算術」は、述語の概念に対しては、その対象になる事柄の表現であるといふところから、これを対象語と名づけることとしたのである。

山が見える。
汽笛が聞える。
犬がこはい。
話が面白い。

等の傍線の語は、皆同じやうに、主語ではなく、対象語と認むべきものなのである。

しかしながら、以上の諸例に於ける傍線の語を、主語として取扱ふことが、全然不合理と考へられないのは何故であらうか。素朴な態度を以て、以上の諸語を文法的に操作すれば、当然、主語として考へられるであらう。これは、次のやうな理由によるのである。右の諸例に於ける述語、例へば、「見える」「こはい」をとつて考へて見るのに、これらの語は、一方では、主観的な知覚、感情の表現であると同時に、他方では、そのやうな知覚や感情の機縁、条件となる客観的な事柄の属性を表現してゐる。云はば、これらの語は、主観、客観の総合的な表現で、我々がこれらの語を用ゐる時、必しも一方的に主観的なものだけを表現してゐるのでもなく、また、客観的なものだけを表現してゐるのでもない。その場合に従つて、「山が見える」と云へば、客観的なものの表現を意図し、「私は見える」と云へば、主観的なものを意図してゐるのである。この点、「山が高い」「川が流れてゐる」に於いては、述語「高い」「流れてゐる」は、全く客観的なものの表現であるために、主語が一義的に決定される。また一方、「足が痛い」「水がほしい」に於いては、述語「痛い」「ほしい」は、全く主観的な感覚感情の表現であるから、「足」や「水」を主語とすることは全然許されない。ここに対象語の概念が必要になつて来るのである。右の左右両極の中間に位する語については、主語と認めるか、対象語と認めるかは、その場合場合で異なつてゐると見なければならないのである。対象語の概念は以上のやうなものであるから、主語と対象語とは、全く相排斥する矛盾概念ではないのである。対象語の問題は、述語に用ゐられる用言の意味に関係することで、それは同一時代、同一社会内でも、時と場合で異なつて、

町が淋しい。（「淋しい」は、客観的な状態、「町」は主語）
独りでゐるから、淋しい。（「淋しい」は主観的な状態、主語は省略）

のやうに用ゐられると同時に、時代によつても異なる。

琴の音ゆかし。（「ゆかし」は琴の音が聞きたいといふ希望の感情を表はし、「琴の音」は対象語、主語は省略）

人柄がゆかしい。（「ゆかしい」は、人柄の状態を意味し、「人柄」が主語）

へ　独立語格

以上述べた諸格は、すべて述語を基本にして、そこから抽出され、またそれに対立する概念の表現として、それら相互には、相対的な関係があつた。主語は、述語に対する主語であり、対象語は、主語及び述語に対する関係から規定されたものである。以上述べた諸格は、すべて陳述によつて統一されるので概括していふならば、これを述語格といふことが出来る。ここに独立語格といふのは、右のやうな相対的な関係を持たない、それ自身単独の格を云ふのである。例へば、驚きの感情を以て「火事！」と叫んだ場合、文論の総説に於いて既に述べたやうに、この表現は、感情（この場合に零記号）と、その感情の志向対象である一の事柄の詞的表現である「火事」との結合であるから、当然「文」と云はなければならない。この文の格は、この表現の詞について云はなければならないのであるが、この詞は、「火事だ」といふ表現のやうに、指定の助動詞「だ」によつて統一されたものではないから、述語格とはいふことが出来ない。このやうな格を独立格と云ふのである。この場合、

「火事」といふ語は、驚きの感情の対象であるから、対象語ではないかといふ疑問が起こるであらうが、格は常に客体界の秩序で、詞相互の間で云はれることで、この場合の感情は、詞として表現されてゐないのであるから、「火事」を対象語といふことは出来ないのである。

火事がこはい。

といふやうな場合は、全く別で、この時は、感情が「こはい」といふ詞によつて表現されてゐるのであるから、この「こはい」といふ詞（この場合は述語として用ゐられてゐる）に対して、「火事」を対象語といふことが出来るのである。独立語には、多くの修飾語が伴ふことがあるが、それが独立語に統合されて、結局、一語として見ることが出来るから、独立語は一語文と認むべきものである。

荒海や佐渡に横たふ天の川

右の文は、「荒海や」「佐渡に横たふ天の川」の二の独立語格を持つた文から組立てられてゐる。そして、それは次のやうに図解される。

荒海　や　佐渡に横たふ天の川　■

上の文は、詞である「荒海」が、感動を表はす助詞「や」によつて統一されてゐる。ここには陳述による統一がなく、感動による統一があるだけであるから、「荒海」は相対格を持たず、それだけで独立格をなす。下の文は、「佐渡に横たふ」は「天の川」の修飾語で全体を一語として取扱ふことが出来、かつこれを統一するものは、陳述ではなくして、零記号の感動であるから、形式としては、上の文と全く同じ独立格である。このやうにして、この上下二の文は、感動に包まれた、自然の二の情景を投出して、読者をして全体の景観を想像させたものであると云ふことが出来る。

このやうな独立語による表現は、外形上の形式は同じでも次のやうな表現とは全く異なるものである。

昨日は何処へ行つたの？　箱根。

右の問に対する「箱根」といふ答は、「箱根です。」或は「箱根へ行つた。」といふ表現の省略形で、そこには、陳述が省略されてゐると認められるので、述語格か、或は述語格に含まれる修飾語格と見なければならないのである。

また、次のやうなものも独立語とは認められない。

しかしその電灯の光に照らされた夕刊の紙面を見渡しても、やはり私の憂鬱を慰むべく、世間はあまりに平凡な出来事ばかりでもちきつてゐた。講和問題、新婦、新郎、瀆職事件、死亡広告。――私はトンネルへはひつた。（芥川龍之介）

右の傍線の語は、それぞれ独立語を構成してゐるのではない。さりとて、それぞれが陳述の省略された述語或は主語とは認められない。換言すれば、これらの語は、如何なる意味に於いても、文或は文の一部とは云へないのである。それならば、「講和問題……死亡広告。」までは、何と解すべきであらうか。それは、この作者の意識に浮んで来た想念を、次々に語として表現したのであるから、それは、語の羅列に過ぎないのである。本書の語論の総説にも述べたやうに、語は、文より帰納されたものとして存在するのではなく、文が一の単位として扱はれると同様に、語もまた言語の一単位として、それとは別個に成立するものであることを示すのである。

第四章　文章論

一　総　説

文章研究が、文法学上の一単位として、その一領域を占めるものであること、またその必要な所以は、既に総論の中で述べた。文章研究を文法学の正面の問題に据ゑることは、従来、殆ど試みられなかつたことで、これを文法学の重要な対象として考察するには、今日はまだ充分な準備が整へられてゐる訳ではないのであるから、本書においてこれを取扱ふのは、将来この方面の研究を促す機縁になることを願ふ以上のものではないのである。以下、文章研究上問題になり得る二三の点を列挙したいと思ふ。

二　文の集合と文章

文の集合が決して文章にならないことは明かである。一日の断片的な事件を羅列した覚書或は日記の記事のやうなものと、漱石の草枕や平家物語のやうなものとが、同じものであるとは考へられない。前者は単なる文の集合であるのに対して、後者はそれ自身一の統一された全体である。文の性質が、語の集合として理解することが不可能のやうに、文章の性質が文の集合として、或は語の堆積として説明することは不可能である。換言すれば、文章は文の説明原理とは別の原理を以て説明されなければならないことを意味する。このことは、常識的にも大体想像されることであつて、我々が文章に接した場合、屢〻その主題を問題にし、結論を尋ね、或はその結構、布置の如何を問題にするのは、既に文章が、文以上のものであることを常識的に認定してゐるためである。ところが、学問的には、文章の性質を文によつて説明しようとし、或は語によつて規定しようとするのは、文章研究が、文法学において正当な位置を要求されてゐないことにもよるのであるが、一方、すべて物を、その究極の構成要素によつて説明し、説明することが出来ると考へる原子論的考方によることが多いのではないかと思ふ。

三　文章の構造

文章はその根本において言語的表現であるから、文章の性質の理解は、何よりもそれが言語としての性質を持つものであることが確認されなければならない。言語的表現の特質は、これを音楽的表現、絵画的表現、彫刻的表現などと対比することによつて、よくその特質を把握することが出来る。云ふまでもなく、言語は、それが時間的に流動展開することにおいて、著しく音楽的表現に類似し、絵画、彫刻などと相違する。このことは、文の表現においても同様であるが、特に文章表現において著しく目につくことである。この時間的な流動展開といふことが、文章の性質を規定する重要な点であるにも拘はらず、従来の文章研究において、ややもすれば看過されて居たことである。文章は屢〻絵画、彫刻に比較され、平面的構造、或は空間的構造のものとして理解され、またそのやうなものとして分析されることが多かつた。作文を意味する composition といふ語にも、以上のやうな文章観が反映してゐるのではないかと思ふ。

このことは、芸術的な文章の観察において著しく現れて来るやうである。文章の芸術的鑑賞が、読まれた文章を対象化し、その絵画的、建築的構図の尺度を以て律するのでなく、文章展開の必然性の追求において、鑑賞されなければならないといふことが、ここから結論されて来るのである。文章の根本的性質が以上のやうなものであるから、文章は何よりも表現の展開といふことが、その構造的特質でなければならない。従つて、その展開の核心となるものは、文章の冒頭であつて、冒頭が如何に分裂し、如何に拡大し、如何に屈折して行くかといふところに文章の展開がある。文研究の主題が、文の論理的構造にあるとするならば、文章研究の主題は、もつと流動的な思考の展開といふやうなところに置かれなければならないのである。

具体的な例を以て説明するならば、ある一の文章が芸術的であり、それが芸術作品であると云はれる根本の理由は、表現そのものに、美が存在するためである。言語的表現は、上に述べたやうに、思想内容或は表現題材が時間的に音声、文字を媒介として表現が展開するのであるから、文章に美があるといふことは、そのやうな流動展開に美があることに他ならない。これは、建築や彫刻に於いて、部分と全体との布置、結構に美があると云はれることと、対照をなすものである。文章に於ける右のやうな流動展開の美は、文章を読むことによつて始めて体験され、具体化されるのであるから、文章の構造が明かにされることなくしては、正しく文章の美を把握することは不可能である。このやうに、文章の美は、文章を対象化し、これを平面的或は空間的構造に改めることによつて捉へられるものではなく、一義的に、読む経験に即して捉へられなければならないのである。最も簡単に体験出来る文章の美は、文章の筋の展開に於いて捉へられるところのものであつて、平家物語の美はまさにそのやうな序破急の中にあると見てよいであらう。文章の芸術性といふことが、作者の経験的題材になくして、むしろ、題材を表現にまで定着させる表現体験にあること、また読者の側から云ふならば、作品を読む読書体験の中にあるといふ考方に対しては、多くの異論があり得ると思ふのであるが、もし以上述べたやうに、文章の芸術性といふことが、文章を読むことに於ける美的体験であるといふことが許されるとするならば、文芸の正しい鑑賞のためにも、文章の構造とその展開についての研究が必要とされて来るであらう。

四　文章の成分

文の成分が、個々の単語でなくして、格と云はれるものであり、格の論理的構成において文が成立するやうに、文章の成分も、また、個々の文に帰せらるべきものではない。文章の成分は一般に文節、文段、段落と呼ばれ、或は全体との相互連関の上から、章とか篇とか呼ばれることがある。言語表現は、常に必しも論理的にばかり展開するものでなく、例へば連歌、俳諧のやうな特殊な展開法をとるものもあるが、言語表現の一般的性質として、思考の展開を特色とするものであるから、文章の成分は、多少なりともこれを論理の概念を以て規定することが出来るのは当然である。漢詩において、起句、承句、転句、結句と云ふことが云はれ、論文形式において、序論、総論、各論、結論などといふことが云はれるのはそれである。文論において、種々の格についての説明があるやうに、文章論においても当然その成分論が必要とされるのである。

五　文章論と語論との関係

文章の直接の成分的要素は、文でもなく、語でもないが、文章の表現的特質から、語が重要な関係を持つ場合がある。文章の構造的特質は、絵画的建築的構図にあるのでなく、思考展開の表現にあることは既に述べたことであるが、このやうな展開を表現するものとして、最も重要な役割を果すのは、接続詞及び代名詞である。文論においては、接続詞は主語、述語、修飾語に比較して、文の構成に直接関係のないものとして、殆どこれに触れる必要を認めないのであるが、文章論の主題を以上述べたやうに思考表現の法則に求める時は、接続詞の研究は非常に重要なものとなつて来る。語論における接続詞研究は、全く文章研究のためにあると云つても過言ではないのである。接続詞が、文章展開の重要な標識であるといふことは、接続詞が辞に属し、話手の思考の展開の直接的表現であるからであつて、他の詞に属する語が、文章と関連するのとは、比較にならない重要な意義を持つのである。

代名詞についても同様なことが云へる。文論の範囲では、代名詞は他の体言と同様に、文の成分となり得るといふこと以外には、代名詞本来の機能は、全く無視されても差支へなかつた。ところが文章論においては、それが文の成分としての意義以上に、代名詞特有の意義においてはじめて問題にされて来るのである。何となれば、既に語論において述べたやうに、代名詞は他の体言と異なり、事物の概念を表現するといふよりも、話手と事物との関係概念を表現することを任務とするものであるから、一切の事物は、代名詞によつて総括されることとなる。「これは」と云つた場合の「これ」は、それに先行する一切の思想を受けて、次の表現の主題とすることが出来るのである。接続詞が、文章の展開に重要な役割を持つものとするならば、代名詞は、分裂展開する思想を集約して、これを統合する任務を持つものであると云へるのである。接続詞の多くが、「それから」「そして」「かくて」「されば」のやうに、起源的には代名詞との複合であることを見ても、この二の品詞が、あひまつて、文章展開に重要な役割を持つことが知られるのである。代名詞や接続詞は、建築物に於ける廊下や階段にもひとしい任務を持つてゐる。

六　その他の諸問題

（一）文を如何なる基準によつて分類するかの問題と同様に、文章についてもこれを分類することが問題にされなくてはならない。

（二）語論においても、文論においても、これを歴史的に考察することが、体系的研究にとつて必要なやうに、文章論においても、歴史的研究が必要とされるであらう。

（三）文章論は、文章の類型を求め、一般法則を抽象することを任務とするものであるが、これに対して、従来の個別的観察、文章の芸術的価値の問題も、あはせて考慮する必要がある。類型的観察と個性的観察とは、全く別物でなく、類型的観察は、個性的観察を出発点としなければ不可能なことであり、個性的価値の認識はまた類型的認識に基づかなければ不可能であつて、この両者の相互関係が常に問題とされることが必要である。

(四) 音楽に於いて、テンポが表現効果に重要な関係があるやうに、文章に於いても同様なことが云へるであらう。文章に於けるテンポは、主として、文の長短によつて規定される。短い文の連続は、思想の急速度の転換を意味し、そこに文章の速度感を意識させる。

(五) 文体の問題も、文章研究に於いてはじめて取上げることが出来ることである。

(六) 絵画が、歴史的物語をそのままに描出することが出来ないのが宿命であるやうに、文章はまた瞬間的な印象をそのままに描写することが出来ないのが宿命である。それはそれぞれに表現としての性格を異にするところから来ることであり、そこに題材と表現の性格との関連の問題が生じて来る。

(七) 文論に於いて、主体的表現と客体的表現とを論じたやうに、文章論に於いても、主体的なもの即ち作者がどのやうに表現面に自己を表はしてゐるかが分析追求されることが必要であらう。

文章論については、なほ多くの課題が考へられるであらうが、文章が、語よりも、更に文よりも一層具体的な言語単位であるために、これを分析して、挙げ尽すことは容易でない。これらの研究に、従来の修辞論が重要な基礎となり、また参考となるべきものであることは云ふまでもない。

文語篇——上代・中古

はしがき

本書は、前著『日本文法口語篇』とともに、日本文法記述の一環をなすものである。従つて、前著の「はしがき」及び第一章の「総論」は、本書にも適用されるのであるが、重複を避けて、ここには繰返さなかつた。ただ、本書は、記述の対象が前著と異なり、また、その目的や方法において相違するところがあるので、第一章に総論を設けて、特に、それらの点について述べることとした。

前著『口語篇』は、言語過程説の理論に基づく文法体系の枠を設定するために、煩しいまでに理論のために紙数を割いた。それは、新しい文法体系の組織を試みるために、止むを得ないことであつた。『文語篇』は、理論的な部分を、出来るだけ前篇に譲り、専ら、文語を、既に設定された文法体系の枠に、配当することを試みると同時に、古文の解釈と、文法体系との関連に意を用ゐた。

この『文語篇』においては、歴史的文法を、記述することは、その目的でなかつた。文法書は、その実用的意義からいへば、辞書と同様に、新古に亙る文法的事実が、一の体系の中に網羅されてゐることが望ましいと考へるのであるが、今日の研究段階から考へて、本篇では、記述の対象を、専ら、上代・中古に限定し、近古・近世については、これを別の稿に譲ることとした。近古・近世の文語法は、今後に残された重要な研究課題であることを、強調して置きたいと思ふのである。

『口語篇』に述べた文法理論の中で、未熟と思はれる部分について若干の補訂を加へた。第二章語論において、体言相当格、用言相当格を加へたことは、第三章四の「活用形の用法」とともに、解釈への文法の接近を意図した一つの新しい試みである。第四章文章論に、前篇の計画を、幾分、具体化して若干の項目を加へたが、もとより試案の域を出ないものである。

本篇の稿を草するに当つて、特に、「助詞」の部分は、東京大学大学院学生青木伶子氏の協力によるところが多かつた。

第二刷に際して

重版に際して、出来るだけ誤植、失考の点に訂正を加へた。特に、最後の「注意すべき動詞活用例」は、大野晋氏の補訂の草稿に基いて、全面的に筆を加へることが出来た。大野氏並に示教を賜つた多くの方々に、感謝の意を表する。

第一章　総　論

一　『日本文法文語篇』の目的

文法を記述する目的は、文法を科学的に体系づけ、これを説明することにあるのであるが、『口語篇』総論の中でも述べたやうに、それが、理論的であると同時に、言語の実践（表現と理解）に寄与するやうに、組織立てられることが大切である。そのことは、決して、文法記述の科学的であらうとすることを妨げるものではなく、むしろ、それが実践的に有効であらうとするところに、真に、科学的文法が組織されると考へるのである。ある意味において、その文法学説が、実践に効果があるか否かによつて、その学説の当否が判定出来るとも云ひ得るので、すべて、言語の学問的体系は、言語の実践的体系を、理論的に投影するところに成立すると、私は考へてゐる。以上のやうな趣旨に基づいて、この『文語篇』の記述は、それが、古典の読解に役立ち得るやうにといふことを、主要な目的と考へた。実用文法としての役目を、この文法書に負はせることは、その成否は別として、私が終始念頭に置いたことであつた。

文法の記述が、言語の実践体系の反映でなければならないやうに、文法の教育も、また、実践的見地を離れてはならないといふことは、既に『口語篇』総論に述べたことであるが、ここでは、主として文語文法の教育のありかたについて述べようと思ふ。先づ、実践的見地に立つた場合、口語文法と文語文法の内容、領域のことが問題にされなければならない。このことについては、前著に次のやうに述べて置いた。

文語文の理解と表現には、文語法の知識が必要であるが、現代語即ち口語の生活においては、もはや文語法の組織を、そのまま口語の教授に適用するやうなことは必要ないのであつて、現代語生活をよりよくするためには、それを助ける何等か別の形における口語法の体系といふことが必要とされるのである（三三頁、原文を若干補訂す）。

として、口語文法のあるべき組織については、今後の研究に委ねたのであるが、『口語篇』の部門の中に、従来の文法学の部門である「語論」「文論」の外に、新しく、「文章論」を設けたことは、その一端を具体化したものである。文語文法においては、「文章論」は、勿論、考へねばならない重要な部門には違ひないが、更に重要なことは、語論における語の性質上の相違や、活用の種類や、接続上の法則であつて、これらのことは、口語文法では比較的軽く、文語文法においては、特に強調して教授されなければならない点である。一般に口語文法において、語論の詳細な記述が設けられてあるのは、実践的必要から口語文法に要請されたものであるといふよりは、云はば、文語文法の形式を踏襲したものに過ぎないのである。これに反し、文語文法において語論が詳細であるのは、江戸時代の国語学の業績が示すやうに、それらの知識が無ければ、古文を正確に読解することが出来ないといふ実際的な要求に基づいて出て来たことである。

文語文法書のありかたは、一般的に云つて、古文の読解のためといふ実践的要求によつて規定されるものであるが、問題を、学校教育に限定し、その立場から文語文法書と、その教育の問題を考へてみようと思ふ。

昭和二十六年版国語科学習指導要領に従へば、文語文法は、高等学校の国語科中の他教科、特に古典講読に隷属させて、その読解を助ける意味で課せられることが要求されてゐる。これは、従来、国語科中の他教科に対して、文法が、独立した一学科として取扱はれて来たことに対する大きな変革とみることが出来るのである。従来でも、文法は独立して課せられては居つたが、それが古典講読のために必要であり、また、そのやうな意味を発揮するやうに教育されねばならないことは、当然のことと考へられてゐたのであるが、学習指導要領は、更にこれを積極的に推進めたものであるといふことが出来るのである。一方、教科書検定基準では、「言語篇」の中に、文法を織込み、読み方、作文等の方法と並んで、古典読解の方法として文法を位置づけ、特に独立教科書としての文法教科書は認めないことになつたのである。

以上のやうに、文法科を独立させないといふことは、文法科に実践的意味を持たせるといふ点から考へれば、当然のことであるが、ここに一つの問題は、右のやうな実践的意味において課せられる文法の教育的効果についてである。文法は、一つの体系的知識として修得されることによつて、始めて実践的効果が得られるので、必要の都度、断片的に教授されたのでは、その効果を充分に発揮することが出来ないといふのである。これは、至極尤もな意見であつて、今後、考究されなければならない、重要な課題である。講読に即しつつ、しかも文法を体系的に修得させる為には、何よりも教師自身が、体系的に文法を身につけて置くことが先決問題である。もしそのやうな教師であるならば、断片的な文法的事項を、その都度、適当に体系の中に位置づけて教授することも可能になつて来るわけである。さうすることによつて、文法教育も始めて実践的意味を発揮することが出来るのである。

『日本文法文語篇』は、以上のやうに、古典の読解といふ実践的用途に応ずる意味を持つと同時に、文語文法を教授される教師の基礎知識の参考として提供しようとするものである。

本書の基礎となつてゐる言語理論については、すべて、前著『口語篇』の総論及び『国語学原論』に譲つて、ここでは繰返さなかつた。

二　口語・文語及び口語法・文語法

前著『日本文法口語篇』では、口語及び口語法の意味について、別に厳密な概念規定を行はなかつた。ただ、そこに暗黙のうちに考へられてゐたことは、「口語文法」といふことを、「現代語文法」と同義語に用ゐたことである。即ち、口語文法の名称を、話し言葉或は音声言語の文法の意味ではなく、広く、現代の書き言葉或は文字言語の文法をも含めて、意味したことである。例へば、推量の助動詞に「べし」（『口語篇』二一七頁）、指定の助動詞に「である」（『同上書』一九七頁）を加へたやうなのがそれである。これらの語は、日常の話し言葉には殆ど用ゐられない、文字言語に属する語である。「口語文法」の名目を、このやうに拡げて用ゐることは、科学的記述において許されることであるのか、もし、許されるとするならば、どのやうな意味で許されるのであるか。そのやうな点を、先づ明かにして置きたいと思ふのである。

口語と文語との別については、口語は口に云ひ、耳に聞く言語で、文語は読み書きする言語であると云はれてゐる。(1) 従つて、音声言語を口語、文字言語を文語と呼ぶことがあるが、右の見解に従へば、口語を文字に書き表はした、いはゆる口語文は、文語の一種であるといふことになるのである。(2) しかしながら、文法の点について云へば、口語も、口語文も大差が無いので、これを一括して口語といひ、広い意味での文語の中で、口語文を除いた特別の文字言語を、文語と呼び、これを口語に対立させる考方も出て来るのである。(3)一般に、口語文語の類別は、右のやうな考へに立脚してゐるのであつて、それは、必ずしも、音声言語と文字言語との別に対応するものでないことを知るのである。私が、前著『日本文法口語篇』で用ゐた「口語」の意味は、大体以上のやうな通念に従つたので、そのやうな点から、口語文法の中に、現代の音声言語、文字言語の両者の文法を含めて記述することにしたのである。

現代語に関して、以上のやうに、音声言語の文法と文字言語の文法とを区別しないのは、明治中期以後、言文一致運動が普及して、文字言語の文法と、音声言語の文法とが、ほぼ一途に帰するやうになつた国語の実情に基づくのである。

口語、口語法或は文語、文語法の名称の字面から云へば、これを音声言語、文字言語及びそれらの文法といふやうに呼んだ方が、より合理的であり、科学的ではなからうかといふ疑問も出て来るのであるが、元来、音声言語、文字言語の別は、音声を媒介とする言語、文字を媒介とする言語を意味するのであつて、その中には、文法上の相違といふものは、勘定に入れられてゐない。(4)少くとも、文法上の相違といふものは、音声言語と文字言語とを区別する根本的基準とはすることが出来ないのである。両者の文法体系は、相互に交流する可能性を持つてゐるのである。たまたま、言文一致以前においては、音声言語と文字言語との対立が、文法体系の著しい対立に対応してゐたが為に、言文の対立は、即ち文法体系の対立であるかのやうな錯覚を生んだに過ぎないのである。このことは、音声言語と文字言語との機能上の相違についての認識を妨げた大きな原因にもなつて来たと考へられるのである。口語、文語の名称は、起原的には、音声による言語、文字による言語の意味に用ゐられてゐたのであらうが、次第に、それらの言語を著しく特色づけてゐる文法体系の相違を意味するやうになり、口語は、現代語法に基づくすべての表現を意味し、文語は、それとは異なつた文法体系に基づく表現を云ふやうになつた。ここに至つて、口語、文語の名称は、実は二つの文法体系に与へられた名称として理解されるやうになつたのである。[5]

口語、文語の概念が、音声言語、文字言語の別に対応しないものであることは、以上の説明によつて明かにされたと思ふのであるが、そのことから、次のやうなことが云はれるやうになつた。口語は、口語法の歴史的系譜を含めて、これを口語といひ、文語は、文語法のそれを含めて文語と云はれてゐることである。例へば、天草本イソポ物語や狂言記は、現代語法とは異つたものであり、また、それは書かれた言語であるにも拘はらず、現代語法と系譜的につながつてゐるとして、これを口語の中に所属させる。同様にして、万葉集や源氏物語、特にその会話の文法が、当時の音声言語の文法であつたにしても、我々は、これを文語法の系列の中に置くのである。口語、文語の名称が、文法体系の相違を意味するものとするならば、右のやうな取扱ひ方にも合理性が認められるのである。

以上のやうな口語、文語の概念には、一つの重要な考へ方が前提とされてゐるのである。

それは、我々の言語生活における主体的意識に基づく類別である。(6) 口語法と文語法とは、国語史的観点に立つならば、それは、当然、史的序列の中に位置づけられるべき文法史的事実である。私が、今問題にしてゐる口語、文語の概念は、このやうな歴史的な事実としての概念ではないのである。それは、今日の言語生活の中で対立して意識せられる二つの文法体系の概念である。我々が源氏物語や万葉集を読むといふことは、それは、今日の言語生活の一つの形態である。それは、日常の会話が、今日の言語生活の一つの形態であると同じ意味で云へることである。それは、客観的には、時間の経過を中に挿んでゐるとは云へ、主体的には、一般の思想の伝達（コミュニケーション）と、少しも変りはないのである。そして、そこに経験される、一般の文法体系とは異なつた文法体系が、即ち文語であり、文語文法と云はれるものである。観察的には、歴史的事実として認識されるものが、主体的には、体系的事実として意識されるといふ事実は、例へば、神社の建築様式は、源始時代における一般の住宅建築の様式として、後の建築様式に対しては、歴史的事実であると認められても、別の観点からすれば、それは、住宅や工場や学校などと相並んで、特殊な機能を持つ建造物とされるやうなものである。

文語法が、国語史的観点とは別に、現代の言語生活における一つの特殊な文法体系として講ぜられなければならない理由は、以上の如くである。

（1）「話に用ゐる語と文章に用ゐる語とは法則がいくらか違ふ場合がある。かういふ時にはその話に用ゐる方の語を口語といひ、文章に用ゐる方の語を文語といふ」（山田孝雄『日本口語法講義』二頁）。

（2）「日本語を委しく分ければ、次のやうになります。

㈠談話に用ひる言語、即ち口にいひ耳に聞く言語

㈡筆録に用ひる言語、即ち読み書きする言語

（a）現代の談話に用ひる言語に基づくもの

（b）筆録に用ひるものとして、以前から伝はつて来た特別の言語によるもの」（橋本進吉『新文典別記口語篇』の中「口語と文語」）

そして、橋本博士は、㈠を口語といひ、㈡を文語といつて差支なからうと云つて居られる（なほ、『橋本博士著作集』第一冊「国語学概論」第九章、日本の文語を参照）。

（3）「口語文も文語文も共に文字に書くものでありますから、どちらも文語に属します。（中略）とはいふものの、口語と口語文とは、文字に書く書かぬの点を別にすれば、言語として大部分一致したもので、その文法も、大抵は同一であり、之に対して、文語文は、言語としてよほど違つた点があり、文法も差異が多いのですから、口語と口語文とを一つにして、文語文に対照せしめるのが便利です。そこで、この書では、便宜上

口語＝口語と口語文

文語＝文語文

と見做しました」（橋本進吉『新文典別記』）

（4）文字言語の音声言語に対する特質は、単に、音声言語に文字といふ要素が加つたものであるとは見ることが出来ない。音声言語は、音声を媒介とする言語表現であり、文字言語は文字を媒介とする言語表現

で、その相違は、両者において、言語の機能を異にし、表現技術を異にしてゐることを意味する。両者の相違は、それらの文法体系とは、本質的には無関係である（拙稿「かきことば」『国語教育講座』第一巻参照）。

（5）口語体、文語体の文体上の名称は、音声言語、文字言語の別とは全く異なる。文法体系の相違に基づく文字言語の文体の名称である。

（6）『国語学原論』総論第四項「言語に対する主体的立場と観察的立場」を参照。主体的立場といふのは、「我々が言語の発音を練習したり、文字の点劃を吟味したり、文法上の法則を誤らない様に努力したりするのは、かゝる立場に於いてであり、又談話文章の相手に応じて語彙を選択したり、敬語を使用したり、言語の美醜を判別したり、標準語と方言との価値を識別してこれを使別けたりするのもこの立場に於いてである」（『国語学原論』二二頁）と述べて置いたやうに、例へば、「花を折つてはいけません」「花を折るべからず」の二つの表現の中、一つを選択するのも主体的立場においてなされることである。そして、右の二つの表現において、それが文法体系の相違に基づいてゐるといふ意識が、即ち主体的意識である。口語、文語の別は、右のやうな主体的意識に属するものとしたのである。観察的立場における認識としては、「花を折つてはいけません」と「花を折るべからず」との表現には、歴史的な序列が認められるであらうが、主体的意識としては、一方が親しみ易い表現として、他方が厳めしい表現として意識されるのである。雅語、俗語の別も、観察的には、歴史的序列における新古の別であつても、主体的意識としては、一方が雅であり、他方が俗であるといふことになるのである。

三　文語法の研究史と文語の系譜

国語の研究史において、文語法の研究が、どのやうな位置を占めて来たか、また、それが今後どのやうに開拓されなければならないかを明かにしようと思ふ。

文語法の研究は、明治以前の国語研究において、ほぼその骨格が作り上げられた。それは、主として、江戸時代の国学者の手によつて、専ら古代文献を研究する手がかりとして、或は、和歌、連歌、擬古文を制作する場合の言語的規範として研究されて来たものである。その研究の対象とされた文献は、近世国学の理念から、殆ど、奈良、平安時代のものに限られ、従つて、文語文法の研究といつても、右の時代の言語の範囲を出でなかつたのである。それは、国学者の立場からいへば、当然なことであつたのである。明治以後になつて、国語学が、ヨーロッパ言語学の組織に従つて再建されるやうになつた時、文法研究は、全く新しい観点から発足するやうになつた。

ヨーロッパ言語学では、口語或は音声言語の研究が、文語或は文字言語の研究に優先しなければならないと説く。なぜならば、口語或は音声言語は真の言語であり、自然の言語であるが、文語或は文字言語は人為の言語であつて、そこには、言語の如実の姿を見出すことが出来ないとするのである。また、言語は常に変遷するもので、ある時代の言語をとつて、例へば、江戸時代の国学者のやうに、平安時代の言語をとつて、これが規範であると考へるのは、誤つた考方であると説くのである。このやうにして、言語学の主要な任務は、真であり、自然である口語、音声言語について、その歴史的変遷を跡づけることであるとしたのである。これは、明かに、江戸時代の国学における国語研究の否定である。明治以後の国語学は、右のやうな言語学の命ずるところに従つて、現代口語と、その源流を探索し、国語の歴史、特に音声言語の歴史的研究に全力を注いだ。(1) 文法研究の主題も、従つて鎌倉期以後の、文献言語の底を流れてゐる口語の研究にあつたといふことも当然といはなければならないのである。奈良、平安時代の言語の研究も、国学的意味とは別の角度から、即ち専ら歴史的観点に立つて研究されたことは、注目すべきことである。(2) 勿論、その間にも、万葉集、源氏物語等の上代中古の文献を解釈するために、それらの文献の言語研究が促されたことは、云ふまでもないことであり、文法史的研究が、これに寄与した点も認めなければならないが、明治以後の国語学の立場から云へば、それらは、むしろ、応用部面であつたといふべきである。

以上述べて来た文法研究史でも明かなやうに、明治以後において開拓されたものは、中世、近世の口語法の史的研究であつて、それは、今日、文語といはれてゐるものの研究ではなかつたのである。しかしながら、ここに注意しなければならない点は、中世以後、言文の乖離が著しくなり、口語に対して、中古以来の言語が、文章言語としての伝統を持ち続け、明治の言文一致の時代にまで及んでゐたといふことである。和歌、連歌、俳諧は勿論のこと、小説、記録、随筆、論文等、およそ中世以来、文化の発達に重要な関係を持つ文献は、皆、文語の系譜の上に成立したものであると云つてよいのである。明治以後の国語研究が、この重要な国語生活の面を見落して来たといふことは、既に述べて来たやうに、言語学の対象を、音声言語に限定して考へるヨーロッパ言語学の言語観と言語史観に基づくものではあるが、学問研究の対象設定についての方法論から云へば、大きな錯誤であつたことは認めなければならないのである。しかしながら、中世以来の文献言語を、真正な研究対象として、正面に据ゑるためには、文字言語も、音声言語と同様に、或は文化の継承といふ点から云へば、それ以上に、言語の一形態として、国語生活を構成する重要な要素であることが認められなければならないことである。ここにおいて、言語過程説は、言語を次のやうに規定するのである。(3)

一　言語は、思想の表現であり、また理解である。思想の表現過程及び理解過程そのものが言語である。

二　言語は、音声（発音行為）或は文字（記載行為）によつて行はれる表現行為である。同時に、音声（聴取行為）或は文字（読書行為）によつて行はれる理解行為である。

右の規定に従へば、文字言語は、文字を媒介とする表現行為であり、理解行為であつて、それは、音声を媒介とする音声言語に対立する言語である。即ち文字言語は、言語学の対象から除外されるべきものではなく、これもまた、真正な対象として取扱はれなければならないものであるといふことになるのである。

江戸時代の国学者は、その国学的理念から、上代中古の言語については、詳密な研究業績を残したのであるが、それ以後の文献言語については、規範的価値観の上から、これを研究対象とすることを拒んだ。明治以後の国語学者は、また別の言語観の立場から、これを取上げようとしなかつた。ここに、中世以後の文語研究は、空白のままに放任されたのであつた。中世以後の文語は、中古の伝統を継承してゐると云つても、それは決して、中古の法則をそのまま継承してゐるのではなく、独自の変遷を経過して来てゐると考へられるのである。中世以後の文語がどのやうに変遷して来たか、またそれはどのやうな性格の言語であつたかといふやうな問題は、恐らく今後に残された重要な課題であらう。

以上のやうな、文語法研究史の状況にかんがみて、本書は、先づ、上代中古の文法の記述を主とし、中世以後については、これを後の研究に委ねることとしたのである。

本書の記述の対象を、上代、中古の文法的事実に限定した場合、その学問的恩恵の半を、明治以前の国学者の研究に、その半を、明治以後の国語学者の研究に受けてゐる。明治以前のそれは、主として係結《かかりむすび》と、用言の活用と、てにをはの研究において、精密詳細を極め、明治以後のそれは、西洋文法の組織に倣つて、国語の文法体系を樹立することに苦心が払はれて来た。しかしながら、既に、『日本文法口語篇』総論第三、四項において述べたやうに、日本の伝統的国語研究と、明治以後の新しい国語研究との間には、言語本質観の点で、越えることの出来ない大きな断層が認められるのである。私は、ヨーロッパの言語理論に比較して、日本の伝統的な言語理論に、科学的優越性を認めるところから、明治以後の多くの文法研究の労作を飛び越えて、江戸時代の文法研究の継承と発展の上に、この『文語篇』を記述しようとしたのである。従つて、明治以後の研究に習熟した多くの読者にとつては、本書の体系そのものが、奇異な感を与へるであらうといふことを懸念するのである。それらの点については、『日本文法口語篇』総論第三、四項に解説したので、本書では、これを省略することとした。

（1）国語調査委員会編（大槻文彦担当）『口語法』及び『口語法別記』（大正五、六年）は、口語法史研究の最初の成果である。
（2）山田孝雄博士『奈良朝文法史』『平安朝文法史』、安藤正次氏『古代国語の研究』の如きものをその代表として挙げることが出来る。そこに見られる著しい点は、歴史的観点である。
（3）『日本文法口語篇』四一—四二頁。

四　文語文法における語の認定

『日本文法口語篇』第二章語論には、「語の認定」の項を設けて、語の認定は、表現主体の意識に基づいてなされなければならないことを述べた。このことは、単に語の認定の問題として重要であるばかりでなく、本書における、すべての文法的記述の原則である。(1)しかしながら、このことは、現代語の文法を記述する場合と、古文の文法を記述する場合とでは、方法や手続きの上に、大きな相違があることを意味する。現代語の文法記述においては、観察者の主体的意識を以て、表現者の主体的意識とみなすことが許される。何となれば、観察者自身、現代語の社会圏に属する一員として、その意識には、客観的な妥当性があると認めることが出来るからである。もし観察者の意識に、客観的な妥当性がないとしたならば、彼は、その属する言語社会圏の人々と、思想を交換することが出来ない筈だからである。古文の場合には、事情は非常に違つてくる。古文の表現主体（話手）は、我々と同じ言語社会圏に属するものであるとは云ふことが出来ない。例へば、我々と山上憶良とは、全く異なつた社会圏の人である。故に、我々の意識するところのものが、そのまま、憶良の言語意識であるとすることは出来ない。ここに古文の文法記述の困難な点があるのであるが、憶良の文法記述は、憶良の主体的意識を前提とすることが要請されるのである。本居宣長が、「すべての詞、時代によりて、用ふる意かはることあれば、物語にては、物語に用ひたる例をもていふべきなり(2)」といつたことは、語の意味の解釈についていつたことであるが、そのまま、文法記述にも適用出来ることである。古文の文法体系を、今日の言語意識を以て推すことの出来ないことは、例へば、「心得《う》」といふ語は、今日の主体的意識では、一般に一語として意識されてゐるのであるが、中古人の意識としては、「心―得《う》」と、二語に意識されてゐたかも知れないのである。もし、さうであるならば、中古文法においては、これを二語の結合し

た複合語として記述しなければならなくなる。また、例へば、

鈴虫のこゑのかぎりをつくしても、長き夜あかずふる涙かな（源氏、桐壺）

における傍線の語は、現代語では、「雨が降つても出かける」「話しても駄目だ」のやうに、「ても」が一語として、逆態条件を表はすために用ゐられるのであるが、中古文においては、「も」は「て」と分離して、意味を強めるために用ゐられてゐると見ることが出来るのである。

以上のやうに、古語の文法的記述をするためには、古人の主体的意識が明かにされることが先決問題であるが、これを明かにすることは、一般に解釈作業と云はれてゐることである。解釈とは、観察者の外にある言語的事実を、観察者の意識的事実として取込むことであると同時に、第三者の経験を、忠実に、観察者の意識の中に再生することを意味するのである。ここに、解釈とは、一般に古典研究の前提作業と云はれてゐる解釈と、全く同じ意味である。

古文の文法的記述のためには、古文の完全な解釈作業が前提とならなければならないことは、以上述べた如くであるが、前項にも述べたやうに、古文の解釈のためには、古文の文法体系が明かにされてゐなければならないので、方法論的には、循環論法になるのであるが、

そこにこそ、文法研究の真の行くべき道があると同時に、文語文法記述の困難な点もそこにあるのである。

（1）『国語学原論』には、この原則を次のやうに述べて置いた。「観察的立場は、常に主体的立場を前提とすることによつてのみ可能とされる」（二九頁）と。ここに観察的立場とは、文法を記述する文法学者の立場であり、今の場合は、私自身の立場である。また、主体的立場とは、言語を実践する立場であつて、今の場合は、古文の筆者或は古歌の作者の立場を前提としなければ、文法的記述は不可能であることを述べたのである。

（2）『源氏物語玉の小櫛』五の巻。ここで、宣長は、源氏物語の語の意味を、古代文献における用法によつて解釈した契沖の『源注拾遺』の如きものの方法を批判してゐるのである。

第二章　語　論

一　詞

(一) 体言及び体言相当格

イ 体　言

詞は、語論及び文論の二つの部門において、取扱はれることが可能であるが、文論においては、文の成分として考察されるのに対して、語論においては、主として、語としての性質と、その範囲を明かにし、更に、辞との接続関係を明かにすることを、主要な任務とする。

体言には、次のやうな語がある。

山　桜　ひかり　なごり　かりそめ　いとど

右の中、「山」「桜」「ひかり」等は、それらによつて指される実体を、具体的に指摘することが出来るものである。しかしながら、文法上の術語としての体言の意味は、実体を指す語といふ意味ではなく、用言が、接続、終止において、語形を変へる語であるのに対して、語形を変へない語を、意味するのであるから、「なごり」「かりそめ」「いとど」のやうな語も体言といふことが出来る。体言は、また、文の成分としての意味とは、全然無関係であるから、「いとど」のやうに、副詞としての用法しかない語も体言である。右のやうな体言の中、属性概念でない、実体概念を表はすやうな語を名詞と称することがあるが、それは、日本文法においては便宜的なことである。

体言を、古く、動かぬ語、はたらかぬ語などと云つたのは、その語形を変へないことを云つたのである。また、代名詞も、語形を変へないといふ点から云へば、体言に所属する語であるが、代名詞は、語の表現性の上から云つて、一般の体言と異なるところがあるので、これは別に立てることとした（本書においては、これを省略した）。

ロ　いはゆる形容動詞の語幹

しづか　こと（異）　堂々　優

これらの語は、従来、形容動詞の語幹と云はれてゐたものである。形容動詞の品詞目を立てない理由、及び従来形容動詞と云はれて来た語の取扱ひ方については、『口語篇』第二章第三項に述べたが、これを要するに、右の語は、それだけで、一語として意識されるといふことを根拠として、「静かなり」は、体言「静か」と、指定の助動詞「なり」との結合であるとし、「春なり」などと同じやうに扱ふこととした。

ハ　形容詞の語幹

たか（高）　とほ（遠）　あし（悪）　ながなが（長々）

右の語は、従来、形容詞の語幹と云はれて来たものであるが、形容詞の語幹は、動詞の語幹と異なり、それだけで、意味を喚起することが出来る。[1] また、そのまま、文の成分として用ゐられる。[2] 他の語と複合語を作る時、意味の決定部分となることが、[3] 他の体言と同様であるといふやうな理由で、これもまた、体言の一つに数へることが出来る。

ニ　形式体言

かた（方向の意）　ほど　やう　ごと（如）

右の語は、形式体言（『口語篇』第二章第三項）で、それだけで、単独に文の成分になることがなく、常に、修飾語を伴つて、

かた　御かたに入り給へば（源氏、葵）
　　　中宮の御方よりも、公事には立ちまさり厳しくさせ給ふ（同、若菜上）
やう　さりとも、絶えて思ひ放つやうはあらじと思ひ給へて（同、帚木）
　　　忍ぶるやうこそはと、あながちにも問ひはて給はず（同、夕顔）
ごと　なほかゝるところも、同じごときらめたり（同、夕顔）

のやうに用ゐられる。それは、これらの語が、抽象度の高い概念を表はすためであつて、体言としての本質的性格に相違があるのではない。現代語については、形式体言の判定は、比較的容易であるが、古文の場合には、それが困難である。比較的に修飾語を伴つて用ゐられる体言として、これを形式体言として区別することがあるが、一般の体言と形式体言との間を截然と分つことも出来ないし、また、その必要もないことである。

ホ　体言的接尾語

か（しづか、めづらか、あたたか）　やか（はなやか、細やか、忍びやか）(4)　げ（心細げ、ゆかしげ、心苦しげ）　さ（憂さ、つゝましさ、心もとなさ）　く（いはく、おそらく）

右の語は、一般に、ある語と結合して一語を構成するところから、接尾語と云はれてゐる。しかしながら、「二」の形式体言と同様に、極めて抽象的な概念を表はすものではあるが、それぞれに、ある概念を持つてゐて、それが、意味の決定部分になることも、形式体言や、形容詞の語幹と同様であるから、これを、体言と見ることが、適切である。接尾語と形式体言との相違を、厳密に規定することは困難である。

へ　動詞の連用形

ひかり（光）　すまひ（住居）　こほり（氷）　をしへ（教）　おぼえ（覚）

右の語は、動詞の連用形から出来たもので、転成体言、或は居体言などとも云はれて来た。「をしへ」「おぼえ」のやうに、動詞の意味をそのまま、保持してゐるものもあるが、「ひかり」「すまひ」「こほり」のやうに、原義から、離れて来たものもある。

ト　体言に転換する用言

かたじけなき御心ばへのたぐひなきをたのみにて、交らひ給ふ（源氏、桐壺）

右の「たのみ」は、「たのむ」（マ行四段活用「期待する」の意）の連用形であるが、これを、前例同様に、単純な転成体言として扱ふことは出来ない。この語の上接の語を見ると、「……をたのみにて」と、助詞「を」を伴つてゐる。これは、明かに、「たのむ」が、述語の資格を持つ動詞として用ゐられてゐることを示すものである。しかるに、下に続く語を見ると、「たのみにて」となつてゐて、「たのみ」は体言でなければならない。「にて」の上接の語が、体言或は体言相当格であることは、一般の例である。例へば、

好きぐ〳〵しさなどは、好ましからぬ御本性にて（源氏、帚木）

御額のほど白くけざやかにて、わづかに見えさせ給へるは、たとふべきかたなくめでたし（枕草子、上の御局のみすの前にて）

さて、以上の事で知られることは、この「たのむ」といふ語が、動詞と体言との両様に用ゐられてゐるといふことである。しかしながら、一の動詞が、動詞と体言との両様に用ゐられてゐるといふだけでは、この文の意味の脈絡を説明するのには、不充分である。助詞「を」は、次のやうな統一を、構成する。

かたじけなき御心ばへのたぐひなきを

即ち、単線の部分が、「を」によつて統一された部分で、それが、述語としての動詞「たのみ」の客語である。客語と述語との関係は、客語は述語の中に包摂される関係にあり、全体は、次の図形を以て表はすことが出来る（この図形の意味は、『口語篇』第三章文論三、四に述べた）。

かたじけなき御心ばへのたぐひなきをたのみにて

右の図形の示す文脈は、次の如くである。客語を包摂した述語動詞「たのむ」は、連用形をとることによつて、客語を包摂した全体が体言化されて、下の「にて」に接続することになるのである。右の図解を、もし強ひて口語訳するならば、「かたじけない御心ばへの類ひないのを期待し、その期待で交らひなされる。」とでもいふべきところである。ここで、「かたじけなき御心ばへのたぐひなきをたのみ」が、体言相当格と云はれるべきものなのである。現代語で、右に相当する表現法に、次のやうなものがある。

幌の上にてお煙草は御遠慮下さい（小田急線車内掲示）

右の文中の「お煙草」は、動詞的な意味で、上の修飾語を承け、「幌の上にてお煙草」全体が、体言として、下の助詞「は」に接続して行くのである。

わがせこが　ゆきのまにまに　追はむとは　千たび思へど　たわやめの　わが身にしあれば（万葉集、五四三）

同じ例であつて、「わがせこが行く」を連用形によつて、全体を体言化したものである。

大船を　漕ぎのすすみに　岩に触れ　覆らば覆れ　妹によりては（同、五五七）

「大船を漕ぐ」を体言化したもの。

をりふしのいらへ心得て、うちしなどばかりは、随分によろしきも多かりと見給ふれど（源氏、帚木）

「をりふしのいらへ心得て、うちす」を体言化したものである。

チ　体言留め

大空は梅のにほひにかすみつゝくもりもはてぬ春の夜の月（新古今集、春上）

右の歌は、「月」を留めとする、いはゆる体言留めの歌である。しかしながら、体言留めとは、ただ単に、下句の末尾に、体言が置かれてゐるといふ意味ではない。「春の夜の」の助詞「の」が、何を統一してゐるかを見るのに、それは、「大空は梅の……春の夜」全体を統一し、それを、「月」の修飾語としてゐることは明かである。して見れば、これも、歌全体が、一の体言相当格であると云ふことが出来るのである。換言すれば、体言留めの歌といふのは、一首全体が、一体言を以て構成された歌をいふのである。いはゆる一語文と云はれるもの、例へば、「火事！」「犬！」に相当するところの構造の文である（第三章三（四）独立格の項参照）。

リ　用言の連体形

春雨の降るは涙かさくらばな散るを惜しまぬ人しなければ（古今集、春下）

かささぎの渡せる橋におく霜の白きを見れば夜ぞふけにける（新古今集）

右の歌の中の「降る」「散る」「白き」は、それぞれ、動詞形容詞の連体形であつて、一般に、体言「こと」「もの」「の」が省略されたものと見て、「降ること」「白いの」などと訳すのである。しかし、これも、連体形そのものが、体言相当格と見ることが出来るのである。ただし、この場合も、前例と同様に、「春雨の降る」「さくらばな散る」「かささぎの渡せる橋におく霜の白き」全体が、体言格になつたと見なければならない。既に挙げた例、

かたじけなき御心ばへのたぐひなきをたのみにて（「ト」の項参照）

の「なき」は形容詞の連体形であるが故に、「かたじけなき……たぐひなき」全体が体言相当格と認められるのである。

連体形より体言を構成することは、助動詞の附いたものについても云はれることであり、この問題は、文の成分に関係するので、第三章文論第四項「活用形の用法」で総括して述べるつもりである。

（1）動詞の場合、本来、体言であつたものから出来た「宿る」「うたふ」「赤む」の如きもの以外は、動詞の語幹は、「咲《さ》く」の「さ」、「読《よ》む」の「よ」のやうに、一語としての意味を喚起することが出来ない。一語の認定といふものは、その語が、単独で用ゐられるか否かにあるのではなく、そこに意味の屈折が意識される場合は、一語として取扱ふといふのが、本書の語認定の基礎である（『口語篇』第二章総説）。例へば、「歩きかたが確かだ」の「かた」といふ語は、それだけでは独立して用ゐられないが、「歩き」と「かた」との間に、意味の屈折が意識されるところから、これを一語とするのである。

（2）「古代形容詞の語幹について」（麻生朝道『文芸と思想』昭和二十六年七月）。

（3）「山桜」「引き戸」「弱音」における「桜」「戸」「音」が意味の決定部分となるやうに、「まどほ」「あしよわ」「夜さむ」の「とほ」「よわ」「さむ」は、意味の決定部分となり得る。

（4）「曰はく」「恐らく」「安けく」「たのしけく」等の「く」で、これは、もと、「あく」（「こと」の意を表はす）と推定される体言が、用言の連体形と合して、「曰ふあく」が「曰はく」となり、「恐るあく」が「恐らく」となり、「安きあく」が「安けく」となり、「たのしきあく」が「たのしけく」となつたものであらうと云はれてゐる（体言的接尾語の項参照、三四七頁）。

（二）用言及び用言相当格

イ　動　詞

用言及び活用の意義については、『口語篇』（八四頁以下及び一一三頁以下）に述べたので、ここでは省略する。用言の分類は、如何なる基準によつてなされるかといふのに、用言は、その接続と終止において、語形を変ずる語であるから、その分類は、当然、接続終止の方式の相違によつてなされなければならない。動詞は、語尾の母韻変化と、「る」「れ」の音の添加によつて接続終止をなす用言の一種であつて、その方式において、形容詞と相違する。

活用の種類

更に、動詞は、その語形変化における小異に着目して、文語においては、九種に分類することが出来る。

四段活用　「飽く」「押す」「打つ」等
上二段活用　「起く」「落つ」「恋ふ」等
下二段活用　「う」（得）「受く」「痩す」等
上一段活用　「射る」「着る」「似る」等
下一段活用　「蹴る」の一語のみ
カ行変格活用　「く」（来）の一語のみ
サ行変格活用　「す」（為）とそれの附いたすべての語
ナ行変格活用　「往ぬ」「死ぬ」の二語のみ
ラ行変格活用　「あり」「居り」「はべり」の三語のみ

右の「段」とは、五十音図の横の列の意味であつて、四段とは、語形変化が、五十音図の「ア」「イ」「ウ」「エ」の四列に行はれ、上下二段とは、「ウ」の列を中にして、「ウ」「イ」上二列、或は、「ウ」「エ」下二列に、語形変化が行はれるものである。同様にして、上下一段とは、「イ」一列、或は「エ」一列のものを言ふ。変格とは、右の基本方式に対して、若干の出入のあるものである。

活用形

用言は、すべて、助詞及び陳述を表はす助動詞に接続し、或はそれだけで終止するものであつて、その接続し終止する語形を活用形といふ。口語動詞においては、未然形、連用形、終止形、連体形、仮定形、命令形の六活用形を区別したが、文語においては、仮定形の代りに已然形の名称を用ゐて、口語同様に六活用形を区別する。活用形は、用言の接続の状態から帰納されたものであり、それは、また、用言の活用の種類（四段活用、上二段活用等）を帰納する上に手がかりとなるものである。活用形と、それに接続する語との関係は、例へば、「ず」「で」「じ」「む」「まし」といふやうな語は、すべてそれらは、一様に、一定の活用語尾に接続する。

咲く　——かず　——かで　——かむ　——かまし
受く　——けず　——けで　——けむ　——けまし

そこで、「咲く」と「受く」とは、その接続する語尾が、一方は「か」であり、他方が

「け」であるにも拘はらず、一様に「ず」「で」「じ」等に接続するところから、この語尾を、未然形と名づける。活用形の名称は、それに接続する助詞助動詞の一端から命名されたもので、この活用形そのものに、未然の意味があるといふわけではない。他の活用形設定の手続きも、同じである。もし、動詞と他の語との接続関係が、個々において、まちまちであつたならば、動詞を九種に要約することも、語尾の接続面を六活用形に整へることも不可能であつたであらう。これらの活用に関する整理記述の経緯は、国語学史の任とするところであるから、ここでは省略する。

ロ　形容詞

形容詞は動詞とは異なつた接続終止の方式を持つ用言であつて、その中に二つの種類を分つことが出来る。

ク活用　「高し」「赤し」「つれなし」「こころもとなし」等

シク活用　「さびし」「うらめし」「ゆかし」「わびし」等

ハ　動詞的接尾語

体言的接尾語の附いたものは、それ全体を一体言として取扱ふことが出来るやうに、動詞的接尾語が附いたものは、それ全体を一動詞とみなすことが出来る。

春めく　　時めく

うつろふ　流らふ

右の「めく」「ふ」は、それぞれ、「その様な状態になる」「ある状態を持続する」といふやうな概念内容を表はす語で、それが、体言「春」「時」或は動詞「うつる」「流る」と結合して全体で動詞を構成するのである。「めく」や「ふ」は、それだけで独立して用ゐられることなく、常に他の語と結合して用ゐられるところから、これを接尾語といふのであるが、それ自身概念内容を表はすのであるから、それらの結合したものは、一つの複合語とみなすことも出来るのである（なほ、接尾語の項を参照）。

二　形容詞的接尾語

おとなし　下衆し

うらめし　たのもし　今めかし

かごとがまし　をこがまし

右の「し」は、極めて抽象的な状態概念を表はし、体言「おとな」「下衆《げす》」に附いて、「おとなし」「下衆し」となり、動詞「うらむ」「たのむ」「いまめく」について、「うらめし」「たのもし」「いまめかし」等となる。故に、これらの語は、成立から云へば、複合語であるが、一般には一単語であると考へられてゐる（なほ、接尾語の項を参照）。

ホ　不完全用言

それ自身単独に用ゐられることなく、常に他の修飾語を伴つて用ゐられ、或は、特定の活用形しか用ゐられない用言である。

つつみもあへず
なぐさめかねつ
いはゆる

右の「あへ」「かね」は、終止形が、「あふ」「かぬ」と推定される動詞であるが、その用法が限定されて、未然形、連用形しか用ゐられない。「いはゆる」も、終止形が、「いはゆ」と推定される動詞であるが、連体形しか用ゐられない。その他、「そむ」（初）「おいて」（終止形は「おく」か）「もつて」（終止形は「もつ」か）の如きものが、これに数へられる。

形容詞的な不完全用言としては、

雪のごとく散る

龍田姫の錦には、またしくものあらじ（源氏、帚木）

へ　用言相当格

以上は、一語の用言と見るべきものを列挙して来たのであるが、元来、用言の主語及び修飾語は、用言によつて表現される概念の中に含まれてゐるものを、抽出したものであるといふ考へに立つならば（第三章文論第一項）、次の如きものは、一語の用言と同じ資格のものとみるべきである。

散りまがふ　　漏りきこゆ

こころざす　　けぢかし

右の例の「散り」「漏り」は、それぞれ、「まがふ」「きこゆ」の連用修飾語であり、「こころ」「け」は、それぞれ、「さす」「ちかし」の主語であるが、全体として、一語の動詞形容詞と同等の資格あるものとして、取扱ふことが出来る。この原理を推し進めて行けば、例へ

ば、

谷風にとくる氷のひまごとに、うちいづる波やはるの初花（古今集、春上）

における用言「うちいづる」は、それの修飾語を含んで一用言であるとすれば、「谷風にとくる氷のひまごとにうちいづる」は、全体で一用言（動詞）とみなすことが出来る故に、被修飾語「波」との関係は、

動詞（連体形）――体言

の形式に帰着させることが出来る。それは、「飛ぶ鳥」「流るゝ水」の表現形式と全く同じである。更に、

春立てど、花もにほはぬ山里は、ものうかる音にうぐひすぞ鳴く（古今集、春上）

は、一切が、最後の動詞「鳴く」に包含されて、一首全体を、一動詞とみなすことが出来る。

ほととぎす鳴く声聞けば、別れにし、故郷さへぞ恋しかりける（古今集、夏）

右の下句の「こひしかりける」は、形容詞「こひし」に、助動詞「ありける」が、接続したもので、「ほととぎす……恋しく」までが、一形容詞の述語で、それに辞が加つたものと解することが出来るのである。

㈢　接頭語と接尾語

接頭語と接尾語とは、語の内部的な構成要素で、これを研究するのは、文法学以前に属するもののやうに考へられるが、国語においては、接頭語、接尾語は、その機能において、一語と全く同等に取扱ふべき点において、印欧語のそれと著しく相違する。

接頭語、接尾語は、それぞれに、客観的な概念を表現することにおいて、詞に属する。故に、接頭語、接尾語の附いて出来た語は、不完全体言及び不完全用言の附いて出来た語と同様に、複合語と見ることが出来る。このことは、文意の脈絡を把む上に大切なことである。

国語には、特に文の成分上の相違を示す機能を持つ接尾語はない。例へば、名詞を示すness、或は、副詞的機能を表はす ly　ment のやうなものは無い。

イ　接頭語

接頭語と、それが附く語との関係は、接頭語は、常に下の語の修飾語になつてゐることである。故に、

美しき花（形容詞）
行きなやむ（動詞）
月夜（体言）
さむ空（体言）
おほん歌（接頭語）
たなびく（接頭語）

のやうに排列してみると、接頭語は、他の品詞と区別される根拠が無いのであるが、比較的独立性が少く、他の語と結合して、一語を構成するやうな語について云はれる。従つて、それは、主体的に意識されるよりも、語源的に、観察探求されたものであることが多い。主体的に意識されるものは、一語としての体言用言に近いことになる。「ま心」「ま顔」の「ま」や、「はつ孫」「はつ穂」の「はつ」等は、接頭語と云はれてゐるが、体言との境界を規定することは困難である。文法学上では、主体的に意識されるものが、問題なのであるから、語

源的に探求され、分析されたものは、当面の問題にはならない。故に、現代語において、「たなびく」の「た」が、接頭語であると云はれても、それは文法上の問題にはならない。「たなびく」は、一語として意識されてゐるからである。ところが、古文の場合は、事情は異なつて来る。「たなびく」が、「た—なびく」と意識されてゐたか、或は、「たなびく」として一語に意識されてゐたかは、厳密な解釈作業を経た後でなければ云へない。仮に、「たなびく」に、「た—なびく」のやうな意味の屈折が認められるならば、ここに、修飾語「た」と、被修飾語「なびく」との関係が存在するものと考へなければならないのである。現代語においても、「おまへ」（第二人称代名詞）の「お」と、「おさかな」の「お」、「おはち」（飯櫃）の「お」と、「お皿」の「お」とは、同一には見ることは出来ないので、前者の「お」（「おまへ」「おはち」における）を接頭語と云ふのは、語源学的見地であり、文法学的意味における接頭語は、後者に限定されるべきで、このやうな判定は、古文の場合には、当代の用語意識の究明を前提とするのである。結局、接頭語とは、独立性の稀薄な語ではあるが、比較的自由に、他の語と結合して複合語を構成し得る可能性を持つた語であるといふことになるのである。

接頭語「おん」についてみれば、

源氏の君のおんをば、講師もえよみやらず（源氏、花宴）

大臣のおんは更なり（同、少女）

右は、独立した一語の用法であるが、

おん心をさし合はせ宣はむ事と思ひやり給ふに、いとゞいなびどころなからむが、また、などかさしもあらむとやすらはるゝ、いとけしからぬおんあやにく心なりかし（源氏、行幸）

かの下の心忘れぬ小侍従といふかたらひ人は、宮のおん侍従の乳母のむすめなりけり（同、若菜下）

不動尊のおんもとの誓ひあり（同、若菜下）

なべて世の中いとはしく、かのまた人も聞かざりしおん中のむつ物語に（同、若菜下）

右の諸例を見るに、「おん」は、必ずしも、一語における造語成分とはみることが出来ない。「行幸の巻」の場合は、一本に、「いとけしからず、あやにくなる御心なりかし」（『対校源氏物語新釈』巻三、一三七頁）となつて居り、「おん」は、修飾語としての機能を持つて居ることが明かである。「宮のおん侍従」の「おん」も、「侍従」にだけ係るとも考へられず、「乳母」「むすめ」のいづれに係るかを考へてみる必要がある。「おんもとの誓ひ」は、

「本誓」の和訳したものに、「おん」が附いたのであるから、意味は、「もとのおん誓ひ」であらう。

一般に、この期における接頭語と認められてゐるものを挙げれば、

い——行く——かくる
いち——はやし——じるし
いや——高し
うち——見る
うひ——かうぶり——ごと
えせ——受領——ざいはひ
おほ——前
おほみ（ん）——歌
おん——宿世
か——細し
け——遠し——うとし
こ——松——柴垣
ご——たち

さ――夜――まよふ
た――ばかる――易し
なま――受領――参り
にひ――室
はつ――風――しぐれ
ひが――おぼえ――ごと
ま――草
み――簾
を――ぐらし

ロ　接尾語

接尾語の性質は、接頭語に準じて考へられる。接尾語の附いた語が、一つの複合語を構成する時、語の品詞的性格を決定するものは、接尾語にあるのであるから、接尾語が、体言的であるか、用言的であるかといふことが、接尾語分類の基準になる。接尾語が、その機能において、一語と同等に取扱はるべきことは、接頭語の場合と同じである。

体言的接尾語「げ」をとつて考へてみる。

をかしげなる女子ども、若き童べなむ見ゆる（源氏、若紫）
つらつきふくらかに、まみのほど、髪のうつくしげにそがれたる末も、なか〳〵長きよりもこよなう今めかしきものかなと、あはれに見給ふ（同、若紫）

右の例文中の「げ」は、形容詞「をかし」「うつくし」の語幹と結合して、一体言を構成した場合である。ところが、

更にかやうの御消息承りわくべき人もものし給はぬさまは、知しめしたりげなるを、誰にかは（源氏、若紫）
……と、息も絶えつゝ、聞えまほしげなることは、ありげなれど（同、桐壺）
何の心ばせありげもなく、さうどき、誇りたりしよ（同、夕顔）

においては、「げ」は、「知しめしたり」「聞えまほし」「あり」などと合して、一語を構成してゐると見るよりも、それより上の句全体を修飾語として、その被修飾語に立つてゐるとみなければ、文意の脈絡を正当に理解したことにならない。それらの関係を図示すれば、次のやうになる。

更にかやうの御消息承りわくべき人もものし給はぬさまは、知しめしたり―げ
聞えまほしげなることは、あり―げ
何の心ばせ、あり―げ

そして、「更にかやうの御消息承りわくべき人もものし給はぬさま」は、体言相当格で、「知しめし」の客語になつて居り、客語―述語の全体が、体言的接尾語「げ」の修飾語になるといふ構造である。第二、第三の例についても、同様の分解が可能である。

また、「さ」についても同じことが云へるのである。

なほ、かなしさのやるかたなく（源氏、夕顔）
今日の気色に、また、かなしさあらためておぼさる（同、葵）

右の「さ」は、一語中の造語成分と考へられるものであるが、次の諸例は、「げ」の場合と同様に、一体言の機能において理解しなければならない。

うつゝにはさもこそあらめ夢にさへ人目をもると見るがわびしさ（古今集、恋三）
秋萩をしがらみふせて鳴く鹿の目には見えずて音のさやけさ（同、秋上）

無かりしも有りつゝ帰る人の子を、有りしも無くて来るが悲しさ（土佐日記、二月九日）

生まれしも帰らぬものを、わが宿に、小松の有るを見るが悲しさ（同、二月十六日）

「夢にさへ人目をもると見るがわびし」全体が「さ」の修飾語になり、この歌は、結局において体言止めとなつてゐるのである。

「さ」は、「げ」とともに、形容詞の語幹に接続することにおいて、他の体言と異なる。これは、上代に多い、形容詞語幹或は一般に形容動詞の語幹と云はれてゐる体言の連体修飾的用法と相通ずるものであらう。

体言的接尾語の例

か　のど――　しづ――

く(1)　おそら――　やすけ――

げ　心細――　たゆ――

さ　たのし――　かへる――

たち　きん――

どの　おほい――　大将――

ども　車――　親――

ながら　神——　身——
ばら　法師——　との——
(2)み　しげ——　あさ——　山高——
め　ひと——
やか　しのび——　花——　細——
ら　乙女——　きよ——　さかし——

用言的接尾語は、その活用の方式によつて動詞的接尾語と、形容詞的接尾語とに分けられる。

動詞的接尾語

「す」（他動の意味を表はし、四段に活用する）をとつてみる。

若ければ、道行き知らじ、まひはせむ。したべの使負ひて通らせ（万葉集、九〇五）

天地を照らす日月の極みなくあるべきものを、何をか思はむ（同、四四八六）

右の「す」は、自動の意味を表はす動詞「通る」「照る」に接続して、「通らす」「照らす」

といふ他動の意味を表はす動詞を構成する。「懲る」に対する「懲らす」、「果つ」に対する「果たす」、「ぬ」（寝）に対する「なす」、「見る」に対する「めす」等の「す」も、その起源においては、右の「す」と同様なものであつたが、かくして出来た語は、一般に、一語の動詞と考へられるやうになる。それは、複合語が一語となつて行く過程と同じである。

同様に、下二段に活用する「す」「さす」も自動を他動に変ずる。(3)

くやしかもかく知らませば、青丹よしくぬちことごと見せましものを（万葉集、七九七）
常陸さし行かむ雁もがわが恋を記して附けて妹に知らせむ（同、四三六六）
鍵を置きまどはして、いと不便なる業なりや（源氏、夕顔）
お文の師にてむつまじくおぼす文章博士召して、願文作らせ給ふ（同、夕顔）
かの贈物御覧ぜさす（同、桐壺）
「心地なやましければ、人々さげず、おさへさせてなむ」と聞えさせよ（同、帚木）
寝殿の東おもて払ひあけさせて（同、帚木）

右の接尾語は、特に中古に至つて盛んに用ゐられるやうになつたもので、自動の意味の動詞に接続して、他動の意味を表はし、他動の意味の動詞に附けば、使役の意味になる。「見す」「知らす」「まどはす」「御覧ぜさす」「聞えさす」は、自動の意味を、他動に変じたもので、それぞれ、「目に入れる」「耳に入れる」「見失ふ」「お目にかける」「お耳に入れる」の意味に相当する。

従来、この「す」「さす」は、助動詞の典型的なものとして考へられてゐたものであるが、それらが、客体的な概念を表はすものであることにおいて、詞に属し、主体的な表現である辞に属する助動詞とは全く別個のものであることは、既に、『口語篇』（第二章第三項「ト」）に述べたことである。

動詞的接尾語の例

がる　四段　親――　さかし――

さす　下二段　四段以外の動詞の未然形に接続する。他動或は敬意を表はす。

さぶ　上二段　神――　翁――

しむ　下二段　動詞の未然形に接続する。上代には他動、使役に、中古以後には敬語として用ゐられる。

す(3)　下二段　四段の動詞の未然形に接続する。他動或は敬意を表はす。

だつ(4)　四段　際――　まめ――

なす　四段　思し――　着――

ばむ　四段　塵――　枯れ――

ふ　四段　うつろ――　かたら――
ぶ　上二段　ひな――
む　四段　あやし――　ぬく――
めかす　四段　時――
めく　四段　春――　賤《しづ》――
めす　四段　しろし――　きこし――
やぐ　四段　花――　若――
ゆ　下二段　おもほ――
らゆ　下二段　ね（寝）――
らる　下二段　教へ――
る　下二段　笑は――

形容詞的接尾語

「し」を、例にとつてみる。「し」は、一般には、形容詞の語尾と考へられてゐるのであるが、これも他の接尾語と同様に、一語の機能において他の語と結合するものと考へるのが至当である。それは、極めて抽象的な状態的属性概念を表はして、詞に属する。[5] 従つて、形容詞は、動詞と異なり、それ自身、複合語的性格を持つてゐる。「赤し」は、「あか―し」であり、「早し」は、「はや―し」で、その語幹の部分は、独立した一体言と同様の機能を以て、他の語と結合する。「あか」は、「あか駒」となり、「はや」は、「はや瀬」となる。動詞においては、本来、体言から出来たもの、例へば「歌ふ」「宿る」のやうな語以外は、「咲く」の「さ」、「受く」の「う」が、一語の資格を持つとは考へられない。また、形容詞の語尾「し」は、それ自身、詞であつて、陳述を表はす辞ではない。

「し」が、語の構成要素であるよりも、一語の機能を持つと考へられることは、例へば、

花は雪のごと―し

において、「し」は、「ごとし」で一語を構成するとみるよりは、「雪のごと」に接続し、全体で、形容詞を構成するとみる方が合理的である。(6) また、

ここに物思はし―き人の、月日を隔て給へらむほどを思しやるに、いといみじうあはれに心苦し（源氏、賢木）

における「しき」は、「物思ふ」に接続して形容詞を構成し、「人」の修飾語になつたものである。「色めく」が「色めかし」となり、「腹立つ」が「腹立たし」、「名立つ」が「名立た

し」となると同じものである。

中将のおもと、み格子一間あげて、見奉り給へとおぼしく、み几帳引きやりたれば（源氏、夕顔）

天ざかる鄙ともしるくここだくも繁き恋かもなぐる日もなく（万葉集、四〇一九）

うちなびく春ともしるく鶯は植木の木間を鳴きわたらなむ（同、四四九五）

「おぼしく」は、「おもはしく」の転であり、「見奉り給へと思ふ」が形容詞化されたものである。「しるく」も、上に「と」を承けて、「としるく」となつてゐるところから察するに、「……とする」[7]といふ動詞の形容詞化されたものと考へられるのである。

このやうな関係は、他の形容詞的接尾語の場合にも適用出来る。たとへば、「まほし」についてみるのに、

国の物語など申すに、「湯桁はいくつ」と問はまほしく思せど（源氏、夕顔）

御子はかくても、いと御覧ぜまほしけれど、かゝる程にさぶらひ給ふ例なき事なれば（同、桐壺）

「「湯桁はいくつ」と問ふ」「御子はかくても、いと御覧ず」に接続して、全体で形容詞を構成するのである。

形容詞的接尾語の例

かたし　たへ――　乾《ひ》――
がはし　みだり――
がほし　見――　あり――
がまし　恥ぢ――　歌よみ――
くるし　心――　見――
け⑧し　ゆた――　露――
⑤し　浅――　……のごと――　執念――　腹立た――
なし　いはけ――　はした――
にくし　見――　聞き――
まうし　聞え――　答へ――
まほし⑨　知ら――　あら――
めかし　時――　上手――

（1）「おそらく」「やすけく」といふ語法は、古来、延言として説明されて来たものであるが、これについては、次のやうな説明が提出されてゐる。「おそらく」「やすけく」は、それぞれ、動詞「おそる」の連体形「おそる」、形容詞「やすし」の連体形「やすき」に、「事」を意味する体言的接尾語「あく」が結合して出来たもので、従つて、意味は、「おそるゝこと」「やすきこと」と同じになる。上一段活用「見る」は、「見る―あく」で、「見らく」となり、上二段「恋ふ」は、「恋ふる―あく」で、「恋ふらく」となり、形容詞「惜し」は、「惜しき―あく」で、「惜しけく」となる。助動詞が附いた場合も同じで、「知らぬ―あく」は、「知らなく」となり、「あへる―あく」は、「あへらく」となる（大野晋「古文を教へる国語教師の対話」『国語学』第八輯）。

（2）「月清み」「瀬を早み」などと用ゐられる「み」で、通説に従つて、接尾語としたのであるが、これについては、古来、種々の説が提出されてゐる。

本居宣長は、『詞の玉緒』（巻五）、『玉あられ』に、この「み」を取上げ、「月清み」は、「月が清さに」、「瀬を早み」は、「瀬が早さに」の意であるとし、「を」は、あつても無くても意は同じであるとした。『詞の玉緒』では、

あさみこそ袖はひづらめ涙川身さへながると聞かばたのまむ（古今集、恋三）における「あさみ」も、「浅きにこそ」といふ意であるとし、

あさみにや人はおりたつわが方は身もそぼつまで深きこひぢを（源氏、葵）における「あさみ」は、古今集の「あさみ」を、「浅きところ」の意に解して出来たものであるとした。

山田孝雄博士は、右の「み」を、「あかし」を「あかむ」といひ、「あやし」を「あやしむ」といふ場合の「む」（四段に活用する）と同じもので、「しか思ふ」といふ意で、右の「み」は、その連用形であるとされた（『奈良朝文法史』第二章語論第二節用言）。

天地の心を労《いとほ》しみ、重《いか》しみ、畏みまさくと詔り給ふ命を（元明天皇御即位の宣命）

更に、連用形が体言に準ぜられて、「す」の客語となつたものも、これと同じである。

さゆり花ゆりも逢はむと思へこそ、今のまさかもうるはしみすれ（万葉集、四〇八八）

連用形で、用言の装定をなす場合は、

草枕旅を苦しみ恋ひ居れば、かやの山辺にさを鹿鳴くも（万葉集、三六七四）
三かの原ふたぎの野辺を清みこそ、大宮どころ定めけらしも（同、一〇五一）

右の山田博士の解釈説にも、なほ不安定な点が考へられる。山田博士は、「み」を、マ行四段活用の動詞の連用形と見られたのであるが、この語の接続関係を見ると、通常の連用形のそれとは、著しく異なるものが見出される。それは、むしろ体言に近いことを思はせるのである。

あをの浦に寄する白波いやましに、立ちしき寄せ来、あゆをいたみかも。（万葉集、四〇九三）
春の雨はいやしき降るに梅の花未だ咲かなく、いと若みかも。（同、七八六）

右は、助詞「かも」に接する例である。「かも」は、体言或は用言連体形に附く。

白妙の袖のわかれを難みして、あらつの浜にやどりするかも（万葉集、三二一五）
あしひきの山橘の色に出でゝ、わが恋ひなむを人め難みすな（同、二七六七）

右は、サ変動詞に接する例である。サ変動詞は体言或はその相当格に附く。

ひもとかずまろねをすれば、いぶせみと、心なぐさになでしこを、宿におきおほし（万葉集、四一一三）
あしひきのいはねこごしみ、菅の根を引かば難みとしめのみぞゆふ（同、四一四）

右は、指定の助動詞「と」に接する例である。「と」は、一般に、体言或は、用言の終止形に附く。

玉にぬく花橘をともしみし、このわが里に来鳴かずあるらし（万葉集、三九八四）
山鳥の尾ろのはつ尾に鏡かけ唱ふべみこそ汝によそりけめ（同、三四六八）

右は、強意の助詞「し」或は、係助詞「こそ」の接する例である。「し」は、一般に、体言、用言の連体形、或は、「てし」「にし」と用ゐられ、連用形に附くことはない。連用形に附く場合は、用言が体言に転成された場合である。「こそ」も、一般に、体言か、他の助詞、或は、已然形に附くが、連用形には附かない。連用形に附く場合は、「笑ひこそすれ」といふやうに、上の用言が、体言に転成した場合である。

春の野のしげみ飛びくく鶯の（万葉集、三九六九）
山吹のしげみ飛びくく鶯の（同、三九七一）

右の「しげみ」は、連用形の中止法とするよりは、「飛びくく」の場所或はその状態を云つたものとする方が、解釈がより合理的である。

右の諸例を通観するのに、「――み」は、動詞の連用形とするよりも、体言相当格とみる方が適切であることを知るのである。もし、これを体言相当格とする時、我々の容易に考へつくことは「赤み」「厚み」「弱み」などと、用ゐられる接尾語との関係である。宣長も指摘したやうに、源氏物語において、「浅み」を、「浅きところ」の意味に解してゐることが、正しいとすれば、この二つの「み」が、全く無縁のものとはいふことが出来ないわけである。そこで、この接尾語の「み」から類推して、今、問題とする「み」も、これと同じ種類の語ではないかといふことも考へ得られることである。そこで、「み」は、物の有様、状態の概念を云ふ語であるとすると、「瀬を早み」を、「瀬の早さに」とする解釈説の一半は、右の説明を云ひ表はしたものとすることが出来る。しかしながら、「み」を体言的なものとする時、「瀬の早さに」といふ原因を表はす意味が出て来る根拠が、それだけでは説明されない。ここで、一般に、体言は、文中において、それだけで、修飾格に立ち得ることを知る必要がある。

たまきはる宇智の大野に馬並めて、朝ふますらむその草深野（万葉集、四）
まつち山、夕越え行きて、いほさきのすみだ河原にひとりかも寝む（同、二九八）

右の「朝」「夕」は、体言だけであるが、それが、「朝において」「夕において」といふ修飾語となつてゐ

る。また、

み立たしゝ島を見る時、にはたづみ流るゝ涙とめぞかねつる（万葉集、一七八）

久方の天づたひ来る雪じもの行きかよひつゝいやとこよまで（同、二六一）

においては、傍線の体言は、下の述語に対して、修飾語の関係になつて居り、「にはたづみの如く」或は、「雪じものの有様で」の意味である。

右の如き語法的関係は、形式体言「ごと」（状態の意）或は「く」（事の意）についても云はれることである（体言相当格の形式体言の項参照）。

おちたぎつ片貝川の絶えぬごと、今見る人も止まず通はむ（万葉集、四〇〇五）

きし方の御おもてぶせをも起し給ふ、本意のごと、いと嬉しくなむ（源氏、若菜上）

ひと国に君をいませて何時までか我が恋ひ居らむ時の知らなく（万葉集、三七四九）

ここをしもあやにたふとみ、うれしけくいよゝ思ひて（同、四〇九四）

春の雨は、いやしき降るに、梅の花未だ咲かなくいと若みかも（同、七八六）

右の諸例は、「片貝川の絶えぬ有様で」「本意にかなつた状態で」「時も知らないことで」「うれしきことに」「咲かないことで」といふやうな意味となるのである。以上のやうな体言的な用法を以て、問題の「み」を解するに、例へば、

うつせみの命ををしみ、浪にぬれいらごの島の玉藻刈りをす（万葉集、二四）

は、「命を惜しむといふ心境において、浪にぬれ、いらごの島の玉藻を刈つて命をつないでゐる」となり、

遊ぶうちのたのしき庭に梅柳をりかざしてばおもひなみかも（万葉集、三九〇五）

は、「遊ぶ間の（本文に誤字ありやの疑ひがある）たのしい庭で、梅や柳を折つてかざしたならば、物思ひなき状態であるかな」となり、

恋しげみなぐさめかねて、ひぐらしの鳴く島かげにいほりするかも（万葉集、三六二〇）

は、「恋のしげき心境をなぐさめかねて、ひぐらしの鳴く島かげにいほりするよ」の意となる。要するに、「み」を、「……の故に」と解するのは、その文脈から出て来ることで、「み」そのものは、状態有様心境を云ひ表はす語であるといふことになるのである。

山田博士のいはれるマ行四段に活用する動詞は、右の「み」とは別のものではないかと考へられるのである。特に、「かなしむ」といふ動詞は、上代においては、「かなしび」とあつて、「かなしみ」は、その連用形とすることは出来ない。

(3) 本居春庭『詞八衢　上』に、物を然する「す」は、四段に活用し、他に然さする「す」は、下二段に活用するといふやうに述べられてゐるが、活用の別が、果して意味の別に、そのやうに厳重に対応するか、どうかといふことは、甚だ疑問である。

梅が香を桜の花ににほはせて、柳が枝に咲かせてしがな（後拾遺集、春）
なに人か来てぬぎかけし藤ばかま来る秋ごとに野べをにほはす（古今集、秋上）

春庭に従へば、前者は、下二段で、他に然さする意、後者は、四段で、物を然する意であるとするのであるが、この両者を、ともに、他動の意と解釈することも可能である。『対校源氏物語新釈』の索引に従へば、「源氏物語」中には、下二段に活用する「にほはす」は、存在しないことになるので、これは、活用の歴史的変遷とも見られるのである。下二段より四段に移動する傾向は、「あはす」「知らす」等の語において見ることが出来る。なほ、春庭も、二様に活用して、意味は同じである場合をも認めてゐる（『同上書』「いまする」の註）。

（4）求めつる中将だつ人来あひたる（源氏、帚木）
姫君たちの御後見だつ人になし給へるなりけり（同、椎本）

右の例は、「だつ」が、「求めつる中将」「姫君たちの御後見」と結合してゐることを示す。

（5）「し」を、接尾語とせず、陳述を表はす助動詞とする説がある。（永野賢「言語過程説における形容詞の取り扱いについて」『国語学』第六輯）。右の説は、鈴木朖も、『言語四種論』中に述べてゐることであるが、動詞の語尾を、辞とみないと同様な観点から、私は、右の考へ方を斥けた。何となれば、敬語の構成において、聞手に対する敬意を表はすには、動詞においては、

咲く……咲きます……咲きはべり

と、動詞の零記号に交代して、「ます」「はべり」が、語尾に附くと同様に、形容詞においては、

高い……高いです、高うございます……高くはべり

となつてゐる。もし動詞において、敬語が、語尾に接続すると認めるならば、形容詞も語尾に附くと認めることが至当であつて、従つて、「高い」「高う」「高く」の「い」「う」「く」は、語尾であるといふべきである。また、「や」「か」「かな」等の助詞の接続関係においても、

咲く……咲くか、咲くや、咲くかな
美し……美しきか、美しや、美しきかな

となつて、これらの助詞が、語尾から接続するとみる方が、合理的である。永野氏の考へは、形容詞を、形容動詞との対比の上から考察したので、形容動詞は、一般の体言と助動詞「なり」「だ」「です」との関係において考へるべきであるが、形容詞は、むしろ動詞との比較において考へるべきものである。また、次のやうな動詞と形容詞との対応を見れば、

青む　なつく　たのむ　恐る
青し　なつかし　たのもし　恐ろし

「し」は、陳述であるよりも、動作性概念に対する属性的状態概念を表はす詞的なものであるといふべきである。

（6）橋本進吉博士の『新文典』、国定教科書『中等文法』は、これを、助動詞としてゐるが（『広日本文典』に、既にこれを比況の助動詞としてゐる）、その接続機能において、他の助動詞と相違し、また、「ごとし」の「ごと」は、上接の語と結合する傾向のあることは、口語の「やうだ」の「やう」に近似してゐる。

（7）「しる」は、動詞「知る」ではなからうか。もし、さうであるならば、それは、主観的な「認知する」の意味とともに、客観的な「認知される状態」の意味を持つことが推定される（『口語篇』第三章「ホ」対象語格参照）。従つて、それが、形容詞化されるならば、「田舎であることが認知されるやうな状態で」「春といふことが分かるやうな状態で」の意味になる。「山家集上」の次の歌も同様に解せられる。

山の端のかすむ気色にしるきかな今朝よりやさは春のあけぼの

（8）「ゆたか」「さやか」「のどか」に、接尾語「し」が附いて、「ゆたけし」「さやけし」「のどけし」となり、更に「けし」が接尾語として遊離して「露けし」となつたものか。

（9）山田孝雄博士の『平安朝文法史』には、助動詞「む」に「く」の連なつて、「まくほし」となり、更に「まほし」となつたものとし、「まうし」（まくうし）に対するものとした。『新文典』『中等文法』はともに、希望の助動詞とした。本書が、これを接尾語として詞に属するものとしたのは、

くれまどふ心の闇も堪へがたきかたはしをだにはるくばかりに聞えまほしう侍るを、わたくしも、心のどかにまかで給へ（源氏、桐壺）

見奉りて、くはしく御有様も奏し侍らまほしきを、待ちおはしますらむを、夜ふけ侍りぬべし（同、桐壺）

の如き例について見れば、話手の希望の表現のやうにもとられるが、

息も絶えつゝ、聞えまほしげなることはありげなれど（源氏、桐壺）

明くる年の春、坊さだまり給ふにも、いと引き越さまほしう思せど（同、桐壺）

をさなかりつるゆくへの、なほたしかに知らまほしくて、問ひ給へば（同、若紫）

の如き例について見れば、それらは、第三人称の状態を述べたものである。なほ、「まほし」が、「あり」と結合した「あらまほし」は、主観的な情意の表現から、それに対応する客観的な状態の表現に転じて、「理想的な状態」の意味となる。いづれも詞である。

着るべきもの、常よりも心とゞめたる色あひし、さまいとあらまほしくて（源氏、帚木）

年は六十ばかりになりにたれど、いと清げに、あらまほしう行ひさらぼひて（同、明石）

四 敬語

イ 辞に属する敬語

言語は、一般に、対人関係においてなされる思想の表現、伝達であるから、その思想の表

現伝達に関与する人的関係に対する顧慮から、時と場合に応じて、言語主体の敬譲の心持ちを以て表現を規整し、伝達の円滑をはかることは、何れの言語においても行はれることであるが、特に国語においては、それが、文の云ひ廻しによつて表現されるだけでなく、一語一語の選択や構成のしかたによつて、表現されるところから、文法上の問題となつて来るのである。古典言語においては、その表現される事柄の関係から、また、言語当事者（話手聞手）の教養の関係から、特に、これらの敬語的表現が豊富に用ゐられてゐるので、これを正当に処理することは、古文を理解する上に極めて重要なこととなつて来るのである。

従来の敬語理論は、すべての敬語を、ただ意味の上から類別するか、或は単に漠然と、対者に対する待遇表現であるとして処理してゐたので、敬語の実際を記述するには不充分であつた。本書は、言語の表現機構の分析から、敬語の実際に即してこれを体系づけたもので、その詳細は、『国語学原論』各論第五章敬語論に述べた。

辞に属する敬語とは、話手の聞手に対する敬意の表現としての敬語で、第二項（一）助動詞の項で述べるべきことであるが、ここでは、便宜、詞に属する敬語に附帯して述べることとした。

聞手に対して、話手が敬意を表はすには、陳述を表はす指定の助動詞に相当するところを、敬譲の助動詞「はべり」に置き代へればよいのである。一般に、陳述は、次のやうに表現される。

一　指定の助動詞「なり」（に―あり）が用ゐられる。

波静かなり

今宵は十五夜なり

つれなき命なるかな

右のやうな場合は、「なり」（に―あり）を、「にはべり」に置き代へて、次のやうに云ふ。

波静かにはべり

今宵は十五夜にはべり

つれなき命にはべる[1]かな

二　述語が動詞の場合は、陳述が、零記号によつて表現される。[2]

花咲く■

かの白く咲けるを、夕顔と申す■

右のやうな場合は、零記号の陳述を、「はべり」に置き代へて、次のやうに云ふ。

花咲きはべり
かの白く咲けるを、夕顔と申しはべり(3)
三　述語が形容詞の場合も同様である。
風涼し■
心地のかきみだりなやましき■を（源氏、総角）
右のやうな場合は、零記号の陳述を、「はべり」に置き代へて、次のやうに云ふ。
風涼しくはべり
心地のかきみだりなやましくはべるを
形容詞の場合は、他の助動詞との接続に、指定の助動詞「あり」を介して、
みけしきあしかり（あしく—あり）き

のやうに云ふ。この場合には、指定の助動詞「あり」が「はべり」に置き代へられて次のやうに云ふ。

　　みけしきあしくはべりき（源氏、夕顔）

四　存在の概念を表はす動詞が述語となつて、それに陳述の意が加つた場合、これを敬語に云ふには、理論上は、

　　あはれと思ふ人あり■

の零記号が、「はべり」に置き代へられて、

　　あはれと思ふ人ありはべりき

と云ふべきであるが、このやうな場合は、「ありはべり」の代りに、ただ、「はべり」だけでこれを代用させて、次のやうに云ふ。

まだ、いと下﨟にはべりし時、あはれと思ふ人はべりき（源氏、帚木）

五　詞に属する敬語「給ふる」（下二段）が述語になつた場合は、そのままで、聞手に対する敬意を含めたことになる。

われもおくれじと惑ひ侍りて、今朝は谷にも落ち入りぬべくなむ見給へつる(4)（源氏、夕顔）

いともいともゆゆしき身をのみ思ひ給へしづみて、いとど物も覚え給へられず、ほれ侍りてなむ、うつぶし臥して侍る（源氏、蜻蛉）

六　詞に属する敬語「おはす」「おぼす」「給ふ」（四段活）等が述語となつた場合は、聞手に対する「はべり」を省略することが多い(5)。

若宮は、如何に思ほし知るにか、参り給はむ事をのみなむ思ぼし急ぐめれば、ことわりに悲しう見奉りはべるなど（源氏、桐壺）

こなたはあらはにやはべらむ、今日しも端におはしましけるかな。このかみの聖の方に、源氏の中将の、わらはやみまじなひに物し給ひけるを、唯今なむ聞きつけはべる（源氏、

若紫）

なほ、この「はべり」は、時代が下るに従つて、対人的敬語の意味が失はれて、一種の雅語的用法のものと考へられるやうになつて来た。徒然草中の用法には、既にそのやうな例が見られる。

五月五日、賀茂のくらべ馬を見侍りしに、車の前に雑人立ちへだてて見えざりしかば、各おりてらちのきはによりたれど、ことに人おほくたちこみて、分け入りぬべきやうもなし（第四十一段）

前なる人ども、「誠にさにこそ候ひけれ。尤もおろかに候」といひて、みなうしろを見かへりて、「ここに入らせ給へ」とて、所をさりてよび入れ侍りにき（同）

例文中、後の段の会話の文中の「候ふ」は、聞手に対する敬意の表現である「はべり」に相当するものであるが、本文中の「はべり」は、もはや、対人的敬語として用ゐられたものではない。[6]

（1）　源氏物語桐壺巻には、桐壺更衣の母北の方が、靫負の命婦に申す言葉として次のやうに出てゐる。

返すぐ〳〵つれなき命にもはべるかな

（2）零記号の陳述については、『口語篇』第三章第五項参照。

（3）源氏物語夕顔巻には、係助詞「なむ」を伴つて、次のやうに出てゐる。

かの白く咲けるをなむ、夕顔と申しはべる

右は、随身が、源氏の君を聞手として申し上げる言葉である。

（4）『校異源氏物語』によれば、河内本には、「おち入ぬへくなんみえ侍つる」「おちいり侍りぬへくなむみえ侍つる」といふ本文があることが記載されてゐる。「給ふる」が、話手の行為に用ゐられた場合には、「侍り」と同価値のものと考へられてゐたことが分る。

しかし、このことは、絶対ではなく、次のやうに云ふことがある。

かく渡りおはしますを見給へはべりぬれば、今なむ、阿弥陀仏のみ光も、心清く待たれはべるべき（源氏、夕顔）

また後見仕うまつる人もはべらざめるに、春宮の御ゆかり、いとほしう思ひ給へられはべりて（同、賢木）

（5）このことも絶対ではない。次のやうな例が見出せる。

後一条院春日行幸せさせ給ひ侍るに母后にて御ともにおはしましけるに（玄々集）

さらば、ただかゝる古もの世に侍りけりとばかり、知し召されはべらなむ（源氏、橋姫）
なほ僧都参らせ給はではしるしなしとて、昨日二たびなむ召し侍りし（同、手習）
今さりとも七年あまりの程に思し知りはべりなむ（同、帚木）

ただし、「給ふ」（四段）には、「はべり」が附くことは殆ど無いやうであるが、時代が降ると、「はべり」に相当する「さふらふ」（候）が、「給ふ」に附くことがある。

老尼涙を抑へて申しけるは、「花がたみ臂にかけ岩躑躅取具して持たせ給ひ候ふは、女院にて渡らせ給ひさふらふ（平家物語、大原御幸）
早々出でさせ給ひ候へ（御伽草子、花世の姫）
若し憎き者殺す秘事など知らせ給ひ候はば（同、磯崎）

（6）　本居宣長は、「はべり」の用法が、対人的な敬語の表現から転じて、雅語的表現に移つた例を、新古今集の詞書に認めてゐる。

「新古今集は、後鳥羽のみかどの御自撰のぢやうなるに、是も此詞（筆者註「はべり」を指す）の多きは、其ころほひなどにいたりては、はやくかかるたぐひの詞づかひなども、くはしからずなりて、たゞさきざきの集どもの例のまゝにかゝれたりとぞ見ゆる」（『玉あられ』）

ロ　詞に属する敬語

詞に属する敬語とは、表現される事物事柄に関して用ゐられる敬語である。辞に属する敬語は、聞手に対する話手の敬意の表現であるが、詞に属する敬語は、事物事柄に対する話手の敬意の表現として考へることは、妥当ではない。例へば、現代語において、

お電話をいただきたうございます。

の「お電話」「いただく」は、それぞれ、「電話」「もらふ」といふ語に対して、敬語と云はれてゐるが、それらは、「電話」に対する敬意の表現とか、「もらふ」といふ自己の動作に対する敬意の表現といふやうには見ることが出来ない。さうではなくして、ある事物事柄の表現に、それに関与する人相互の関係を考慮し、それを含めて、その事物事柄を表現するところのものである。「電話」は、それに関与する人との関係を抽象した「電話」ではなく、相手がかけるところの「電話」といふ意味を表現して、「お電話」と云はれるのである。これは、自分が相手に向つてかける「電話」の場合にも適用されて、たとへ、それが自己に関することであつても、同時に、相手に関するといふ認識のもとに「お電話をいたします」と云はれるのである。「いただきます」といふ語も同じであつて、「貰ふ」といふ自己の動作に、相手が関与する意味が加つて、「いただく」といふ語になるのである。従つて、詞に属する敬語は、話手の敬意の表現といふ概念では、もはや律することの出来ない表現の規整であつて、むしろ、ある事物事柄に関与する人間的関係の弁別を基礎とするもので、云はば、表現

者の教養或は儀礼に根ざしてゐる言語的事実であると云ふべきことなのである。以上のやうな理論を、基として、左に、詞に属する敬語を類別しようと思ふ。

表現される事物事柄の敬語的規整において、先づ、次の二つの場合を識別して置かなければならない。

㈠話題とされる事物事柄に関与する人物と、話手との関係を表現する敬語

㈡話題とされる事物事柄と、それに関与する人物相互の関係を表現する敬語

㈠に属するものは、例へば、

前の世にも御契や深かりけむ、世になく清らなる、玉のをのこ御子さへ生まれ給ひぬ（源氏、桐壺）

右の例文中の「給ふ」といふ語は、作者紫式部の話題とする事柄、即ち、源氏の君の誕生の叙述に加へられた敬語で、この事柄に関与する人物、即ち源氏の君と作者との関係の顧慮に基づく事柄の表現である。もし、この話題の人物が、名もなき一庶民に属する場合であつたならば、恐らく、「生まれ給ふ」といふ表現は用ゐられなかつたであらう。そして、この

「給ふ」といふ敬語は、話題の事柄にのみ関するもので、作者に対する聞手即ち読者には、全く無関係のものである。勿論、右のやうな場合、敬語を用ゐるか否かの判定は、話手の主観的な認定に委ねられてゐるので、話題の事柄に関与する人物の、客観的な身分、地位にのみよるものではないのである。以上の種類に属する敬語には、次のやうなものがある。

「給ふ」(1)

大納言殿（中宮の御兄藤原伊周）桜の直衣の少しなよらかなるに、こき紫の固紋の指貫、白き御衣ども、うへにはこき綾のいとあざやかなるを出だしてまゐりたまへるに、うへのこなたにおはしませば、戸口の前なるほそき板敷にゐたまひて、ものなど申したまふ（枕草子、清涼殿の丑寅の隅の）

話題の中の人物は、大納言殿であつて、それと作者清少納言との関係から、規整された敬語である。従つて、「給ふ」が附いた動詞は、その動作に関与する人物をも含めて表現したことになるので、主語が省略されても、自らそれを暗示することが出来る訳である。

「す」（下二段活。四段、ナ変、ラ変動詞の未然形に接続する）

「さす」（下二段活。四段、ナ変、ラ変以外の動詞の未然形に接続する）

共に他動の意味を表はす接尾語であつて、(2)同時に敬語に用ゐられる。敬語に用ゐられる時は、「給ふ」と結合して、「――せ給ふ」「――させ給ふ」といふやうに用ゐられる。この場合、「せ」「させ」は、それぞれ、「す」「さす」の連用形である。

その年の夏、みやすんどころ、はかなき心地に煩ひて、まかんでなむとし給ふを、暇さらに許させ給はず（源氏、桐壺）

御局は桐壺なり。あまたの御方々を過ぎさせ給ひつゝ、ひまなき御前渡りに、人の御心をつくし給ふも、げにことわりと見えたり（同、桐壺）

「す」（四段活。主として四段動詞の未然形に接続する）

わがせこは、かりほ作らすかや無くば、小松が下の草を苅らさね（万葉集、一一）

玉きはる内の大野に馬なめて、朝踏ますらむその草深野（同、四）

右の「す」は、敬意を表はす接尾語として用ゐられてゐるのであるが、これも同時に、他動を表はす接尾語に用ゐられることは、前項の「す」「さす」と同様である。(3)例へば、

若ければ、道行き知らじ、まひはせむ、したべの使ひ負ひて通らせ[3]（万葉集、九〇五）

から衣君にうち着せみまくほり恋ひぞくらしし[3]雨の降る日を（同、二六八二）

敬語の意味を表はす「す」が結合して、一語の敬語動詞となつたものに、「しろす」（或は「しらす」）「おもほす」（或は「おぼす」）「きこす」「召す」「あそばす」等がある。

「います」（四段活）

「ます」（四段活。動詞の連用形に接続する）

「あり」「をり」の意味を有する敬語動詞であるが、「ます」は、動詞連用形に接続して、接尾語として用ゐられる場合がある。その時は、前項の「——す」「——給ふ」と同じやうな敬語の意味に用ゐられる。

君は慈《めぐみ》をもちて天の下の政は行ひ給ふ物に伊麻世波奈毛（宣命、第四四）

家離り伊麻須わぎもをとどめかね山がくしつれこころどもなし（万葉集、四七一）

大君は千歳に麻佐武白雲も三船の山に絶ゆる日あらめや（同、二四三）

右は、独立動詞としての用法であるが、次に、接尾語としての「ます」の用例を挙げる。

わが大君、過なく罪なくあらば、捨《ステ》麻須奈、忘《ワスレ》麻須奈止おほせ給ひ（宣命、第七）

久方の天の川瀬に舟浮けて、こよひか君がわがり来《キ》益武《ム》（万葉集、一五一九）

大王の遠のみかどとしらぬひ筑紫の国に、泣く子なすしたひ枳《キ》摩斯提（同、七九四）

右は、それぞれ、「捨て給ふ」「忘れ給ふ」「来給ふ」の意である。

「おはす」（サ行変格）

「おはします」（サ行四段）

動詞「あり」「居り」「行く」の敬語である。「おはします」は、「おはす」に、前項の「ます」が附いたものである。

ただ今おのれ見捨て奉らば、いかで世におはせむとすらむ（源氏、若紫）

「もののあやめ見給へわくべき人も侍らぬわたりなれど、らうがはしき大路に立ちおはしまして」とかしこまり申す（同、夕顔）

女君はすこし過ぐし給へるほどに、いと若うおはすれば、似げなく恥しとおぼいたり（同、桐壺）

「めす」（四段活。動詞連用形に接続する）

「め」は「見る」、「す」は、敬語の「す」で、独立動詞としては、「見給ふ」の意である。(4)

はふ葛の絶えずしぬばむ大君のめしし野べにはしめ結ふべしも（万葉集、四五〇九）

高照らす日の御子あらたへの藤原が上にめし給はむと（同、五〇）

右の「めす」は、「見給ふ」意味の独立動詞としての用法であるが、

石麻呂にわれもの申す夏やせによしといふものぞむなぎとりめせ（万葉集、三八五三）

高みくら天の日つぎとあめの下しらしめしけるすめろぎの（同、四〇九八）

右の「めす」は、「とり」「しらし」と結合して、「とり給ふ」「しらし給ふ」と同じ意味になる。「おもほしめす」（おぼしめす）「きこしめす」も同じである。

「る」（下二段活。四段、ナ変、ラ変動詞の未然形に接続する）
「らる」（下二段活。四段、ナ変、ラ変以外の動詞の未然形に接続する）
なぞ、かう暑きにこの格子はおろされたる（源氏、空蟬）
「式部がところにぞ気色あることはあらむ。少しづゝ語り申せ」と責めらる（同、帚木）
「る」「らる」は、一般に、受身、可能の意味を表はす接尾語であつて、中世以後に、盛んに敬語に用ゐられるやうになつたが、この期においては敬語としての用例は極めて少い。
㈡の話題とされる事物事柄と、それに関与する人物相互の関係を表現する敬語に属するものは、次のやうなものである。
「きこゆ」(5)
よろづの事を泣く〳〵契り宣はすれど、御いらへもえ聞え給はず（源氏、桐壺）
暗くなるほどに、「今宵、中神うちよりは塞がりて侍りけり」と聞ゆ（同、帚木）
右の「きこゆ」は、現代語の「申し上げる」に相当する語であつて、「云ふ」の敬語として用ゐられたものである。「きこゆ」及び「申し上げる」は、「云ふ」人と、その言葉を受ける人との間に、上下尊卑の識別が考へられ、下の者から、上の者に向つて「云ふ」行為を表現したものである。これを、上のやうな図によつて表はすことが出来る。甲乙は、話題になつてゐる事柄に関与する人物を示すのである。

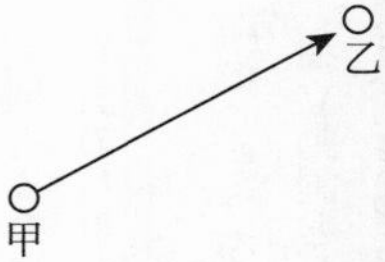

「ただわが女御子たちと同じつらに思ひきこえむ」と、いとねむごろに聞えさせ給ふ（源氏、桐壺）

これは人の御際まさりて、思ひなしめでたく、人もえおとしめきこえ給はねば、うけばりてあかぬことなし。かれは人も許しきこえざりしに、御志あやしくなりしぞかし（同、桐壺）

右の「きこゆ」は、「思ひ」「おとしめ」「許し」等の動詞連用形と結合して、接尾語として用ゐられたもので、ここでは、もはや、「申し上げる」といふ原義は失はれて、ただ、そのやうな動作が、下から上に向つてなされることを表現するために用ゐられてゐる。勿論、現代語の「申し上げる」といふ語も、「お助け申し上げる」「お乗せ申し上げる」といふやうに用ゐる場合には、「申し上げる」の原義は失はれて、ある事柄が、下から上に向つてなされることを意味するのに用ゐられるから、その点では、「きこゆ」は、「申し上げる」に相当してゐるとも云ふことが出来るのである。

「まつる」（四段活。動詞の連用形に接続する）

独立動詞としては、奉仕する意味で用ゐられる。

すみのえのあがすめがみに幣まつり（万葉集、四四〇八）

月夜見の持てるをち水いとり来て君にまつらばをちえてしかも（同、三二四五）

接尾語としては、動詞によつて表はされる事柄が、上位の者に対する事柄であることを表はし、「きこゆ」の接尾語的用法に近い。

大殿をふりさけ見れば、白たへに飾りまつりて（万葉集、三三二四）

天雲の八重かき別きて神しいませまつりし（同、一六七）

「たてまつる」（四段活。動詞の連用形に接続する）

独立動詞として、また、接尾語としての用法は、「まつる」と同様であるが、上代においては、「まつる」が多く用ゐられ、中古において、主として、「たてまつる」が用ゐられるやうになつた。

うへの御有様など思ひいで聞ゆれば、疾くまゐり給はむことをそゝのかし聞ゆれど、かくいまいましき身の添ひたてまつらむも、いと人聞き憂かるべし。また見たてまつらで暫しもあらむは、いとうしろめたう思ひ聞え給ひて、すがすがともえ参らせたてまつり給はぬなりけり（源氏、桐壺）

「たてまつる」は、一般に、奉仕する下位の者を主語とするのであるが、奉仕を受ける上位の者を主語とすることがある。

（源氏は）いとことさらめきて、御装束もやつれたる狩の御衣を奉り、さまをかへ、顔をもほの見せ給はず（源氏、夕顔）

（源氏の）御直衣など奉るを見いだして、（末摘が）少しさし出でて、かたはら臥し給へる頭つき、髪のこぼれ出でたるほどいとめでたし（同、末摘花）

右の例は、「奉仕を受けて衣服を着用する」意に用ゐられてゐるのである。

「まゐる」(四段活)

下位の所から、上位の所へ行くことで、「まかる」(退出する意)に対する語であるが、更に広く、ある事柄を、下位の者が、上位の者に対して奉仕することを表はす。

おとどまゐり給ふべき召あれば、まゐり給ふ(源氏、桐壺)

は、左大臣が、召によつて、主上の御前に出ることである。

昼の御ましのかたにおものまゐる足音高し(枕草子、清涼殿の丑寅の隅の)

「おものまゐる」は、主上の御食事を奉仕することである。「まゐる」によつて表現される事柄は、「たまふ」(三八八頁)の場合とは反対に、図のやうに、下から上へ向つてなされることであるが、「たまふ」の場合と同様に、この事柄の主格は、甲とも、乙ともすることが出来る。甲を主語とすれば、「……して差上げる」ことを意味するが、乙を主語とすれば、「……の奉仕を受ける」ことを意味する。

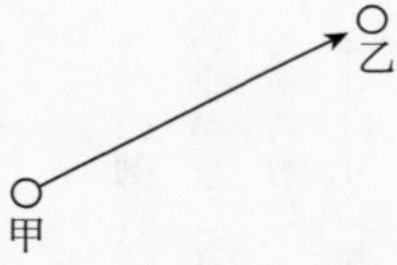

（源氏）「出でずなりぬ」と聞え給へば、（紫上は）慰みて起き給へり。もろともに物などまゐる（源氏、紅葉賀）

人々大みきなどまゐるほど、みこたちの御座の末に源氏つき給へり（同、桐壺）

今宵定めむと、おほとなぶら近くまゐりて、夜ふくるまでなむ読ませ給ひける（枕草子、清涼殿の丑寅の隅の）

右の例文においては、「まゐる」の主語は、奉仕する者ではなくして、奉仕を受ける者である。

「たまふる」[6]（ハ行下二段。動詞の連用形に接続する）

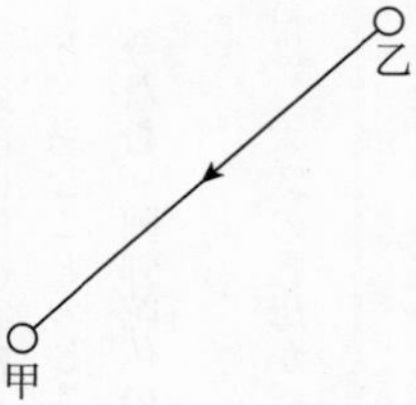

「たまふ」が、話題の人物に対する敬語であるのに対して、「たまふる」は、話題の人物相互間の関係を、下位の者を主語として表現する場合に用ゐられる。それを図示すれば上のやうになる。主として、「見る」「思ふ」「聞く」「覚ゆ」等の動詞に附いて、そのやうな動作を、甲が、「させていただく」意味を表現するのである。

「惜しげなき身なれど、捨て難く思ひたまへつることは、ただかく御前に侍ひ御覧ぜらるゝことの変り侍りなむことを口惜しう思ひたまへたゆたひしかど、忌むことのしるしによみがへりてなむ。かく渡りおはしますを見たまへ侍りぬれば、今なむ、阿弥陀仏の御光も心清く待たれ侍るべき」(源氏、夕顔)

右は、大弐の乳母が、源氏の君に語る言葉で、源氏は、乙であり、乳母は甲の立場にある。

(頭中将)「女のこれはしもと、難つくまじきは難くもあるかなと、やう〳〵なむ見たまへ知る。ただうはべばかりの情に、手はしり書き、折節のいらへ心得てうちしなどばかりは、随分によろしきも多かりと見たまふれど、そも誠にその方を取り出でむえらびに、かならず漏るまじきはいと難しや」(源氏、帚木)

「まうす」(まをす)

独立動詞としては、「云ふ」「告ぐ」の敬語、或は政事を執奏する義に用ゐられ、言上する話手と、それを受入れる聞手との間に、下より上への関係が表現される。(7)接尾語として、他の動詞の連用形に附いた場合は、原義の「云ふ」意味は次第に稀薄になつて、ただ上下の方向だけが表現されることは、「きこゆ」「たてまつる」の接尾語的用法と同様であり、今日の「お返し申し上げる」の「申し上げる」も、同様に、「云ふ」意味では用ゐられてゐない。

少納言（紫上の乳母）は、僧都に御祈のことなど聞ゆ。二方に御修法などせさせ給ふ。かつは（紫上の）かく思し歎く御心を静め給ひてなぐさめ、またもとの如くに（源氏の）帰り給ふべきさまになど、心苦しきままに祈り申し給ふ（源氏、須磨）

源氏と紫上との別離の場面で、北山の僧都がひとつには紫上のために、また源氏の安泰に帰還されることを祈るのである。「祈り申す」は、「お祈り申し上げる」意で、ここでは、「申す」の原義は、きいてゐない。『校異源氏物語』によれば、河内本には、「祈り聞え給ふ」とあることが記されてゐる。

（生昌）「ひと夜の門のこと中納言（生昌の兄惟仲）に語り侍りしかば、いみじう感じ申されて、『いかでさるべからむをりに心のどかに対面して申し承らむ』となむ申されつる」とて、また異《こと》ごともなし（枕草子、大進生昌が家に）

「感じ申す」の「申す」は、中納言が清少納言のことについて感心したと云ふ上下関係を表はすためのものである。その他の「申す」は、「云ふ」の敬語である。

（1）「たまふ」は、元来、甲乙両者の間に、物が授受される事柄を表現する語で、「与へる」「受ける」のやうな語と異なるところは、事柄の当事者である甲乙の間に、上下尊卑の関係が存在し、上位から下位に向つて行はれる授受を表はすことである。これを図示すれば、上のやうになる。この場合、重要なことは、この事柄の主語を、甲乙いづれともすることが出来ることである。甲を主語とすれば、「甲が乙に下し与へる」意味となり、乙を主語とすれば、「乙が甲からいただく」意味を表はす。

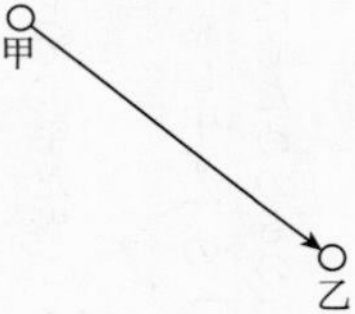

朕は、仏の御弟子として、菩薩の戒を受賜天在（宣命、第三八）

は、「受け奉る」「受けさせていたゞく」意と考へられる。

み舟より仰せたぶなり。朝北のいで来ぬさきにつなではや引け（土佐日記）

の「たぶ」も同様に、「賜はる」「いたゞく」意を表はす。

この「たまふ」が、接尾語として用ゐられるやうになると、行為の主格と、話手との上下関係だけを表はす敬語となる。

譲り給ふ
参り給ふ

においては、「譲る」「参る」といふ動作の主格が、話手よりも、上位であり、尊者であることを表はすのである。ある場合には、下位者、卑者の側の行為に附けて、「……をさせていただく」の意を表はすことがある。この場合は意味は後に述べる「たまはる」「たまふる」に通ずる。

陸奥の小田なる山に黄金ありとまうしたまへれ、御心をあきらめたまひ（万葉集、四〇九四）

図負《ふみ》へる亀一頭献らくと奏賜不止聞しめし（宣命、第六）

朕一人のみやよろこぼしき、たふとき御命《みこと》を受賜牟（同、第二五）

右の諸例は、それぞれ「申し上げさせていただく」「受けさせていただく」の意と解することが出来る。なほ、「給ふ」「給ふる」に関しては、釈義門に詳細な考説があり、右に大体を要約し、かつ私案をも加へた（『山口栞』中巻）。

(2)「す」「さす」が、他動の意味に用ゐられる場合は、例へば、

悔しかもかく知らませば、あをによしくぬちことごと見せましものを（万葉集、七九七）

いつしかと心もとながらせ給ひて、急ぎ参らせて御覧ずるに（源氏、桐壺）

のやうに、自動的な意味の動詞に附いた場合は、他動詞になり、他動的な動詞に附いた場合は、使役になる。即ち、使役は、二重他動の意味の動詞をいふのである（接尾語の項参照）。

「す」「さす」は、元来、他動の意味を表はす接尾語であるが故に、形の上から云へば、敬語に用ゐられ

た場合と混同されることになる。例へば、

ある時には、大殿ごもりすぐして、やがてさぶらはせ給ひなど、あながちにお前去らずもてなさせ給ひしほどに（源氏、桐壺）

更衣の曹司を、ほかに移させ給ひて、上局に賜はす（同、桐壺）

における傍線の「せ給ふ」は、本来、「さぶらはす」「もてなさす」「移さす」といふ他動或は使役の意味を表はす動詞に、「給ふ」が附いたものである。敬語と、他動使役との区別は、文脈上、本来の動詞（ここでは、「さぶらふ」「もてなす」「移す」）の主語が、誰であるかを検討することによつて解決がつく。「さぶらふ」の主語は、更衣であり、「さぶらはす」の主語は、帝であるから、「さぶらはす」が全体で他動を表はすことになる。もし、「さぶらふ」の主語が帝であるならば、「さぶらはす」は、敬語となる。この関係は、受身と敬語との間にも存するので、「笑はる」において、「笑ふ」の主語と、「笑はる」の主語が同じであるならば、「笑はる」は敬語となり、主語が異なる場合は、受身となる。

他動を表はす接尾語が、敬語となることは、奈良時代に盛に用ゐられた「す」（四段）についても同様である。

(3)「負ひて通らせ」は、『万葉集全釈』、『同全註釈』に、敬語として解釈してゐる。契沖の『代匠記』には、「通らしめよ」と他動の意に解してゐる。「通る」の主語は、童児であるから、契沖の解に従つて、他動と解した。

「くらし」は、自動の意の動詞「暮る」を他動に転じたものである。

「消ゆ」に対する、「消す」、「借る」に対する「貸す」、「過ぐ」に対する「過ぐす」、「燃ゆ」に対する

「燃やす」等の「す」（四段活用）は、こゝに云ふ他動の意味を表はす接尾語と見ることが出来る。下二段に活用する他動及び敬意を表はす「す」は、この四段活用の「す」から転じたものであらうと云はれてゐる（金澤庄三郎『日本文法新論』、安藤正次『古代国語の研究』）。

（4）独立動詞としての本来の意味は、「見給ふ」であらうが、「見る」客体が強調されて来た場合、「呼ぶ」「招く」の意味が分化して来るのであらうと思ふ。接尾語として用ゐられた場合には、「見る」意味を失つて、「給ふ」と同義であるとしたのであるが、なほ、

みよしのの此の大宮にありがよひめし給ふらし（万葉集、四〇九八）

古をおもほすらしも、わごおほきみ吉野の宮をありがよひめす（同、四〇九九）

の例があつて、「めす」が、「御覧ず」の意味を保持してゐるか否かは、にはかに決定出来ないが、今日の「読んでみる」の「みる」程度の軽い意味ではなかつたかと考へられる。

（5）独立動詞としての「聞ゆ」は、本文に述べた以外の意味で用ゐられることがある。

明方も近うなりにけり。鳥の声などは聞えで、御岳精進にやあらむ、ただ翁びたる声にぬかづくぞ聞ゆる（源氏、夕顔）

右の「聞ゆ」は、現代語の「聞える」に相当し、音の知覚されることを意味する。この場合は、敬語ではない。「きく」に対する「きこゆ」は「おもふ」に対する「おぼゆ」、「断つ」に対する「絶ゆ」に相当するもので、いはゆる自然可能、即ち、自然にさういふことが起ることを意味する。従つて、

先帝の四の宮の御かたちすぐれ給へる聞え高くおはします（源氏、桐壺）

と、体言格に用ゐられた時は、「ある事が耳に入つて来ること」「評判」などの意味となる。

知覚の意味の「きこゆ」と、物を云ふ意味の「きこゆ」との意味の分化は、国語の動詞の無主格性に関係するもののやうである（第三章文論第一項）。元来、「きこゆ」は、音の出る事実と、音を耳に知覚する事実とを、総合的に表現する語と考へられるから、知覚する側を主格とすれば、「耳に入つて来る」意味となり、現象する側を主格とすれば、「音が出る」意味となる。この対応関係は、「見ゆ」にもあり、知覚を意味すると同時に、物が形を現す意味にもなる。「音が出る」意味の「きこゆ」が、「云ふ」の敬語として用ゐられるやうになるのは、その婉曲性に由来するものではないであらうか。「死ぬ」ことを、「かくれる」「なくなる」といひ、「食ふ」ことを、「いたゞく」「めしあがる」などといふのは、敬語の常である。

(6)「たまふる」が、話題の人物相互間の関係を表現することにおいて、それは、独立動詞の「たまふ」（四段活）の用法に関係がある。「たまふ」は、上位から下位へ事柄が及ぶことを表現するのであるが、その際、上位の者も、下位の者もこれを主語とすることが出来る。上位の者を主語とすれば、「与へ下す」意となり、下位の者を主語とすれば、「上よりいただく」意となる。「たまふる」は、右の下位の者を主語とした場合の用法に近い。恐らく古代においては、四段活の「たまふ」一語によつて、この両者を表現したものと思はれるので、祝詞、宣命等に屢〻見られる「申したまふ」「受けたまふ」は、下位の者を主語としたもので、後にこれらの場合には、「たまふる」が用ゐられるやうになつたと推定されるのである（義門『山口栞』中巻）。

うちより仰言ありて、（中宮）「さて雪は今日までありつや」と宣はせたれば、いとねたくくち惜しけれど、（清少）「『年のうち、朔日までだにあらじ』と、人々啓したまへし、昨日の夕暮まではべりしを、いとかしこしとなむ思ひたまふる（下略）」と聞えさせつ（枕草子、職の御曹司におはします頃）

右の文中の、「啓したまへし」は、一本に「啓したまひし」とあるが、「たまふる」の連用形とすれば、「申し上げさせていたゞく」と解することが出来る。

（紀守）「いとかしこき仰言に侍るなり。姉なる人にのたまへ侍らむ」（源氏、帚木）

右の文中の、「のたまへ侍らむ」は、湖月抄本その他には、「のたまひみむ」となつてゐる（『校異源氏物語』巻一、七三頁）。「のたまふ」は、動作の主体を敬ふ語であつて、この場合には、自分自身を敬ふことゝなつて適当でない。「のたまふる」とすれば、「姉なる人に云はせていたゞきませう」の意となる。

三月ばかりにある所にまかりたれば女車に誰そと問ひ侍りしかば内へ参ると云ひ侍りしに宣へし。もゝしきに行く人あらば云々（元輔集）

右の「のたまへし」も同様に、「云はせていたゞいた」の意である。

（7）本居宣長は、「白《マヲシ》といふに、請問《コヒトヒ》給ふ意あり、古書どもに、請字を、まをすと訓む其意なり」（歴朝詔詞解、第六詔）と云つてゐる。「申し子」「申文」「申し受く」などの場合には、そのやうな意味で用ゐられてゐるのであらう。鎌倉時代以後の用法に、「申し達す」「申し渡す」「申し伝へる」のやうに、上より下へ向つて「云ふ」場合に用ゐられるのは、もはや敬語的用法ではなく、「云ふ」の異名的用法として、価値的に選択されたものであらう。今日、「参る」といふ語が、敬語的意味でなく、ただ単に、「行く」の上品な云ひ方として用ゐられてゐるのと同じであると考へてよいであらう。

二　辞

(一) 助動詞

イ　指定の助動詞

に

一　活用形

語＼活用形	未然形	連用形	終止形	連体形	已然形	命令形
に	○	に	○	○	○	○

二　接続

(一)　上への接続

○体言及体言相当格の連体形に附く。

世のためしにもなりぬべき（源氏、桐壺）

御志ひとつの浅からぬに、よろづの罪ゆるさるゝなめりかし（同、夕顔）

日もいと長きに、つれづれなれば（同、若紫）

○動詞の連用形に附く。

かゝる事のおこりにこそ、世も乱れ悪しかりけれと（源氏、桐壺）

(二)　下への接続

○指定の助動詞「あり」を附けて、全体で、一つの指定の助動詞となる。

八月十五夜なり（に—あり）

物心細げなり（に—あり）

風静かなり（に—あり）

○接続助詞「て」「して」を附けて、「にて」「にして」といふ。

風静かにて　　風静かにして

三　用法

指定の助動詞の中で、「に」は、従来、格助詞或は接続助詞として扱はれて来たものであるが、[1]その中に、明かに、助詞と認められるものの外に、助動詞としての陳述性が認められるものがある。ただし、それは、連用形の用法しか持たない。それだけで完結させたり、或は他の助動詞を附ける場合には、指定の助動詞「あり」（別項）を附け、或は介して次のやうに云ふ。この場合、「に」と「あり」との結合した「なり」を、一個の助動詞とみなすことも可能である。

静かなり（静かに‖—あり）
いかなりけむ（いかに‖—あり—けむ）

体言に「に」が附いたものは、零記号の陳述を伴ふ用言に相当する。それに、中止法の場合と、連用修飾語の場合とがある。

風静かに‖、水暖かなり
風涼しく■‖、水清し

右は、中止法の場合で、「に」は、■に相当する。

風静かに吹く
風涼しく■吹く

右は、連用修飾語の場合で、「に」は、形容詞連用形の零記号の陳述に相当する。

尼にそぎたる児《ちご》の、目に髪のおほひたるを、かきはやらで、うちかたぶきて物など見るいとうつくし（枕草子、うつくしき物）

「尼にそぐ」とは、尼の様に髪の末を切り揃へることで、ここは、動詞「そぐ」に対する連用修飾語の用法である。右のやうな、「体言―に」の用法は、用言の連用形に相当する。用言は、一般に陳述を省略するので、右の指定の助動詞「に」は、用言の零記号の陳述に相当するのである。

尼にそぐ
美しく■そぐ

一般に、連用修飾語即ち副詞的用法に立つ語が、時、所を表す場合には、「に」は、時、所を表はす助詞としての用法に転ずる。

白雲に‖、はねうちかはし飛ぶ雁の数さへ見ゆる秋の夜の月（古今集、秋上）

「白雲」は、実在の雲ではなく、大空のことである。[2]

久方の光のどけき春の日に‖、静心なく花の散るらむ（古今集、春下）

九品蓮台の中には‖、下品といふとも（枕草子、御方々、君達）

床の上に‖、夜深き空も見ゆ（源氏、須磨）

右の例は、時、所を表はす語に附いた場合で、助詞として解すべき用法であるが、しかし、また、指定の助動詞としても解し得るところで、これを以て見ても、「に」の助詞と助動詞の用法は、その両端は判然としてゐても、その中間は連続的であることが分るのである。「に」が、用言、助動詞の連体形に附いた場合は、連体形の下に体言が省略されてゐると考へれば、前諸例と同じ関係のものと認めることが出来る。

御志ひとつの浅からぬに、よろづの罪許さるゝなめりかし（源氏、夕顔）

「御志ひとつの浅からぬ（こと）に」の意となる。「女を愛する御心が浅くないので」といふやうに、因果関係として解釈が出来るのは、「に」そのものに、そのやうな意味が寓せられてゐるのではなく、「に」が連用形であるところから、そのやうに解釈出来るのである（第三章文論四項（三）連用形の用法）。

御使の行きかふほどもなきに、なほいぶせさを限りなく宣はせつるを（源氏、桐壺）

右を、「御使が行つて帰つて来る時間も来ないのに」といふやうに、逆接関係で解釈されるのも、それが連用形であるためである。

火あかき方に屏風ひろげて、影ほのかなるにやをら入れ奉る（源氏、空蝉）

うるさきものの、心苦しきにかんの殿も思したり（同、竹河）

右の例は、連用修飾格の陳述を表はす場合である。

秋は夕暮。夕日花やかにさして、山ぎはいと近くなりたるに‖、烏のねどころへ行くとて、三つ四つ二つなど飛びゆくさへあはれなり（枕草子、春は曙）

雪降りこほりなどしたるに‖、申文もてありく四位五位、若やかにこゝちよげなるは、いとたのもしげなり（同、除目のほどなど）

右の例は、連体形の下に、「時」「所」等の語が省略されたものと見れば、「に」は、殆ど助詞として用ゐられてゐると見ることが出来る。

以上のやうに、「に」を、指定の助動詞の連用形と認めることによつて、従来の文法上の取扱ひと相違する点は、

(一)「なり」は、「に」と、別の指定の助動詞「あり」との結合したもので、全体で指定を表はす。

(二)「政治家なり」「あはれなり」の「なり」を、一律に、「に」と「あり」との結合と認めて、これを指定の助動詞とする。従つて、形容動詞を認める必要がない。

(三)「に」が、体言に附く場合と、用言、助動詞の連体形に附く場合とを、同じ原則によつて説明することが出来る。

(四)「に」を、連用形とすることによつて、これを特に接続助詞とする必要が無くなる。

接続は、一般に、連用形の持つ機能だからである。

(五)「に」を、指定の助動詞とすることによつて、「に」の助詞的用法との間に、連関を見出すことが出来る。

(1)「に」については、従来、次のやうな種々な取扱方が見られる。

(一)「立派に」「静かに」を、橋本博士は、「に」で終る副詞とし、「立派なり」「静かなり」は、右の副詞の「に」を去つて、語尾「なり」を附けたものと説明された（『新文典別記』、形容動詞の活用の種類）。右の説明に従へば、「に」は、副詞の構成部分であつて、一品詞としては取扱はれてゐないことになる。

(二)吉澤博士は、右の「立派に」「静かに」の如き「に」を、形容動詞の中止法及び副詞法に用ゐられる活用形であるとされ（「所謂形容動詞について」『国語・国文』二ノ一）、橋本博士も、この説を認めて、形容動詞の連用形に、「なり」と「に」との二つの形があるとされた（「国語の形容動詞について」『橋本博士著作集』第二冊）。国定の『中等文法』は、この説に従つた。

(三)一方、『中等文法』は、右の説を、拡張して、「に」を「なり」とともに、断定の助動詞「なり」の連用形としても認めた（『中等文法』文語、六五頁）。例へば、

実朝は頼朝の子にして鎌倉右大臣といふ歌人なり

の「に」は、「なり」の連用形である。ただし、「静かに」の「に」を、形容動詞の活用形とすることは、(二)の場合と変りはない。

㈣　山田孝雄博士は、「立派に」「静かに」を、副詞「立派」「静か」に、格助詞「に」が附いたものとされた（『日本文法学概論』三七四頁）。例へば、

この器は金製にしてかの器は銀製なり（『同上書』四二〇頁）

の「に」は、格助詞である。㈢の実例と比較してその相違を知ることが出来る。山田博士に従へば、一般に指定の助動詞と云はれる「なり」は、格助詞「に」と、存在詞「あり」との結合であると考へられてゐる。

㈤　用言、助動詞の連体形に附く「に」については、橋本博士は、これを第一種の助詞、即ち格助詞の中に入れられた（『新文典別記』品詞概説㈡）。山田博士は、接続助詞の一つとして扱はれた（『日本文法学概論』五三九頁）。

(2)　あしひきの山の木末《ぬれ》に、白雲に立ち棚引くと我に告げつる（万葉集、三九五七）

大伴家持が、長逝の弟を傷む長歌の終りの句で、この場合の「白雲」は、火葬の煙を云つてゐる場合であるから、「白雲となつて棚引く」意である。「山の木末に」は、煙の棚引く場所を表はす語に附いた「に」であるから、助詞と見るべきである。

一　活用形　の

語＼活用形	未然形	連用形	終止形	連体形	已然形	命令形
の	○	の	○	の	○	○

二　接続

㈠　上への接続

○体言に附く。

帝王の上なき位（源氏、桐壺）

下﨟の更衣たち（同、桐壺）

○形容詞の語幹に附く（形容詞の語幹は、体言と同等に扱ひ得る）。

とほのみかど　心なのこと

○助動詞「む」の連体形に附く（連体形は、体言と同等に扱ひ得る）。

絶えむの心わがもはなくに（万葉集、三〇七一）

㈡　下への接続

○連用形の「の」は、中止形及び連用修飾格としての用法以外には無い。従って、「の」に、他の助動詞が附くことは無い。

三　用法

「の」も、「に」と同様に、従来、専ら助詞として扱はれて来たものであるが[1]、その中に、明かに助詞と認められるものの外に、助動詞としての陳述性が認められるものがある。「の」も、「に」と同様に、極めて限定された活用形しか持たない。

先づ、連用形としての用法について見れば、

鶏が鳴く東の国に、高山はさはにあれども、二神の貴き山の‖、なみ立ちの見がほし山と、神代より人の言ひつぎ、国見する筑波の山を（万葉集、三八二）

右の例文中の問題のところは、次のやうに、分解し得るところである。

二神の貴き山の‖
なみ立ちの見がほし山と ＞ 人の言ひつぎ

即ち、「の」は、「二神の貴き山」が、述語「言ひつぐ」の連用修飾格であることを表はす点で、前項の「に」の連用形と同じである。なほ、次の例と対比して、その類似を知るべき

である。

まして情あり、好ましき人に知られたるなどは、愚かなりと思ふべくももてなさずかし（枕草子、はづかしきもの）

前の例が、「二神の尊い山だと人が語り伝へ」と口訳することが出来るならば、この例も、「好ましい人だと世に知られてゐる男は」と解することが出来るのである。前例中の「の」が、「に」に通ずるやうに、同時に、それは、「なみ立ちの見がほし山と」の「と」とも相通ずることが分るので、「の」「に」「と」が、極めて近い意味を持つてゐることは、次の例文によつて知ることが出来る。

山吹のにほへる妹がはねず色の赤裳の姿夢に見えつつ（万葉集、二七八六）
玉ぼこの道来る人の泣く涙、ひさめに降れば（同、二二三〇）
あしひきの山べをさして、くらやみと隠りましぬれ（同、四六〇）

以上は、連用形の用法の中、連用修飾的陳述に用ゐられた「の」の例であるが、次に、連用中止法の場合については、

国の親となりて、帝王の上なき位にのぼるべき相おはします人の、そなたにて見れば、乱れ憂ふる事やあらむ（源氏、桐壺）

やをら入り給ふとすれど、皆しづまれる夜の、御衣のけはひ、やはらかなるしも、いとしるかりけり（同、空蟬）

乱りがはしき事の、さすがに目ざめてかど〳〵しきぞかし（同、若菜上）

右の諸例は、皆、「の」で中止して、「上なき位にのぼるべき相おはします人なれど」「皆しづまれる夜なれば」「乱りがはしき事なれど」の意で、下に続いて行く形である。これを、次のやうな「に」の用法と比較することが出来る。

帝、かしこき御心に、倭相をおほせて、思しよりにける筋なれば、今までこの君を、親王にもなさせ給はざりけるを（源氏、桐壺）

うちつけに、深からぬ心のほどと見給ふらむ（同、帚木）

「に」が、時、所を表はす語に附いた場合、それが助詞としての用法に転ずることは、既に述べたことであるが、「の」についても同様なことが云へるのである。

かの一条の宮（柏木北方落葉宮）をも、このほどの‖、御志深く訪ひ聞え給ふ（源氏、横笛）

夕霧が、柏木の死後、その北方を訪問することを云つたところであるが、「このほどの」は、「御志」の修飾語として懸るのではなく、「訪ひ聞え給ふ」の連用修飾語として用ゐられてゐる。この用法は、既に例示した、連用形中止法の次の用例と、極めて近いものであることは明かである。

やをら入り給ふとすれど、皆しづまれる夜の‖、御衣のけはひ、やはらかなるしも、いとしるかりけり（源氏、空蟬）

右の用法が、一段進めば、次のやうな、時、所を表はす助詞的用法に転ずると見ることが出来る。

うち〳〵のさるべき物語などのついでにも、『古への‖、憂はしき事ありてなむ』など、うちかすめ申さるゝ折は侍らずなむ（源氏、若菜上）

右の「古への」は、一本には、ただ「いにしへ」とのみあつて、この「の」が、時を表はす格助詞として用ゐられたことが分るのである。以上のやうな「の」の用法が、許されるとするならば、

古之《イニシヘノ》、益荒をのこの相きほひ、妻問ひしけむ葦の屋のうなひ処女の奥つ城を、わが立ち見れば（万葉集、一八〇一）

古乃《イニシヘノ》、しぬだをとこの妻問ひし、うなひ処女のおくつきどころ（同、一八〇二）

における「いにしへの」も同様に、連体修飾語としてではなく、連用形の用法で、「の」は時を表はす助詞的用法と見ることが出来る。

さほ山の‖、はゝその色は薄けれど、秋は深くもなりにけるかな（古今集、秋下）

ありあけの‖、[2]つれなく見えしわかれより暁ばかり憂きものはなし（同、恋三）

秋の夜の‖、露をば露とおきながら、雁の涙や野辺をそむらむ（同、秋下）

なごの海の‖、[3]霞の間より眺むれば、入る日を洗ふ沖つ白波（新古今集、春上）

春の夜の‖、夢の浮橋と絶えして峯にわかるゝ横雲の空（同、春上）

照りもせず曇りもはてぬ春の夜の[4]朧月夜にしくものぞなき（同、春上）

右の諸例は、連用形の「の」として解釈し得るものを挙げてみたのである。

次に、「の」の連体形の用法であるが、

世になく清らなる、玉の男御子さへ生まれ給ひぬ（源氏、桐壺）

聞くごとに心動きてうち歎き、あはれの鳥と言はぬ時なし（万葉集、四〇八九）

右の例文中の「の」は、「玉」或は「あはれ」が、下の体言「男」或は「鳥」の連体修飾語になつてゐることを表はす。そして、この「の」が附いたものは、他の語との接続関係において、用言或は助動詞の連体形と同様であるところから、これを指定の助動詞の連体形と認めるのである。

玉の男御子

清らなる男御子

美しき■男御子

あはれの鳥
あはれなる鳥
鳴く■鳥

また、「の」が附いた語が、それだけで体言の資格を持つことも、他の連体形の場合と同じである。

これはあひなし。はじめのをばおきて、今のをばかき棄てよ（枕草子、職の御曹司におはします頃）
遊ばすよりなつかしさまさるは、いづこのか侍らむ（源氏、明石）
あはれなる古言ども、唐のも、やまとのも書きけがしつゝ、草にも、真名にも、さま〴〵珍らしきさまに書きまぜ給へり（同、葵）

の如き用法は、

春雨の降るは涙か、桜花散るを惜しまぬ人しなければ（古今集、春下）
弱きを助けて、強きを挫く

における連体形と対比して、次のやうに図解することが出来る。

はじめ（体言）の‖（「はじめのもの」の意）　今（体言）の‖（「今のもの」の意）

降る（体言）■‖（「降ること」の意）　弱き（体言）■‖（「弱きもの」の意）

上に述べて来た、連体形の「の」に類似したものに、助詞「が」がある。

妹が‖袖　　梅が‖枝　　わが‖心

しかしながら、「の」が、その接続機能において、指定の助動詞「なる」及び用言、助動詞の連体形と同じ資格を持つのに対して、「が」には、そのやうなことがない。「が」を助詞として、「の」を助動詞とする所以である。(5)

(1)　「の」については、従来次のやうな種々な取扱方が見られる。

(一)　「月の‖光」「玉の‖御子」「あはれの‖こと」における「の」について、橋本博士は、『新文典』上級用には、第一種の助詞、即ち主として体言に附くものの中に入れられた。国定教科書『中等文法』は、これに従つた。同博士は、また、右の「の」が体言を修飾する関係から、これを準副体助詞と呼ばれた（『国語法要説』『橋本博士著作集』第二冊、七五頁）。山田孝雄博士は、右の如き「の」を、格助詞の中に入れられた（『日本文法学概論』四〇六頁）。

(二)「初めのをば」、「唐のも、大和のも」の如き「の」については、橋本博士は、前項の「の」とは別のものと見、体言と同じ資格あるものとして、これを準体助詞と呼ばれた（『国語法要説』『橋本博士著作集』第二冊、七二頁）。山田博士は、格助詞としての用法の特例と見られた。

(三)「月の明かなる夜」の「の」については、橋本博士は、前項同様、第一種の助詞の中に入れ、主語を表はす為に用ゐたものとされた。山田博士は、格助詞としての一用法とされた（『日本文法学概論』四〇九頁）。本書では、右の如き「の」は、これを助詞の中に入れた。

(四) 本書の本項で、特に力説した助動詞としての「の」については、山田博士は、格助詞の用法中、「体言に附属して、同じ趣の語を重ね示すに用ゐらる」ものとされた（『日本文法学概論』四一〇頁）。

(五) 本書においては、主格に附く「の」以外は、すべて、指定の助動詞の連体形として、これを説いた。しかしながら、「玉のうてな」「雨の夜」の如き、純然たる修飾語に附いたものに対して、「峯の紅葉」「几帳のかたびら」の如き、所有関係を示すものを、所有格を表はす助詞と認むべきかとも考へられるが、今は、これを区別せず、一律に、指定の助動詞の連体形として説いた。山田博士も、この二つのものを、格助詞の用法の中に収め、その相違を、「上下二の体言の関係上より生じたるもの」とされた（『日本文法学概論』四〇八頁）。

(2)「ありあけのつれなく見えし」を、宣長は、ありあけの月の素知らぬ様子の意味に解し、それに引きかへ、我が身は、帰らねばならぬ残惜しさを云つたものと解したのは（『古今集遠鏡』四）、「の」を、主語を表はすものとしたところから来てゐる。もし、そのやうに解すれば、この歌の編次にも合はず、「ありあけ」の語義用法にも合はない。ここは、あはぬ恋を連ねたところで、「つれなし」は、女について云つたものと見なければならない。そのやうに解するためには、「ありあけの」で切つて、女とあはずして別れた時を提示したものと見なければならない。

（3）「なごのうみの」について、宣長が、「初句のもじ、やとあるべき歌なり」と云つてゐるのは、この初句を、第二句に続けて解釈しないことを云つたものと見ることが出来る。

（4）一般には、「春の夜の朧月夜」と続けて、解釈してゐる。今、「春の夜の」として切れば、春の夜において、他に種々の好ましいもののある中で、朧月が最も優つてゐるといふ意になり、上三句は、環境を提示したことになり、その構想において、次の歌とひとしくなる。

見渡せば、山もと霞む水無瀬川、夕べは秋となに思ひけむ（新古今集、春上）

（5）山田博士は、「『わが』にて下なる体言を領有せるものあり」として、次のやうな例を挙げられた。

みてぐらはわがにはあらず、あめにますとよをかひめのみやのみてぐら（拾、神楽『平安朝文法史』初版一一頁、昭和二七年版一一頁）

此歌ある人いはく大伴黒主がなり（古、雑、上『同上書』初版三二五頁、二七年版三〇〇頁）

右のがは、「の」の連体形体言格に相当するのであるが、このやうな用例は比較的少く、「の」のやうに、連用修飾法或は連用中止法の用法を持つことが無い。

一　活用形　と

語＼活用形	未然形	連用形	終止形	連体形	已然形	命令形
と	○	と	○	○	○	○

二　接続

(一) 上への接続

○体言に附く。

雪と‖降りけむ（万葉集、三九〇六）

親兄弟と‖むつび聞え（源氏、玉鬘）

○いはゆる形容動詞の語幹に附く（形容動詞の語幹は、体言と同等に扱ひ得る）。

堂々と‖

泰然と‖

○用言、助動詞の終止形に附く。

たらし姫神のみことの魚《な》釣らすと‖みたたしせりし（万葉集、八六九）

主人も肴求むと‖こゆるぎのいそぎありくほど（源氏、帚木）

○上に来る詞を省略して次のやうに云ふことがある。

とあれば

(二)　下への接続

○指定の助動詞「あり」を附ける。

人とあらず

その事とあれば

○接続助詞「て」「して」を附ける。

とて、として

「と」も、従来、専ら格助詞或は接続助詞の一つとして説かれて来たものである。[1]「と」も、「に」と同様に、不完全な活用形を持つもので、他の助動詞が附いたり、或は完結させるためには、「あり」を介して、次のやうに云ふ。

人とあり

人とあるべし

「と」は、「に」と性質が似てゐて、相互に入れ替へることが出来る場合がある。

あはれに覚ゆ

あはれと覚ゆ

高天原に千木高知り

現御神と大八嶋国知らしめす

「に」或は「の」(連用形)の附いたものが用言の連用形に相当するやうに、「と」の附いたものも、また、用言の連用形と同じ機能を持つ。その際、「と」は、用言の零記号の陳述に相当する。

あをによし奈良の都の佐保川に、い行き至りて我が寝たる衣の上ゆ朝月夜さやに見ゆれば、栲の穂に夜の霜降り、磐床と川の水凝り、寒き夜を息ふことなく通ひつゝ作れる家に
(万葉集、七九)

右は、奈良の新都営造に参加した工人の述懐であるが、右の長歌中の「に」及び「と」は、次のやうに対句をなし、両者全く同じ機能のものであることが分る。

栲の穂に夜の霜降り

磐床と川の水凝り

これを、形容詞の連用形に置き代へて見るならば、次のやうに云ふことが出来る。

白く■夜の霜降り

堅く■川の水凝り

更に、「の」の用法を、これに対比するならば、

朝日照る佐太の岡辺に鳴く鳥の夜泣きかへらふ、この年頃を（万葉集、一九二）

見れど飽かぬいましし君が、もみち葉のうつりいぬれば悲しくもあるか（同、四五九）

の如く、「に」「と」「の」及び用言の零記号の陳述が、皆同一の性質のものであることが分るのである。

以上述べて来たことは、「と」の連用修飾的用法についてであるが、連用中止法の用法と

しては、

わがせこを大和へやると、さ夜ふけてあかとき露にわが立ちぬれし（万葉集、一〇五）

むささびは、木ぬれ求むと、あしひきの山の猟夫《さつを》にあひにけるかも（同、二六七）

穂にも出でぬ山田をもると、ふぢ衣稲葉の露にぬれぬ日はなし（古今集、秋下）

これは、次の「に」の用法に相当するものである。

夜はすがらに、いも寝ずに妹に恋ふるに生けるすべなし（万葉集、三二九七）

うち日さす宮路を行くに、我が裳は破《や》れぬ、玉の緒の思ひ乱れて家にあらましを（同、一二八〇）

「に」は用言の連体形に附くのに対して、「と」は、終止形に附く（時代が降るに従つて、連体形に附くやうになる）。その場合、「に」が附く語が体言或は体言相当格であるやうに、「と」が附く語も、同様に、体言或は体言相当格とみなされる。従つて、

親はらからと睦び聞え給ふ人々の御様、かたちよりはじめ（源氏、玉鬘）

はかなき心地に煩ひて、まかでなむとし給ふを、いとまさらに許させ給はず（同、桐壺）

において、「親はらからと」は「まかでなむと」と同じ機能において下の述語にかゝる。また、それが、用言の連用形の連用修飾的用法とも通ずることは既に述べた。

「限あらむ道にも、『後れ先立たじ』と契らせ給ひけるを、さりとも、うち捨てては、え行きやらじ」と宣はするを（源氏、桐壺）

右の例文中の二つの「と」は、ともに、引用句を受けるところの「と」であるが、元来引用句は、他者の言葉を写したもので、それは次のやうな云ひ方と別ものではない。

（蓑虫）、ちゝよ〳〵とはかなげに鳴く（枕草子、虫は）

木の葉、さら〳〵と鳴る

右の「ちゝよ〳〵と」「さら〳〵と」の「と」を、体言「ちゝよ〳〵」「さら〳〵」に附いて、連用修飾的陳述を表はすものとするならば、引用句に附いて、「『……』と」のやうに用ゐられた場合も、これに準じて理解することが出来るのである。

「と」について、二三の注意すべき点を、左に列挙しようと思ふ。

「と」の連用中止法については、既に述べたが、一般には次のやうな云ひかたが行はれてゐる。

「とて」の用法。(2)「と」に接続助詞「て」が附いたもので、「にて」に相当する。「とて」は、今日の語感では、「と云つて」の意味に解せられる語であるが、この語の成立から云つても、必ずしもさうではなく、指定の助動詞に「て」の加つたものと理解されるのである。

烏のねどころへゆくとて、三つ四つ二つなど飛びゆくさへあはれなり（枕草子、春は曙）

「と」が受けるものを、体言相当格と見れば、「烏のねどころへ行くことにて」或は「行くので」と同じものと見ることが出来る。次の例も同じである。

修法など、また〳〵始むべきことなど、掟て宣はせて、出で給ふとて、惟光に紙燭召して（源氏、夕顔）

大臣、人かう謗るとて返し送らむも、いと軽々しく物狂ほしきやうなり（同、常夏）

「として」の用法。「と」に、サ変動詞「す」の連用形が附き、更に接続助詞「て」が附いたものであるが、この場合の「す」は「為」の意味を表はす詞としてではなく、指定の助動詞「あり」に相当する意味において用ゐられたものである。従つて、「として」は、指定の助動詞の累加したものと見るべきで、「とて」或は「にて」「にして」は、相通ずるものと見ることが出来る。

母屋の几帳のかたびら引き上げて、いとやをら入り給ふとすれど、皆しづまれる夜の、御衣のけはひやはらかなるしも、いとしるかりけり（源氏、空蟬）

右は、「として」の已然形の場合であるが、ここでは、「す」が「為」の意味で用ゐられてゐる。次の例、

髪は扇をひろげたるやうにゆら〳〵として、顔はいと赤くすりなして立てり（源氏、若紫）

先祖《とほつおや》の大臣止之天仕奉りし位、名を継がむと思ひてある人なりと（宣命、第二八）

においては、その意味は、「ゆらゆらと」「遠つ親の大臣と」と同じことになる。

「とあり」「となし」の用法。この場合の「あり」「なし」は、助動詞であつて、指定及び

打消を表はす。従つて、「とあり」は、「にあり」（なり）に、「となし」は、「とあらず」「にあらず」（ならず）に相当する。

しかとあらぬ鬚かき撫でて（万葉集、八九二）

八百よろづ神もあはれと思ふらむ、をかせる罪のそれとなければ（源氏、須磨）

ほととぎす、我とはなしに、卯の花の憂き世の中に鳴き渡るらむ（古今集、夏）

右の例文中の「それとなければ」は、「それにあらねば」の意。「犯した罪が大きくないから」の意となる。「我とはなし」は、「我にあらずして」の意である。

詞を伴はない「と」の用法。「と」は一般に、詞に附いて用ゐられるのであるが、上に来る詞を省略して次のやうに云ふことがある。

とあればかかり、あふさきるさにて、なのめにさてもありぬべき人の少なきを（源氏、帚木）

戸放ちつる童も、そなたに入りて臥しぬれば、とばかりそら寝して（同、空蟬）

右のやうな場合は、上に来る詞に相当する語を想定して、「これこれであれば」といふ意味になるのである。

(1)「と」については、従来、次のやうな種々な取扱方が見られる。

㈠「悠々と」「判然と」を、橋本博士は、「と」で終る副詞とし、「悠々たり」「判然たり」は、右の副詞の「と」の代りに、「たり」を附けたものと説明された（『新文典別記』形容動詞の活用の種類）。右の説明に従へば、「と」は副詞の構成部分として見られたので、一品詞としては取扱はれてゐないことになる。

㈡吉澤博士は、右の「悠々と」「判然と」の如き「と」を、形容動詞の中止法及び副詞法に用ゐられる活用形であるとされ（「所謂形容動詞について」『国語・国文』二ノ一）、橋本博士も、この説を認めて、形容動詞の連用形に、「たり」と「と」の二つの形があるとされた（「国語の形容動詞について」『橋本博士著作集』第二冊）。国定の『中等文法』は、この説に従つた。

㈢一方、『中等文法』は、右の説を、拡張して、「と」を、「たり」とともに、断定の助動詞「たり」の連用形としても認めた（『中等文法』、文語、六六頁）。例へば、

人と‖しての道を尽すべし

の「と」は、「たり」の連用形である。ただし、「悠然と」の「と」を、形容動詞の活用形とすることは、㈡の場合と変りはない。

㈣山田博士は、「と」の用法の大部分を格助詞として説明された（『日本文法学概論』四二三頁）。その中には、

月と花とを賞す
父と語る
雀海中に入りて蛤となる
雪とあざむく
「死にし子顔よかりき」といふ様もあり
しづしづと歩む

(五)「絵にかくと(或はとも)、筆も及ばじ」の如き「と」「とも」を、山田博士は、接続助詞の一つとして扱はれた(『日本文法学概論』五三五頁)。

(2)「とて」の「て」を、接続助詞とするならば、「て」は、一般に、用言(厳密に云へば、用言の陳述)に附くのであるから、「と」を、指定の助動詞とすれば、一貫した理論で説明出来るのであるが、「と」を格助詞とすれば、「て」に、極めて変則的な接続を認めなければならないことになる。「に」に「て」が附いて、「にて」で助詞として用ゐられる場合は、指定の助動詞「に」に、「て」が附いて、「にて」と熟合したものが、助詞として用ゐられるやうになつたので、格助詞「に」に、「て」が附いたものではないのである。

ありⓘ

一　活用形

活用形／語	未然形	連用形	終止形	連体形	已然形	命令形
あり	あら	あり	あり	ある	あれ	あれ

二　接　続

(一)　上への接続

○形容詞、形容詞と同じやうに活用する助動詞、打消の助動詞「ず」の連用形に附く。

美しかりき（美しく—あり—き）

行くべかりき（行くべく—あり—き）

行かざりけり（行かず—あり—けり）

○助動詞「に」「と」と結合して、「なり」「たり」となる。

○上に来る語を省略して、「あらず」「ありつる」などと云ふ。

○助詞「て」、動詞「来《き》」と結合して、助動詞「たり」「けり」を作る。

(二)　下への接続

○広く種々な助詞、助動詞が附く。

三　用法

従来、専ら動詞として、或は存在詞（山田孝雄『日本文法学概論』）としてのみ説かれて来たものであるが、(1)それらの「あり」の中で、陳述を表はすものを、助動詞として分立させたものである。

先づ、次の例、

昔、男ありけり

の「あり」は、存在を表はす詞であるから、ここでは問題でない。

山高からず

右は、外形上は、「あり」を分離することの出来ない融合した形であるが、一方、「山高くはあらず」「山高くもあらず」と対比する時、「山高からず」は、「山高く—あらず」の融合した形と認められる。「山高からず」の中に埋没したこの「あり」は、もはや、詞としての「あり」ではなく、陳述を表現するものと考へなくてはならない。更に、この「あり」は、「山高し」を打消に云ふ場合に、形容詞「高し」と、打消助動詞「ず」とを結合させるために、その中間に挿入された、一種のつなぎの助動詞と見ることが出来るのである。これは、形容詞と助動詞との結合においてばかりでなく、助動詞と助動詞との結合においても云はれることである。

行かざるべし（行かず―ある‖―べし）
流るまじかりけり（流るまじく―あり‖―けり）

「あり」は、また、指定の助動詞「に」「と」を、完結させ、或は他の助動詞に続けるために、そのつなぎ或は媒介として用ゐられる。[2]

あはれなり（あはれに‖―あり‖）
悠然たり（悠然と‖―あり‖）
静かならむ（静かに‖―あら‖―む‖）
判然たるべし（判然と‖―ある‖―べし‖）

「あり」を指定の助動詞とし、「に」「と」を指定の助動詞と立てることによつて、「に」と「あり」、「と」と「あり」との結合した「なり」「たり」も、また、それぞれ一個の指定の助動詞と認めることが出来ることとなつた。ここにおいて、従来、形容動詞として説かれて来た「静かなり」「判然たり」は、それぞれ、体言「静か」「判然」に、指定の助動詞「なり」「たり」の附いたものとして説明されることになるのである（『口語篇』第二章三「いはゆる形容動詞の取扱ひ方」参照）。

助動詞「あり」は、また、代名詞「さ」「かく」と結合して、接続詞「されば」「かかれば」を作る。また、「うたて」に附いて、「うたてあり」となる。右の「さ」「かく」「うたて」等の語は、体言に所属する語であるが、一般に連用修飾語としてのみ用ゐられる語であるために、助動詞「あり」が直結するものと考へられる。

助動詞「あり」は、命令形を持つてゐるので、それが附く語に命令の意味を与へることが出来る。

さりとも、あこは、わが子にてをあれ‖よ（源氏、帚木）

右の「わが子にてをあれよ」は、指定の助動詞「に」に、接続助詞「て」が附いたもので、「を」は感動助詞で強意を表はすのであるから、もしこの文を、普通の叙述で完結させるとすれば、

わが子にてあり　或は、　わが子にあり（わが子なり）

といふべきところであるが、助動詞「あり」の命令形によつて、命令の意を表はしたものである（私の子であつてお呉れの意）。「あれ」の打消、即ち、禁止には、打消助動詞の「ず」に、「あれ」を附けた「ずあれ」「ざれ」がある。

善を以て衆生を化して　非法には順ふことなかれ。寧ろ身命をば捨つとも　非法の友には随はずあれ（「金光明最勝王経」春日政治博士の訓読に従ふ）

右例文中で、「ずあれ」の対句になつてゐる「なかれ」は、「順ふことなし」と用ゐられた形容詞の「なし」の連用形に、助動詞の「あり」の命令形が附いたもので、「存在せざれ」の意味で、全体が禁止の云ひ廻しになるので、「なかれ」自身は、禁止の助動詞とは云ふことが出来ないものである。

助動詞「あり」が附いて出来た助動詞に、「なり」「たり」「けり」「り」等がある。「あり」は、元来、動詞「あり」から転成した助動詞であるために、過渡的には、「……シテヰル」といふ動詞的意味で用ゐられる場合があることは、それぞれの助動詞の項で述べることとする。

助動詞「あり」は、常に詞に附いて陳述を表はすのが例であるが、屢〻、上に来る詞を省略して、次のやうに云ふことがある。

‖ありつる小袿を、さすがに御衣の下に引き入れて、大殿ごもれり（源氏、空蟬）

右の「あり」は、存在の意味ではなく、詞である動詞形容詞が、上に省略されたものと見なければならない。即ち、この記述の前に、空蟬が脱ぎ捨てゝ行つた薄衣を取つて、源氏が立出でたことが書かれてゐるので、それを繰返すことを省略して、ただ陳述だけで、それを理解させようとする云ひ方である。現代語で、「これこれだつた」と云ふところである。現代語において、陳述だけで、前を受ける云ひ方は、

雨が降つてゐる
‖だつたら、傘を持つておいで

の「だ」がそれである。委しくは、「雨が降つてゐるなら」「それだつたら」と云ふべきところである。

御畳紙に、いたうあらぬさまに書きかへ給ひて、

「よりてこそそれかとも見めたそがれに、ほの〴〵見つる夕がほの花」

ありつる御随身してつかはす（源氏、夕顔）

同じ人ながらも、心ざしうせぬるは、まことにあらぬ人とぞおぼゆるかし（枕草子、たとしへなきもの）

以上のやうな「あり」が、打消の「ず」「じ」と結合して、単独に用ゐられると、助動詞から、感動詞に転じて、「然らず」「いゝえ」の意味になる。

怪しうかればみたるものの声にて、「さぶらはむはいかが」とあまたたび云ふ声に、おどろきて見れば、几帳のうしろに立てたる灯台の光もあらはなり（中略）。「あれは誰ぞ。けそうに」と云へば、「あらず。家あるじ、局あるじと定め申すべきことのはべるなり」と云へば（枕草子、大進生昌が家に）

右は、清少納言の局の女房たちが、「あれは誰か、あらはなことよ」と咎めたのに対する生昌の否定的な応答の言葉で、「いやいや」「然らず」の意味である。

語らふべき戸口もさしてければ、うち嘆きて、なほ、あらじに、弘徽殿の細殿に立寄り給へれば、三の口あきたり（源氏、花宴）

源氏が、弘徽殿の細殿で、朧月夜に会ふ場面であるが、「あらじ」は、ここは、源氏の気持ちを表はした引用句と見ることが出来る。局の戸口は皆閉つてゐる。こんな筈はないのだがと云ふ意味で、それを指定の助動詞「に」で受けてゐるので、「あらじ」は、体言相当格と見るべきである。

(1)　助動詞の「あり」は、従来、次のやうに取扱はれて来た。

(一)「白くあらず」「苦しくあらず」のやうに、明かに「あり」の形が現れてゐるものについては、橋本博士は、これを、独立した動詞が補助的に用ゐられたものとして、補助用言或は補助動詞と呼ばれた（『国語の形容動詞について』『橋本博士著作集』第二冊、一〇〇頁）。

(二)「白からず」「苦しからず」のやうに、「あり」が合併して分ち難くなつたものについては、これを形容詞の補助活用と呼ばれた（『同上書』九九頁）。助動詞「ず」に対する「ざり」、「べし」に対する「べかり」も同じ意味において、補助活用と呼ばれた。

(三)「静かなり」「判然たり」の「なり」「たり」については、橋本博士は、これを「あり」とは関係づけず、形容動詞の語尾であるとされた（『同上書』一一二頁）。

(四)山田孝雄博士は、「あり」を存在詞として、その中に、二つのものを区別された。一は、存在を示すものであり、二は陳述の義のみを表はすものである。これが、本『文語篇』における詞としての「あり」、辞としての「あり」に相当するものであるけれども、山田文法においては、詞と辞との別を根本の分類基準とはされてゐないので、終始、これを一括して、存在詞として説かれた。従つて、「あり」から派生した「はべり」「けり」「せり」「てり」「めり」「れり」「なり」「たり」等の語も、形容存在詞、説明存在詞と区別されてはゐるが、根本において、存在詞の範囲を出ないこととなつた（『日本文法学概論』二七〇頁以下）。

（2）　助動詞「あり」が、用言と助動詞、助動詞と助動詞の接続に用ゐられる媒介としての性質を持つものであることは、既に、橋本博士によつて、この語が附いた「美しかり」「行かざり」の如きを、形容詞或は打消助動詞の補助活用であると云はれ、また、「美しくもあり」「行かずはあるべからず」の如き「あり」を、補助用言であると云はれたことにも、うかがへるのであるが、それを、どこまでも動詞の用法と考へて、助動詞として定位しなかつたところに、不徹底なところがあつた。この「あり」を、動詞或は動詞的なものと考へるかぎり、文法的操作と解釈とを対応させることは出来ないのである。

接続の媒介として、「あり」を用ゐるといふことは、語によつても、また時代によつても一定してゐない。例へば、打消と推量との接続には、「花咲かざらむ」（咲かず—あら—む）のやうに「あり」を用ゐるが、完了と推量との接続には、「花咲きつべし」のやうに、「つ」「べし」は、直接に結びつく。また、打消と完了との接続は、「咲かざりけり」（咲かず—あり—けり）のやうに「あり」を媒介とするのが普通であるが、「咲かずけり」といふやうに、直接に結びつく云ひ方が万葉集に見えてゐる。形容詞に、推量が附く場合には、「美しからむ」（美しく—あら—む）のやうに、「あり」を媒介とするのであるが、古い語法としては、「安けむ」「遠けむ」のやうに、「け」といふ語尾に直結することがあつた。同様なことが、「べし」と「む」との接続にもあつて、「べからむ」（べく—あら—む）と云ふところを、「べけむ」とも云つた。

なり

一　活用形

語＼活用形	未然形	連用形	終止形	連体形	已然形	命令形
なり	なら	なり	なり	なる	なれ	なれ

二　接　続

○体言及び体言相当格の用言、助動詞の連体形に附く。

○いはゆる形容動詞の語幹に附く（形容動詞の語幹は、体言と同等に取扱ひ得る）。

静かなり

艶なり

三　用　法

「なり」は、「たり」とともに、従来、指定の助動詞とされて来たものの一つである。成立は、指定の助動詞「に」に、同じく指定の助動詞「あり」の結合したものであるが、「なり」と「にあり」とは、共時的に存在する一つの指定の助動詞の、異なつた現れ方と見なければならない。

天の下の君とまして、年の緒長く皇后いまさざることも、一つの善からぬ行《ワザ》爾在《アリ》（宣命、第七）

乾政官の大臣には、敢へて仕へ奉るべき人無き時は、空しく置きてある官爾阿利（同、第二六）

いかにある布勢の浦ぞも、ここだくに君が見せむと我をとゞむる（万葉集、四〇三六）

右の例は、すべて、「行なり」「いかなる」「官なり」と同じものと見るべきである。「にあり」の「に」は、体言或は用言の連体形に附くのであるから、「なり」も当然、体言か、用言の連体形に附く。その点、推量の「なり」と相違する。

「なり」は、「に」と「あり」との結合で、その「あり」は、動詞「あり」（「有」「在」の意味）から転成したものであるために、「なり」が、「に在り」の意味か、助動詞として指定、判断を表はしたものであるか、決定し難いやうな場合がある。

五条わたりなる家たづねておはしたり（源氏、夕顔）

この西なる家には、なに人の住むぞ（同、夕顔）

その家なりける下人の病ひしけるが、俄にえ生きあへでなくなりにけるを（同、夕顔）

右の諸例は、「に在り」の意味に解せられるが、

人して惟光召させて、待たせ給ひけるほど、むつかしげなる大路の様を見渡し給へるに（同、夕顔）

やをら、起き出でて、生絹《すゞし》なるひとへ一つを着て、すべり出でにけり（同、空蟬）

においては、「に在り」では解せられないもので、指定の助動詞としてしか解することが出来ない。また、

近き御厨子なる、色々の紙なる文どもを引き出でて（源氏、帚木）

においては、上の「なる」は、「に在る」でも解せられるが、下の「なる」は指定の助動詞である。そして、後の「なる」は、修飾的陳述を表はす「の」と殆ど同じ意味で用ゐられたものと推定されるのである。

吉野爾有《ナル》夏実の河の川淀に、鴨ぞ鳴くなる山かげにして（万葉集、三七五）

駿河有《ナル》富士の高嶺を、天の原ふりさけ見れば（同、三一七）

右の附訓の「なる」は、その用字法から見れば、「に在る」の意味に用ゐられたものと考へられるが、

うつそみの人爾有《ナル》我や、明日よりは二上山をいろせと我が見む（万葉集、一六五）

さきはひの何有《イカナル》人か黒髪の白くなるまで妹が声を聞く（同、一四一一）

右の例に従へば、必ずしも、「に在る」の意味で用ゐられたとも断定し難いやうである。

人を思ふ心は、我にあらねばや、身のまどふだに知られざるらむ（古今集、恋二）

右の「にあり」を、「なり」と同じものと見るか、或は「に在り」と見るかによつて解釈が分れて来る。宣長は、「我が心にあらず」の意味に解してゐるが（契沖『古今余材抄』も同じ）、金子元臣は、『評釈』において、「我に在らず」の意味に解した。しかしながら、

かいさぐり給ふに、息もせず。引き動かし給へど、なよ〳〵として我にもあらぬ様なれば（源氏、夕顔）

正身は、ただわれにもあらず、恥かしくつゝましきより外の事またなければ（同、末摘花）

の用例に従へば、気の顛倒して、自意識を失つた状態、即ち「我でない」の意味に解さなければならない。宣長が、「我が心にあらず」の意味にとつたのは、上の「心」の語に引かれたためであらう。

たり

一　活用形

語＼活用形	未然形	連用形	終止形	連体形	已然形	命令形
たり	たら	たり	たり	たる	たれ	たれ

二　接続

○体言に附く。

三　用　法

「たり」は、指定の助動詞「と」と「あり」との結合したもので、「と」が体言に附くと同様に「たり」も体言に附く。接続助詞「て」と「あり」との結合した「たり」（完了の助動詞）は、動詞の連用形に附いて、これとは別である。

「たり」は、「と」と「あり」との結合であるから、「たり」は、常に、「とあり」と平行して考へる必要がある。

是に由りて、其の母《止在須》藤原夫人を皇后と定め給ふ（宣命、第七）

「母と在す」は、「母といます」と訓むべきところで、「います」は、詞としての敬語で、「其の母でいらつしやる」の意味である。この用法は、

君は慈をもちて天下の政は行ひ給ふ物《爾伊麻世波》なも（宣命、第四四）

右の「にいませば」に相当するもので、「に」は「と」と同様に、指定の助動詞である。

なか〳〵に人とあらずは、酒つぼに成りてしがも酒に染みなむ（万葉集、三四三）

世の中は空しきものとあらむとぞ、この照る月は満ち闕けしける（同、四四二）

においては、「と」も「あり」も指定の助動詞で、「人とあらず」は「人にあらず」「人でなく」の意となる。ここに漢文訓読に屢〻見られる「たり」の出て来る根拠が考へられる。

曲終王子啓聖人、臣父願為《タラム》唐外臣（古典保存会複製、神田喜一郎蔵「白氏文集」巻三）

野草芳菲《タリ》　紅錦地　遊糸繚乱《タリ》　碧羅天（岩波文庫、山田孝雄校「倭漢朗詠集」春興）

また、漢文訓読調の系統に属するものに

其間山館ニ臥テ露ヨリ出テ、暁ノ望蕭々タリ、水沢ニ宿シテ風ヨリ立ツ、夕ノ懐悠々タリ

（岩波文庫、玉井幸助校、前田家蔵「海道記」）

ただし、一方、「とあり」といふ形も、これに平行して行はれたと見られるのである。

我レ昔シ前ノ世ニ此里ノ中ニ有テ女ノ身ヲ受テ人ノ妻ト有リキ（今昔物語）

汝ヂ偏ニ法華経ヲ持テ濁世ニ法ヲ護ル人ト有リ（同）

今ハ昔、在原業平中将トイフ人アリケリ。（中略）モトヨリ得意トアリケル人一両人ヲ伴ヒテ、道知レル人モナクテ惑ヒ行キケリ（同）

聖人此ニ住給ハヲノレハ守リ奉ル身トアルベシト（古典保存会複製、山口光圓蔵「打聞集」）

す　附　いふ　の助動詞的用法

「す」（為）は、元来、サ行変格活用の動詞で、行為の概念を表はす動詞であるが、ある場合に、指定の助動詞と同じやうに用ゐられることがある。

先づ、動詞としての用法を見る。

軽んず　なみす　勉強す　読書す

等の「す」は、動詞「為《す》」の本来の意味で用ゐられたものであるが、

心地す　音す　涙す　共通す　貧乏す

は、動作或は作用を表はすよりも、物の現象或は状態を云ふに近くなる。このやうな用法が、一歩転ずれば、

先祖乃大臣止之天仕奉之（宣命、第二八）
いかにすることならむとふるはれ給へど（源氏、若紫）
吉野なる夏実の川の川淀に、鴨ぞ鳴くなる山陰にして（万葉集、三七五）
我レ当に是の経の甚深にして仏の行処ともあると、諸仏の秘密の教ともして、千万劫にも逢フこと難キことを説かむ（『金光明最勝王経古点の国語学的研究』乾、五頁）
桜散る花のところは春ながら、雪ぞふりつゝ消えがてにする（古今集、春下）

右の諸例における「す」は、指定助動詞「あり」と全く同じ意味に用ゐられたものと見ることが出来る。このやうにして、

高うして
かくして
なんすれぞ

の如き「す」の意味が正しく理解されるのである。

「す」の連用形に、接続助詞「て」の附いた「して」は、体言に附いて、ある場合には、殆ど助詞のやうに用ゐられるが、これも、動詞本来の意味における用法から、助動詞的用法、更に助詞的用法へと移行したものと見ることが出来る。

おなじ局に住む若き人々などして、よろづの事も知らず、ねぶたければ、皆寝ぬ（枕草子、大進生昌が家に）

犬はかり出でて、滝口などして追ひつかはしつ（同、うへにさぶらふ御猫は）

は、動詞の代用として用ゐられたと見られるのであるが、

蠅こそにくき物のうちに入れつべけれ。（中略）よろづの物にゐ、顔などに濡れたる足してゐたるなどよ（同、虫は）

かゝる者なむ語らひつけて置きためる。かうして常に来ること（同、職の御曹司におはします頃）

は、殆ど陳述にひとしい。

二三人ばかり召出でて、碁石して数を置かせ給はむとて（枕草子、清涼殿の丑寅の隅の）

人のもとに来て、ゐむとするところを、先づ扇して、塵払ひすてゝ（同、にくきもの）

は、現代語の「で」の意味に近く、助詞としての用法である。このやうな助動詞と助詞との関係は、「に」の項にも述べたことである。

「いふ」の意味は、いふまでもなく、発言することであるが、この語も、時に、指定の助動詞と同じやうに用ゐられることがある。

秋の夜を長しといへど、つもりにし恋をつくせば短くありけり（万葉集、二三〇三）

右の「いふ」は、人の実際に語つたことを述べたのであるが、

秋の夜も名のみなりけり、あふといへば、事ぞともなく明けぬるものを（古今集、恋三）

においては、もはや、「云ふ」意味ではなく、「あふとなれば」「あへば」の意味で、指定の

助動詞として用ゐられたものである。

磯の上に生ふるあしびを手折らめど見すべき君がありといはなくに（万葉集、一六六）

「ありといはなくに」は、「あらなくに」の意味である。

いでや、さいふとも、田舎びたらむ（源氏、若紫）

「さいふとも」は、「さりとも」の意味である。漢文の「雖」字に、「ども」或は、「いへども」の訓が与へられるのは、国語において、「いへども」が、既に指定助動詞の意味に用ゐられてゐたことを示すのである。春日政治博士は、この「いふ」について、「別に実質的の意味があるのではなく、この語で受ける上の語句を、そこで切断して、一つのまとまつた命題の形とする形式的作用をもつてゐるのである」と説明された（『金光明最勝王経古点の国語学的研究』坤、二七二頁）。

ロ　打消の助動詞

ず

一　活用形

語＼活用形	未然形	連用形	終止形	連体形	已然形	命令形
ず	ず	ず	ず	○	○	○
	(な)	(に)	○	ぬ	ね	○

起源的には、「ず」の系列、「な」の系列といふやうに、各別個のものが合体して、「ず」「ず」「ず」「ぬ」「ね」といふ打消助動詞の系列を作るやうになつた。「な」系列の未然形「な」、連用形「に」は、奈良時代以後用ゐられなくなつたが、連体形、已然形において、「ぬ」に対して「ざる」、「ね」に対して「ざれ」が用ゐられることがある。

二　接続

㈠　上への接続

○「ず」系、「な」系、ともに動詞、助動詞の未然形に附く。

思はず‖
過ぎにけらず‖や
せむすべ知らに‖

○「ず」系列は、形容詞、形容詞と同じやうに活用する助動詞及び指定の助動詞「に」「と」には、助動詞「あり」を介して附く。

美しからず‖（美しく―あら―ず）
走るべからず‖（走るべく―あら―ず）
静かならず‖（静かに―あら―ず）
人たらず‖（人と―あら―ず）

○助動詞「あり」と「ず」との結合した「あらず」が、詞を伴はず、単独に用ゐられて、応答の意味を表はす。

㈡　下への接続

○「ず」が他の助動詞、助動詞のあるものに接続する場合には、助動詞「あり」を介して続く。

思はざらむ‖（思はず―あら―む）
思はざりけり‖（思はず―あり―けり）

思はざるか（思はず—ある—か）

ただし、奈良時代には、「ず」が、直に「けり」（「き」も同様か）に続いて、次のやうに云ふ場合がある。

思はずけり

心ゆもあは不念寸《おもはずき》（万葉集、六〇一）

○「ず」に助動詞「あり」の命令形を附けて、「ざれ」といふ命令形を作る。

思はざれ（思はず—あれ）

○体言に続く時は、「な」系列の「ぬ」を用ゐるのであるが、「ず」系列の連用形「ず」に「あり」を附けて、「ざる」（1）と云ふことがある。

見れど飽かぬ吉野の川の（万葉集、三七）

不知《しらざる》命《いのち》恋ひつゝかあらむ（同、二四〇六）

○已然形に「ば」「ど」が附く時も同じである。

飛びたちかねつ鳥にしあらねば（万葉集、八九三）

あらたまの年の緒長くあはざれど（同、三七七五）

○「ず」に接続助詞「て」「して」の附いた「ずて」「ずして」といふいひ方は、平安時代には、「で」と云ふやうになつた。

○「飽かなく」「思はなくに」の「なく」といふ云ひ方は、連体形の「ぬ」に、「事」を意味する「あく」といふ語が附いて、「飽かぬ―あく」が、「飽かなく」となつたものと推定されてゐる（接尾語「く」の項参照）。

三　用　法

打消の助動詞は、一般に、話手の否定判断を表はすものとされてゐる。このことは、例へば、

我は行かず‖

と云つたやうな場合は、話手が行くことを否定することを表現したものと考へて正しいやうであるが、

雨は降らず‖

と云つた場合は、雨が降ることを話手が否定すると考へることは、出来ないであらう。打消或は否定といふことの意味は、第三章文論二（四）「詞と辞の対応関係」の項において述べるやうに、非存在の事実に対応するところの判断であると見なければならない。今、話手が

云はうとする「雨は降る」といふ思想は、実際に実現してゐる事実でなく、非存在の事実である。非存在の事実を、非存在の事実として表現する場合に用ゐられる判断が、打消の助動詞である。それは、仮想された事実の判断に、「む」「らむ」が用ゐられるのと同じである。「我は行かず」の場合も同様に、「我は行く」といふ思想は、非存在の事実であるが故に、「我は行かず」と表現されたので、これに話手の否定或は拒否の意味が表現されてゐるやうに考へられるのは、人称の関係から、そのやうに受取られるので、推量の「む」が、第一人称の動作に関しては、意志を表はすやうになるのと同じである。「べからず」も同様で、相手に対する禁止を表はすよりも、そのやうな事実の非存在の表現と見るのが正しいのである。

打消助動詞の用法については、接続のところで、若干触れたことであるが、「な」系列について、次に補足することとする。

「な」の系列の未然形「な」は、

悩ましけ人妻かもよ漕ぐ舟の忘れはせなな、いやもひますに（万葉集、三五五七）

わが門の片山椿まこと汝《なれ》わが手触れなな土に落ちもかも（同、四四一八）

のやうに用ゐられてゐるが、これは東国の歌に見える用語であつて、恐らく、万葉集の語彙の一般的な体系とは、別のものであつたと考へられる。

因に、「飽かなくに」「思はなくに」などと用ゐられてゐる「な」はこれとは別である。

次に、連用形の「に」は、

たまきはる命惜しけど、せむすべのたどきを知らに‖、かくしてやあらし男すらに嘆き臥せらむ（万葉集、三九六三）

かゆきかくゆき見つれども、そこも飽かに‖と布勢の海に舟浮けすゑて沖辺漕ぎへに漕ぎ見れば（同、三九九一）

右は、連用中止法の例で、「知らずして」「飽かずして」の意である。

稲日野も行き過ぎ勝爾《ガテニ》‖思へれば、心恋しき可古の島見ゆ（万葉集、二五三）

梅の花み山としみにありともや、かくのみ君は見れどあかに‖せむ（同、三九〇二）

右は、連用修飾語となる場合で、「がてに」は、「堪ふ」「敢ふ」の意味を持つて、下二段に活用する動詞「かつ」の未然形に、「不」の意味の助動詞の連用形「に」が附いたものである（「がてぬ・がてまし考」『橋本博士著作集』第五冊）。「あかにせむ」は、「飽かず」の意味に、助動詞的用法の「す」が附いたもので、意味は、「飽かず—あら—む」（飽かざらむ）と同じと見てよい（「す」の助動詞的用法参照）。

「に」の用例は、非常に局限されたもの以外には見当らない。

こゝにいふ「に」は、完了の助動詞「ぬ」の連用形、及び指定の助動詞の連用形「に」とは異なる。完了の助動詞は、動詞の連用形に、指定の助動詞は体言に附く。

連体形の「ぬ」は「ざる」と平行して用ゐられてゐるが、「ぬ」から派生した「なく」といふ形が頻繁に用ゐられてゐる。

ひと国に君をいませていつまでか、あが恋ひ居らむ時の知らなく（万葉集、三七四九）

妹が見しあふちの花は散りぬべしわが泣く涙未だ干なくに（同、七九八）

右の「なく」は、

この川の絶ゆることなく（万葉集、三六）

における「なく」とは別である。これは形容詞であるが、「知らなく」は、「知らぬ」といふ打消助動詞の連体形に、「あく」と推定される体言（「事」を意味する）が附いたものと説明されてゐる（接尾語「く」の項参照）。従つて、意味は、「知らざること」と同じになる。第二の例文の「干なく」も同様に、「乾かないこと」の意味で、それに、指定の助動詞の「に」が附いて（「に」は体言に附く）「乾かない状態で」の意味となる。

已然形「ね」は、助詞「ば」が附いて次のやうに用ゐられる。

世の中を憂しとやさしと思へども、飛び立ちかねつ、鳥にしあらね‖ば（万葉集、八九三）

右は、あることが既定の条件になつてゐることを表はし「鳥でないから」の意味になるのであるが、

春鳥のさまよひぬれば、なげきもいまだ過ぎぬに、おもひも未尽者ことさへぐ百済の原ゆ神はふり、はふりいまして（万葉集、一九九）

右の例文中の「未尽者」は、「イマダツキネ‖バ」と「ず」の已然形を以て訓まれてゐる。そしてその意味は、「未だ尽きざるに」であつて、逆態条件を表はすに用ゐられたものである。同様な用例は、

天の川浅瀬白波たどりつゝ渡りはてねば、明けぞしにける（古今集、秋上）

右の「ねば」が通例の用法と異つてゐるところから、宣長は、「ぬにの意のねば」として注意した（『詞の玉緒』巻三）。

まきむくの檜原もいまだ雲ゐねば（未雲居）、小松原に沫雪ぞ降る（万葉集、二三一四）

霜雪もいまだ過ぎねば（未過者）おもはぬに春日里に梅の花見つ（同、一四三四）

も同様である。右の已然形の用法は、次のやうに説明出来るのではないかと思ふ。「ねば」が、順接と逆接との二つの用法があるのではなく、語形式としては、二つの句を結び附ける表現形式に過ぎない。それを、一方を順接とし、他方を逆接とするのは、表現された事柄の関係から、そのやうに解釈するに過ぎない。これは、「ねば」だけに限らず、已然形に「ば」の附いたものについて、広く適用出来ることである。故に、表現形式に即して解釈すれば、「霜雪も未だ過ぎずして、思はぬに春日の里に梅の花見つ」といふことになるのである（已然形の用法参照）。

「ねば」に相対するものに「ずは」がある。

わが袖は袂とほりてぬれぬとも、恋忘貝とらずは、行かじ（万葉集、三七一一）
まかぢぬき舟し行かずは、見れど飽かぬまりふの浦にやどりせましを（同、三六三〇）

右は、順接条件を表はしたものと解せられるのであるが、

しるしなき物を思はずは（不念者）、一坏の濁れる酒を飲むべくあるらし（同、三三八）
かくばかり恋ひつゝあらずは（不有者）、高山の磐根しまきて死なましものを（同、八六）

右は、順接条件では解し得られぬものであるところから、宣長は、「んよりは」即ち「しるしなき物を思はむよりは」「かくばかり恋ひつゝあらんよりは」の意であるとした（『詞の玉緒』巻七）。宣長の右の解釈に対して、橋本博士は、「ずは」は、普通の仮設条件を表はす「ずば」とは別物で、「ず」の連用形に、清音の「は」（助詞）が添つたもので、その意味は、連用中止法の「ず」と同じものであるといふ説を出された（「奈良朝語法研究の中から」『橋本博士著作集』第五冊）。従つて、「しるしなきものを思はずは」は、「しるしなきものを思はずして」の意味となるといふのである。この説は、宣長の説を、語学的見地から再検討したものであるが、既に挙げた「ねば」と対比して見る時、「ずして」の意味の「ずは」と、「ずば」（仮設条件）の意の「ずは」とを截然と別ける必要はなく、共に「ず」に

「は」の附いたもので、順接をも、逆接をも、表はすものであると解した方が適切のやうである。もし、そのやうな説明が許されるならば、「ずは」の「ず」は、未然形として、未然形に「は」の附いたものと同列に考へることが出来るのである。「ねば」と「ずは」が共に単なる接続の形式であるとする時、その相違が何処にあるかと云へば、「ねば」が用ゐられるのは、打消判断の内容が、既定の事実か、過去の事実であるのに対して、「ずは」の方は、仮想のこと、或は将来のことに属するところに相違があるのである。「は」の清濁といふことは、意味に関することではなくて、ここでは、専ら音声に関することと考へられるのである。

あらたまの年かへるまであひ見ねば‖、心もしのに思ほゆるかも（万葉集、三九七九）

は、現実の経験を述べてゐるのに対して、

立ちしなふ君が姿を忘れず‖は、世の限りにや恋ひ渡りなむ（万葉集、四四四一）

は、将来に関する仮想の事実について云つてゐるのである。

（1）「ざる」「ざれ」については、山田博士は、「ず」に存在詞「あり」が附いたもので、意義は「ず」に同じであるとされた（『日本文法学概論』三二七頁）。橋本博士は、「ざる」「ざれ」は、「ず」に動詞「あり」の附いたものではあるが、ここでは補助活用として用ゐられたものとされた（「国語の形容動詞について」『橋本博士著作集』第二冊、一〇〇頁）。

なし

一　活用形

語＼活用形	未然形	連用形	終止形	連体形	已然形	命令形
なし	なく	なく	なし	なき	なけれ	○

二　接　続

○形容詞及び形容詞と同じやうに活用する助動詞の未然形に附く。

美しくなし（「美しくはなし」「美しくもなし」のやうに云ふ。ただし、鎌倉時代以後）

あるべくなし（「あるべく（う）はなし」「あるべく（う）もなし」のやうに云ふ。ただし鎌倉時代以後）

○指定の助動詞「に」「と」に附く。

そのこととなく

三　用　法

「なし」は、従来、専ら形容詞としてのみ扱はれて来たものである。形容詞の「なし」は云ふまでもなく、非存在の概念を表はし、述語に立つことが出来るものである。

ほととぎす間しましおけ汝が鳴けば、あがもふ心、いたもすべなし（万葉集、三七八五）

における「なし」は、主語「すべ」の述語として、その非存在の概念を表はしてゐる。動詞としての「あり」が、肯定的陳述に転用されたやうに、形容詞としての「なし」も否定的陳述に転用されるやうになる。この場合、「あり」の陳述的用法と対比してみる必要がある。「あり」は、一般に、指定の助動詞「と」或は「に」に附いて、その陳述を助ける。

と—あり（たり）

に—あり（なり）

右の云ひ方を、打消にするには、「あり」の代りに「あらず」を用ゐて次のやうに云ふ。

なか〳〵に人とあらず

この御酒は、わが御酒ならず（に―あらず）

この「とあらず」「にあらず」に相当するものとして、「となし」「になし」が用ゐられた。

おぼしまぎるとはなけれど、おのづから御心うつろひて、こよなく思しなぐさむやうなるも、あはれなる業なりけり（源氏、桐壺）

闇の夜に鳴くなる鶴のよそにのみ聞きつゝかあらむ逢ふとはなしに（万葉集、五九二）

ほとゝぎす、我とはなしに卯の花のうき世の中に鳴きわたるらむ（古今集、夏）

右は、それぞれ、「おぼしまぎるることではないが」「逢ふことでなく」「われではなく」の意で、「なし」は、打消の助動詞として用ゐられたものである。

そこはかとなく書きまぎらはしたるも（源氏、夕顔）

何となく青みわたれるなかに（同、紅葉賀）

いづかたによりはつともなく、はて〳〵は怪しきことどもになりて明しつ（同、帚木）

西面にはわざとなく忍びやかにうちふるまひ給ひてのぞき給へるも珍らしきに添へて（同、花散里）

「にあらず」が「になし」と用ゐられた例は、比較的に少いやうである。

ところせき物はぢを見あらはさむの御心もことになくて(1)、覚束なくてのみ過ぎゆくを（源氏、末摘花）

御足ノ金色ニハナクテ、異ナル色ナリ（今昔物語）

自ラノ為ニハ悪キ事ニハナケレド（同）

「あり」の助動詞的用法には、また、次のやうなものがある。

高し……高く―あれ―ど

べし……べく―あり―き

右を打消にするには、「あり」の代りに、前例同様「あらず」を用ゐる。

高く―あれ―ど……高く―あらね―ど（或は「高くあらざれど」を用ゐる）

べく―あり―き……べく―あらざりき

右の「あらず」の代りに「なし」が用ゐられることがある。この場合の「なし」は、助動詞で、現代の口語は、この方法を一般に用ゐる。

高く―あらねど……高く―なけれど

形容詞の連用形に、助動詞の「なし」を附けて打消を表はすことは、平安時代には、まだあまり行はれなかつたやうに見える。

木々のこの葉、まだ繁うはなうて、若やかに青みたるに、霞も霧もへだてぬ空のけしきの、何となくそゞろにをかしきに（枕草子、祭の頃は）

右の例文中の「何となく」の用法は、既に例を挙げたもので、珍しいことではないが、「繁うはなうて」は、形容詞連用形に「なし」が附いたもので、今日の口語の用法に近いものである。ただし、右の本文は、春曙抄本にあるのであつて、前田家本その他に、「しげうはあらで」と、「あらず」を用ゐてゐるところから見ると、或は右の本文は疑はしいのではないかと考へられる。

夜なくもの、なにもなにもめでたし。ちごどものみぞさしもなき。（枕草子、鳥は）

右は、上の「めでたし」を、「さ」で受けて、それに加へられた打消の助動詞で、「さしもあらず」の意である。

次に、禁止の意味を表す「なかれ」といふ語について附加へて置きたいと思ふ。「なかれ」は、「勿」「莫」「無」の訓として、漢文訓読に多く用ゐられる語で、例へば、

莫レ怪《アヤシムコトナカレ》　紅巾遮面咲　春風吹綻牡丹花（岩波文庫、山田孝雄校「倭漢朗詠集」妓女）

供養し誦持（せ）むこと心に捨（つ）ること無（か）レ（春日政治『金光明最勝王経古点の国語学的研究』坤、一四九）

右の「なかれ」は、禁止を表はして、辞に属するもののやうであるが、本来、形容詞の「無し」であつて、

国法乎過犯事無久、明支浄支直支誠之心以而、御称称而緩事無久、務結而仕奉止詔大命乎諸聞食止詔（宣命、第二）

のやうに、主語「事」の述語として用ゐられたもので、これを命令形にしたものが、即ち「なかれ」である（形容詞「なし」に、指定の助動詞「あり」の命令形が結合したもの）。後に、この「なかれ」だけが遊離して、「云ふなかれ」「入るなかれ」のやうに、動詞に直結するやうになると、禁止の助詞「な」と同じ機能のものと見ることが出来る。

(1) この「なし」は、一般には、形容詞として、主語「御心」の述語と考へられてゐる。従つて、その意味も、「そのやうな御心も格別に無い」といふやうに説かれてゐる。今、この「なし」を助動詞とするならば、「ことになし」は、「異にあらず」の意味で、平生と変つたこともなく、即ち、そのやうな気持ちが持続してゐることを意味すると解せられる。従つて、末摘花の気持ちがしつかりつかめないといふ焦燥感（おぼつかなく）が出て来るのである。

　何ばかりの御装なくうちやつして、御前などもことになくしのび給へり（源氏、花散里）

源氏が、麗景殿の御妹（花散里）を訪問されるところで、「前駆を特に廃して」の意味でなく、「御前駆なども、平生と異ならず、ふだんの通りで」の意味に解せられる。

（2）春曙本には、なほ、次のやうな本文がある。

昼などもたゆまず心づかひせらる。夜はたまして、いさゝかうちとくべくもなきが、いとをかしきなり
（内の局は、細殿いみじうをかし）

右は、形容詞と同様に活用する助動詞「べし」の連用形に「なし」が、附いた場合であるが、これも別本（例へば、「日本古典全書本」）には、「うちとくべきやうもなきが」となつてゐる。この場合の「なし」は、形容詞で、主語「やう」の述語として用ゐられたのである。また、

二十日のほどに、雨など降れど、消ゆべくもなし（職の御曹司におはします頃）

右の所も同様に、「消ゆべきやうもなし」となつてゐる。以上のやうに見て来ると、助動詞「なし」が、形容詞或は形容詞と同じやうに活用する助動詞に附くことが、どの程度に平安時代に行はれてゐたものかは、なほ研究を要することである。しかしながら平家物語になれば、この用法は、極めて一般化されたものになつてゐる。

その時に歌読むべうはなかりしかども、
ふるさとも恋しくもなし旅の空いづくも終のすみかならねば（平家物語、海道下り）

なふ

語＼活用形	未然形	連用形	終止形	連体形	已然形	命令形
なふ	なは	?	なふ	なへ	なへ	○

「なふ」は、万葉集中、東歌にのみ見られるのであるから、恐らく、当時の中央語の言語体系には存しない東国方言特有の用語であつたと推定されるものである。

会津嶺の国をさ遠みあはなはば、しぬびにせもと紐結ばさね（万葉集、三四二六）

武蔵野のをぐきが雉立ち別れ、往にし宵よりせろにあはなふよ（同、三三七五）

昼解けばとけなへひものわがせなに相よるとかも夜とけやすき（同、三四八三）

から衣裾のうちかひあはなへば寝なへのからにことたかりつも（同、三四八二左註の歌）

なほ、山田孝雄博士は、左の歌を連用形の例として挙げられた。

うべこなは、わぬに恋ふなもたと月の努賀奈敝行けば恋ふしかるなも（万葉集、三四七六）

しかし、武田祐吉博士は、「努賀奈敝」は、「永らへ」の転音であると説明して居られる上に、他に用例もないので、疑問を存することとした。

右の「なふ」について山田博士は次のやうな説明を与へられた。即ち、「なふ」「なは」の「な」は、打消助動詞の「ぬ」（打消助動詞「ず」の項参照）が、継続的語法を表はす「は、ひ、ふ、へ」にうつつて行つたもので、「ぬ」は、ある時期には、「なにぬね」と四段に活用したものではなからうか。そして、未然形の「な」が、この「なふ」に面影を止めたものではなからうか。また、「我が手触れなな」（万葉集、四四一八）の「な」もこれに関係ある語であるとされた（『奈良朝文法史』第四章、東歌にあらはれたる特殊なる語法）。

まじ　附　ましじ

一　活用形

活用形／語	未然形	連用形	終止形	連体形	已然形	命令形
まじ	まじく	まじく	まじ	まじき	まじけれ	○
ましじ	○	○	ましじ	ましじき	○	○

二　接　続

(一)　上への接続

○動詞、助動詞の終止形に附く。

○ラ変動詞「あり」及びそれと同じやうに活用する助動詞には、連体形に附く。

やむごとなきにはあるまじ（源氏、夕顔）

(二)　下への接続

○「まじ」が、他の助動詞「き」「けり」「む」等に続くには、助動詞「あり」を介して続く。

まぬかるまじかりけり（まぬかるまじく—あり—けり）

○「まじじ」の語幹から、体言的接尾語「み」に接続して、「ましじみ」と云ふ。

暫久乃間毛忘得末之自美奈毛（宣命、第五八）

三　用　法

「じ」が、非存在の確実性の薄い事柄の判断に用ゐられるのに対して、「まじ」は、非存在であることが、当然であると考へられるやうな事柄の判断に用ゐられる。

「今までとまりはべるが、いと憂きを、かかる御使の蓬生の露分け入り給ふにつけても、いと、はづかしうなむ」とて、げにえ堪ふまじく泣い給ふ（源氏、桐壺）

「堪へる」ことが、どうしても存在し得ないと考へられるので、「まじく」が用ゐられた。

暁の道をうかゞはせ、御ありか見せむと尋ぬれど、そこはかとなく惑はしつゝ、さすがにあはれに、見ではえあるまじくこの人の御心にかゝりたれば（源氏、夕顔）

「見ないでゐることが出来る」といふことがどうしてもありえないことだと考へられるやうな事実である。

「まじ」は、平安時代以後、主として散文に用ゐられた語で、奈良時代におけるこれに相当する語は、「ましじ」である。(1)

玉くしげみむろの山のさなかづらさ寝ずは遂にありかつましじ（万葉集、九四）

あらたまの、きへの林に汝《な》を立てゝ行きかつましじ、寝《い》を先立たね（同、三三五三）

（1）橋本進吉博士「万葉時代の『まじ』」（『上代語の研究』『橋本博士著作集』第五冊）、同「『がてぬ』『がてまし』考」（『同上書』）。

じ

一　活用形

語＼活用形	未然形	連用形	終止形	連体形	已然形	命令形
じ	○	○	じ	じ	○	○

二　接　続

㈠　上への接続

○動詞、助動詞の未然形に附く。

形容詞及び指定の助動詞「に」には、指定の助動詞「あり」を介して附く。

わが行きは久には不有《あらじ》（万葉集、三三五）

㈡　下への接続

○「生けらじものを」（万葉集、一八〇七）、「生けらじ命を」（同、二九〇五）等の用法がある。

「ず」が、非存在の確実な事実の判断に用ゐられるのに反して、「じ」は、非存在の確実性の稀薄な事柄の判断に用ゐられる。いはば、打消と推量との複合助動詞と見ることが出来る。

三　用　法

若ければ道行知らじ‖まひはせむしたべの使ひ負ひて通らせ（万葉集、九〇五）

「道行き知る」といふことは、話手において、存在しないと考へられる事実である。しかしそれは現実の経験ではなく、想像上の事柄に属するために、「じ」が用ゐられてゐる。

わが袖は袂とほりてぬれぬとも恋忘貝とらずは行かじ‖（万葉集、三七一一）

右は、第一人称の行為を表はす語に関して用ゐられてゐるので、話手の意志が表はされてゐることは、「む」が第一人称について用ゐられた場合と同じである。

藤壺わたりを、わりなう忍びて窺ひあり給へど、語らふべき戸口もさしてければ、うち嘆きて、なほあらじに、弘徽殿の細殿に立寄り給へれば、三の口あきたり（源氏、花宴）

「なほあらじ」は、ここでは源氏の言葉の引用と見ることが出来る。「なほあらじと」（そんなことはあるまいと）の意味で、「立寄り給ふ」にかゝる。

春来ぬと人は云へども鶯の鳴かぬかぎりはあらじとぞ思ふ（古今集、春上）

も同じである。「あらじ」の「あら」は、ともに指定の助動詞で、上に詞が省略されたものと見るべきである。

ハ　過去及び完了の助動詞

つ

一　活用形

語＼活用形	未然形	連用形	終止形	連体形	已然形	命令形
つ	て	て	つ	つる	つれ	て

二　接続

(一)　上への接続

○動詞、助動詞「あり」の連用形に附く。

○形容詞、形容詞と同じやうに活用する助動詞（「べし」「まじ」等）及び打消の「ず」に接続する場合は、指定の助動詞「あり」を介して附く。

美しかりつ‖（美しく—あり—つ）

行くべかりつ‖（行くべく—あり—つ）

行かざりつ‖（行かず—あり—つ）

(二)　下への接続

○未然形、連用形「て」に「まし」「む」「けり」「き」が、終止形「つ」に「べし」「らし」が附いて、「てまし」「てむ」「てけり」「てき」「つべし」「つらし」等の複合助動詞を作る。

三　用　法

「つ」は、「ぬ」「たり」「り」とともに、実現の確定的と考へられるやうな事実の判断に用ゐられる。「つ」は、主として、作為的、瞬間的な性質の事柄に用ゐられる。実現の確定的と認定される事柄は、多く完了した事柄に多いので、この助動詞は、完了の助動詞といはれてゐるが、確定的と想定される事柄は、過去のことに限らず、現在将来の事柄にもあることである。

わが心なぐさめかねつ更科やをばすて山に照る月を見て（古今集、雑上）

「わが心なぐさめかぬ」といふことは、過去にあつた確定的な事実として取上げられたので、その陳述に「つ」が用ゐられたのである。

布勢の浦を行きてし見てば、百しきの大宮人に語りつぎてむ（万葉集、四〇四〇）

「布勢の浦を行きて見ること」も「大宮人に語りつぐこと」も、将来に属することであるが、それがともに作者によつて、実現の確定的なこととされた事実であるが故に、「つ」が用ゐられたのである。

山田博士は、連用形「て」に、中止法を認められて、

しらぬひ筑紫の国に泣く子なす慕ひ来まして‖、息だにも未だ休めず（万葉集、七九四）

の例を挙げられたが（『奈良朝文法史』二〇一頁、『平安朝文法史』一六七頁）、右の例の如きは、なほ、接続助詞と認めるのが適当であらう（山田博士は、接続助詞の「て」を認められず、それらをすべて、「つ」の連用形とする）。

ぬ

一　活用形

語＼活用形	未然形	連用形	終止形	連体形	已然形	命令形
ぬ	な	に	ぬ	ぬる	ぬれ	ね

二　接続

㈠　上への接続

○動詞、助動詞「あり」の連用形に附く。

さてありぬべき方（源氏、帚木）

○形容詞、形容詞と同じやうに活用する助動詞（「べし」「まじ」等）及び打消の「ず」に接続する場合は、指定の助動詞「あり」を介して附く。

㈡　下への接続

○未然形「な」に、「まし」「む」、連用形「に」に、「たり」「き」「けり」「けむ」、終止形「ぬ」に、「らむ」「らし」「べし」等が附いて、「なまし」「なむ」「にたり」「にき」「にけり」「にけむ」「ぬらむ」「ぬらし」「ぬべし」等の複合助動詞を作る。

三　用　法

「ぬ」は、「つ」「たり」「り」とともに、実現の確定的と考へられるやうな事実の判断に用ゐられる。「ぬ」は、自然的、経験的な性質の事柄に用ゐられる。

冬ごもり春さり来れば、鳴かざりし鳥も来鳴きぬ（万葉集、一六）

「鳥も来鳴く」といふことは、既に実現した事実であるが故に「ぬ」が用ゐられたのである。

妹が見し楝《あふち》の花は散りぬべしわが泣く涙いまだ干なくに（万葉集、七九八）

右の歌の「楝の花の散る」ことは、現在の事実でなく将来に属することであるが、それが確定的事実として取上げられたために「ぬ」が用ゐられた。更にそれが、必至の事として想定された事実であるが故に「べし」が用ゐられてゐる。

「ぬ」が、将来或は推測の事実の陳述に用ゐられる時は、推量の助動詞「む」「べし」「らむ」とともに用ゐられる。

玉の緒よ、絶えなば絶えね、ながらへば、忍ぶることの弱りもぞする（新古今集、恋一）

右の「絶えなば」の「な」は、「ぬ」の未然形に「ば」が附いたものであるから、「絶える」ことが、確定的事実であることを条件とするいひ方である。「絶えね」は、「ぬ」の命令形である。

たり

一　活用形

語 ╲ 活用形	未然形	連用形	終止形	連体形	已然形	命令形
たり	たら	たり	たり	たる	たれ	たれ

二　接続

(一)　上への接続

○動詞、助動詞（「つ」「ぬ」）の連用形に附く。

(二)　下への接続

○未然形に、「む」「まし」、連用形に、「き」「けり」「けむ」、連体形に、「べし」「らし」「らむ」が附いて、「たらむ」「たらまし」「たりき」「たりけり」「たりけむ」「たるべし」「たるらし」「たるらむ」等の複合助動詞を作る。

三　用法

起源的には、接続助詞「て」と存在を表はす動詞「あり」との結合したものであるから、例へば、「咲きたり」（咲きて―あり）は、「咲いてゐる」の意味で、全体は、詞とみなされなければならないのである。しかしながら、「てあり」が結合して出来た「たり」は、話手の判断を表現する助動詞として用ゐられるやうになつた。一般に、詞は、それに、受身、可能、使役を表はす接尾語や、他の動詞が附いて、

笑ふ……笑はす……笑はる……笑はさる
読む……読みはじむ……読みあやまる

のやうに新しい複合動詞を構成するのであるが、「たり」は、他の助動詞と同様に、このやうな結合をすることはない。

「たり」は、話手によつて、既に完了したと考へられる事柄や、ある事柄が既に始つて、なほその状態が持続してゐるやうな事柄の判断に用ゐられる。[1]

女郎花咲きたる野辺を行きめぐり君を思ひ出、たもとほり来ぬ（万葉集、三九四四）
われはもや、やすみこ得たり皆人の得がてにすとふやすみこ得たり（同、九五）
几帳のうしろに立てたる灯台の光もあらはなり（枕草子、大進生昌が家に）
富士川といふは、富士の山より落ちたる水なり（更級日記）

完了したと考へられる事柄や持続してゐる事柄は、多く過去に属する事柄であるが、

珠に貫く楝《あふち》を家に植ゑたらば、山ほととぎすかれず来むかも（万葉集、三九一〇）
いづこのさる女かあるべき。おいらかに鬼とこそ向ひゐたらめ、むくつけきこと（源氏、帚木）
そのなかにも、思ひのほかに口惜しからぬを見つけたらばと、珍らしうおもほすなりけり（同、夕顔）

右のやうに、完了した事実として仮想する場合にも用ゐられることは、「つ」「ぬ」の場合と同じである。

「たり」は、現代口語の「た」の源流となり、口語としては、他の過去及び完了の助動詞は、皆これに統合された。

「たり」は、動詞、助動詞（「つ」「ぬ」）の連用形に附くので、体言に附いた

五日のあかつきにせうとたる人外より来て（蜻蛉日記、下）

のやうな「たり」は、指定の助動詞で、これとは別である。

（1）春日政治博士は、「たり」及び「り」について次のやうに云つて居られる。
「上代のリ・タリは純粋に完了に用ゐられることはなく、皆動作の継続中であるか、動作は済んだが、その結果の遺存するかに用ゐられてゐる。」（『金光明最勝王経古点の国語学的研究』坤、二三六頁）

一　活用形　り

語＼活用形	未然形	連用形	終止形	連体形	已然形	命令形
り	ら	り	り	る	れ	れ

二　接　続

㈠上への接続
○四段活用及びサ変動詞の命令形に附く。

㈡下への接続
○未然形に「ず」「む」「まし」、連用形に「けむ」「き」「けり」が附いて、「らず」「らむ」「らまし」「りけむ」「りき」「りけり」等の複合助動詞を作る。

三　用　法

起源的には、四段活用及びサ変動詞の連用形に、存在を意味する動詞「あり」が接続して、

咲き―あり……咲けり
為《し》―あり……為《せ》り

のやうになつたもので、「咲き―て―あり」が、「咲きたり」となつたやうに複合動詞であるが、後に、語尾の「り」が、完了を表はす助動詞として用ゐられるやうになつたものである。従つて、「咲けり」には、受身、可能、使役を表はす「る」「す」「しむ」等の接尾語や、他の動詞が附かない。(1)

「り」は、従来、四段の已然形、サ変の未然形に附くと云はれて来たものであるが、奈良時代の用字法の上から、四段活用においては、已然形と命令形とは別音であることが明かにされ、「り」は命令形に附くのが正しいとされた。(2)

白妙のわが下衣失はず、持てれ‖わがせこ直に逢ふまでに（万葉集、三七五一）

みつぼなすかれる身ぞとは知れれども、なほし願ひつ千歳の命を（同、四四七〇）

雪の木に降りかゝれるをよめる（古今集、春上）

右は、完了といふよりも継続を表はす場合であるが、

引き動かし給へど、なよ〳〵として我にもあらぬ様なれば、いといたく若びたる人にて、ものにけどられぬるなめりとせむ方なき心地し給ふ。からうじて紙燭もて参れり（源氏、夕顔）

右近はものも覚えず、君につと添ひ奉りて、わなゝき死ぬべし。また、これもいかならむと、心そらにてとらへ給へり（同、夕顔）

においては、動作の完了とともに、その状態の継続を表はしてゐる。

（1）本居春庭は、「り」の附いた動詞を、一応、一つの詞と認めてゐるが、また、それが他の動詞との接続において異なることを指摘してゐる。

四段の活の第四の音けせてへめれよりらりるれと活くあり。そはさけらん、さけり、さける、さけれ

（中略）などいへるこれなり。さてこのさけるおもへるかすめるなどをやがて一つの詞としてラ行の四段の活に入るべきさまなれど、受るてにをはるれより受くるは四段の活に全くおなじけれどもらりより受るてにをは、いさゝか異にして四段の活の詞ともしがたし。そはさけらん、さけらばなどは受くれど、さけらじ、さけらましなどは受くまじく、さけりせば、させりしかなどはいふべけれど、さけりて、さけりぬなどはいふべからざれば也（『詞八衢』四種の活の図、幷受るてにをは。原文の用字を少し改む）

「り」が、助動詞として認められたのは、比較的後であつて、大槻博士の『広日本文典』も、動詞の語尾として、これを助動詞の項で説いてゐる。

(2)　橋本進吉博士の上代特殊仮名遣の研究によつて、四段活用の已然形の語尾は、乙類の仮名に属し、命令形は、甲類の仮名に属し、「り」は常に甲類の仮名の語尾に接続してゐるので、「り」は、四段活用においては、命令形に接続するといふのが正しいとされた（「上代文献に存する特殊の仮名遣と当時の語法」『橋本博士著作集』第三冊、一八七頁）。

また、サ変の動詞の場合は、命令形を、一般に、「せよ」としてゐる為に、「り」は、未然形に附くものとしてゐるが、この場合も、サ変の命令形は、「せ」で、「よ」は助詞と認めるべきであるから、「り」はサ変においても、四段活用の場合と同様に、命令形に附くと云つて差支へないのである。

一　活用形　[き]

語＼活用形	未然形	連用形	終止形	連体形	已然形	命令形
き	(せ)(け)	○	き	し	しか	○

二　接続

(一) 上への接続

○動詞（カ変、サ変を除く）、助動詞の連用形に附く。

申しし時（「申し」は、サ行四段の連用形。「申せし時」は誤である）

○カ変サ変の動詞に附く時は、次のやうになる。

来《こ》し人（「こ」は、カ変の未然形）

来《こ》しか（右に同じ）

為《せ》し人（「せ」はサ変の未然形）

為《せ》しか（右に同じ）

○形容詞、形容詞と同じやうに活用する助動詞及び打消の「ず」に接続する場合には、指定の助動詞「あり」を介して附く。

高かりき（高く—あり—き）

行くべかりき（行くべく—あり—き）

行かざりき‖（行かず—あり—き）

万葉時代には、「行かざりき」の代りに、「き」が、直接に「ず」に附いて、「行かずき」といふ云ひ方があつたのではないかといふことが、次の例によつて推定されてゐる。

心ゆもあは不念寸山河も隔たらなくにかく恋ひむとは（万葉集、六〇一）

うつゝにも夢にもわれは不思寸振りたる君にこゝに会はむとは（同、二六〇一）

右の「不念寸」「不思寸」は、「おもはずき」と訓めるところである。

㈡　下への接続

○「せ」は、「ば」が附いて、「せば」[2]と用ゐられるが、平安時代以後は、和歌以外には用ゐられない。

かみなづき雨間もおかず降りにせ‖ば誰が里の間に宿か借らまし（万葉集、三二一四）

世の中に絶えて桜のなかりせ‖ば、春の心はのどけからまし（古今集、春上）

○「き」の未然形に「け」があるといふ説があるが確定的ではない[3]。

○「恋ふらく」「行かまく」と同様な云ひ方に、「——しく」[4]といふのがある。

わがせこをいづく行かめとさき竹の背向《そがひ》に寝しく‖今し悔やしも（万葉集、一四一二）

三　用　法

「き」は、回想された事実の判断を表はすに用ゐられる。回想された事実は、過去において成就した事柄であるから、過去の助動詞とも云はれる。

沖つ風いたく吹きせばわぎもこが嘆きの霧に飽かましものを（万葉集、三六一六）

「沖つ風いたく吹く」といふことは、過去において成就したと仮定された事実であるが故に、「せ」といふ「き」の未然形とともに「ば」が用ゐられた。

(1)「来《き》し」「来《き》しか」といふことがあるが用例は少い。

(2)「せば」は、確定的なものとして、仮定する云ひ方である。従つて、それに応ずる留りに「まし」といふ推量の助動詞が用ゐられて、全体の意味が強い仮定の表現となる。次の和歌の「せ」は、これとは別である。

見ずもあらず、見もせぬ人の恋しくは、あやなく今日やながめ暮さむ（古今集、恋一）

つれなさの限りをせめて知りもせば、命をかけて物は思はじ（新後撰集、恋二）

右は、「見ぬ人」「知らば」といふ云ひ方に、「も」が挿入された云ひ方で、動詞「見」「知り」を、サ変動詞で、再び繰返して、打消の「ず」及び助詞「ば」に続けたものである。「笑ひはせぬ」「散りもせば」なども同じ云ひ方である。

（3）山田孝雄博士は、次の「け」を、これにあてゝ居られる（『奈良朝文法史』第二章第二節、回想をあらはす複語尾）。

つぎねふやましろ女《め》の木鍬《こくは》持ち打ちし大根、根白の白臂《しろたゞむき》まかずけ‖ばこそ知らずともいはめ（仁徳紀、古事記、下）

つぬさはふ、いはれの道を朝さらず行きけむ人の念ひつゝ通ひけ‖まくは（万葉集、四二三）

佐伯梅友氏、また、これについて論じて居られるが（『奈良時代の国語』一六四頁）、今は、たゞ問題として記すに止めて置く。

（4）第二章語論第一項、詞（三）接頭語と接尾語　註（1）参照。「寝しく」は、下二段活用「寝《ぬ》」の連用形「ね」に、「き」の連体形「し」の附いたものに、更に「事」を意味する「あく」が附いたもので、本来ならば、「寝《ね》せく」といふべきところを、「寝しく」となつたものである。意味は、「寝たこと」の意である。

一　活用形　けり

活用形／語	未然形	連用形	終止形	連体形	已然形	命令形
け	（けら）	○	けり	ける	けれ	○

二　接続

㈠　上への接続

○動詞、助動詞の連用形に附く。

○形容詞に接続する場合には、助動詞「あり」を介して次のやうに云ふ。

高かりけり（高く―あり―けり）

美しかりけり（美しく―あり―けり）

○打消の助動詞「ず」に接続する場合も通常「あり」を介して、「ざりけり」と云ふのであるが、

ぬばたまの夢《いめ》にはもとなあひ見れどただにあらねば恋ひやまずけり（万葉集、三九八〇）

おろかにぞ我は思ひしをふの浦のありそのめぐり見れど飽かずけり（同、四〇四九）

のやうに、直に「ず」に附いて「ずけり」と云ふ。

㈡　下への接続

○未然形の「けら」は、「けらずや」といふ形で奈良時代に用ゐられ、以後には、見られなくなつた。

妻もあらば、つみてたげまし佐美の山野上のうはぎ過ぎにけらずや（万葉集、二二一）

梅の花咲きたる園の青柳はかづらにすべくなりにけらずや（同、八一七）

この花のひとよのうちは百種の言持ちかねて折らえけらずや（同、一四五七）

○連体形「ける」に「らし」が附いて、「けらし」といふ複合助動詞を作る。

うべしこそ見る人ごとに語りつぎしぬびけらしき（万葉集、一〇六五）

うべしこそわが大君は君のまに聞こし給ひて刺す竹の大宮ここと定めけらしも（同、一〇五〇）

三　用　法

「けり」は、起源的には、過去の助動詞「き」と「あり」との熟合したものとする説(1)、「来《き》」と「あり」との熟合したものとする説(2)がある。

「けり」は、「あり」の複合した「たり」「り」と同様に、過去に始まつた動作作用が継続してゐる事実の判断に用ゐられ、その継続が、過去において消滅したか、なほ現在（話手の立場における）に及んでゐるかによつて、これを回想の助動詞とする説と、現在を表はす説とに分れるが、主要な点は、継続した事実の判断に用ゐられることであつて、過去に属するか、現在に属するかは、問題でないやうである。[3]

昔より云ひけることのから国のからくも此処に別するかも（万葉集、三六九五）

今、いましたち二人を、唐の国に遣はすことは、今始めて遣はす物にはあらず。本より朝《みかど》の使かの国に遣はし、かの国より進《まだ》し渡祁里（宣命、第五六）

右の例は、過去より現在に及ぶ回想された事実の判断に用ゐられたものである。

葦垣の外にも君が寄りたたし恋ひけれこそは夢に見えけれ（万葉集、三九七七）

常磐なす岩屋は今もありけれど、住みける人ぞ常無かりける（同、三〇八）

右の例文中、第一例の「けり」は、殆ど回想された過去の事実に用ゐた場合で、第二例中の、「ありけれ」の「けれ」は、過去より現在に及ぶ事実について、「住みける」の「ける」は、事実は継続した事実であるが、全く過去に属し、「無かりける」の「ける」は、回想された事実の判断に用ゐられた場合である。

「けり」は、「き」が実際に経験した事実の回想に用ゐられるのに対して、間接に伝聞したことの回想に用ゐられる。[4] 平安時代の物語に、「けり」が多く用ゐられるのは、それが、伝聞した過去の事実を物語るといふ形式に基づいてゐるからである。

「けり」が、回想された事実、過ぎ去つた事実に用ゐられるところから、屢〻詠嘆の表現に用ゐられる。たとへ、その事が目前に起こつた現在の事実であつても、これを過去として云ふことに、自ら詠嘆の意味が寓せられることは、現代口語の「た」がこれを示してゐる。

釣れた釣れた。大きな魚が。
よくやつた。うまくやつた。

等は、事実としては、現在の事実に属することであるが、話手の意識においては、既に完結したことと考へられたのである。

かきつばた衣に摺りつけますらをのきそひ狩する月は来にけり（万葉集、三九二一）
磯ごとにあまの釣舟泊てにけり吾が舟泊てむ磯の知らなく（同、三八九二）
いざ、ただこのわたり近き所に、心安くて明さむ。かくてのみはいと苦しかりけり（源氏、夕顔）
かれ聞き給へ。この世とのみは思はざりけり（同、夕顔）

等は詠嘆と解せられるところである。

（1）山田孝雄博士『奈良朝文法史』第二章第二節へ「複語尾と用言の本幹との接続」に出づ。

（2）春日博士『金光明最勝王経古点の国語学的研究』坤、二四四頁。

（3）春日博士は、「ケリはキアリであつて、『来《ク》』を形式動詞とする時は、動作の過去より継続して今に存在することを表はすのであつて、「前カラシ（アリ）続ケテ今ニアル」の義である。時からいへば動作の初を過去に想定するけれども、今に存在するのであるから現在でなくてはならない」（『同上書』二四四頁）とし、更に、「若し已述の如き試論が許されるならば、ケリは全然キ（過去）には因縁がないのであつて、ケリが多く過去に用ゐられないのは宜なることである」（『同上書』二四五頁）として、「けり」の現在説を強く主張されるのであるが、右の説には、「けり」を過去とする説に対する反対説としての強調が多分に含まれて居ると見られるので、博士の云はれるやうに、動作が過去より継続して今に存在することを表はすかぎりにおいて、それを単に現在とのみ断定することは正しくないであらう。

（4）細江逸記博士は、「き」を目睹回想、「けり」を伝承回想として区別された（『動詞時制の研究』）。

二　推量の助動詞

む

一　活用形

語＼活用形	未然形	連用形	終止形	連体形	已然形	命令形
む	○	○	む	む	め	○

二　接　続

㈠　上への接続

○動詞、助動詞の未然形に附く。

花咲かむ（「咲か」は、動詞の未然形）

花咲きなむ（「な」は、完了の助動詞「ぬ」の未然形）

○形容詞、形容詞と同じやうに活用する助動詞及び打消の「ず」に附く場合には、指定の助動詞「あり」を介して附く。

心苦しからむ（心苦しく—あら—む）

思ふべからむ（思ふべく—あら—む）

思はざらむ（思はず—あら—む）

○奈良時代には、形容詞の古い活用形「——け」に附いて、次のやうに云ふことがある。

なかなかに死なば安けむ君が目を見ず久ならば、すべなかるべし（万葉集、三九三四）

橘は常花にもが、ほとゝぎす住むと来鳴かば聞かぬ日無けむ（同、三九〇九）

㈡　下への接続

○連体形に体言が附いて、次のやうに云ふ。

思はむ人。

ただし、「む」に相当する口語「う」の場合には、特別の場合を除いて、連体形に体言が附くことはなくなつた。

○「む」には、他の助動詞が附かない。それは、助動詞が連続する時、「む」は、常に最後に附くからである。

○「云はまく」といふ云ひ方は、「云はむ」といふ「む」の連体形に、「あく」と推定される体言が結合して出来た体言的慣用句で、「云はむこと」の意味である（体言的接尾語の項参照）。

梅の花散らまくをしみ、わが園の竹の林に鶯鳴くも（万葉集、八二四）

○「む」の終止形に、「とす」が附いて、「行かむとす」「行かんず」と用ゐられる。

三　用　法

「む」によつて判断される事柄が、第三者に属する場合、例へば、「花散らむ」「風吹かむ」のやうな場合の「む」は、話手の単純な推量判断を表はす。

事柄が、話手自身の能動的な行為に関するやうな場合、例へば、「我は待たむ」「我は聞えむ」のやうな場合の「む」は、話手の意志を含んだ判断を表はすことが多い。

事柄が、第二人称者即ち聞手の能動的な行為に関するやうな場合、例へば、「汝は行かむ」のやうな場合は、聞手に対する勧誘或は婉曲な命令となることがある。

をりあかし今夜は飲まむほととぎす明けむあしたは鳴きわたらむぞ（万葉集、四〇六八）

右の文中の、第一の「む」は、この歌の作者に関する事柄に附いた「む」であるから、意志を表はし、第二の「む」は、「夜の明けむ」の意味で、第三人称に関する事柄に附いたものであるから、単純な推量（この場合は、将来に起こる事柄の判断に用ゐられたものである）を表はし、第三の「む」は、この歌によつて呼びかけられてゐる相手、即ち「ほととぎす」に関することであるから、勧誘命令の意味となる。右のやうな現象は、「む」に推量、意志、命令の意味があつて、それが使ひわけられたと見るべきでなく、意志や命令の意味を、推量の形で表現したので、その意味で、意志や命令の婉曲的表現といふことが出来るのである。現代口語では、「う」が専ら話手の意志を表はすやうに、固定されて来たために、推量を表はすためには、別に、「だらう」が用ゐられるやうになつた。このことは、換言すれば、「う」が、第一人称の事柄に関する語にしか用ゐられなくなつたことで、古文の場合とは異なるのである。

そのうちとけてかたはら痛しと思されむ[1]こそゆかしけれ。おしなべたる大方のは、数ならねど、程々につけて、書きかはしつゝもみ侍りなむ[2]。おのがじゝ怨めしき折々、待ち顔ならむ[3]夕暮などのこそ見所はあらめ[4]（源氏、帚木）

右の文は、雨夜の品定めにおいて、頭中将が、文《ふみ》の公開を源氏にせがむところであるが、「む」１は、聞手即ち源氏に関する事柄について、単純な推量を表はし（「かたはら痛しと思す」といふことは、聞手の意中を推量した事実であるから、陳述に「む」が用ゐられたのである。）、２は、話手に関することに附いてゐるので、意志を表はすに近く、３４は、ともに第三人称的事柄に附いて、単純な推量を表はすのである。

古文においては、表現される事柄が、仮想された事柄、将来に起こると推量される事柄については、それに対する陳述に、推量の助動詞を用ゐることが厳格に守られてゐる。特に連体格になる場合にも、これが守られてゐることは、現代口語に比して著しい特徴といふことが出来る。例へば、口語において、出かける時は、知らせて下さい。

といふ場合、「出かける」といふ事柄は、現実のことでなく、将来に起こると推量される事柄であるが、その陳述に、推量の助動詞が用ゐられるといふことはない。「出かけるだらう時」といふ云ひ方は、口語では一般的ではない。ところが、文語では、このやうな場合に、推量の助動詞を用ゐることが普通である。既に挙げた例において、

かたはら痛しと思されむ（こと）こそゆかしけれ

待ち顔ならむ夕暮

は、それであつて、口語では、このやうな場合に、特に推量の助動詞を用ゐることはない。このやうなことは、「らむ」「べし」等にも云はれることである。

「む」の已然形に「や」或は「やも」が附いて、「めや」或は「めやも」といふ云ひ方がある。

さ百合花、ゆりも逢はむと下ばふる心しなくば今日も経めやも（万葉集、四一一五）

右のやうに、已然形に「や」が附くことは、「む」の場合に限らず、他の動詞、形容詞、助動詞の已然形にもあることである。例へば、

かくしても相見るものを少くも年月経れば恋しけれやも（万葉集、四一一八）

は、形容詞の已然形に附いた場合である。ところが、この接続法は、平安時代以後には、動詞「あり」、助動詞「なり」の已然形にのみ限定されるやうになつた（それも和歌に限られてゐた）。一般には、「や」は、終止形に附くことになつた（本居宣長『詞の玉緒』巻四、七）。

「む」の終止形に、「とす」が附いて、「むとす」「むず」といふ云ひ方は、一般に、終止形に「とす」が附く接続と、別のものではない。この場合の「す」は、サ変動詞の助動詞的に用ゐられたもので、「とす」は、「とあり」「にあり」に近いものと見ることが出来る。従つて、「むとす」「むず」は、推量の意味を強めたものと云つてよい。

「今秋風吹かむ折にぞ来むずる。待てよ」（枕草子、虫は）

狭井川よ雲立ちわたり畝火山木の葉さやぎぬ風吹かむとす（古事記、中）

まし

一　活用形

語＼活用形	未然形	連用形	終止形	連体形	已然形	命令形
まし	（ませ）	○	まし	まし	ましか	○

「ませ」は、「ば」と結合した「ませば」といふ形だけが、奈良時代に見られる。平安時代には、「ましかば」が、その代りに用ゐられた。

かくばかり恋ひむとかねて知らませば、妹をば見ずぞあるべくありける（万葉集、三七三九）

二　接続

㈠　上への接続

○動詞、助動詞の未然形に附く。

○形容詞及び打消の「ず」に附く場合には、指定の助動詞「あり」を介して附く。

のどけからまし（のどけく―あら―まし）
思はざらまし（思はず―あら―まし）

㈡　下への接続

○連体形に「を」或は「ものを」が附く。

悔しかも、かく知らませば、あをによしくぬちことごと見せましものを（万葉集、七九七）

妹が家もつぎて見ましを、大和なる大島の嶺に家もあらましを（同、九一）

三　用法

「まし」は、話手によつて仮想された事実の中で、現実には起こり得ない、また考へ得られないやうな事柄の判断として用ゐられる。

高光る我が日の皇子の万代に国知らさまし島の宮はも（万葉集、一七一）

日並皇子殯宮の時の歌で、「日の皇子の万代に国知らす」といふことは、皇子の薨去せられた後においては、もはや実現し得ない事実であるために、その陳述に「まし」が用ゐられ、更にそれが「島の宮」の連体修飾語となつてゐる。

高光るわが日の皇子のいましせば、島の御門は荒れざらましを（万葉集、一七三）

「島の御門が荒れない」といふことは、あり得ない事実であるために「まし」が用ゐられた。「いましせば」は、「あり」の敬語「います」に、過去の助動詞「き」の未然形が附いたもので、ここでいふ「まし」とは無関係である。

「まし」が、それが附く語の人称によつて、第一人称の場合は、意志、第二人称の場合は勧誘命令の意を帯びることがあることは、「む」の場合と同じである。

やすみしゝ我が大君の夕されば召し給ふらし、明けくれば、問ひ給ふらし、神岳の山のもみちを、今日もかも問ひ給はまし、明日もかもめし給はまし、その山をふりさけ見つつ、夕されば、あやにかなしみ、あけ来れば、うらさびくらし、あらたへの衣の袖は、ひる時もなし（万葉集、一五九）

天武天皇崩御の時、大后の作られた歌として出てゐるもので、「問ひ給ふ」「召し給ふ」といふことは、全く実現不可能なことを想定してゐるがために「まし」が用ゐられたのであるが、それは、天皇即ち第三人称に附いて用ゐられてゐるので、これは単純な作者の推量表現と見ることが出来る。

……など聞ゆれば、(源氏)「たしかにその車を見まし」と宣ひて(源氏、夕顔)

惟光が夕顔の花の咲く家に車の出入りすることを報告する言葉を受けて、源氏が宣ふ言葉である。「たしかにその車を見む」といふやうに「む」を用ゐれば、「車を見る」ことが、実現可能の場合であるが、今ここに「まし」が用ゐられたのは、その事の実現を固く期待してゐるのではなく、出来たら、さうしたいのであるが、そのやうなことは恐らく不可能であらうと考へられるやうな事実であるために「まし」が用ゐられ、かつ、第一人称の行為に関する語についてゐるので、意志を含んでゐる。

見る人もなき山里の桜花、外の散りなむ後ぞ咲かまし(古今集、春上)

「山里の桜花」に呼びかけた表現である。従つて、「咲かまし」は、第二人称に関する動詞に附いてゐるので、勧誘命令の意味を含む。「外の散りなむ後に咲く」といふことは、たとへ、願つても実現不可能なこと故、「まし」が用ゐられたのである。

「まし」が、条件になる場合に、奈良時代には、「ませば」といふ云ひ方が行はれたことは既に述べたが、平安時代には、已然形の「ましか」が用ゐられるやうになつた。

あはれと思ひしほどに、煩はしげに思ひまつはす気色見えましかば、かくもあこがらさざらまし（源氏、帚木）

右の「ましか」を、未然形と見ないで、已然形とするのは、それが、「こそ」の結びに用ゐられるからである。

をしむにし花の散らずば今日もただ春ゆくとこそよそに見ましか（赤染衛門集）

（1）　この歌に出てゐる二つの「を」については、助詞「を」の項参照。感動助詞と見るべきであらうか。上の「まし」は第一人称の行為に附いてゐる故、意志を含んでゐる。次の「まし」は、家に呼びかけた云ひ方と見れば、「家よ。あれかし」の意味となり勧誘の表現となる。左註の「一云家居麻之乎」をとれば、第一人称に附いたものとして意志に解せられる。

らむ（らん）

一　活用形

語＼活用形	未然形	連用形	終止形	連体形	已然形	命令形
らむ	○	○	らむ	らむ	らめ	○

二　接続

㈠上への接続

○動詞、助動詞の終止形に附く。

○ラ変動詞「あり」及びそれと同じやうに活用する助動詞には、連体形に附く。

○上一段動詞「見る」「似る」等には、語尾が脱落して、次のやうに云ふことがある。

見らむ（見る―らむ）

○形容詞、及び打消の「ず」には、指定の助動詞「あり」を介して附く。

恋しかるらむ（恋しく―ある―らむ）

聞えざるらむ（聞えず―ある―らむ）

㈡下への接続

○連体形に体言が附いて、次のやうに云ふ。口語には、これに相当する云ひ方がない。

今は鳴くらむ鶯の声（万葉集、三九一五）

○「む」と同様に、「らむ」には、他の助動詞が附かない。

三　用　法

「らむ」は、話手によつて推量された事実の中で、

㈠話手が実際経験してゐないが、現在それが実現してゐると推量される事柄

㈡話手の主観的判断を交へた事柄

㈢話手が他から伝へ聞いた事柄

等の判断に用ゐられる。

高円の宮の裾みの野つかさに、今咲けるらむをみなへしはも（万葉集、四三一六）

右の歌は、万葉集の左註に、「大伴宿禰家持、独憶《ヒテ》㆓秋野㆒聊述《ベテ》㆓拙懐㆒作《ル》㆑之」とある六首の中の一つで、作者は、高円の宮の光景を実際に見てゐるのではなく、それを想像して詠んだ

ために、「らむ」が用ゐられたのである。(1)

たまきはる内の大野に馬並めて朝踏ますらむその草深野（万葉集、四）

も、同じ事情の下における制作である。

久方の光のどけき春の日に、しづ心なく花の散るらむ（古今集、春下）

右の歌において、「花が散る」といふ事実は、作者の経験した事実である。しかし、「しづ心なく」といふことは、花の気持ちを想像した作者の主観的判断である。このやうな主観的判断を交へた場合、全体の陳述には、「らむ」が用ゐられるのである。(2)

春日野の若菜つみにや白妙の袖ふりはへて人の行くらむ（古今集、春上）

「春日野の若菜つみにや」といふことは、作者の主観的判断であるために、「白妙の袖ふりはへて人の行く」といふことが現実の経験であるにも拘はらず「らむ」が用ゐられる。

打ちなびく春を近みか、ぬばたまのこよひの月夜霞みたるらむ（万葉集、四四八九）

同様に、「月夜の霞んでゐる」ことは、現実の経験であるが、「打ちなびく春を近みか」といふのが、主観的判断であるために、全体の陳述が「らむ」になるのである。このやうな語法は、現代語にも見られることで、

怪しいものが来たので、犬が鳴いてゐるのでせう。

「犬が鳴いてゐる」ことは、確実な経験でありながら、「怪しいものが来たので」といふ主観的判断のために、全体が推量判断となるのである。

次に、

古に恋ふらむ鳥は、ほととぎす、けだしや鳴きしわが恋ふるごと（万葉集、一一二）

における「らむ」の用法であるが、この歌は、「幸《セル》二于吉野宮一時、弓削皇子贈二与額田王一歌」として、弓削皇子の贈られた次の歌の返歌である。

古に恋ふる鳥かも弓絃葉の三井の上より鳴きわたりゆく（万葉集、一一一）

右の贈歌は、弓削皇子の経験として、ほととぎすを、父君天武天皇を恋ひしたふものと断定して詠んだ。額田王の返歌は、皇子の云つた言葉を受けてゐるので、「古に恋ふらむ鳥」と云つたのである。このやうに、自己の直接の経験でなく、他人の経験に基づく事実を述べる場合の判断にも、前例同様「らむ」を用ゐるのである。

卯の花は、品劣りて何となけれど、咲く頃のをかしう、ほととぎすの、陰に隠るらむと思ふにいとをかし（枕草子、木の花は）

「ほととぎすが、卯の花の陰に隠れる」といふことは、古歌に詠まれた事実であるために、「らむ」が用ゐられた（春曙抄には、人丸の歌として、「なく声をえやは忍ばぬほととぎす初卯花のかげにかくれて」を挙げてゐる）。

桐の花、紫に咲きたるは、なほをかしきを、葉のひろごりさまうたてあれども、またこと木どもと、ひとしう云ふべきにあらず。もろこしに、ことごとしき名附きたる鳥の、これにしも栖むらむ、心ことなり（枕草子、木の花は）

鳳凰は、梧桐にあらざれば栖まずといふことが、支那の本文にあることを承けてゐるのである。

（1）同じ時の六首の中の一に、

ますらをの呼び立てしかば、さを鹿の胸《むな》わけ行かむ‖秋野萩原（万葉集、四三二〇）

のやうに、「らむ」を用ゐるべきところに、「む」が用ゐられてゐるのは、音数律の制約によるものとも考へられるが、また、「む」は、広く仮想の事実に用ゐられるから、通用したものであらう。また同じ時に詠んだ

宮人の袖つけ衣秋萩ににほひよろしき高円の宮（万葉集、四三一五）

も当然、想像的事実であるが、「らむ」も「む」も用ゐず、「にほひよろしき」といふやうな実感的表現の語法を用ゐてゐる。これは、想像された事実を、想像された事実としてゞなく、現実に経験したものとして表現するからである。右のこととは、反対に、現実に経験してゐる事実でも「らむ」によつて表現することがある。いはゆる婉曲表現と云はれるものがそれである。

（2）「久方」の歌の「らむ」を、本居宣長は、「かなの意に通ふらむ‖」として説いてゐる（『詞の玉緒』巻

六)。「らむ」の用例を列挙した後に、「件の歌どもらんとは結びたれども、皆其事を疑ふにはあらず、然るゆゑを疑へるてにをはなり。さる故に皆かなといふに通へり。(中略)ひさかたの光のどけき云々の歌は『しづ心なく花のちるかな、何としてしづ心なく花のちるらん』といふ意なり。」と述べてゐる。この宣長説の根拠は、中世のてにをは研究の説を受けたものであつて、例へば、『春樹顕秘抄』第一、「はねてにをはの事」の条に、「らんとうたがはんこと是らの詞いらずしてはねられ侍らぬにぞ」として、「か」「かは」「かも」「なに」「など」「なぞ」「いづち」等の疑問の語を挙げてゐる。即ち、「らむ」を疑ひのてにをはと考へ、それを用ゐるには、上に疑ひの語を必要とするといふのである。時に、疑ひの語を略して、「らむ」を用ゐることがあるとして、この「ひさかたの」の歌を挙げてゐる。宣長が、「何故に」といふ語を補つて解釈すると云つたのはそれである。しかしながら、この説は、中世以降の「らむ」の用法から結論された解釈説であつて(平安時代はその過渡期をなすと考へられる)、これを以て、「らむ」の用法の全般を推すことには問題があると思ふのである。「らむ」を用ゐるには、その上に、疑ひの語を必要とすると云つたのは、主観的判断を伴ふ場合に、「らむ」が用ゐられることが多いためで、本文中に挙例した「春日野の若菜つみにや」の「や」がそれに当るのである。「ひさかたの」の歌について云へば、主観的判断を表はす語は、「しづ心なく」であるから、「春日野の」の歌に合せるならば、「しづ心なくか花の散るらむ」といふべきところであつて、宣長説のやうに、「何故に」といふ語を補つて解釈すべきではないのである。しかし、中世には、

さびしさをなぐさむ宿の花盛り、ひごろ音せぬ人のとふらむ(続草庵集玉箒一)

のやうに、「何とて淋しくもなき、この盛りに訪れるのであらう」といふやうに、「らむ」を、専ら疑問の

意に呼応するものと考へてゐた。

君を置きてあかずも誰を思ふらん（水無瀬三吟）

も同様で、「誰をか思はむ」の意味に用ゐたので、現在推量といふことは、ここでは当てはまらない。

次に、宣長が「かな」に通ふと云つたことについてゞある。「らむ」が「かな」に通ずるやうに見えるのは、「らむ」そのものに、詠嘆の意味があるためではなく、この歌の下の句「花の散るらむ」の構造に基づいてそのやうな意味が出て来るものと考へなければならない。「花の散るらむ」は、「花の散るらむこと」の「こと」を省略したもので、全体が、独立格の構造を持つのである。従つてその文末には、感動を表はす助詞が省略されたものと考へなければならない。ここに、この文が、詠嘆と解せられる根拠があるのである。一首は、

花の散るらむ（ことよ）

の意味となる。

心ざし深くそめてしをりければ、消えあへぬ雪の花と見ゆらむ（古今集、春上）

わがやどに咲けるふぢなみ立ちかへり過ぎがてにのみひとの見るらむ（同、春下）

は、皆同一構造で、省略によつて詠嘆と解せられるのであるが、

あごの浦に船乗りすらむをとめらが、玉裳のすそに潮満つらむか（万葉集、四〇）
袖ひぢて結びし水の凍れるを、春立つ今日の風やとくらむ（古今集、春上）

においては、詠嘆とは解せられない。「らむ」そのものは推量であつて、詠嘆とは云ふことの出来ない証拠である。

けむ（けん）

一　活用形

語＼活用形	未然形	連用形	終止形	連体形	已然形	命令形
けむ	○	○	けむ	けむ	けめ	○

二　接　続

㈠　上への接続

○動詞、助動詞の連用形に附く。

○形容詞、それと同じやうに活用する助動詞及び「ず」には、助動詞「あり」を介して附く。

心もとなかりけむ（心もとなく―あり―けむ）
頼むべかりけむ（頼むべく―あり―けむ）
行かざりけむ（行かず―あり―けむ）

また、「けむ」が、直に「ず」に附く場合もある。

咲きで来ずけむ（万葉集、四三一三）
求めあはずけむ（同、四〇一四）

○「またけむ」「やすけむ」の「けむ」は、形容詞の古い語尾「またけ」「やすけ」に、推量の助動詞「む」が附いたもので、この「けむ」とは別である。

㈡　下への接続

○已然形「けめ」に助詞「や」「やも」が附いて、「けめや」「けめやも」となる。

しな照る片岡山に飯に飢《ゑ》て臥《こや》せる其の旅人あはれ、親なしに汝なりけめや、さす竹の君はや無き飯に飢て臥せるその旅人あはれ（推古紀、巻二二）

まき柱作るそま人いささめにかりほの為と作りけめやも（万葉集、一三五五）

三　用　法

「らむ」が、推量された現在の事実に用ゐられるのに対して、「けむ」は、推量された過去の事実の判断に用ゐられる。「らむ」について区別した三つの場合を、「けむ」に適用するならば（この三つの場合は、本質的には同じものである）、

(一) 話手が実際経験してゐないが、過去において、それが実現したと推量される事柄
(二) 話手の主観的判断を交へた過去の事柄
(三) 話手が他から伝へ聞いた過去の事柄

等の判断に用ゐられる。

ますらをの靫《ゆぎ》取り負ひて出でゝいけば、別を惜しみ嘆きけむ妻（万葉集、四三三二）

右は、「追㆓痛防人悲㆑別之心㆒作歌」の反歌で、作者家持の想像した過去の事実であるが故に「けむ」が用ゐられた。

つとめて、御前に参りて啓すれば、「さる事も聞えざりつるを、よべのことにめでて、入りにたりけるなめり。あはれ、あれをはしたなくいひけむこそ、いとほしけれ」と笑はせ給ふ（枕草子、大進生昌が家に）

清少納言が、生昌をはしたなく云つたといふことは、中宮の現実には、経験せられなかつた事実であり、また、中宮の主観的判断に基づく事実であり、また、清少の報告に基づく伝聞の事実でもあるのである。

古にありけむ人の倭文はたの帯ときかへてふせ屋立て妻問ひしけむ葛飾の真間の手児名がおくつきを、こことは聞けど、真木の葉や茂りたるらむ松が根や遠く久しき、言のみも名のみも我は忘らえなくに（万葉集、四三一）

右は、真間の手児名の伝説を詠んだもので、後半は現実の見聞を叙したものであるが、前半は、伝聞に基づく事実であるために「けむ」が用ゐられてゐる。

べし

一　活用形

語＼活用形	未然形	連用形	終止形	連体形	已然形	命令形
べし	べく	べく	べし	べき	べけれ	○

二　接続

(一)　上への接続

○動詞、助動詞の終止形に附く。

○形容詞及び打消の「ず」には、指定の助動詞「あり」を介して附く。

高かるべし（高く―ある―べし）

行かざるべし（行かず―ある―べし）

○ラ変動詞、及びそれと同じ活用をする助動詞には、連体形に附く。

あるべし

あはれなるべし

○上一段動詞に接続する場合には、終止形の語尾を省略して、次のやうに云ふことがある。

見るべし……見べし

㈡　下への接続

○「べし」に接尾語「み」が附いて、「べみ」と云ふ。「山高み」「露をおもみ」などの形容詞の語幹に、「み」が附いたものと同じである。

なげきせば人知りぬべみ山川のたぎつ心をせかへたるかも（万葉集、一三八三）

○「べし」に、助動詞「む」が附く場合に、「べからむ」と云ふところを、「べけむ」と云ふ古い形がある。「安からむ」を、「安けむ」と云ふのと同じである[1]。

三　用法

「べし」は、話手によつて、「さうあるのが当然であり、また必然である」と考へられた事柄や、実現が可能であると推定された事柄の判断に用ゐられる。

雨降るべし

における「雨降る」は、話手によつて、現実に経験された事実ではなく、そのやうなことが、必然的に起こると考へられてゐる事実であるために、判断の辞として、「べし」が用ゐられたのである。

しばしばも見放けむ山を心なく雲の隠さふべしや（万葉集、一七）(2)

某の阿闍梨そこにものする程ならば、此所に来べきよし忍びて云へ（源氏、夕顔）

右の、「此所に来べき」は、第二人称に向つて伝達すべき言葉の内容である。第二人称の行為を、当然であり、必然であるとする云ひ方は、結果的に見れば、相手の行為を促すことであり、命令することになるが、この語自身は、推量判断を云つたものである。従つて、

枝を折るべからず

は、本来は、「枝を折る」といふことが、当然あつてはならぬことと考へられてゐることを表明したものに過ぎないのであるが、今日の語感では、強い命令として受取られるやうになつた。

されどこの扇の尋ぬべき故ありて見ゆるを、なほこのあたりの心知れらむ者を召して問へ（源氏、夕顔）

右の文において、「尋ぬべき」の主語は、「源氏」であり、この文の話手であるから第一人称

である。第一人称に関する行為について、これを必然であるとするのは、結果的に見れば、話手の意志を表現したことになるのである。

「べし」の系統に属する語に「べらなり」があつて、延喜前後に流行した。

峰高き春日の山にいづる日はくもるときなくてらすべらなり（古今集、賀）

ふる里をわかれてさける菊の花たひらかにこそにほふべらなれ（古今六帖、六）

（1）山田孝雄博士『漢文訓読により伝へられたる語法』（一一六頁）には、平安時代の用例として、次のやうなものを挙げられた。

まことやきこえむとしつることはあす御くるまたまふべけむ（うつぼ、国譲下）

山田博士は、「べけむ」を、「べからむ」とあるべきを約めていつたものとされてゐる。これに対して、「べけ」を一の活用語尾とし、それに「む」が附いたものとする説がある（安藤正次『古代国語の研究』国語語詞の構成）。

春日政治博士『金光明最勝王経古点の国語学的研究』（乾、一二頁）に次のやうな例が挙げられてゐる。

多羅の菓《み》生しヌ可クなり（ィ可《べ》ケム）

（2）「べしや」の「や」は、反語である。「無情にも雲が隠してしまふ」といふことは、あつてはならないことと作者によつて考へられてゐる事実であるために、それに対応して、「べしや」が用ゐられた。

めり

一　活用形

語＼活用形	未然形	連用形	終止形	連体形	已然形	命令形
めり	○	めり	めり	める	めれ	○

二　接　続

○動詞、助動詞の終止形に附く。

○形容詞及び打消助動詞の「ず」には、指定の助動詞「あり」を介して附く。

○ラ変動詞及びそれと同じやうに活用する助動詞に附く場合には、次のやうに云ふ。

美しかめり（美しく—あり—めり……美しかンめり）

はべらざめり（はべらず—あり—めり……はべらざンめり）

三　用　法

推量された事柄の判断に用ゐられることは他の推量助動詞と同じで、過去、現在に通じて用ゐられる。

あやしう短かゝりける人の御契にひかされて、我も世にえあるまじきなめり（源氏、夕顔）

「あるまじき」は、連体形で、下に「こと」が省略されたと見ることが出来る。「なめり」は、指定の助動詞「なり」に「めり」が接続したもので、全体が推量的陳述になる。

たつた川紅葉みだれて流るめりわたらば錦中や絶えなむ（古今集、秋下）

右は、想像された事実の陳述に用ゐられたものでなく、現に経験した事実に用ゐられてゐる。これは、「流る」といふ断定的な云ひ方を、柔げて婉曲に云つたものとみることが出来る。

かれ見給へ。かゝる見えぬものあめるを（枕草子、大進生昌が家に）

大進生昌が清少納言たちの局に現れたことは、現に経験された事実であるが、これを、「見えぬものあるを」と云へば、断定的に云ふことになるので、それを婉曲に云ふために、「めえる」が用ゐられたものであらう。

らし

一　活用形

活用形／語	未然形	連用形	終止形	連体形	已然形	命令形
らし	○	○	らし	らし らしき	らし	○

二　接　続

(一)　上への接続

○動詞、助動詞の終止形に附く。

○形容詞及び打消の「ず」には、指定の助動詞「あり」を介して附く。

○助動詞「あり」「なり」「けり」の連体形に附く。その際、語尾が省略されて、「あらし」「ならし」「けらし」などと云ふ。

(二)　下への接続

○連体形「らしき」は、「こそ」或は「か」の結びとして用ゐられて、体言に接続することはない。

うべしこそ見る人ごとに語り継ぎしのびけらしき百世経て偲ばえゆかむ清き白浜（万葉集、一〇六五）

うべしかも蘇我の子らを大君のつかはすらしき（推古紀）

○「らし」は、体言に接続すると同時に、「こそ」の結びとしても用ゐられる。

みかの原ふたぎの野辺を清みこそ大宮処定めけらしも（万葉集、一〇五一）

三　用　法

同じく推量の助動詞である「らむ」と比較して見るのに、「らむ」は、純粋に話手の主観的、想像的な事実の判断に用ゐられるのであるが、「らし」の方は、ある客観的な根拠によつて、そのやうに想像することに理由があるやうな事実の判断に用ゐられる。従つて、「らし」は、現代口語の「らしい」よりも、「……にちがひない」といふ云ひ方に近接してゐると見ることが出来る。

春過ぎて夏来るらし白妙の衣ほしたり天の香具山（万葉集、二八）

野辺見れば、なでしこの花咲きにけりわが待つ秋は近づくらしも（同、一九七二）

右においては、「白妙の衣ほしたり」「なでしこの花咲きにけり」といふ客観的な事実が、それぞれ、「夏来るらし」「秋は近づくらし」といふ判断の根拠となつて、単なる主観的な想像以上の判断となつてゐる。「らし」は、「らむ」と同様に、推量判断の表現であるから、判断される事実の中に、主観的判断が含まれることは共通してゐる。

わがせこが、かざしの萩に置く露をさやかに見よと月は照るらし‖(万葉集、二二二五)

「月は照る」といふ事実は、想像的事実でなく現実的経験である。しかし、「わがせこのかざしの露を見よ」といふことは、作者の主観的判断である為に、全体を、「らし」で結んだのである。この場合、「らむ」を用ゐずに「らし」が用ゐられた理由は、そのやうに判断すべき根拠が明示されなくても、心の内に、そのやうに推量される確信を持つてゐる為であらう。

よろづ代に語り継げとし、この岳にひれ振りけらし松浦佐用姫‖(万葉集、八七三)

「よろづ代に語り継げ」といふことは、作者の解釈であるが、それが確信的であるために、「らし」が用ゐられた。もし、単なる想像の場合は、「ひれ振りけむ」と云ふところである。

なり（推定、伝聞）

一　活用形

語＼活用形	未然形	連用形	終止形	連体形	已然形	命令形
なり	○	なり	なり	なる	なれ	○

二　接　続

(一)　上への接続

○動詞、助動詞の終止形に附く（指定の助動詞の「なり」は、連体形に附く）。四段活用に接続する場合には、終止形連体形が同じであるために、指定の助動詞と区別することが、外形上は出来ないが、指定の「なり」が附く場合は、上の連体形は、体言相当格になる。

○ラ変動詞及び指定の助動詞「あり」に附く場合には、その語尾が撥ねる音になるが、表記の上には表はされない。

あなり（あり―なり……あッなり）

ざなり（ず―あり―なり……ざッなり）

㈡下への接続

○連用形から他の助動詞（「き」「つ」等）に接続する場合もあり得る。(1)

三　用　法

江戸時代以来、詠嘆の「なり」と云はれ、口語の「ヨ」「ワイ」に相当するものと云はれて来たものであるが、(2)松尾捨治郎博士によつて、推定、伝聞の意を表はすものと説かれた。(3)

男もすなる日記といふものを、女もしてみんとてするなり（土佐日記）

「男もす」といふことは、作者の直接経験したことではなく、伝聞したことであるために、その陳述に「なる」が用ゐられたのである。この「なる」は、用言の零記号の陳述が置き換へられたものである。文末に置かれた「なり」は、指定の助動詞で、常に体言に附くのである。この場合は、連体形「する」に附いてゐるが、「する」の下に被修飾語「こと」が省略されてゐると見るべきである。

このかう申すものは滝口なりければ、弓弦いとつき〴〵しく打鳴して、「火危し」といふ〳〵、預が曹司の方へいぬなり（源氏、夕顔）

「預が曹司の方へ往ぬ」といふことは、源氏の心中の言葉で、源氏の推定した事実であるために、陳述が「なり」となつたのである。

（1）『広日本文典』には、推定、伝聞の「なり」には、連用形の用法がないやうに説かれてゐるが、松尾捨治郎博士は、次のやうな例を挙げて、これをこの助動詞の連用形の用法とされた（『国文法論纂』三四四頁）。

暁「盗人あり」といふなりつるはなほ枝などを少し折るにやとこそ聞きつれ（枕草子、釈泉寺供養）

故宮うせ給ひて、この大臣の通ひ給ひし事を、いと淡つけい様に、世の人もどくなりしかど（源氏、竹河）

（2）秋の野に人まつ虫の声すなり我かと行きていざとぶらはむ（古今集、秋上）

の「なり」について、本居宣長は、『古今集遠鏡』総論で、「春くれば雁かへるなり、人まつ虫の声すなり、などの類のなりは、あなたなる事を、こなたより見聞ていふ詞なれば、これは、アレ雁ガカヘルワ、アレ松虫ノ声ガスルワなど訳すべし」と述べて説明としては、推定の意としながら、口訳においては、詠嘆の意に解した。

富士谷成章は、「末なり」(終止形接続の意)と称して、口訳「ハイ」を当て、「声すなり」を、「声スルハイ」とした。

このやうに江戸時代の学者が、終止形接続の「なり」を、詠嘆と解したのは、当時の和歌の制作において、これが詠嘆の辞として用ゐられてゐたといふ実際を反映したものと思はれるのである。

月清み酒はと問へど少女どもゑみて答へもなげに見ゆなり(大隈言道、草径集、上)
ただよひて今までありし中空の雲くづれても時雨降るなり(同)
もえわたる小草の緑はるぐ\と霞める野辺に駒あさるなり(中島広足、橿園歌集、春)
かきくらすしぐれの空に飛ぶさぎの羽色さやかに入日さすなり(同)

右は、いづれも、「時雨降るかな」「駒あさるかな」の意味で用ゐられたものと解せられるのである。

(3) 松尾捨治郎『国語法論攷』第六章第六節、終止形所属のなり非詠歎論。

(二) 助　詞

イ　格を表はす助詞

格を表はす助詞とは、事物事柄に対する話手の認定の中、事物事柄相互の論理的関係を表はす語を云ふ。

㈠　が　体言或は体言相当格に附いて、それが、下の語の所有格になつてゐることを表はす。

我が家　君が代

齋玉作等我持浄麻波利造仕礼留瑞八尺瓊能御吹伎乃五百都御統乃玉（大殿祭）

右の「我《が》」は、体言「齋玉作等《いみたまつくりら》」に附いて、それが、下にある体言「玉」の所有格であることを示す。

奈良麿我兵起爾被雇多利志秦等（宣命、第二一）

右の「我《が》」も同様に、体言「奈良麿」が、下の「兵起《いくさおこす》」の所有格になつてゐることを表はす。この場合、「兵起」は、連体形であつて、体言と同格と認めることが出来る。即ち、「奈良麿の兵起こすことに」の意である。従つて、

佐野山に打つや斧音《と》の遠かども、寝もとか子ろ賀、面に美要都留（万葉集、三四七三）

における「美要都留」（見えつる）が連体形になつてゐることも、「見えつること」の意味である（係助詞「か」の結びとも解せられる）。

致仕の大臣も、またなくかしづく一人女（葵上）を、このかみの坊にておはする（朱雀院）には奉らで、弟の源氏にていときなきが元服の添臥に取りわき（源氏、賢木）

「弟の源氏にていときなき」は、形容詞連体形で、「が」に接続するのであるが、全体で、体言相当格と認められる。それが、「元服の添臥」に対して、所有格に立つてゐることが「が」によつて示されてゐるのである。

(二)「いとよく隠したりと思ひて、ちひさき児どもなどのはべるが、ことあやまちしつべきもいひ紛はして、また人なきさまをなむ強ひてつくり侍る」など語りて笑ふ（源氏、夕顔）

いとやむごとなき際にはあらぬがすぐれてときめき給ふありけり（同、桐壺）

右の「が」は、傍線の体言相当格に附いて、それが主語であることを表はすやうにも見えるが、なほ、下にある連体形の体言相当格に対する所有格を表はすものと見られる。

㈢　従属句の体言或は体言相当格に附いて、それが主語或は対象語であることを表はす。

青山に日が隠らば（古事記上、沼河日売の歌）

むなしき御骸を見る〳〵、なほおはするものと思ふが、いとかひなければ、灰になり給はむを見奉りて、今は亡き人とひたぶるに思ひなりなむ（源氏、桐壺）

女御とだにいはせずなりぬるが、飽かず口惜しうおぼさるれば（同、桐壺）

（中君）「一日嬉しく聞き侍りし心の中を、例のただ結ぼほれながら過ぐし侍りなば、思ひ知る片端をだにいかでかはと口惜しさに」と、いとつゝましげにのみ宣ふが、いたくしぞきて、絶え〳〵ほのかに聞ゆれば、心もとなくて（同、宿木）

においては、「が」は、圏点で示した述語に対する主語或は対象語に附いてゐる。

〔の〕

㈠　体言に附いて、所有格を表はす。連体修飾格を表はす「の」は、指定の助動詞とみなす。

天皇命能手長大御世（出雲国造神賀詞）

宮の御たうばり（源氏、賢木）

世の人（同、夕顔）

㈡　従属句の主語格を表はす。

汝《いまし》藤原朝臣乃仕《つかへまつれる》状《さまは》此者（宣命、第二）

春の着る霞の衣（古今集、春上）

年のはに春の来たらばかくしこそ梅をかざして楽しく飲まめ（万葉集、八三三）

㈢　独立格の文の主語格を表はす（第三章文論三（四）独立格参照）。

み吉野の山の白雪ふみわけて入りにし人の音づれもせぬ（古今集、冬）

春立てば花とや見らむ白雪のかゝれる枝に鶯の鳴く（同、春上）

秋萩はしがらみふせて鳴く鹿の目には見えずて音のさやけさ（同、秋上）

い

㈠　主語になつてゐる体言及び体言相当格に附く。

枚方《ひらかた》ゆ笛吹き上る近江のや毛野《けな》の若子い笛吹き上る（継体紀）

仲麻呂伊忠臣《ただしき》止之天侍都（宣命、第三四）

子波祖乃心成《なす》伊自子《し》爾波可在（同、第一三）

汝等の見るいは〔者〕即是レ彼の仏なり（金光明最勝王経、五五）

(二)　連体修飾語に附く（強意を表はす限定助詞か）。

花待つい間に嘆きつるかも（万葉集、一三五九）

青柳の糸の細《くは》しさ春風に乱れぬい間に見せむ子もがも（同、一八五一）

玉緒の絶えじい妹と結びてし言は果さず（同、四八一）

つ

体言に附いて所有格を表はす。

天つ霧

ひるつ方

目《ま》つ毛

体言に附いて所有格を表はす。

な

水《み》な底
手な末
手《た》な心

を

㈠　客語になつてゐる体言及び体言相当格に附く。
此天下乎治賜比諧《ととのへ》賜岐（宣命、第三）
山の名と言ひ継げとかも佐用姫が、この山のへに領巾遠振りけむ（万葉集、八七二）
あ乎待つと君がぬれけむあしひきの山の雫にならましものを（同、一〇八）
秋つ羽の袖振る妹乎たまくしげおくに思ふを見給へわ君（同、三七八）

㈡　対象語になつてゐる体言及び体言相当格に附く。
紫の匂へる妹乎にくくあらば、人妻故に我れ恋ひめやも（万葉集、二一）
さあらむや。誰かその使ひならし給はむをば、むつからむ。うるさきたはぶれ言いひかゝり給ふを煩はしきに（源氏、玉鬘）

人（源氏）は心づきなしと思ひ置き給ふこともあらむに、我（六条御息所）は今少し思ひ乱るゝ事の増るべきを、あいなしと心強く思すなるべし（同、賢木）

右の「を」は、動作の目的を示すとか（『広日本文典』一七〇頁）、動作の影響を直接に受くる対者を示すものとする（山田孝雄『日本文法学概論』四一二頁）客語表示の概念では説明出来ないものである。思ふに、「を」は、感動の対象となる事物、事柄に附けるところの感動助詞を基本的のものとすれば、最初は、専ら、話手に対立した事物に附けて、用ゐたものであらう。即ち、話手が、ある事を自己の前に取出して、詠嘆することの表現である。次に、この関係を、第三者の場合に、適用すれば、第三者の動作、情緒に対立する事物を表示して、ここに格助詞としての用法が成立する。他動詞的な意味を持つ動作に対立する事物は、即ち客語である。ある情緒に対立する事物は、即ち対象語であつて、「を」は、対象語の格をも表示することが出来るといふことが分る。現代語では、このやうな場合、「が」を用ゐて、「妹がにくい」「いひかゝり給ふことが煩はしい」「増るべきことがあいなし」といふやうに云ふ。

㈢　環境を表はす語に附く。

寒き夜乎いこふことなく、通ひつゝ作れる家に千代までに来まさむ君と我も通はむ（万葉

集、七九）

秋風の寒き朝け乎‖佐野の岡越ゆらむ君に衣借さましを（同、三六一）
長き夜乎‖独りか寝むと君が云へば、過ぎにし人のおもほゆらくに（同、四六三）
霞立つ長き春日乎‖、かざせれど、いやなつかしき梅の花かも（同、八四六）
衣手の名木の河辺乎‖、春雨に我れ立ちぬると家思ふらむか（同、一六九六）

右は、動作や情緒に対立したものの概念を、更に拡張したものと考へられるもので、動作や情緒に対立する環境（時間、場所を含めて）を表示したものである。「の」にも、右のやうに環境を表示するものがあつて、

雨降らずとのぐもる夜之‖、ぬれひでど恋ひつゝ居りき君待ちがてり（万葉集、三七〇）
夏の夜の‖、ふすかとすれば郭公鳴くひと声にあくるしののめ（古今集、夏）

「を」の用法と極めて近似してゐるのであるが、「を」によつて表示された環境は、「の」の場合よりも、述語に対する関係が、より対立的であるためであるかとも考へられる。

㈣　接続助詞としての用法。

少将の命婦などにも聞かすな。尼君ましてかやうの事など諫めらるゝを‖、恥かしくなむ覚ゆべき（源氏、夕顔）

若宮のいと覚束なく、露けき中に過し給ふも心苦しう思さるゝを‖、疾く参り給へ（同、桐壺）

わざとあめるを‖、早う物せよかし（同、花宴）

右のやうな用例は、一般に接続助詞の「を」として説明され、また、そのやうに解して意味が通ずるのであるが、右の場合を見るに、「を」は連体形に附いてゐるのであるから、体言相当格に附いたものと考へれば、上に述べて来た「を」の場合と全く別のものと考へる必要が無いことが分る。第一の例、

尼君ましてかやうの事など諫めらるゝを‖、恥かしくなむ覚ゆべき

を、既に挙げた例、

紫の匂へる妹を‖、にくくあらば

と比較する時、「を」が附いた事柄は、ともに、次に現れて来る思想、即ち、「はづかし」「にくし」の原因或は機縁となつた事柄を表示することにおいて共通してゐると見ることが出来るのである。第二の例も同様で、「心苦しう思さるゝこと」が、「疾く参り給へ」といふ思想の原因、機縁となつてゐることを表はし、第三の例も同様である。このやうに、ある事柄が、他の別の動作感情を制約することを表はすところから、「……なるによつて」或は「……なれど」といふ口訳があてられ、そこから、「を」を接続助詞とする見解も出て来ると思ふのであるが、以上のやうに、「を」は、やはり、事物事柄相互の関係を表はす格助詞と見るべきではないかと考へられる。

　君により言の繁きを‖、古さとの明日香の河にみそぎしに行く（万葉集、六二六）

　恋しけば、袖も振らむを‖、むさしのうけらが花の色にづなゆめ（同、三三七六）

　闇の夜は苦しきものを‖、いつしかとわが待つ月も早も照らぬか（同、一三七四）

　とこしへに君も逢へやも、いさなとり海の浜藻の寄る時々を[1]‖（允恭紀、衣通姫の歌）

　いと若びたる声の、ことに重りかならぬを‖、人づてにはあらぬやうに聞えなせば、ほどよりはあまえてと聞き給へど（源氏、末摘花）

右の諸例は、皆同様に解せられる。

感動助詞の「を」は、それに後続する思想を省略した場合の用法について云はれるものと考へることが出来る。即ち、事の原因、機縁のみが表現される云ひ方である。例へば、右に挙げた例歌の中で、初めの三首について、それぞれを、二句だけで止めたとしたならば、その時の「を」は感動助詞と見ることが出来るのである。

㈤　主語になつてゐる語に附く。

御賀のことを、おほやけよりはじめ奉りて、おほきなる世のいそぎなり（源氏、藤裏葉）

右の文において、「おほきなる世のいそぎ」は、述語であつて、その主語は、「御賀のこと」であるのに、それに「を」が用ゐられてゐる。これを図式にあらはせば、

〔主語〕を〔述語〕なり（「なり」の代りに「に」「と」を用ゐても同じ）

のやうになる。この場合、述語は必ずしも他動詞的意味のものではない。

見し人の煙を雲とながむれば、夕の空もむつまじきかな（源氏、夕顔）

なほその世に頼みそめ奉り給へる人々は、今もなつかしくめでたき御有様を、心やりどこ

ろに、参り仕うまつり給ふかぎりは、心を尽して惜み聞え給ふ（同、若菜上）

「げに今日をかぎりに、この渚を別るゝこと」などあはれがりて（同、明石）

何事もらう〴〵しう物し給ふを、思ふさまにて（同、須磨）

「いみじきこと（葵の上の死）をば、さるものにて、ただうち思ひめぐらすにこそ堪へがたきこと多かりけれ」（同、葵）

右の諸例は、述語が体言で、それに、陳述を表はす「なり」「に」「と」の附いた場合であるが、述語が、用言の場合も同じで、その時は、陳述の「なり」等に相当するものは零記号となる。

けぢかくあはれなる御住ひなれば、かやうの人も、おのづから物遠からでほの見奉る御様、かたちを、いみじうめでたし■と涙落しをりけり（源氏、須磨）

また、零記号の陳述が、他の助動詞に置き代へられても同じである。

かなし妹をいづち行かめとやますげのそがひに寝しく今し悔しも（万葉集、三五七七）

以上述べて来たところを通観するのに、「を」を論理的な格の概念で律することは、最少限度に云はれることで、恐らく、「を」は、主語、客語、対象語を通じて、それが述語に対して、強く対立したものとして取出された時に用ゐられるもので、もし云ふならば、論理的格に対して、感情的格を表現するものとでも云ふべきである。

（1）この歌については、橋本博士に解がある（「允恭紀の歌の一つについて」『橋本博士著作集』第五冊）。右に従へば、「とこしへに君もあへやも」の「あへ」は、「逢ふ」の已然形で、それに「やも」が附いて、「逢ふのか、否逢ふのではない」の意となる。右の論文では、「を」の用法を説くことが主眼ではないから、省略されてゐるが、右の上句に照応する下句の意味は、「時々しかお逢ひにならない」の意味であり、それは、「とこしへに君に逢ふのではない」といふ上句の思想の原因となる事柄であるために、それを表示して「を」が用ゐられてゐると見ることが出来る。

に

体言に附いて、動作作用の目標、場所、時間、比較の基準等を表はす。

青丹よし奈良の都に行きて来むため（万葉集、八〇六）

日の暮に碓氷の山を越ゆる日は（同、三四〇二）

汝が父に似ては鳴かず、汝が母に似ては鳴かず（同、一七五五）

散る花の鳴くにしとまるものならば、我鶯におとらましやは（古今集、春下）

内に‖もおぼしなげきて行幸あり（源氏、賢木）

へ

体言に附いて、それが動作の目標であることを表はす。

佐保の内へ‖鳴き行くなるは誰喚子鳥（万葉集、一八二七）

今日なむ天竺へ‖石の鉢とりに罷る（竹取物語）

おくさまへ‖ゐざり入り給ふさま（源氏、末摘花）

と

体言に附いて、共同作用の目標、それとの並列等を表はす。

かぐ山は、うねびををしと耳梨と‖相あらそひき（万葉集、一三）

わらはべと‖はらだち給へるか（源氏、若紫）

もろこしと‖この国とは‖異なるものなれど（土佐日記）

よ（万葉時代）　**ゆ**（同）　**ゆり**（同）　**より**

体言及び体言相当格に附いて、㈠動作の出自、㈡比較の基準、㈢動作の行はれる地点、㈣動作の手段方法等を表はす。

㈠　天地の遠き始よよのなかは常なきものと語り継ぎ（万葉集、四一六〇）
神島のいそみの浦ゆ船出すわれは（同、三五九九）
畏きや命かゞふり明日ゆりや草《かえ》がむた寝む妹なしにして（同、四三二一）
明日よりはつぎて聞えむ（同、四〇六九）
いわけなくより宮の内よりおひ出で（源氏、梅が枝）

㈡　雲に飛ぶ薬はむよは都見ばいやしきわが身またをちぬべし（万葉集、八四八）
人言は暫しぞ吾妹縄《つな》手引く海ゆ益りて深くし念ふを（同、二四三八）
我よりも貧しき人の父母は（同、八九二）
その人かたちよりは心なんまさりたりける（伊勢物語）
なまなまの上達部よりも非参議の四位どもの世のおぼえ口をしからずもとのねいやしから
ぬが（源氏、帚木）

㈢　ほとゝぎす此よ鳴き渡れ（万葉集、四〇五四）
雲の上ゆ鳴き行く鶴の（同、三五二二）
木の間よりうつろふ月の影をしみ（同、二八二一）

おいらかにあたりよりだになありきそとやはのたまはぬ（竹取物語）
沖より舟どもの謡ひのゝしりて漕ぎ行くなどもほのかに聞えて（源氏、須磨）
㈣　鈴が音の早馬駅《はゆまうまや》の堤井の水を賜へな妹が直手《たゞて》よ（万葉集、三四三九）
目ゆか汝を見む（同、三三九六）
まそ鏡持たれど我はしるしなし君が歩行《かち》よりなづみ行く見れば（同、三三一六）
われは、かちよりくゝり引き上げなどして出で立つ（源氏、夕顔）

まで

動作作用の帰着点を表はす。

あまとぶや鳥にもがもや都まで送りまをしてとびかへるもの（万葉集、八七六）
和泉の国までとたひらかに願《ぐわん》立つ（土佐日記）
今日までながらへ侍りにけるよと（源氏、葵）

から

「から」は、起源的には、「まで」と同様に、形式体言で、指定の助動詞が附いて、「からに」と用ゐられた。「故」「原因」の意味である。

一夜のみ寝たりしからに、をのうへの桜の花は滝の瀬ゆ落ちて流るる（万葉集、一七五一）

あひ見ては面かくさるゝものからに、つぎて見まくの欲しき君かも（同、二五五四）

いは走る垂水の水のはしきやし君に恋ふらくわが心から（同、三〇二五）

以上のやうな体言的用法から、次のやうな助詞としての用法が派生した。それは、体言及び体言相当格に附いて、それが、動作の起点、出自原因になつてゐることを表はす。

ほとゝぎす卯の花辺から鳴きて越え来ぬ（万葉集、一九四五）

こぞから山ごもりして侍るなり（蜻蛉日記、下）

浪の音のけさからことに聞ゆるは春のしらべやあらたまるらむ（古今六帖、五下）

若君のいとゆゝしきまで見え給ふ御ありさまを、今からいとさまことにもてかしづき聞え給ふさまおろかならず（源氏、葵）

ロ　限定を表はす助詞

ある事柄が、他の事柄より限定され、区別され、特殊の価値のものとして認定されてゐることを表はす。

限定を表はす助詞の中で、「は」「も」「ぞ」「なむ」「や」「か」「こそ」が附いた場合は、それに応ずる陳述の終止の形に影響を及ぼす。係り結びといはれてゐるのが、それである。

は

㈠　主語となつてゐる体言及び体言相当格に附く。

父母は飢ゑ寒からむ妻子どもは乞ひて泣くらむ（万葉集、八九二）

自らなど聞え給ふことは更になし（源氏、夕霧）

この池といふは[1]所の名なり（土佐日記）

かぎりとて別るゝ道のかなしきに、いかまほしきは命なりけり（源氏、桐壺）

㈡　客語となつてゐる体言に附く。

海原を八十島がくり来ぬれども、奈良の都は忘れかねつも（万葉集、三六一三）

ものは絶えず得させたり（土佐日記）

㈢　連用修飾語となつてゐる体言用言に附く。

もみち葉は、今はうつろふわぎもこが待たむといひし時の経行けば（万葉集、三七一三）

追風の吹きぬる時は行く舟も帆手うちてこそ嬉しかりけれ（土佐日記）

鶯の鳴くくら谷にうちはめて、焼けは[2]死ぬとも君をし待たむ（万葉集、三九四一）

さりともうちすててはえ行きやらじ（源氏、桐壺）

さしもあらじとは[3]思ひながら（同、夕霧）

かくはいふものか（土佐日記）

㈣　述語となつてゐる体言用言に附く。

わくらばに人とは[4]あるを、人なみに我も作るを（万葉集、八九二）

いとおどろ〳〵しうは[5]あらねど（源氏、御法）

㈤　文末に附いた場合は、感動を表はす。これは、限定を表はす助詞の多くについて見られることである。文末に用ゐられるといふことは、文全体を限定してゐることとなる結果、右のやうなことがいはれるのであらう。

（1）「いふ」は、連体形で、下に体言「所」が省略されてゐると見られるので、「この池といふ」全体が、体言相当格となる（第二章語論第一項（一）参照）。

（2）「焼けは死ぬ」は、「焼け死ぬ」といふ複合動詞の中間に、「は」が挿入された形になつてゐるが、上の「焼け」は、下の動詞「死ぬ」の連用修飾語であり、「は」は、その連用修飾語に附いたものである。このやうな場合は、必ず下に打消助動詞か、逆態接続を表はす助詞が来る。

（3）「さしもあらじと」の「と」は、指定の助動詞の連用形で、「さしもあらじ」全体が、下の述語「思ふ」の連用修飾語となる。

（4）「人とはあるを」は、「人とあるを」の間に、「は」が挿入された形であるが、「と」は、指定の助動詞の連用形で、「あり」と結合して、助動詞「たり」が出来る。従つて、ここも、「人たるを」の意味で、「人」は述語で、「は」は、その述語に指定の助動詞を介して附いたものと見ることが出来るのである。

（5）原理は、前例と同じである。ただ、この場合、述語が形容詞であるために、前例の指定の助動詞「と」に相当するものが、零記号になつてゐるために、「は」は、形容詞の語尾に直結したのである。この場合も、「は」は、零記号の陳述を介して述語に附いてゐると見ることが出来る。対比して図解すれば、次のやうになる。

人と○は‖あるを
おどろおどろしう■○は‖あらねど

指定の助動詞「に」の場合も同様で、次のやうになる。

人に○は‖あれど

述語が動詞の場合は、形容詞と同様で、

　本を読み■はすれど

となるが、形容詞と異なるところは、形容詞の場合は、下に来る陳述に、指定の助動詞「あり」を用ゐて、「あらねど」のやうにいふのであるが、動詞の場合は、サ変動詞「す」を助動詞のやうに用ゐて、「すれど」といふのである。

も

（一）　主語となる体言に附く。

銀も金も玉も何せむに、まされる宝子にしかめやも（万葉集、八〇三）

御供の人も皆狩衣姿にて事々しからぬ姿どもなれど（源氏、宿木）

（二）　客語となる体言に附く。

信濃なる筑摩の河の細石《さゞれし》も君し踏みてば玉と拾はむ（万葉集、三四〇〇）

人目も今は[1]つゝみ給はず泣き給ふ（竹取物語）

日をだにもあま雲近く見るものを都へと思ふ道のはるけさ（土佐日記）

㈢　連用修飾語となる体言用言に附く。

須磨の海人の塩焼衣の馴れなばか一日も君を忘れて念はむ（万葉集、九四七）

百日《もゝか》しも(2)行かぬ松浦路今日行きて明日は来なむを何かさやれる（同、八七〇）

瘦すく〳〵も(3)生けらば有らむをはたやはた鰻《むなぎ》をとると河に流るな（同、三八五四）

かぎりぞと思ひなりしに世の中をかへすぐ〳〵もそむきぬるかな（源氏、手習）

袖振らば、見も(3)かはしつべく近けども渡るすべなし秋にしあらねば（万葉集、一五二五）

鈴虫の声のかぎりをつくしても(4)長き夜あかずふる涙かな（源氏、桐壺）

御枕上近くても不断の御読経声尊き限して読ませ給ふ（同、若菜下）

㈣　述語となる体言用言に附く。

その物とも(5)なけれど、寄生木といふ名、いとあはれなり（枕草子、木は）

罷らむ道の安くも(6)あるまじきに（竹取物語）

見ずも(7)あらず見もせぬ人の恋しくは、あやなく今日やながめ暮さむ（古今集、恋一　伊勢物語）

㈤　文末に附いた場合に感動助詞となることも「は」と同じである。

（1）「日をだにも」の「も」は、直接には、助詞「だに」に附いてゐるが、この場合は、「をだにも」といふ複合助詞が、客語である体言「日」に附いたものと考へるべきである。前例の「人目も」も、「人目をも」と云ひ得るのであるが、その場合も、「も」は、「人目」に附いてゐると云つてよいのである。

（2）動詞の終止形が、連用修飾語に用ゐられることについては、第三章文論第三項（二）連用修飾格を参照。

（3）「見もかはし」は、「見かはし」といふ複合動詞の中間に「も」が挿入された形であるが、「見」は、「見る」の連用形で、下の動詞「かはし」の連用修飾語であり、「も」は、その連用修飾語に附いたものである。

（4）前例と同様に、「声のかぎりをつくし振る（降る）」といふ複合動詞の中間に、助詞「て」とともに、「も」が挿入された形であるが、「つくし」は、「ふる」の連用修飾語で、「も」は、「て」とともに、その連用修飾語を限定したものである。

（5）「その物」は、省略された主語「寄生木」の述語で、もし、「も」を除けば、「その物となけれど」となるところである。「と」は、指定の助動詞の連用形で、「なけれ」は、打消の助動詞である。体言の述語に「も」が附く時は、指定の助動詞とともに、「ともなし」「ともあり」のやうに云ふことは、「は」の附く場合と同じである。

　山のかひ、そことも見えずをとつ日も昨日も今日も雪の降れれば（万葉集、三九二四）

右の、「そこ」は、主語「山のかひ」の述語で、「も」は指定の助動詞「と」とともに用ゐられてゐる。

(6) 本例では、述語が形容詞になつてゐるために、「も」は形容詞に直結したのである。これも「は」の場合と同じである。

(7) 本例の二つの「見」は、ともに省略された主語「我」の述語である。上の「も」は、打消助動詞の「ず」と結合して、「見」に附き、下の「も」は、直に「見る」の連用形に附いたものである。これは、前例の形容詞の場合と同じ原理で説明が出来る。

ぞ

㈠ 主語となる体言に附く。

難波門《ど》を漕ぎ出て見れば神さぶる生駒高嶺に雲ぞたなびく（万葉集、四三八〇）

あるものと忘れつゝなほ亡き人をいづらと問ふぞ[1]悲しかりける（土佐日記）

「ぞ」の結びは、すべて連体形になる。

㈡ 客語となる体言に附く。

草枕旅の翁と思ほして針ぞ賜へる縫はむ物もが（万葉集、四一二八）

桜花とく散りぬとも思ほえず人の心ぞ風も吹きあへぬ（古今集、春下）

わが身はかよわく物はかなき有様にて、なか〳〵なる物思ひをぞ[2]し給ふ（源氏、桐壺）

(三)　連用修飾語となる体言用言に附く。

ぬばたまの夜見し君を明くる朝逢はずまにして今ぞ悔しき（万葉集、三七六九）

「亡きあとまで、人の胸あくまじかりける人の御覚えかな」とぞ(3)弘徽殿などには、なほゆるしなう宣ひける（源氏、桐壺）

しでの山ふもとを見てぞ帰りにし、つらき人よりまづ越えじとて（古今集、恋五）

ある時はありのすさびに憎かりき、なくてぞ(4)人の恋しかりける（源氏物語奥入）

堀江より水脈さかのぼる楫の音の間なくぞ奈良は恋しかりける（万葉集、四四六一）

かうぞいはむかし（源氏、蜻蛉）

(四)　述語となる体言用言に附く。

身のほどしられて、いとはるかにぞ(5)思ひきこえける（源氏、明石）

年九つばかりなる男《を》の童、年よりは幼くぞ(6)ある（土佐日記、二十二日）

(五)　文末に附いた場合に、感動助詞となることも、「は」「も」と同じである。

(1)　「問ふ」は、動詞の連体形で、体言相当格である。

（2）本例の「ぞ」は、直接には、格助詞「を」に附いてゐるが、「をぞ」が一体となつて、客語「物思ひ」に附いたものである。

（3）「ぞ」は、指定の助動詞の「と」に附いてゐるが、「と」は、上接の引用句全部を、連用修飾格として、下の述語「宣ふ」に続けるので、こゝも「ぞ」は、連用修飾格に附いたものと考へることが出来る。同様の例は、「は」「も」の項においても説明を加へて置いた。

（4）外形的には、前例と同様に見られるが、本例は、「なくて」といふ連用形中止法に「ぞ」が附いたもので、前例とは別である。「なくて」の主語と、「恋しかりける」の主語は別で、従つて、「なくて」は、「恋しかりける」の連用修飾語ではなく、省略された主語「人」の述語と解さなければならないのである。

（5）「はるか」は体言。「に」は、指定の助動詞の連用形である。「はるか」は、こゝには省略されてゐる主語となるべき事実、即ち、「明石の上が、源氏の妻となること」に対する述語で、それに「ぞ」が附いたものである。その場合、指定の助動詞「に」或は「と」を伴ふことは、「は」「も」の場合と同じである。

（6）本例の「ぞ」を除けば、「男の童、年よりは幼し」と云ふところである。「ぞ」が述語に附いた為に、指定の助動詞「あり」を用ゐて文を留めることは、「は」「も」の場合と同様である。また、「ぞ」が、述語に直結するのは、それが形容詞であるためである。

なむ（なも）

奈良時代は「なも」といふ形が用ゐられた。文中の種々の成分を表はす語に附いて、それが強調されてゐることを表はす。「なむ」の結びは連体形となる。

㈠　主語となつてゐる体言に附く。

その人かたちよりは心なむまさりたりける（伊勢物語）

いと深く恥しきかなと覚ゆる際の人なむなかりし（源氏、若菜下）

㈡　客語となつてゐる体言に附く。

参り給はむついでにかの御琴の音なむ聞かまほしき（源氏、若菜下）

かく浅ましく持て来る事をなむねたく思ひ侍る（竹取物語）

㈢　連用修飾語に附く。

昼はいと人繁く……心あわたゞしければ、夜々なむ静かに事の心もしめ奉るべき（源氏、若菜下）

「かくなむ申す」といふ（竹取物語）

さる時よりなむよばひとはいひける（同）

食《をす》国天下之業止奈母随神所念行久止（宣命、第四）

いとなむ心苦しき（源氏、若菜下）

(四) 述語になつてゐる語に附く。

いよ〳〵たのもしくなむ（源氏、若菜下）

人に宣ひ合せぬ事なれば、いぶせくなむ（同、若菜下）

や

(一) 文中の種々の成分になつてゐる体言及体言相当格に附いて、その事が不確定であり、また感動の対象になつてゐることを表はす。

「や」を伴つた場合の文の結びは連体形となる。

相見ては千年や去ぬる否をかもあれやしか思ふ君待ちがてに（万葉集、三四七〇）

夢にだにあふこと難くなりゆくは、われやいを寝ぬ人や忘るゝ（古今集、恋五）

あらたへの布きぬをだに着せがてに、かくや嘆かむせむすべをなみ（万葉集、九〇一）

右は、上の体言が、それと明かに決定されてゐないで、不確定な場合に用ゐられる。

右のやうな場合、「や」を文末に廻して、「千年去ぬや」「われいを寝ぬや」の意に解されるのであるが、不確定なものは、むしろ「や」の直上の体言である。

(二) 連用修飾語になつてゐる用言の連用形に附く。

あめつちは広しといへど、あがためは狭《さ》くやなりぬる、日月はあかしといへど、あがためは照りや給はぬ（万葉集、八九二）

春霞立つを見すてゝ行く雁は、花なき里に住みやならへる（古今集、春上）

(三) 述語になつてゐる用言、助動詞の終止形に附く。

わが泣く涙、有馬山、雲井たなびき雨に降りきや（万葉集、四六〇）

大和恋ひいの寝らえぬに心なくこの洲の崎にたづ鳴くべしや（同、七一）

その片かどもなき人はあらむや（源氏、帚木）

用言、助動詞に附くといふことは、陳述に附くといふことで、「降りきや」は、過去の助動詞即ち回想判断に、疑問が加つたものである。「や」が附いた場合は、ある事柄についての疑問的な判断をしてゐるのであるから、対人的には、相手に問ひかけるやうな意味に転ずるとともに、屢〻詠嘆的な気持ちを表現する。

因みに、疑ひを表はす「や」は、終止形に附くのが古い時代の用法であるが、鎌倉中期以後になると、連体形に附けて、「来たりしや」「ただしきや」などいふ云ひ方が現れて来た。[1]

㈣　動詞、助動詞の已然形に附く（第三章四「活用形の用法」参照）。

朝ゐでに来鳴くかほどり汝《なれ》だにも君に恋八《こふれや》‖時終へず鳴く（万葉集、一八二三）

里は荒れて人はふりにし宿なれや‖庭もまがきも秋の野らなる（古今集、秋上）

右の「恋ふれや」「宿なれや」は、「恋ふればや」「宿なればや」の意味で、結びが連体形になることは前諸例と同じである。

妹が袖別れて久になりぬれど、一日も妹を忘れておもへや‖（万葉集、三六〇四）

散りそむる花を見捨ててかへらめや‖おぼつかなしと妹は待つとも（拾遺集、一）

右は、動詞「おもふ」或は、助動詞「む」の已然形に附いたものであることにおいて、前例と形式的には同じであるが、後世ならば、「おもふや」「かへらむや」といふところで、「や」で、文が終止する。意味は、反語になつて、「おもはず」「かへらざらむ」と同じになる。

秋の野におく白露は玉なれや‖つらぬきかくるくもの糸すぢ（古今集、秋上）

もゝしきの大宮人はいとまあれや[2]‖桜かざして今日も暮しつ（新古今集、春下）

右も同様に、已然形接続の場合であるが、これは、疑問或は反語の意味はなく、専ら感動を表はすものとして用ゐられてゐる。従つて、「あれや」「なれや」で終止して、下の述語に対して係結の関係を構成することはない（「感動を表はす助詞」参照）。

因みに、「花や紅葉」「梅や柳」といふやうに、物を重ねる時に用ゐる「や」は、後の時代の用法で、元来は、「花や紅葉や」と用ゐて、「花よ紅葉よ」の意味であるから、下の「や」を省くことはなかつた（本居宣長『玉あられ』）。

また、「いかなることにやあらむ」「誰にやあらむ」「幾年月をや経ぬる」のやうに、「なに」「いかに」「いづれ」「いく」「たれ」「たが」の如き不定の意味を表はす語とともに「や」を用ゐることも、後の用法であつて、古くは、「か」が用ゐられた。従つて、

いかなることにかあらむ
誰にかあらむ
幾年月をか経ぬる

のやうにいふのが、古格である（同、『玉あられ』）。

(1)「文法上許容ニ関スル事項」第十に「疑ノてにをはノ『ヤ』ハ動詞、形容詞、助動詞ノ連体言ニ連続スルモ妨ナシ」として許容した。

(2) この歌の原歌は、次のやうになつてゐる。

もゝしきの大宮人はいとまあれや‖、梅をかざして、こゝにつどへる（万葉集、一八八三）

右の歌では、下の句の留りが、「つどへる」と連体形で終止してゐる。それは、上の「や」が、係助詞、即ち疑問の助詞として用ゐられてゐるからである。万葉時代には、「已然形—や」が感動の表現に用ゐられたことはなく、すべて、「……なればか」或は「……なるに」と、疑問か、反語の意味に用ゐられてゐる。

か

㈠ 主語、客語、修飾語、述語になつてゐる体言に附く。

一つ松幾代可‖経ぬる吹く風の声の清きは年深みかも（万葉集、一〇四二）

我がせこはいづく行くらむおきつものなばりの山を今日か‖越ゆらむ（同、四三）

いかなる人か‖かくてはものし給へる（源氏、手習）

右は、体言に附いた場合で、上の体言が不確定なことを表はすことも、また、係の助詞として、結びが連体形になることも、「や」に通じてゐる。ただし、「いつ」「いかに」「誰」といふやうな不定を表はす語がある場合には、その下には、「か」が用ゐられて、「や」は用ゐられない（『玉あられ』何の類の下にやもじをおく事）。

うけぐつを脱ぎつる如く踏み脱ぎて行くちふ人は、岩木より成り出し人か（万葉集、八〇〇）

人はなれたるところに心とけて寝ぬるものか（源氏、夕顔）

右は、述語になつてゐる体言に附いたものではあるが、「成り出し人か」は、「成り出し人なるか」、「寝ぬるものか」は、「寝ぬるものなるか」の省略で、連体形に附いた場合と同等に扱ふべきものである。

㈡　連用修飾語として用ゐられてゐる用言に附く。

しきたへの衣手離《か》れて玉藻なすなびきか寝《ぬ》らむわを待ちがてに（万葉集、二四八三）

竜田山見つゝ越え来し桜花散りか過ぎなむわがかへるとに（同、四三九五）

よそへてぞ見るべかりける白露のちぎりかおきし朝がほの花（源氏、宿木）

右は、形式的には、「なびき寝《ぬ》」「散り過ぐ」「ちぎりおく」等の複合動詞の中間に挿入された形になつてゐるが、実際は、連用修飾語になつてゐる、それぞれの上の動詞の連用形に附いたものである。

(三) 述語になつてゐる用言、助動詞の連体形に附く。

衣手の名木の河辺を春雨にわれ立ちぬると家思《も》ふらむ可‖(万葉集、一六九六)

よからぬ狐などいふもののたはぶれたるか‖(源氏、若菜下)

あかなくにまだきも月のかくるゝか‖、山の端逃げていれずもあらなむ(古今集、雑。伊勢物語)

右は、疑ひ或は詠嘆を表はすこと、終止形接続の「や」に同じである。

(四) 動詞、助動詞の已然形に附く。

里家は、さはにあれども、いかさまにおもひけめか‖も、つれもなき佐保の山辺に泣く児なす慕ひ来まして(万葉集、四六〇)

いかさまに御念食可《オモホシメセカ》‖(或云所念計米可《オモホシケメカ》‖)あまさかるひなにはあれど、いは走る淡海国のささなみの大津の宮に天の下しらしめしけむ(同、二九)

右は、「おもひけめばか」「おもほしけめばか」の意味で、条件を表はす（已然形接続の「や」を参照）。

橘の下吹く風の香ぐはしき筑波の山を恋ひずあらめかも（万葉集、四三七一）

山科のおとはの山の音にだに人の知るべくわが恋ひめかも（古今集、墨滅）

右は、前例と同時に、助動詞「む」の已然形に「か」の附いた例であるが、これらは、後世、「あらむか」「恋ひむか」といふべきところで、そこで終止する意味である。この場合、「か」は、反語を表はし、従つて全体が詠嘆的になる。

こそ

「なむ」と同様に、事柄の強調を表はす。「こそ」の結びは已然形となる。

㈠　主語となつてゐる体言に附く。

山高み河遠白し野をひろみ草こそ茂き[1]（万葉集、四〇一一）

我が身さばかりと思ひあがり給ふきはの人こそ、便につけつゝ気色ばみ、言にいで聞え給

ふもありけれ（源氏、胡蝶）

(二)　客語となつてゐる体言に附く。

草こそは取りて飼ふがに、水こそはくみて飼ふがに、何しかも葦毛の馬のいばえ立ちつる（万葉集、三三二七）

よるべなみ身をこそ[2]遠くへだてつれ心は君が影となりにき（古今集、恋三）

(三)　連用修飾語に附く。

昨日こそ船出はせしか鯨魚《いさな》取りひぢきの灘を今日見つるかも（万葉集、三八九三）

我は又なくこそ悲しと思ひ歎きしか（源氏、澪標）

命を捨てゝも己が君の仰言をば叶へむとこそ思ふべけれ（竹取物語）

女にてさへあなれば、いとこそものしけれ（源氏、澪標）

(四)　条件格になつてゐる已然形に附く（条件格については、第三章三（五）参照）。

ありさりて後も逢はむと思へこそ露の命もつぎつぎ渡れ（万葉集、三九三三）

さ百合花ゆりも会はむと思へこそ今のまさかもうるはしみすれ（同、四〇八八）

㈤　述語になつてゐる語に附く。

蓮葉はかくこそあるもの意吉麻呂が家なるものは芋の葉にあらし（万葉集、三八二六）

さこそあなれ（源氏、澪標）

㈥　述語になつてゐる動詞の連用形について、その動作が希望されてゐることを表はす（奈良時代のみ）。

うつゝには逢ふよしもなし、ぬばたまの夜の夢にをつぎて見えこそ（万葉集、八〇七）

鶯の待ちがてにせし梅が花散らずありこそ思ふ子がため（同、八四五）

人の見て言とがめせぬ夢にだに止まず見えこそわが恋やまむ（同、二九五八）

梅の花夢に語らくみやびたる花と我思ふ酒に浮べこそ（同、八五二）

思ふ子が衣摺らむに匂ひこそ島の榛原秋立たずとも（同、一九六五）

（1）万葉時代には、「こそ」の結びとなる形容詞及び助動詞「べし」「らし」は連体形である。

難波人葦火たく屋の煤《す》してあれど、己が妻こそ常めづらしき（万葉集、二六五一）

玉くしろまきぬる妹もあらばこそ夜の長きもうれしかるべき（同、二八六五）

いにしへもしかにあれこそうつせみも妻をあらそふらしき（同、一三）

（2）「こそ」は強い限定を表はす助詞であるが故に、それに続く文が屢ゝ逆接的になることがある。こゝも、「身を遠く隔てたれども、心はそれに反して君の影となりにき」といふ意の文脈を構成する。

□し□　□しも□

㈠　主語となつてゐる体言及び体言相当格に附く。

真楫貫き船し行かずは見れど飽かぬ麻里布の浦にやどりせましを（万葉集、三六三〇）

人目しなき所なれば（源氏、末摘花）

ながらへて、またあふまでの玉の緒よたえぬしもこそくるしかりけれ（続拾遺集、一五）

㈡　客語となつてゐる体言に附く。

秋萩ににほへるわが裳ぬれぬとも君が御船の綱し取りてば（万葉集、三六五六）

おもへども身をし分けねば目に見えぬ心を君にたぐへてぞやる（古今集、離別）

㈢　連用修飾語となつてゐる語に附く。

愛《めぐ》し妹をいづち行かめと山菅の背向《そがひ》に寐しく今し悔しも（万葉集、三五七七）

青柳の糸よりかくる春しもぞみだれて花の綻びにける（古今集、春上）

世の中は恋繁しゑやかくしあらば梅の花にもならましものを（万葉集、八一九）

あしひきの野にも山にもほとゝぎす鳴きしとよめば（同、三九九三）

心ざし深くそめてしをりければ消えあへぬ雪の花と見ゆらむ（古今集、春上）

㈣　述語の陳述に附く。

わが父母ありとし思へばかへらや（土佐日記）

女のまねぶ事にしあらねば（源氏、賢木）

だに

㈠　主語となつてゐる体言に附く。

事繁み君は来まさずほとゝぎす汝だに来鳴け朝戸開かむ（万葉集、一四〇九）

妹があたり今ぞ我が行く目のみだにわれに見えこそ言問はずとも（同、一二一一）

いさゝかのつたへだになくて年月かさなりにけり（源氏、関屋）

㈡　客語となつてゐる体言に附く。

春の野の繁みとびくく鶯の音だに聞かず（万葉集、三九六九）

玉梓の道だに知らず（同、二二〇）

㈢　連用修飾語に附く。

あしひきの山桜花一目だに君とし見てばあれ恋ひめやも　（万葉集、三九七〇）
御覧じだに送らぬ覚束なさをいふかひなくおぼさる　（源氏、桐壺）
今は誰も〳〵え憎み給はじ、母君なくてだにらうたうし給へ　（同、桐壺）

すら　（平安時代には主として歌にのみ用ゐられた）

㈠　主語になつてゐる体言に附く。
大空ゆ通ふわれすら汝が故に天漢路をなづみてぞ来し　（万葉集、二〇〇一）
丈夫《ますら》我すら世の中の常しなければうち靡き床にこい臥し　（同、三九六九）

㈡　客語になつてゐる体言に附く。
炙《あぶ》り干す人もあれやも家人の春雨すらを間使にする　（万葉集、一六九八）
一重のみ妹が結ばむ帯をすら三重結ぶべくわが身はなりぬ　（同、七四二）
いろ〳〵の病をしてゆくへすらも覚えず　（竹取物語）

さへ

㈠　主語になつてゐる体言及び体言相当格に附く。
たごの浦の底さへ匂ほふ藤浪をかざして行かむ見ぬ人のため　（万葉集、四二〇〇）

おろかなる志はしもなずらはざらむと思ふさへ（1）こそ心苦しけれ（源氏、澪標）

空の気色などさへあやしうそこはかとなくをかしきを（同、胡蝶）

㈡　客語になつてゐる体言に付く。

水底の玉さへ清く見つべくも照る月夜かも夜の深けゆけば（万葉集、一〇八二）

斧の柄さへあらため給はむほどや待ちどほに（源氏、松風）

歯がための祝して、餅鏡《もちひかゞみ》をさへ取りよせて（同、初音）

㈢　連用修飾語に付く。

玉勝間逢はむといふは誰なるか逢へる時さへ面隠しする（万葉集、二九一六）

今日さへや引く人もなき水隠りに生ふるあやめのねのみながれむ（源氏、蛍）

㈣　述語になつてゐる語に付く。

かへりてはまばゆくさへなむ（源氏、若菜上）

わづかに見つけたる心地怖しくさへ覚ゆれど（同、蓬生）

（1）「おろかなる志はしもなずらはざらむと思ふ」までが、一体言に相当し、述語「心苦しけれ」の対象語となるのであるが、便宜ここに排列した。

まで

「まで」は、起源的には、形式体言であつたと考へられる。

とゝのふる鼓の音は雷の声と聞くまで……あた見たる虎かほゆると諸人のおびゆるまでに（万葉集、一九九）

あさぼらけありあけの月と見るまでに、吉野の里に降れる白雪（古今集、冬）

うたてこの世の外の匂ひにやとあやしきまでかをりみちけり（源氏、橋姫）

右は、「程度」の意味を表はす体言で、上接の用言は、連体形である。体言はそれだけで、或は指定の助動詞「に」を伴つて連用修飾語になるが、右の「まで」も同様である。「まで」の限定を表はす助詞としての用法は次のやうである。

(一)　主語となつてゐる体言に附く。

あやしの法師ばらまでよろこびあへり（源氏、賢木）

㈡　客語となつてゐる体言に附く。
こまかなるうち〳〵の事まではいかゞは思し寄らむ（源氏、宿木）
随身、車添ひ、舎人などまで禄賜はす（同、宿木）
㈢　連用修飾語となつてゐる体言用言に附く。
いとさまでは思ふべきにはあらざなれど（源氏、宿木）
かうまでも漏らし聞ゆるも、かつはいと口がるけれど（同、宿木）

のみ

他の事柄を排除して、ある事柄だけに限る意味を表はすと同時に、ある事柄を取出して、それを強調する意味に用ゐられる。
㈠　主語となつてゐる体言に附く。
玉かづら花のみ咲きて成らざるは誰が恋ならめあは恋ひ念ふを（万葉集、一〇二）
御胸のみつとふたがりて、つゆまどろまれず、明しかねさせ給ふ（源氏、桐壺）
㈡　客語となつてゐる体言に附く。

海松のごと、わゝけさがれる襤褸《かゞふ》のみ肩に打ちかけ（万葉集、八九二）
ひろ橋を馬越しかねて心のみ妹がりやりてあは此処にして（同、三五三八）
呉竹のよゝの竹取り野山にもさやはわびしき節をのみ見し（竹取物語）

㈢　連用修飾語に附く。

百伝ふ磐余《いはれ》の池に鳴く鴨を今日のみ見てや雲隠りなむ（万葉集、四一六）
御しほたれ勝ちにのみおはします（源氏、桐壺）
外にのみ見てや渡らも難波潟雲居に見ゆる島ならなくに（万葉集、四三五五）
さのみやはとて打出で侍りぬるぞ（竹取物語）

㈣　述語に附く。

世の中はかくのみならし（万葉集、八八六）
いみじからむ心地もせず悲しくのみなむある（竹取物語）

ばかり

「ばかり」は、本来、動詞「はかる」の連用形で、形式体言として用ゐられたものである。「はかる」は、推量する意で、「はかり」は、めあて、あてど或は、漠然とした「頃あひ」「程あひ」の意である。

君もかくうらなくたゆめて、はひ隠れなば、いづくをはかりとか我もたづねむ（源氏、夕顔）

今しも心苦しき御心添ひて、はかりもなくかしづき聞え給ふ（同、鈴虫）

今来むと云ひしばかりに長月のありあけの月を待ちいでつるかな（古今集、恋四）

行く舟を振り留みかね如何ばかり恋しくありけむ松浦佐用比売（万葉集、八七五）

よし今はこの罪軽むばかりの業をせさせ給へ（源氏、若菜下）

右のやうな用法から、体言に附いて、それが漠然と指されてゐることを表はす助詞としての用法が派生した。このやうな云ひ方は、事柄を、それと限定して云ふ表現に対する婉曲叙法とも見られる。

㈠　主語になつてゐる体言に附く。

草も高くなり野分にいとゞ荒れたる心地して、月かげばかりぞ八重葎《むぐら》にもさはらずさし入りたる（源氏、桐壺）

人の御ためいとほしうよろづに思して御文ばかりぞありける（同、葵）

(二)　客語になつてゐる体言に附く。

みちの国紙のあつごえたるに匂ひばかりはふかうしめ給へり（源氏、末摘花）

(三)　連用修飾語に附く。

比叡の山を、はたちばかりかさねあげたらむほどして（伊勢物語）

泣きぬばかり云へば（源氏、帚木）

まして、さばかり心を占めたる衛門の督は（同、若菜上）

(四)　連体修飾語に附く。

八月十五日ばかりの月に（竹取物語）

三月ばかりの空うららかなる日（源氏、若菜上）

など

起源的には、「なに」と「と」の結合した連用修飾句で、「ナニトテ」「ナニシテ」の意である。

など宮より召しあるには参り給はぬ（源氏、須磨）

やどりせしはなたちばなも枯れなくに、などほとゝぎす声絶えぬらむ（古今集、夏）

右のやうな用法から、体言に附いて、他をも含めて、それが漠然と取上げられたことを表はす助詞としての用法が派生する。

さまかたちなどのめでたかりしこと（源氏、桐壺）

うへの女房なども恋ひしのびあへり（同、桐壺）

修法などまた〳〵始むべきことなどおきて宣はせて出で給ふとて（同、夕顔）

右の諸例は、主語或は客語となつてゐる体言に附いた場合である。

尼君を恋ひ聞え給ひてうち泣きなどし給へど（源氏、若紫）

若き者どものぞきなどすべかめるに（同、夕顔）

右の「など」は、「うち泣きはし給へど」「のぞきもすべかめるに」のやうに、「は」「も」が附いた場合と同じ用法である。

何事ぞなどあはつかにさしあふぎゐたらんはいかゞはくちをしからぬ（源氏、帚木）
今は昔の形見になずらへて物し給へなどこまやかに書かせ給へり（同、桐壺）
若宮のいと覚束なく露けきなかに過し給ふも心苦しうおぼさるゝを、とく参り給へなどは
かく〳〵しうも宣はせやらず（同、桐壺）

右の諸例は、すべて、連用修飾格に立つ引用文に附いて、それぞれ、「何事ぞなどと」「物し給へなどと」「参り給へなどと」の意味であるが、この場合、「と」が省略されるのは、「など」といふ助詞そのものの中に、「と」が含まれてゐるためである。

づつ　つつ（1）

「づつ」は、ある事柄が分割され、反覆されることを表はす。

片端づつ見るに（源氏、帚木）
「式部がところにぞ気色ある事はあらむ。すこしづつ語り申せ」（同、帚木）

「つつ」は、動詞の連用形について、その動作作用が、反覆、継続されるものであること

を表はす。

山吹は撫でつゝおほさむ、在りつゝも君来ましつゝかざしたりけり（万葉集、四三〇二）

衆人《もろびと》は成らじかと疑ひ、朕は金少けむと思ほし憂へつゝあるに（宣命、第一三）

たらし姫御船はてけむ松浦の海妹が待つべき月は経につゝ（万葉集、三六八五）

君がため春の野に出でゝ若菜つむわが衣手に雪は降りつゝ（古今集、春上）

（1）「づつ」「つつ」を、同類として掲げることには問題があるであらうが、こゝには、限定を表はす助詞として一括してみた。

「づつ」を接尾語とする説もあるが、限定を表はす「も」「まで」「や」などと機能的に見て、別のものと見ることは出来ない。「つつ」は、山田博士に従へば、完了の助動詞「つ」の重ねられたものと説かれてゐる（『奈良朝文法史』第二章第二節）が、ある動作の反覆、継続を表はす点で、体言に附く「づつ」と極めて近似してゐる。これを接続助詞と見るのは、動詞に附いて、未完結であるところから云はれたことである。

「つゝ」を、中世のてにをは研究において、「ながらつゝ」と称して、「ながら」と同じに見て、二つの動作の同時的に行はれることを表はしたものとするのは、後世の用法からの帰納であつて、上代においては、動作の反覆と継続を云ひ表はしたものと解せられるのである。

ハ　接続を表はす助詞

述語に附いて、これを未完結にする助詞がこれに所属する。述語を未完結にする方法に、未然、連用、已然の諸活用形があり、接続助詞は、これらの用法と密接な関連がある。

㈠　述語となつてゐる用言、助動詞の未然形及び已然形に附いて、それらの動作作用が将然的或は已然的な条件の事実であることを表はす。

ば

親王《みこ》となり給ひなば、世の疑ひ負ひぬべくものし給へば（源氏、桐壺）

右は、「親王となり給ふこと」が、「世の疑ひを負ふであらうこと」の条件的な事実であることを表はす。もし、これが既定の事実ならば、「親王となり給ひぬれば」と已然形を用ゐる。

さてもかばかりなる家に車入らぬ門やはあらむ。見えば笑はむ（枕草子、大進生昌が家に）

右の「ば」は、動詞の零記号の陳述に伴つた場合で、「見えること」（生昌が現れること）

が、「清少納言がからかつてやること」の条件になつてゐることを表はす。この場合、未然形に伴つてゐるので、「見えること」が、未然の事実に属してゐるのである。このやうに、「ば」は、常に陳述（零記号及び助動詞を含めて）に伴つて用ゐられる助詞で、あることの、他のことに対する関係を表はす。従つて、それは、本質的には、一種の格助詞であるといふことが出来るのである（第三章三（五）条件格の項参照）。格助詞が、事柄相互の対立的関係を表はすのに対して、条件格は、述語格に包摂される関係にあり、従つて、それを表はす助詞を、接続助詞として、区別することは適当である。

㈡「ば」は、多くの場合に、条件、特に順態条件を表はす助詞として用ゐられるのであるが、時に、逆態条件を表はす場合に、また、時には、ただ事の継起的な先後関係を表はすのに用ゐられる。

ひとりして物を思へば、秋の田の稲葉のそよといふ人のなき（古今集、恋二）

稲日野も行き過ぎがてに思へれば、心こほしきかこの島見ゆ（万葉集、二五三）

右は、「ひとりで物を思ふのに」「過ぎ難く思つてゐるのに」と逆態条件を表はしてゐる。また、

から衣きつゝなれにし妻しあれば‖、はる〴〵来ぬる旅をしぞ思ふ（古今集、羈旅）

において、「妻しあれば」を、逆態の意味にとれば、それは、「はるばる来ぬる」の条件になり、順態に解すれば、「旅をしぞ思ふ」の条件になる。一般には、後者の意味に解するのであるが、前者の解も、必ずしも拒否出来ない。

鶯は今は鳴かむとかた待てば‖、霞たなびき月は経につゝ（万葉集、四〇三〇）

右も同様に、鶯を待つのに、月日のみ経つて、鶯の鳴かないことを云つたので、当然逆態条件と解さなければならない。

天の川浅瀬白波たどりつゝ渡りはてねば‖、明けぞしにける（古今集、秋上）

霜雪もいまだ未過者《すぎねば》‖、思はぬに春日の里に梅の花見つ（万葉集、一四三四）

右の「ば」は、打消助動詞「ず」の已然形「ね」に附いた場合で、「渡りはてないのに」、「過ぎないのに」の意である。

次に、

大刀が緒もいまだ解かずて、襲《おすひ》をもいまだ解かねば（真福寺本に、「ば」なし）、をとめの寝《な》すや板戸を押そぶらひ我が立たせれば（古事記、上）

右の「解かねば」は、「解かずして」の意味で、「ば」は必ずしも条件とは考へられず、ただ事の継起を云つたものである。「ねば」と、已然形の「ね」に「ば」を附けたのは、この事実が、既定の事実だからである。

かくばかり恋ひつゝ不有者《あらずは》、高山の岩根しまきて死なましものを（万葉集、八六）

右の「は」は、清音であるが、恐らく、「ねば」の「ば」と同じものであらう。「恋ひつゝあらずは」は、「恋ひつゝあらずして」の意味である。「ねば」が「ずは」と異なるところは、前者が、既定の事実をいふのに対して、後者は未然或は仮定の事実をいふために、未然形が用ゐられたのである。

ものにおそはるゝ心地しておどろき給へれば、火も消えにけり（源氏、夕顔）

右の「おどろき給ふ」といふことと、「火も消えにけり」といふこととの間には、何の因果関係も、条件関係もなく、ただ、事の先後関係があるだけであるが、このやうな場合にも「ば」が用ゐられる。

五月雨にもの思ひをれば、ほとゝぎす、夜深く鳴きていづち行くらむ（古今集、夏）

の「ば」も同じである。

とも

㈠ 述語になつてゐる動詞、助動詞の終止形に附いて、上接の事柄が、逆態的仮定的条件の事実であることを表はす。

わがさかり痛くくだちぬ雲に飛ぶ薬はむともまたをちめやも（万葉集、八四七）

わが袖は袂とほりてぬれぬとも、恋忘貝取らずは行かじ（同、三七一一）

いみじきもののふ、あたかたきなりとも、見てはうち笑まれぬべきさまのし給へれば（源氏、桐壺）

㈡　述語になつてゐる形容詞には、その連用形に附いて、上接の事柄が、逆態的条件の事実であることを表はす。指定の助動詞「あり」を介して附くこともある。

大野路は繁ぢ森道しげくとも君し通はゞ道は広けむ（万葉集、三八八一）

わがせこしとげむと云はゞ人言は、繁有《しげくあり》とも出でゝあはましを（同、五三九）

そのはじめのこと、すき〴〵しくとも申し侍らむ（源氏、帚木）

ど　ども

㈠　用言、助動詞の已然形に附いて、逆態条件になつてゐる事実を表はす。

白縫筑紫の綿は身につけて未だは着ねど、暖けく見ゆ（万葉集、三三六）

青丹よし奈良の都はたなびけるあまの白雲見れど飽かぬかも（同、三六〇二）

何事の儀式をも、もてなし給ひけれど、取立てゝはか〴〵しき御うしろみしなければ、事とある時は、なほよりどころなく心細げなり（源氏、桐壺）

梅の花たをりかざして遊べども、飽きたらぬ日は今日にしありけり（万葉集、八三六）

なりのぼれども、もとよりさるべき筋ならぬは、世の人の思へることもさはいへどなほ異なり（源氏、帚木）

なつかしき色ともなしに何にこの末摘花を袖に触れけむ。色濃き花と見しかども（同、末摘花）

(二)　奈良時代には、形容詞に附く場合には、次のやうな語尾に附くことがある。
青丹よし奈良の大路は行きよけど、この山路は行きあしかりけり（万葉集、三七二八）
あしひきの山きへなりてとほけども心し行けば夢に見えけり（同、三九八一）

(1)　て　して

(一)　述語となつてゐる用言、助動詞の連用形に附いて、表現の中絶を表はす。
花咲きて、鳥歌ふ
山高くして、谷深し
風暖かにて（して）、水ぬるむ

(二)　連用修飾語に附く。
この世の人にはたがひて思すに（源氏、夕顔）
このわたり近きところに、心安くてあかさむ（同、夕顔）
女宮にも遂に対面し聞え給はで、泡の消え入るやうにて失せ給ひぬ（同、柏木）
烏のねどころへ行くとて三つ四つ二つなど飛びゆくさへあはれなり（枕草子、春は曙）
辛うじて今日は日の気色も直れり（源氏、帚木）

㈢「さ」「かく」のやうに、常に連用修飾語として用ゐられる体言に附いて、「さて」「かくて」と用ゐられる。その場合、連用形中止法として用ゐられるものは、接続詞としての機能を持ち、連用修飾語として用ゐられるものは、副詞としての機能を持つ。

「さて、そのむすめは」と問ひ給ふ（源氏、若紫）

は、接続詞であり、

宮もあさましかりしを思し出づるだに、世とともの御もの思ひなるを、さてだにやみなむと深う思したるに（同、若紫）

は、連用修飾語即ち副詞である。

「かくても、おのづから若宮など生ひいで給はゞ、さるべきついでもありなむ。命ながくとこそ思ひ念ぜめ」など宣はす（源氏、桐壺）

は、前文を受ける接続詞であり、

みこはかくてもいと御覧ぜまほしけれど、かゝる程にさぶらひ給ふ例なきことなれば（源氏、桐壺）

「かくても」は「御覧ぜまほしけれ」の連用修飾語で、「禁中に止めて御覧になりたい」意である。

㈣「て」は、表現を中絶させる機能を持つものであるが、事実に即して云へば、「て」が、並列格を構成する場合と、条件格を構成する場合とがある。並列格の場合とは、

花咲きて、鳥歌ふ
夜は暗くして、道は遠し

のやうに、二つの句の間に、因果関係が無く、事実の単なる並列継起を表はす場合である。条件格の場合には二つある。一つは、前句が順態的条件の場合で、二つは逆態的条件の場合である。

雨降りて‖、地固まる

御厨子所のおもの棚といふものに、沓おきて‖、祓へいひのゝしるを（枕草子、殿上の名対面こそ猶をかしけれ）

かく心細くておはしまさむよりは、内住せさせ給ひて‖、御心もなぐさむべくなどおぼしなりて参らせ奉り給へり（源氏、桐壺）

右は、「て」にて中絶された前句が、下の句に対して、順態条件になつてゐるやうな事実の場合である。

我ひとりさかしき人にて‖、思しやるかたぞなき（源氏、夕顔）

さりとも、徒になりはて給はじ、夜の声はおどろおどろし。あなかま」といさめ給ひて‖、いとあわたゞしきに、あきれたる心地し給ふ（同、夕顔）

右は、「て」の上接の句が、逆態条件になつてゐるやうな事実の場合である。

右の二つの何れの場合でも、「て」それ自体にそのやうな意味があるのではなく、「て」は単に、前の句と、後の句とを羅列的に表現するに過ぎないので、そこに条件を認めるのは、解釈の結果である。

(1)「して」は、サ変動詞の連用形「し」に、「て」の附いたものである。この場合の「し」は、サ変の助動詞的用法で、「花咲きて」における零記号の陳述に相当する（第二章二（一）イ指定の助動詞「す」を参照）。

に

「に」も、「と」と同様に、本書では、指定の助動詞の連用形として説いた。

がに

百枝さしおふる橘玉に貫く五月を近み、あえぬがに花咲きにけり（万葉集、一五〇七）
秋田刈る借廬も未だこぼたねば鴈がね寒し霜も置きぬがに（同、一五五六）
うれたきや醜ほととぎす今こそは声の干《か》るがに来鳴きとよまめ（同、一九五一）

「がに」は「……するほどに」「……するくらゐに」「……しさうに」の意を表はす。動詞助動詞の終止形をうける。次の例、

面白き野をばな焼きそ、古草に新草まじり生ひは生ふるがに（万葉集、三四五二）

における「おふる」は連体形であるが、この歌は東歌であるから、「がね」を「がに」と訛つたものと認められる。「がね」は「がに」と語形は似てゐるが、別語で、常に連体形をうけ、必ず文の末尾に来る。「がね」は「むこがね」「みおすひがね」「きさきがね」などの例で分るやうに、かねて期待するものの意を表はすもので、そこから転じて、「……してもらひたいものであるから」または「……してもらひたいものである。」の意を表はす。

未だ見ぬ人にも告げむ音のみも名のみも聞きて羨《とも》しぶるがね（万葉集、四〇〇〇）

丈夫の弓末振り起し射つる矢を後見む人は語り継ぐがね（同、三六四）

右の例は皆、「がね」である。「がに」の「が」の語性は未だ明らかでない。「がね」参照。

と

「と」は、本書においては、指定の助動詞の連用形として説いた。「と」を接続助詞とするのは、それが、連用形としての用法から、そのやうに考へられるに過ぎないので、連用形には、すべて接続の機能がある。

二　感動を表はす助詞

多く文末に用ゐられる疑問、詠嘆、禁止、入念、願望等の助詞を含む。本質的に限定を表はす助詞と区別があるわけではなく、限定を表はす助詞のあるものは、文末助詞として感動を表はすのに用ゐられる。

か

疑問、反語、詠嘆に区別されてゐるが、この三者は、根本的に区別があるわけではなく、多くの場合に、この三者が混在する。

とゞむべき物とはなしに、はかなくも散る花ごとにたぐふ心か‖（古今集、春下）
心ざし深くそめてしをりければ、消えあへぬ雪の花と見ゆるか‖（同、春上）
あかなくにまだきも月のかくるゝか‖、山の端にげて入れずもあらなむ（同、雑）

右に挙げた例は、疑問とも考へられるが、また一方詠嘆とも考へられるものである。特に、叙情的表現の和歌においては、純粋に相手に対して疑問を提出することは、稀であつて、多くの場合に、詠嘆か自問自答の反語的表現となる。

「繋がぬ舟の浮きたる例もげにあやなし。さは侍らぬか」といへば、中将うなづく（源氏、帚木）

心あてに、それか彼かなど問ふうちに、いひあつるもあり（同、帚木）

右は、純粋の疑問的表現に用ゐられた「か」である。

かも

独立格になつてゐる体言及び体言相当格に附いて、それが感動の対象となつてゐることを表はす。

人毎に折りかざしつゝ遊べども、いや珍らしき梅の花かも（万葉集、八二九）

躬恒が所がらかもとおぼめきけむ事など（源氏、松風）

後の例の、「所がらかも」は、独立格が引用句となつた場合で、前の例と同じである。

倭文手纏《しづたまき》数にもあらぬ身にはあれど千年にもがと思ほゆるかも（万葉集、九〇三）

明日よりはつぎて聞えむほとゝぎす一夜のからに恋ひ渡るかも（同、四〇六九）

右の例の「思ほゆる」「渡る」は、ともに連体形で、下に体言が省略されたものと見れば、前例と同じになる。

かな

独立格になつてゐる体言及び体言相当格に附く。平安時代以後に用ゐられた。

嬉しくも宣ふものかな（竹取物語）

我になりて心動くべきふしかなとおぼしつゞけ給ふに（源氏、絵合）

後の例は、引用句中の独立格に附いた例である。

浪とのみひとつに聞けど色みれば雪と花とに紛ひけるかな（土佐日記）

哀れにもありがたき心ばへにもあるかな（源氏、夕霧）

右は、連体形に附いた場合で、体言が省略されたものと考へれば、前例と同じになる。

かし

文末に附けて、念を押す気持ちを表はす。

翁のあらむかぎりは、かうてもいますかりなむかし（竹取物語）

ひとへにめで聞ゆるぞおくれたるなめるかし（源氏、東屋）

かく契り深くてなむ参り来あひたると伝へ給へかし（同、宿木）

我も今は山伏ぞかし（同、手習）

が　がも　がな

助詞「し」「も」と結合して体言に附き、それが希望の対象であることを表はす。

我が宿に盛に咲ける梅の花散るべくなりぬ見む人もがも（万葉集、八五一）

げにうしろやすく思ひ給へおくわざもがな（源氏、澪標）

連用修飾語に附いた場合。

なでしこのその花にもが、あさなさな手に取り持ちて恋ひぬ日なけむ（万葉集、四〇八）
長門なる沖つかり島奥まへてわがもふ君は千歳にもがも（同、一〇二四）

述語となつてゐる用言に附いた場合。

いかでこの赫映姫を得てしがな、見てしがなと音に聞きめでて惑ふ（竹取物語）
惜しからぬ命にかへて目の前の別をしばしとゞめてしがな（源氏、須磨）

ぞ

逢はむ日の形見にせよと手弱女の思ひ乱れて縫へる衣ぞ（万葉集、三七五三）
おぼつかな誰に問はましいかにしてはじめも果ても知らぬ我身ぞ（源氏、匂宮）
老いたる御たちの声にて「あれは誰ぞ」と、おどろ〳〵しく問ふ。煩はしくて「まろぞ」といらふ。「夜中に、こはなぞありかせ給ふ」と、さかしがりて外ざまへ来。憎くて「あらず、こゝもとに出づるぞ」とて、君をおし出し奉るに（同、空蟬）

な（詠嘆）

㈠　述語になつてゐる用言の切れるところに附いて感動を表はす。

ほとゝぎすあふちの枝に行きて居ば花は散らむな‖珠と見るまで（万葉集、三九一三）
思ひのほかに心憂くこそおはしけれな‖（源氏、葵）

(二)　述語になつてゐる体言に附く。

かれぞ此のひたちのかみのむこの少将な‖（源氏、東屋）

右は、陳述を表はす指定の助動詞が省略されてゐる。

(三)　連用修飾語に附く。

安倍大臣は火鼠の裘を持ていまして赫映姫に住み給ふとな‖（竹取物語）
おほきおとゞのわたりに今は住みつかれにたりとな‖（源氏、若菜上）

［な］（希望）

「ね」「に」と同様、希望を表はす助詞であるが、第一人称に属する動詞に附いては、我自らの希望を表はすと同時に、他者に対しては、あることを誂へ望む意を表はす。

馬並めていざうち行かな‖渋谷の青き磯みに寄する波見に（万葉集、三九五四）

すべもなく苦しくあれば出ではしり去なな‖と思へど児らにさやりぬ（同、八九九）

道の中国つみ神は旅行きもし知らぬ君を恵みたまはな‖（同、三九三〇）

に（希望）

「ね」と同様に、未然形について、他の動作の実現を希望することを表はす。

久方の天路は遠しなほなほに家に帰りてなりをしまさに‖（万葉集、八〇一）

この河に朝菜洗ふ児汝《なれ》もあれもよちをぞ持てるいで児たばりに‖（同、三四四〇）

ね（希望）

第二人称の動詞の未然形に附いて、その動作の実現が希望されてゐることを表はす。

あしひきの山飛び越ゆるかりがねは都に行かば妹に逢ひて来ね‖（万葉集、三六八七）

家人のいはへにかあらむ平らけく船出はしぬと親にまうさね‖（同、四四〇九）

な（禁止）

㈠　動詞の連用形を、「な……そ」で囲む。

住吉の浜松が根の下延へて我が見る小野の草な刈りそね（万葉集、四四五七）
もてはなれてな聞え給ひそ（源氏、蛍）

㈡　複合動詞の場合は、下の動詞を、「な……そ」で囲む。
散りな乱れそ（万葉集、一三七）
背く世の後めたくば、さりがたきほだしを強ひてかけな離れそ（源氏、若菜上）

㈢　動詞の終止形に附く。
しろたへの衣の袖をまくらがよ海人こぎ来見ゆ浪立つなゆめ（万葉集、三四四九）
おぼし疎むなよとて御手をとらへ給へれば（源氏、胡蝶）

なむ（なも）

他者の動作作用を表はす動詞の未然形に附いて、その実現が希望されてゐることを表はす。

うちなびく春ともしるく鶯は植ゑ木の木間を鳴きわたらなむ（万葉集、四四九五）
三輪山をしかもかくすか雲だにも心有《あ》らなもかくさふべしや（同、一八）

物の足音ひし〳〵と踏みならしつゝ、後より寄り来る心地す。惟光疾く参らなむとおぼす（源氏、夕顔）

ばや

第一人称の動詞、助動詞の未然形に附いて、その動作の実現が希望されてゐる意を表はす。

さばれこのついでに死なばやと思す（源氏、柏木）
尼になりなばやの御心つきぬ（同、柏木）
神々しきけを添へばやとたはぶれに言ひなし給へば（同、夕霧）

や

わぎもこやあを忘らすな、いそのかみ袖ふる川の絶えむともへや（万葉集、三〇一三）
檀越《だにをち》やしかもな云ひそ里長《をさ》らが課役《えつき》徴《はた》らばいましも泣かむ（同、三八四七）

右は、呼びかけの対象になつてゐる語に附いた場合で、今日の「もし〳〵亀よ」「太郎や」の「よ」「や」に通ずるものである。

谷風にとくる氷のひまごとに、うち出づる波や春の初花（古今集、春上）

春霞立てるやいづこ、み吉野の吉野の山に雪は降りつゝ（同、春上）

手を折りてあひ見しことを数ふれば、これひとつやは君がうきふし（源氏、帚木）

うきふしを心ひとつに数へきてこや君が手をわかるべきをり（同、帚木）

右は、古くは、「は」に通ふ「や」として出されたものであるが（『手爾葉大概抄』等）、同じく感動の表現と見られる。

「こちや」といへば、ついゐたり（源氏、若紫）

その方を取り出でむえらびに、かならず漏るまじきはいと難しや（同、帚木）

「梳ることをもうるさがり給へど、をかしのみぐしや」（同、若紫）

声絶えず鳴けや鶯ひととせにふたたびとだに来べき春かは（古今集、春下）

津の国の難波の春は夢なれや、蘆の枯葉に風わたるなり（新古今集、冬）

右は、軽い詠嘆の気持ちを表はし、そこで終止する。

大原や‖をしほの山もけふこそは神代のことも思ひいづらめ（古今集、雑）

みしま江や‖霜もまだひぬ葦の葉につのぐむほどの春風ぞ吹く（新古今集、春下）

右も、前例と同じ用法であるが、後の連歌俳諧における切字としての「や」は、この系譜に属するものと云つてよいであらう。

春の野に鳴くや‖鶯なづけむとわが家《へ》の園に梅が花咲く（万葉集、八三七）

いはみのや‖高つの山の木の間より我が振る袖を妹見つらむか（同、一三二）

難波津に咲くや‖この花冬籠り今は春べと咲くや‖この花（古今六帖、第六）

来ぬ人をまつほの浦の夕なぎに焼くや‖藻塩の身もこがれつゝ（新勅撰集、恋三）

右は、連体修飾語として用ゐられてゐる語に附いた「や」で、文脈の中に挿入された感動の表現である。

を

感動を表はす助詞「を」の中に、事物に即して、それが感動の対象であることを表はす「を」と、陳述或は助詞に伴つて、陳述或は助詞を強める意を表はす「を」とを、区別することが出来るやうである。

あを待つと君がぬれけむあしひきの山の雫にならましもの乎（万葉集、一〇八）

その雪の時無きがごと、その雨の間無きがごと、隈も落ちず、思ひつゝぞ来るその山道乎（同、二五）

難波潟潮干の名残り飽くまでに人の見る児乎われしともしも（同、五三三）

しばしばも相見ぬ君矣、天の川舟出早せよ夜の深けぬまに（同、二〇四二）

なさけなき人になりてゆかば、さて心やすくてしもえ置きたらじをや（源氏、若紫）

右は、「を」が附いた事物が、作者の感動の対象であることを表はしたものである。

いざ寝よと手をたづさはり父母も、上はな放り、さきくさの中に乎寝むとうつくしく、しが語らへば（万葉集、九〇四）

御前にて物語などするついでにも、「すべて人には、一に思はれずは、更に何にかせん。ただいみじう憎まれあしうせられてあらん。二三にては死ぬともあらじ。一にてをあらん」などいへば（枕草子、御かた〴〵、君達、うへ人など）

さりとも、あこはわが子にてをあれよ（源氏、帚木）

右は、助詞或は陳述を強めて云ふ強意の助詞として用ゐられたものである。

感動助詞としての「を」と、格助詞としての「を」との関係は、格助詞の項で触れて置いた。

よ

(一)　体言に附いて、それが感動或は呼びかけの対象であることを表はす。

心もとなしや春の朧月夜よ（源氏、若菜下）

恋わぶる人の形見と手馴らせば汝よ何とて鳴くねなるらむ（同、若菜下）

少納言よ、香爐峯の雪はいかならむ（枕草子、雪いと高く降りたるを）

(二)　命令禁止の表現と結合して、その意を強める。

玉ほこの道の神たち幣《まひ》はせむ我が思ふ君をなつかしみせよ（万葉集、四〇〇九）

はしたなくつききりなる事な宣ひそよ（源氏、若菜下）

(三)　陳述と結合して、その意を強める。

下毛野安蘇の河原よ石踏まず空ゆと来ぬよ汝が心告れ（万葉集、三四二五）

げにさはたありけむよと口惜しく（源氏、若菜下）

ろ（奈良時代のみ）

松が浦に騒《さわ》ゑうらだち真《ま》他言《ひとごと》思ほすなもろ我が思《も》ほ如《の》すも（万葉集、三五五二）

荒雄らは妻子のなりをば思はずろ年の八歳を待てど来まさず（同、三八六五）

ゑ（奈良時代のみ）

上毛野佐野のくくたち折りはやし吾は待たむゑ今年来ずとも（万葉集、三四〇六）

山の端にあぢむら騒ぎ行くなれど吾はさぶしゑ君にしあらねば（同、四八六）

ろかも（奈良時代のみ）

藤原の大宮づかへあれつぐやをとめがともはともしきろかも（万葉集、五三）

白栲にころも取り着て常なりし、ゑまひ振舞ひいや日けに、変らふ見れば悲しきろかも

（万葉集、四七八）

は

闇の夜のゆくさき知らず行く我を何時来まさむと問ひし児らはも（万葉集、四四三六）

いとをかしき事かな、詠みてむやは（土佐日記）

いかなりける事にかは（源氏、匂宮）

右のやうに、他の感動を表はす助詞と併用されてゐる（なほ、限定を表はす助詞「は」を参照）。

も

富人の家の子どもの著る身なみ、くたし捨つらぬ絹綿らはも（万葉集、九〇〇）

ほととぎす今鳴かずして明日越えむ山に鳴くともしるしあらめやも（同、四〇五二）

夕されば小倉の山に鳴く鹿は、こよひは鳴かず寝ねにけらしも（同、一五一一）

がね（奈良時代のみ）

動詞の連体形に附いて、その動作が希望の対象となつてゐることを表はす。「がに」参照。

未だ見ぬ人にも告げむ音のみも名のみも聞きて羨《とも》しぶるがね（万葉集、四〇〇〇）

世の人に示し給ひて万代に云ひつぐがねと（万葉集、八一三）

白玉を包みてやらばあやめ草花橘にあへも貫くがね（同、四一〇二）

こそ

㈠　文末に附いて、陳述を強める。

現とも覚えずこそ（源氏、帚木）

伊予の介に劣りける身こそ（同、空蟬）

㈡　体言について、それが呼びかけの対象となつてゐることを表はす。奈良時代には無い。

右近の君こそ。まづ物見給へ（源氏、夕顔）

えい、北殿こそ。聞き給ふや（同、夕顔）

第三章　文論

一　国語における用言の無主格性

国語の用言即ち動詞形容詞が述語として用ゐられる場合、これを、英仏独等の言語に比較してみる時、彼にあつては、特別の場合を除いて、主語をとることが、原則であり、また、主語と、それの述語とは、緊密に結合して、述語の他の修飾語とは、形式上から見ても紛れることがない。これに反して、国語においては、述語となる用言の主語が、屢〻省略されて、それが、また、国語の特性の一つとも考へられてゐる。更にまた、国語においては、主語が、述語の意味内容を限定するものとして、述語に対する他の限定修飾語と比較して、これを区別する著しい特色を見出すことは、困難である。国語においては、主語も、また、修飾語の一つであると云はれる所以である。(1)

以上のやうな主語の省略といふことは、それだけについて見れば、ヨーロッパの言語において、常に述語に呼応させて、主語を表はすのに対して、国語においては、これを厳密に表はさないといふ表現技術上の問題であるかのやうに考へられるのであるが、仔細に見ると、それは、もつと言語の根本的性格に、基づいてゐるやうである。国語のこのやうな性格を、用言の無主格性と名づけて置かうと思ふ。

ヨーロッパ言語の動詞は、ある事実から、その作用や状態の主体を抽象し、その作用や状態の概念だけを表現するのに対して、国語の用言は、主格となるべき事実をも含めて、これを、総合的に表現するものであるといふことが出来る。従つて、彼においては、主語と動詞とが、合体したものによつて、始めて具体的な思想が表現されるのに対して、国語においては、用言それ自体に主語が含まれてゐるのであるから、それだけで、表現は、すでに具体的であると云ひ得るのである。以上のやうに見て来れば、国語において、主語の省略といふことをいふのは、主語と動詞との合体したものを原則とするヨーロッパ文法を基準にした云ひ方であつて、国語に即すれば、主語が省略されてゐるとは云へないのであつて、むしろ、主語が、述語である用言に含まれてゐると見るべきであり、また、主語が表現される場合は、用言中に含まれてゐる主語が、表現を、より正確にするために、用言から摘出されたのであると見るのが適切である。その意味において、主語は、他の修飾語と、本質的に異なつたものではないと云ひ得るのである。これを、次の図形によつて表はすことが出来る。

降る。　［雨　降る］　「降る」といふ述語の中に、主語「雨」が含まれてゐることを示す。

雨降る。　［雨　降る］　主語「雨」が、表現された場合を示す。

動作、状態の主体を、動作状態に対立させて、主格として表現するヨーロッパの言語においては、その主語となるものは、動作なれば、動作をなすもの、状態なれば、状態を荷ふもののといふやうに、ほゞ決定されてゐる。これに対して、国語のやうな無主格性の用言においては、主語となるべき事物の動作状態としてではなく、動作そのもの、状態そのものを表現するものとして、用言が用ゐられることが多い。例へば、

悪い病気がはやつて来ましたが、予防注射をしましたか。

といふ問ひに対して、

私は、昨日、注射しました。

と答へたとする。この場合の「注射す」といふ動詞は、私が、身に受ける作用そのものを表現してゐるが故に、「私」を主語として、その述語になつてゐると見ることが出来るのである。「注射す」の主語が、必ず医師でなければならないといふことは、国語においては、決定されてはゐないのである。「医師」を、「注射す」の主語として表現した場合、「私」は、次のやうな関係において、やはり、これを主語といふことが出来る。

私は（主語）　医師が　注射しました。（述語）
医師が（主語）　注射しました（述語）

一般に、右の、「私」のやうなものを、総主或は総主語[2]と称してゐる。

また、例へば、英語において、to shine といふ動詞は、何等かの光を放つ発光体を主語として、用ゐられる（the sun shines のやうに）。ところが、国語の「かがやく」は、光を発する作用と同時に、この光を知覚する作用をも含めたところの事実全体を表現する語である。従つて、この用言については、発光体を主語とすることも出来れば、また、この現象の知覚者を主語とすることも出来るわけである。[3]もつと適切に云へば、この語は、両者を主語とする語であるとも云へるのである。

またなくらうがはしき隣の用意なさを、いかなる事とも聞き知りたるさまならねば、なか

〱恥ぢかがやかむよりは罪ゆるされてぞ見えける（源氏、夕顔）

（女は）背きもせず、たづね惑はさむとも隠れ忍びず、かがやかしからずいらへつゝ（同、帚木）

ひとり身をえ心にまかせぬほどこそ、さやうにかがやかしきもことわりなれ（同、末摘花）

目もかがやきまどひ給ふ（源氏、鈴虫）

右の例は、「かがやく」状態を受取る側の心的状態を表現した場合であるが、もし強ひて、主語が何であるかを求めるならば、そのやうな作用或は状態の主体である「心」であり、最後の例は、それを「目」に限定してゐる。「目がかがやく」とは、目が眩惑することである。既に別のところで述べて来た主観客観の総合的表現に属する語は、客観的状態の主体を主語とすることも出来ると同時に、主観的情意の主体を主語とすることも出来るといふ意味で、無主格性表現の例とすることが出来るであらう（『国語学原論』第三章第四項、述語格と主語格、『日本文法口語篇』第三章六、対象語格、『古典解釈のための日本文法』単元一二、一三）。

用言の主語が、決定されてゐないといふことは、敬語並に敬語的接尾語の場合にも云へることである。例へば、「たまふ」は、上位のものが主語となつた場合は、「上より下へ与へる」意味となり、下位のものが主語となつた場合は、「下のものが上より恩恵を受ける」意味となる。このやうな例は、なほ、「たてまつる」「まゐる」についても云はれることは既に述べた（第二章語論一（四））。

用言の無主格性といふことは、尊貴な人々が、主格である場合、これを主語として表はさない国語の敬語的な云ひ廻しとも相呼応するもののやうである。

また、「さはる」（四段活）といふ語は、一般に図のやうな構造の事柄を表現する。甲が点線のやうな行動をするのに対して、乙が、それを遮るのである。この場合、甲を主語とするか、乙を主語とするかは、この語については、決定的ではない。その場合場合によつて、そのいづれかを主語とすることが許されるのである。「壁にさはる」「手がさはる」等の云ひ方は、甲を主語とした場合で、漢字の「触」に当る。「水がさはる」「過度の勉強がさはる」「さしさはり」等の云ひ方は、乙を主語とした場合で、漢字の「障」にあたる。

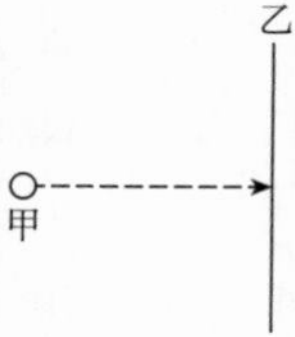

礙《サハテ》レ石《ニ》遅《ク》来《レバ》心窃《ニ》待《ツ》、索《レテ》レ流《ニ》遄《トク》過《レバ》手先遮《サイギル》（倭漢朗詠集、三月三日）

における「サハテ」は、「さはつて」と訓むべきところで、水が石に触る意味で、同時に、石が、水を障《さへぎ》る意味である。

月かげばかりぞ八重葎にもさはらずさし入りたる（源氏、桐壺）

顔に衣《きぬ》のさはりて音にも立てず（同、帚木）

前の例は、「月かげ」が主語で、甲の場合であり、後の例は、「衣」が主語で、乙の場合である。前例は、八重葎が障害となり、後例は、衣が障害となつてゐるのである（この場合の意味は、現代語では、「触る」に近い）。

また、「へだつ」（下二段活）も同様に、図に示すやうに、甲或は、乙を主語とすれば、甲、乙は、丙を「へだつる」ことになり、丙を主語とすれば、丙は、甲乙を「へだつる」こととなる。

ここに物思しき人の月日をへだて給へらむほどを思しやるに（源氏、賢木）

九重に霧やへだつる、雲の上の月をはるかに思ひやるかな（同、賢木）

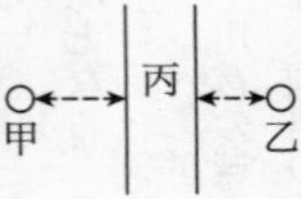

前の例は、「物思しき人」即ち六条御息所が主語で、甲或は乙を主語とした場合であり、後の例は、「霧」が主語で、丙を主語とした場合である。

勿論、慣用によつて、主語となるべきものが一定し、或は、主語となるべきものの異同によつて、意味や活用の種類が分化して、「さはる」が、「触る」と「障る」とに分化し、「立つ」（四段活）と、「立つる」（下二段活）とに分化することは、文の論理性を確実にする上から云つて当然なことである。

以上述べて来たやうに、国語においては、主語は、文法上の事項であるよりも、修辞上の事項に属し、文の成分としても、修飾語と区別することが困難であるのに、何故に、文法上、主語といふことを、特に論ずる必要があるかと云へば、それは、格変化とか、語序とかの文法的特質に基いて云はれるのではなく、文の成分相互の論理的関係から、便宜、そのやうに区別するに過ぎないと見るべきである。

（1）橋本博士は、次のやうに述べられた。「修飾といふ意味を右のやうに解すれば（筆者註「かやうに、他の語に附いて、その意味をくはしく定める事を修飾するといふ」といふことが、前に書かれてゐる）、「鐘が鳴る」の「鐘が」も、「鳴る」では何が鳴るか漠然としてゐるのを委しく定めるもので、やはり修飾語ではないかといふ論が出るかも知れません。それは誠に道理であります。実をいへば、私も、主語と客語・補語や修飾語との間に下の語に係る関係に於て根本的の相違があるとは考へないのであります」（『新文典別記』上級用、一三〇頁）

（2）草野清民『日本文法』附録に、「国語ノ特有セル語法―総主」の論がある。

（3）英語において、これに相当する例は、to smell であらうか。それは、発香体を主語とすることも出来れば、知覚者を主語とすることも出来るやうである。to hear になれば、主語は、必ず知覚者であつて、発音体が主語になる時は、この語は用ゐられない。国語の「聞える」の場合とは異なる。

フランス語の triste は、悲哀の情緒を表現する形容詞で、その主語には、常に意識の主体がなるのであるが (il est triste.)、時に、その情緒の機縁となるものを、主語とすることがある (La chair est triste. 生身は、はかなきものなり)。

二　文の構造

(一) 総説

文は、それを構成する内容から云へば、次の図のやうに、すべて、詞と辞の結合に帰着させて考へることが出来る。

この図形の意味するものは、詞と辞は、単に連鎖的に結合してゐるのではなく、辞は、詞を包み、かつ統一するものとして結合してゐることを意味する（『口語篇』第三章第二項参照）。ここに、詞といふのは、用言及び用言相当格と体言及び体言相当格とを総称したものである。

（二）文の統一、完結の諸形式

文を理解するには、文がどのやうにして統一され、完結されてゐるかを明かにすることが先決問題である。先づ、文の統一に関して提出されてゐる学説を見ることにする。山田孝雄博士に従へば、思想が成立するためには、㈠実在、㈡属性、㈢精神の統一作用の三者がなければならない（『日本文法学概論』九四―九五頁）。そして、精神の統一作用の寓せられてゐる語が、即ち用言であるとする。用言は、一般に、属性と統一作用であるcopulaとしての力とを混一して持つもので、統一作用のみを持つものは、博士のいはゆる存在詞「なり」「たり」「である」「だ」「です」等のみであるとする。統一作用と、他の実在、属性を表はす語との関係は、次のやうな図式によつて示されてゐる（『同上書』六七八頁）。

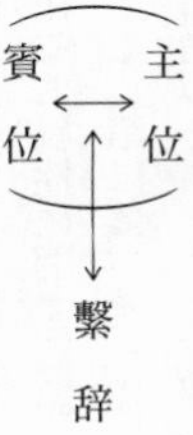

なほ、精神の統一作用に関与するものとして、博士のいはゆる複語尾中の、陳述のし方に関するものを加へるならば、文の統一に関与する語は、通説の文法書に云ふところの

一、指定の助動詞（「なり」「たり」「である」「だ」「です」等）

二、助動詞の中、「る」「らる」「す」「さす」「しむ」を除いた残部

三、用言の属性概念を除いた部分

の三者に帰することになるのである。ここで、山田博士の学説と、本書の文法体系の異同を明瞭に指摘することが出来ることとなるのである。第一に、統一作用の表現に関する語と、実在並に属性に関する語とは、全く次元を異にするものとすることにおいて、両者全く同じである。第二に、統一作用の表現である陳述の語を、山田博士においては、存在詞、用言、複語尾のそれぞれに、解体分属させたのに対して、本書では、これを辞、特に助動詞に帰一させることとした。助動詞を伴はず、用言だけで終止する文については、零記号の助動詞を想定して、文における統一作用の表現を、一元的に説明しようとした。第三に、山田博士においては、陳述といふことを、用言と不可分離のものと考へたために、国語における文の統一形式といふものを、観念的にしか取扱ふことが出来なかつた。即ち、

陳述の力といふことは実に主位観念と賓位観念との対比といふこと、それ全体に対して存立するものにして、単に主位観念に対しての存在にあらざるは明かなり（『同上書』六七八頁）。

として、前掲の図式を出された。本書は、陳述の表現を、一元化することによつて、後に述べるやうな、詞と辞の結合を以て、文の基本形式とし、その統一の有様を、国語に即して具体化することが出来たのである。

橋本進吉博士は、文を専らその形式の面から考察した。博士に従へば、文は、音の連続であり、その前後に音の切目があり、文の終の部分には特殊な音調が伴ふものである（「国語法要説」『橋本博士著作集』第二冊、三―四頁）。そこから進んで、独立する語（詞）と独立せぬ語（辞）との結合から成る文節の概念を導き出された。文は即ち文節の連続として把握されたのである。橋本博士の文研究の基本的態度は、文の形式方面の観察であつて、思想表現としての文自体ではなかつた。そこに、文法学としての博士の学説の限界があるべき筈であつたのである。事実、博士の文論において、文の統一性といふことは、問題にされることはなかつた。言語の音声方面の観察を以て、文法的事実の解明の基礎的原理としようとしたところに、文法学的認識の少からぬ混乱が生じた。その一つは、文節の名称の示すやうに、文は、文節が竹の節のやうに、相隣して連続したものであると考へたことである。このやうな文の観念からは、文の統一的構造に対する認識は生まれて来ない。本書は、言語を思想の表現と考へる立場をとることにおいて、橋本博士の見解と根本において、対立するのであるが、そのやうな立場と、博士によつて確認された文節の概念とを、如何に融合させるかといふことは、一つの大きな問題であつた。橋本博士も認めて居られるやうに、従来、文法学者に云はれて来た主語、述語その他の文の成分は、必ずしも文節とは一致しない（「国語法要説」『橋本博士著作集』第二冊、九頁）。しかしながら、文論において重要な事項は、文における主語述語等の論理的関係を明かにすることである。ところが、文節は、その個々のものが、同じ資格において連続してゐるのであるから、そこからは、「何がどうする」といふ文意の脈絡を捉へる根拠を得ることは困難である。ここに、文論に対する文節論の最大の弱点が認められるのである。

その解決の道は、文節（本書では、「句」の名称を用ゐる）と文節との関係を入子《いれこ》型形式のものとして理解したことである。文節の排列に、入子型形式を認めることによつて、文における統一といふことが、どのやうなものであるかを明かにしようとしたのが、本書並に『口語篇』の文論の重要な点である。

以上は、本書の文論の意図するところのものを、従来の文法学説と対比しながら述べて来たのであるが、以下、それらの点について具体的に述べようと思ふ。

文の統一、完結は、次の四つの場合に別けることが出来る。

㈠　助詞によつて統一、完結された文

㈡　零記号の助詞によつて統一、完結された文

㈢　助動詞によつて統一、完結された文

(四)　零記号の助動詞によつて統一、完結された文

(一)　助詞によつて統一、完結された文

助詞が、その性質上、種々な主体的立場を表現すると同時に、客体的表現である詞をまとめて、ある統一を形作るものであることは、例へば、

奥山に紅葉ふみわけ鳴く鹿の‖声聞く時ぞ‖秋は悲しき（古今集、秋上）

において、助詞「の」は、「奥山に紅葉ふみわけ鳴く鹿」全体をまとめて、思想の統一を形作つてゐる。同様に、「ぞ」も、「奥山に……鹿の声聞く時」全体を統一してゐる。このやうに、助詞の統一する限界を明かにすることによつて、この歌の構造をはつきりと捉へることが出来るのである。しかしながら、右の助詞は、文中における、ある種の統一を形作るけれども、文としての統一を形作るものとは云へないのである。文としての統一を形作る助詞とは、それによつて、思想の完結することを示すやうなものでなければならないのである。例へば、

花の色はうつりにけりな‖いたづらにわが身世にふるながめせしまに‖（古今集、春下）

右の歌における助詞「な」は、詠嘆の意を表現して、「花の色はうつりにけり」を統一すると同時に、そこで完結する性質を持つ助詞である。それに対して、「に」は、「いたづらにわが身世にふるながめせしま」を統一してゐるが、常にそれに続く思想のあることを予想させるやうな助詞である。従つて、この歌は、第五句の留りでは、歌が完結しないで、第二句で切れて完結するものとして理解されなければならない。即ち、倒置の形式を持つた表現であるといふことになる。このやうな「な」は、「花の色はうつりにけり」全体をまとめると同時に、そこで完結するが故に、全体が独立した文であると云へるのである。一般に、助詞が、完結するか、しないかといふことは、統一した文を構成するといふ表現の問題としては重要なことであつて、古来、切字《きれじ》論として、連歌、俳諧において、やかましく論ぜられたことである。即ち、発句は、その思想と形式が完全に独立し、完結して、一個の文であることが要求せられるところから、例へば、

雪ながら山本かすむ夕かな‖（水無瀬三吟、宗祇発句）

における「かな」のやうな切字によつて留めることが必要であるとされたのである。これは、表現論上の問題として重要なことであるばかりでなく、文法学上、特に文論の問題とし

ても、詞辞の類別に次ぐ最も基本的な問題である。山田孝雄博士は、以上のやうな文の統一と完結とを表現する助詞を、終助詞と命名された。即ち、切《きれ》助詞の意味である。それは次のやうなものである。

「が」「がな」「か」「かな」「かし」「な」（感動）等（『日本文法学概論』五〇八頁）

山田博士は、終助詞の他に、間投助詞を立てられたが、それらは、切字としての性質から云へば、終助詞と別のものとは考へられない。間投助詞として、博士の挙げられたものは、次のやうなものである。

「よ」「や」「し」等（『同上書』五一八頁）

博士が、特にこの両者を区別されたのは、博士が間投助詞とされたものには、文の終止にのみ用ゐられるとは限らないものがあると考へられたためである。例へば、

古池や‖蛙とびこむ水の音

島がくれゆく船をし‖ぞ思ふ

において、「や」や「し」は文の中間に用ゐられてゐる。それが、間投助詞の命名が生まれた根拠なのであるが、第一の例の「古池や」は、実はそれだけで、独立し、完結して一つの文と見なければならないものなのである。第二の例の「船をしぞ」の「し」は、強い感情を表現する助詞ではあるが、完結機能を持つ助詞とは云へないものである。これは、本書の体系に従へば、限定を表はす助詞と認むべきものである。なほ、この他に、「な」（禁止）「な……そ」（禁止）「ばや」（話手の希望）「なむ」（願望）が挙げられてゐるが、これは終助詞、即ち完結する助詞と認めてよいものである。

以上述べたところを要約するのに、文の統一と完結とに関与する助詞は左の通りである。

「が」「もが」「がな」「もがな」「か」「かな」「よ」「や」「かし」「な」（感動）「な」「な……そ」（禁止）「ばや」（話手の希望）「なむ」（願望）

(二)　零記号の助詞によつて統一、完結された文

なごの海の霞の間よりながむれば、入る日をあらふおきつしら浪（新古今集、春上）

の「入る日をあらふ」は、「おきつしら浪」の修飾語で、それを含めた全体が一つの体言と

見ることが出来るといふことは、第二章語論第一項（一）体言及び体言相当格の項で述べたことである。しかしながら、この歌が、独立した一首であり、文法上、文であるためには、この体言が、辞によつて、統一され、完結されてゐるといふことが必要である。事実、この体言は、単純な体言として用ゐられてゐるのではなく、それは、作者の強い情緒の対象を表現したものであるから、次のやうな表現と同価値と見られるのである。

入る日をあらふおきつしら浪かな

以上のやうに見て来れば、先の体言止めの歌は、「かな」に相当する辞が、省略されたものと見なければならないのである。これを、辞が零記号によつて表現されたものといふ。いはゆる体言止めの歌は、多くの場合、右のやうに、文構成に必要な辞が省略されたものとして、解することが出来るのである。本居宣長が、『古今集遠鏡』に、

白雲にはねうちかはしとぶ雁の数さへ見ゆる秋のよの月（古今集、秋上）

における体言止めを口訳して、「サテモサヤカナ月カナ」としたのは、上の説明と相通ずるものである。なほ、体言止めの構成については、後の独立格の項で再び触れるつもりであ

る。

㈢　助動詞によつて統一、完結された文

助動詞は、辞の中で、専ら思考の判断を表現するもので、文法的には、一般に陳述と云はれてゐる。陳述の内容の相違によつて、助動詞に、指定、打消、過去及び完了、推量、敬譲等の別があることは、既に語論で述べて来た。ここでは、文の統一機能の表現として、統一される詞との関係を考察し、助動詞が文を統一することの意味を、一層明かにしたいと思ふのである。

秋萩の花咲きにけり‖高砂のをのへの鹿はいまや鳴くらむ‖（古今集、秋上）

右の歌において、助動詞「にけり」は、「秋萩の花咲く」といふ事実全体に対する確認を表現し、かつ、終止形によつて完結して、これで、一つの文を構成してゐる。また、「らむ」は、「高砂のをのへの鹿はいまや鳴く」といふ事実が想像的事実であることを表現し、かつ、終止形によつて完結して、これで、また一つの文を構成してゐる。この一首は、二つの異なつた判断によつて統一完結された二つの文から成立してゐるといふことになるのである。この二つの助動詞が、何を統一完結してゐるかを明かにすることによつて、統一された事実が、一方は、眼前の実景に関することであり、他方が、実際経験してゐない想像上の事実に属するといふ二つの全く独立したことを、表現したものであることを知るのである。

今、ここで、原作の歌を、改作して、

秋萩の花咲きければ、高砂のをのへの鹿はいまや鳴くらむ

とした時、「けり」の統一するところは、前と変らないのであるが、それは、未完結形式であるために、次の思想と何等かの交渉があるといふことが明かにされるのである。次に、「らむ」の統一する範囲であるが、「高砂のをのへの鹿は今や鳴く」といふ仮想の事実に対する判断は、「秋萩の花咲く」といふ眼前の経験を基礎或は前提としてゐるので、「らむ」は、この前提を含めた一首全体を覆ふものと考へなければならないのである。換言すれば、原作では、一つの事実の表現と、その事実から、連想された別の事実を、ただ羅列するだけであつて、それらの事実の関係に対する解釈は、読者の想像にゆだねたのであるが、改作の場合は、二つの事実の因果関係を、形の上に表現したのである。

(四) 零記号の助動詞によつて統一、完結された文

水流る

春近し

右の例は、述語である動詞「流る」、形容詞「近し」、即ち、用言の終止形によつて、統一され、完結されてゐる文である。しかしながら、右の説明は、単に、これらの文の外形のみによるものであつて、これらの文について、文を統一する陳述の所在といふことを問題にすれば、以上の説明では、甚だ不充分であることを知るのである。そこで、山田孝雄博士は、このやうな場合には、陳述は用言に寓せられてあり、用言の特質は、属性概念と同時に陳述の機能を持つことにあるとされた。

実質用言たる形容詞、動詞にありては、その一語中に用言の実質的方面たる属性と用言の形式方面たるcopulaとしての力とを混一して存するものなり（『日本文法学概論』六七七―六七八頁）。

用言の用言たるべき特徴は統覚の作用即ち語をかへていはゞ、陳述の力の寓せられてある点にあり（『同上書』九五頁）。

本書の文法体系においては、主体的なものの表現と、概念的なものの表現とを峻別し、それに基いて、辞と詞の二大部門を立てた。山田博士の文法体系においては、理論的には、主体的なものと、客体的なものとの別を立てながら、それを以て、語を分つ根拠とはされなかつた。従つて、一語の中に、この二つの面が許容されてゐるのである。然るに、本書においては、一語の中に、辞的なものと詞的なものとが混在するといふことは許されないこととするのである。このやうな理論体系は、単に観念的に設計されたものではなくして、国語の実際から、そのやうに帰納されるのである。前項に述べたところで明かなやうに、国語においては、表現を統一する陳述は、すべて用言に附加されて、しかも、それが全体を統一するといふ構造をとる。

明朝は出発すべし。

八重葎しげれる宿の淋しきに人こそ見えね秋は来にけり（拾遺集、秋）

さやうのものには、おどされじ（源氏、夕顔）

右の通則に準じて考へるならば、単純な肯定判断の場合だけが、用言そのものの中に寓せられてあると考へるのは、むしろ不自然であつて、判断は、用言に附加されてゐるとみるのが至当である。これを他の助動詞と対照して図示すれば、次のやうになる。

明朝は出発すべし。

明朝は出発す■。

単純な肯定判断の場合は、その判断は、零記号の形式を以て用言「出発す」に附加され、しかもそれが全体を統一してゐることを示すのである。このやうに解すれば、詞と辞の結合が文であるとする文の根本原則もここに適用出来るわけであり、陳述の統一形式も、他の助動詞に準じて、それと同様に理解出来るのである。なほ、本項の説明は、第二項の体言止めの説明と、全く同じ趣旨によるもので、比較対照することによつて、一層理解を深めることが出来るであらう。

動詞の命令形による命令の表現も、零記号の陳述の一種に加へることが出来る。

雨降れ■

右の文における零記号は、陳述に命令の結合したもので、それが、用言の活用形を借りて表現されたものであるが、これも、禁止の場合に準じて、命令が用言に附加されたと考へることが出来るのである。

雨降る｜な（禁止）

雨降れ｜■（命令）

なほ、命令は、動詞の終止形を以ても表現することが出来る。

立つ｜。

気をつける｜。

これらの場合は、命令といふ主体的なものが、全体の語気によつて表現され、用言に累加される形式によつて表現されるのであるが、これを記号化する場合には、一般の詞と辞の結合形式に倣つて、

立つ！

気をつける！

のやうに記載される。零記号の考へ方は、右のやうな、主体的なものを記号化する操作を思ひ浮べることによつて、一層容易にされるであらう。

(三) 文の二つの類型――述語格の文と独立格の文

文は、これを統一する辞の性質によつて、述語格の文と、独立格の文とに分れることは既に述べた。

述語格の文は、陳述を表はす辞即ち助動詞、及びそれに相当する零記号の辞によつて統一されたものであるが、これらの辞が、直接に結合する詞は、文の成分として云へば、常に述語格であり、語論的にいへば、体言であるか、用言であるかである。

人なり。

右の文は、詞「人」と、指定の助動詞「なり」との結合からなるのであるが、この「人」は、体言であると同時に、ここに表現されてゐない主語「彼」の如き語に対して述語である。

山高し。

右の文は、詞「高し」と、指定の助動詞に相当する零記号の辞との結合からなるのであるが、この「高し」は、用言（形容詞）であると同時に、主語「山」に対して、述語である。

花咲きにけり。

右の文も同様にして、辞は、「にけり」といふ助動詞の複合体であり、「花咲き」は、主語を含んで全体が述語格である。

以上のやうにして、どのやうに複雑な文も、これを、詞と辞の結合に帰着させて考へる時、文意の脈絡の根幹を把握することが出来ることとなるのである。例へば、源氏物語巻頭の文をとつて見るならば、

いづれのおほん時にか、女御更衣あまたさぶらひ給ひける中に、いとやむごとなき際にはあらぬが、すぐれて時めき給ふありけり

右の文は、結局において、詞「あり」と辞「けり」との結合に帰着する。更に、「あり」は述語であつて、その主語は、「すぐれて時めき給ふ」であり、他の一切のものは、それらの主語か述語に従属したものであるといふことになるのである。

独立格の文は、陳述以外の主体的なものを表はす辞、換言すれば、助詞及びそれに相当す

る零記号の辞によつて統一されたものであるが、これらの辞が、直接に結合する詞は、文の成分として云へば、独立格である。独立格といふのは、述語格が、常に主語を予想し、それと論理的関係を持つ格であるのに対して、独立格は、全く単独の格であるところから、これを独立格といふのである（『国語学原論』第三章、四、㈣）。独立格に立つ詞は、語論的にいへば、体言か、用言の連体形かであるが、この場合の連体形は、体言相当格である。

雪ながら山本かすむ夕かな

右の発句は、詞「夕」と、助詞「かな」との結合からなり、この体言「夕」は、修飾語「雪ながら山本かすむ」を伴つて、全体で、一体言に相当する。即ち、この発句は、一体言と辞との結合であり、しかも、「かな」によつて、統一され、切れてゐるので、詞と辞との結合して完結した文といふことが出来るのである。上に述べた述語格の文と相違するところは、「かな」が陳述を表現せず、詠嘆を表はす助詞であるために、「雪ながら山本かすむ夕」は、独立格であるといふことになる。

山深み春とも知らぬ松の戸に絶え〴〵かゝる雪の玉水（新古今集、春上）

においては、「雪の玉水」は、「山深み」以下の修飾語を伴つて、この一首全体が、一体言に相当する。しかしながら、この一首は、単なる一語的表出ではなく、そこには、記号化されない詠嘆を認めなければならない。即ち前例における「かな」に相当するものが、零記号の形式で表現されてゐると見なければならない。これを図解すれば、

山深み春とも知らぬ松の戸に絶え〴〵かゝる雪の玉水■

となり、前例同様に、詞と辞の結合からなる文であるといふことになり、かつ、助詞「かな」は、陳述に関するものではないから、全体を、独立格の文といふことが出来るのである。

次に、

心ざし深くそめてし居りければ、消えあへぬ雪の花と見ゆらむ（古今集、春上）

右の歌の下句「雪の花と見ゆらむ」は、助詞「の」が、主語「雪」に附いてゐるところから、それは、「雪は花と見ゆらむ」といふ終止形で完結する留りとは異なり、「らむ」は、連体形で、その下に体言が省略されてゐると見るか、「雪の花と見ゆらむ」全体が、体言相当

格と見なければならない。もし、そのやうに見るならば、この一首全体は、前例の「雪の玉水」と同様に、詠嘆の辞の省略と見ることが出来るのである。

（四）詞と辞の対応関係

文は、すべて、詞と辞の結合関係に帰着させて考へることが出来ることは、既に述べて来たところであるが、文の内部構成をとつて見ても、詞は常に辞と結合し、それが入子型構造の排列形式によつて、大きな統一に纏められて行くものであることも、既に述べたことである（『日本文法口語篇』第三章三・四）。

文における、右のやうな詞と辞の結合を、意味の上から見るならば、どのやうな関係になつてゐるであらうか。これを明かにするには、詞と詞との結合とどのやうに相違するかを見るのが手近かな方法である。詞と詞との結合とは、例へば、

咲き乱る

といふ語をとつて見れば、これは、詞「咲く」と詞「乱る」との結合で、この二語の結合によつて、客体界のある状態を表現するものであることは明かである。また、

花見る。

といふ詞の結合において、詞「花」、詞「見る」との関係は、「見る」作用と、「見られる物」との論理的関係を表現してゐる。右のやうな詞の結合に対して、

咲くらむ。

といふやうな、詞「咲く」と、辞「らむ」との結合を、同様に考へてよいのであらうか。「らむ」は、品詞分類上、推量の助動詞と云はれてゐるのであるが、この場合、「らむ」は、「咲く」といふ事実を推量するものと解してよいのであらうか。もし、そのやうに解するならば、「咲く」と「らむ」との間には、疑ふ作用と、疑はれる事柄との関係が存在し、それは詞相互の結合である「花見る」と同様なこととなるのである。詞と辞との結合は、詞相互の間に存する右の如き論理的関係とは、別の関係において結ばれてゐるものであつて、このことは、古文の解釈にも関係する重要な問題である。

秋萩の花咲きにけり高砂の尾上の鹿は今や鳴くらむ（古今集、秋上）

において、「らむ」は、現在推量を表はす助動詞であると云はれてゐる。従つて、一首の意味は、「秋萩の花が咲いた。高砂の峰の鹿は、今や鳴いてゐることであらう」といふことになるのであるが、この場合、「らむ」が、鹿の鳴いてゐることに対する想像の表現であるといふやうに解するならば、「らむ」と、「鹿が鳴く」といふ事実との間に、述語と客語との関係と同様な論理的関係が存在するやうに考へられ易い。これは、実は、詞と辞との意味的関係に対する正しい考へ方とは、いふことが出来ないのである。詞と辞との関係を、私は対応関係と名づけた（『国語学原論』二八八頁）。例へば、打消の助動詞「ず」について、

「ず」によつて表される否定が成立する為には、これに対応して事実の非存在といふことが無ければならない。「花咲かず」といふ表現が成立する為には、客体的には、「花が咲く」といふ事実の非存在が考へられなければならない（『国語学原論』二八八頁）。

と述べたのであるが、これは、他の助動詞、助詞にも適用される原則的なことである。一般に、「ず」「ない」といふ助動詞を、否定或は打消の助動詞と呼んでゐるが、それは、「我は行かず」「私は見ない」といふやうな場合には、話手の否定を表はすものとして、妥当するやうであるが、「花咲かず」「雨が降らない」といふ場合には、もはや、話手の否定として解することは困難である。「花咲く」「雨が降る」といふ事実を、話手が否定するといふやうに

解することは、この表現の事実に合致しないのである。この場合、「ず」「ない」は、「花咲く」「雨が降る」といふ事実の非存在に対応する陳述として用ゐられたものと考へなければならないのである。我々は、言語表現において、眼前に経験してゐる事実を表現することもあり、仮想の事実を表現することもあり、当然必至の事実を表現する場合もある。それらの素材的事実に対応して、それに用ゐられる辞が種々に変化するのである。再び、「らむ」に戻るならば、「尾上の鹿が鳴く」といふ事実は、作者の直接経験しない、推量された事実である。そのやうな事実の陳述に用ゐられるものが、即ち「らむ」であるといふことになるのである。

天の原ふりさけ見れば、春日なる三笠の山に出でし月かも（古今集、羇旅）

における「かも」も同様で、それは、「月」を詠嘆することを表現したものではなく、詠嘆に価する属性を持つた「月」に対応する主体的な感動として、それが、「かも」といふ語として表現されたものと考へなければならないのである。

詞と辞との対応関係の原則は、次のやうな文において、一層有効に適用されるのである。

思はむ子を法師になしたらむこそ心苦しけれ（枕草子、思はむ子を）

「愛する子を法師にする」といふことは、この場合、作者清少納言にとつては、一つの仮想の事実として表現されてゐる。従つて、その陳述に、助動詞「む」を用ゐたのである。このやうに、表現される素材的事実に対して、その陳述を厳密に対応させるといふことは、古文の一つの特色で、現代文では、このことは必ずしも厳密に守られるとは限らない。助詞が、詞に対応する例は、例へば、現代語で、

甲か‖乙か‖に話をしませう。

における「か」は、「甲」或は「乙」を疑ふことを意味してゐるのではなく、「甲」或は「乙」が、話をする相手として不確定である場合、その不確定である「甲」或は「乙」に対応して、「か」が用ゐられるのである。この原則は、当然古文にも適用されるので、

いつのまに紅葉しぬらむ山桜きのふか‖花の散るを惜しみし（新古今集、秋下）

右の「か」は、「きのふ」といふ日が、確実なものとして思ひ出せず、漠然としてゐるために、それに対応して「か」が用ゐられたのである。

わがせこは、いづく行くらむおきつものなばりの山を今日か‖[1]越ゆらむ（万葉集、四三）

における「今日か」も同様に、なばりの山を越える日が、今日と確実に決定されてゐない場合の表現である。

（1）「今日か越ゆらむ」のやうな場合に、「か」を文末に廻して、「今日越ゆらむか」の意味と同じであるとする説明が、一般に行はれてゐるが、これは、常に同じ意味になるとは限らない。

花散らす風のやどりは誰か‖知るわれに教へよ行きて怨みむ（古今集、春下）

は、「誰知るか」と同じ意味と考へてもよいであらうが、

なに人か‖来てぬぎかけし藤袴来る秋ごとに野べをにほはす（古今集、秋上）

は、「この藤袴は、以前どんな人が着馴して、此処に脱ぎ掛けて置いたか‖」（金子元臣『古今和歌集評釈』三一一頁）と、「か」を文末に廻す解釈もあるが、やはり、「なに人」に附いたものとして、「誰かが来てぬぎかけて置いた藤袴」と解する方が自然である。

文中の「か」或は、「や」を、文末に廻して、全体を疑問として解釈する場合でも、「か」或は「や」に

よつて統一される事柄が、全部不確定であることを意味するのではない。これは現代語でも同じであつて、

もう三里位走つただらうか。

といふ時、不確定なことゝされてゐるのは、「三里位」といふことであつて、「走つた」ことではないのである。

(五) 懸詞を含む文の構造

一般に文は、入子型の構造によつて、統一されることは、既に述べたところであるが、それに対して、懸詞を含んだ文は、どのやうな構造上の特質を持ち、それが文学の表現技巧として、どのやうな意味を持つかを明かにしようと思ふ（原理的なことは、『国語学原論』第二篇第六章、懸詞による美的表現の項参照）。

わがせこが衣はるさめ降るごとに、野べの緑ぞ色まさりける（古今集、春上）

右の歌において、「はる」といふ音声は、上の「衣」に対しては、「張る」の意味で続き、下に対しては、「春」の意味で続いてゆく機能を持つてゐる。これを図解すれば、次のやうに

なる。

わがせこが衣張る
春《ハル》雨降るごとに、野辺の緑ぞ色まさりける

右のやうに、「ハル」といふ音声が、上下に対して、別の意味を喚起するところから、これを懸詞（或は掛詞とも）といふのである。一般に、一の語が、上の句を受け、下の語に続いて行く時は、そこに論理的関係が成立する。もし右の歌を、一般の文の法則に従つて理解するならば、

わがせこが衣（客語）　張る（述語）

で、一つの統一が成立し（主語「妻」はここでは省略されてゐる）、更にそれが、下の雨に対して、連体修飾語としてかゝつて行くものと考へなければならない。

わがせこが衣（客語）張る（述語）（連体修飾語）　雨（主語）降る（述語）

ところが、右の歌においては、このやうな脈絡においては、理解することが出来ない。即ち右の歌には、文意の論理的脈絡といふものが存在しないからである。それは、「ハル」といふ音声が上と下とに対して、全く論理的関係を持たない語を喚起する機能を持つからである。これを入子型の構造にあてはめれば、次のやうになる。

わがせこが衣はる雨降る

右のやうに、懸詞を含む文の統一は、上の句と下の句とが、単に音声的に連結されてゐるだけで、論理的には統一されてゐないのである。

さて以上のやうな構造を構成する懸詞が、和歌の表現技巧として、どのやうな意味を持つてゐるかといふのに、第一に、懸詞が、論理的に無関係な語を、上下に対して展開する機能を持つことによつて、論理以外の思考を表現することが出来ることである。第二に、論理的には無関係な思考を、一つの統一したものとして、表現することが出来ることである。既に挙げた例に従つて、これを具体的に説明するならば、「わがせこが衣張る」といふ思想と、「春雨降るごとに野辺の緑ぞ色まさりける」といふ思想の間には、何等の因果関係も条件関係もない。ただそこには、春の風物として、冬から解放された或る気分の照応が見られる。この照応こそは、懸詞のねらつた最も重要な点であるといふべきである。

夕づく夜をぐらの山に鳴く鹿の声のうちにや秋は暮るらむ（古今集、秋下）

「をぐら」は、上の「夕づく夜」に対しては、「を闇し」の観念を、下の「山」に対しては、地名「小倉山」を喚起し、晩秋の鹿の音に対して、を闇き夕づく夜を配して、一の統一した情緒を構成したものである。これを、例へば、次の歌に対比して見れば、

夕されば、をぐらの山に臥す鹿の今宵は鳴かず寐ねにけらしも（万葉集、一六六四）

右の「をぐら」は、ただ下の「山」といふ語に対して、修飾語としての関係を持ち、従つて、「夕されば」は、この一首全体に対する連用修飾語としての論理的関係を持つてゐるのである。

以上は、懸詞を契機として、ある観念よりある観念へ思考が流れて、時間的流動の上に観念の照応が構成されて、音楽にいふところの旋律的美を構成する場合であるが、懸詞には、なほ次のやうな性質の異なつたものがある。

花の色は、うつりにけりな徒にわが身世にふるながめせしまに（古今集、春下）

右の歌における「花の色」は、文字通りの花の色の意味を基にして、「ふる」は、「降る」の意味に、「ながめ」は、「長雨」の意味で、一首全体が、自然の推移を詠じたものと見られると同時に、「花の色」は、「容色」の意味に、「ふる」は、「経る」の意味に、「ながめ」は、「眺め」の意味に解せられて、容色の衰へて行く嘆きを詠んだものとしても受けとられる。このやうに二様の理解が成立するのは、既に挙げたそれぞれの語が、同時に二つの観念を喚起するからであつて、これも、懸詞の機能と見ることが出来るのである。

独りぬる床は草葉にあらねども、秋来るよひはつゆけかりけり（古今集、秋上）

右の「つゆけかりけり」は、涙に濡れる淋しさをいふ語であると同時に、文字通り草葉に露の置く様をいふ語で、この一首では、この二つの意味が、同時に喚起されてゐると見ることが出来るのである。このやうな懸詞の機能は、第一の場合と同様に、やはり観念の照応を構成することであつて、そこに論理的脈絡では表現し得ない複雑な情緒を醸し出さうとするのである。前の場合が、旋律の流れに相当するとすれば、この場合は、主奏と伴奏とによつて成立する音の協和的美に相当するものと云つてもよいであらう。

三　文における格

(一)　述語格

文における述語には、次のやうなものがある。

(一)　用　言

イ　花咲く。

「咲く」は、主語「花」に対する述語で、一つの動詞からなる。陳述は零記号である。

ロ　花咲き、鳥歌ふ。

「咲き」は、句の中における述語で、陳述は未完結である。この場合、陳述は零記号である。

ハ　秋風吹かむ折にぞ来むずる。待てよ（枕草子、虫は）

「吹か」は、主語「秋風」に対する述語で、陳述は、推量の助動詞「む」によつて表はされてゐる。この「む」は、「秋風吹く」を統一して、体言「折」の連体修飾語となる。

ニ　け近き草木などは、ことに見所なく（源氏、夕顔）

「なく」は、主語「見所」に対する述語で、一つの形容詞からなることは、前の動詞の場合と同じである。ただここでは、主語「見所」と、述語「なく」とが合体したものが、一つの述語となつて、主語「草木」に対してゐる。「見所なく」は、用言相当格といふことが出来る。

「草木」は、下の主語「見所」と区別して総主語と云はれる。

ホ　品高く生まれながら、身はしづみ、位みじかく人げなき（源氏、帚木）

「ハ」と同様に、「高く」は、主語「品」の述語になつてゐるが、異なるところは、「高く」の下に想定される零記号の辞に統一されて、下の動詞「生まれ」の連用修飾語になつてゐることである。

㈡　体　言

イ　み局は桐壺なり（源氏、桐壺）

「桐壺」は、主語「み局」に対する述語で、一つの体言からなる。陳述は、指定の助動詞「なり」によつて表はされてゐる。述語が、体言である場合と、用言である場合とは、次のやうな関係になる。

かごと負ひぬべきが、いと辛きなり（「辛き」は、連体形で体言相当格、陳述は「なり」）

かごと負ひぬべきが、いと辛し■（陳述「なり」に相当するものは零記号）

ロ　いとあつしくなりゆき、もの心細げに、里がちなるを（源氏、桐壺）

「もの心細げ」「里がち」は、ともに体言で、ここには表現されてゐない主語即ち「桐壺の更衣」の述語である。陳述は、助動詞「に」「なる」によつて表はされてゐる。[1]

ハ　主上笠置を御没落の事（太平記、巻三）

「御没落」は、主語「主上」の述語で、「の」は、指定の助動詞の連体形。この例において、体言「御没落」が、客語「笠置」をとってゐることが注意される。同様に、

大宮をのぼりに、船岡山へぞ行きたりける（保元物語）

「のぼり」は、「のぼる」の連用形で、体言相当格である。「に」は、指定の助動詞で体言に附くのが原則である。前例と同様に、客語「大宮」をとってゐる。このやうに、体言的述語が、客語をとることが出来るのは、その述語が、動作性の意味を持つ場合で、客語に対しては、動詞として、これを承け、下の語に対しては、体言としての接続法をとるので、いはば、一語に二つの語性を懸けた云ひ方である（『国語学原論』第三章第四（六）格の転換の項参照）。なほ、次のやうな例がある。

研究に熱中のあまり

東京へ出張を命ず

これより先、立入り禁止

子供を相手のつもりで試みに国語を大事にすべきことを語る（五十嵐力『国語の愛護』改訂版の扉）

知識大衆には、凡ゆる新語を理解の鍵（『現代用語の基礎知識』続篇のための広告文）

㈢　用言相当格

中ごろ造営の後（比叡山大講堂についていふ）、未だ供養を遂げずして、星霜已に積りければ、甍破れては霧不断の香を焼（た）き、扉（とぼそ）落ちては月常住の灯を挑ぐ（太平記、巻二）

右の傍線の部分は、全体で、ここに想定される主語「比叡山大講堂」を叙述する述語で、一語の動詞形容詞に相当するものである。この語句は、平家物語では、別の形式で用ゐられてゐる。

西の山の麓に一宇の御堂あり。すなはち寂光院なり。ふるう造りなせる泉水木立よしある様のところなり。甍破れては霧不断の香をたき、扉落ちては月常住の灯をかゝぐとも、かやうの所をや申すべき（大原御幸）

右の文章では、傍線の部分が、単に詩句の引用として、紹介されたに過ぎない。この引用を、そのまま述語としたのが、太平記の文構成である。これに類することは、現代語でも決

して珍しいことではなく、

さうなれば、鬼に金棒だ。
かうやつて行けば、塵も積れば山となるさ。

のやうに、これらは、分割出来ないもので、全体として、はじめて意義があるのである。左の例も同じである。

そともの小川には、川ぞひ柳に風たちて、鷺のみの毛うちなびき(2)（海道記）
峯には、松風かた〴〵に調べて、嵆康が姿しきりに舞ひ(2)、林には、葉花稀に残つて、蜀人の錦はわづかにちりぼふ（同）
思ひの外なる女の……髪は霜をけづつて、眼は入かたの月かげかすかに（好色一代女、巻一の一）

(1)　一般には、「もの心細げに」「里がちなる」を一単語として、形容動詞の述語として用ゐられたものとしてゐる。従つて、「に」「なる」は、形容動詞の語尾として取扱つてゐる。これを、形容動詞とせず、本文のやうに取扱ふことについては、『口語篇』第二章三リの項を参照。

（2）「鷺のみの毛うちなびき」は、柳が風に吹かれた様の形容で、柳とは別に、現実の鷺がそこにゐるのではない。「嵆康が姿しきりに舞ひ」も同様に、松の威容を形容する語である。

（二）連用修飾格

連用修飾格即ち、副詞的用法については、『口語篇』でも概要を述べたのであるが、なほ、文語特有のものがあることに注意する必要がある。

連用修飾語を、主として語論との関係において見れば、次のやうなものが挙げられる。

㈠　動詞、形容詞の連用形は、そのまゝ述語の連用修飾語となる。この場合、連用修飾格を表はす陳述は、零記号である。

うちかへしつらう覚ゆる

早う亡せ給ひにき

いたく屈じ給ふ

㈡　体言が連用修飾語となる場合は、それに指定の助動詞の連用形「に」「と」「の」が附く。

人はよし思ひ止むとも、玉かづら、影に見えつつ忘らえぬかも（万葉集、一四九）
壁の中のきりぎりすだに間遠に聞きならひ給へる御耳に（源氏、夕顔）
あしひきの山辺をさして、くらやみとかくりましぬれ（万葉集、四六〇）
わざとかう御文あるを（源氏、若紫）
あまをとめ漁りたく火のおぼほしく、つのの松原おもほゆるかも（万葉集、三八九九）
白玉の大御白髪まし、赤玉の御あからびまし（出雲国造神賀詞）

㈢　体言のあるものは、そのまゝ連用修飾語として用ゐられる。この場合、陳述は零記号と見ることが出来る[1]。

まつち山暮《ゆふ》越え行きていほさきのすみだ川原にひとりかも寝む（万葉集、二九八）
たまきはる内の大野に馬並めて、朝踏ますらむその草深野（同、四）
夢のごと道の空路にわかれする君（同、三六九四）

「ごと」は、形容詞的接尾語「し」を附けて、その連用形「ごとく」で、連用修飾語とすることが多い。

常止まず通ひし君が使ひ来ず、今はあはじとたゆたひぬらし（万葉集、五四二）
わが泣く涙、有馬山雲井たなびき雨に降りきや（同、四六〇）
秋の田の穂むき見がてりわがせこが、ふさたをりける女郎花かも（同、三九四三）
鶏人暁《アカツキ》唱フ、声驚㆓明王之眠㆒、梟鐘夜《ヨル》鳴ル、響徹㆓晴天之聴㆒（倭漢朗詠集、禁中）
いはけなかりける程に、思ふべき人々のうち捨てゝものし給ひにけるなごり、はぐくむ人あまたあるやうなりしかど（源氏、夕顔）
筑波嶺の峯より落つるみなの川、恋ぞつもりて淵となりぬる（後撰集、恋三）

右の傍線の体言相当格は、指定の助動詞「の」を伴つた次の句に相当する。

吉野川いはなみ高く行く水の、はやくぞ人を思ひそめてし（古今集、恋一）
浅緑、糸よりかけて白露を玉にもぬける春のやなぎか（同、春上）

右の「浅緑」は、指定の助動詞「に」を伴つた次の句に相当する。

はつせ川、白木綿花におちたぎつ瀬をさやけしと見に来し我を（万葉集、一一〇七）

㈣　動詞の終止形が、そのまゝ連用修飾語として用ゐられることがある。

くらげなす[2]たゞよへる（古事記、上）

さ蠅なす皆わき（同、上）

鶯の音聞くなべに梅の花、わぎへの園に咲きて散る見ゆ（万葉集、八四一）

潮瀬の波折《なをり》を見れば、遊び来る鮪《しび》が鰭手《はた》に妻立てり見ゆ（古事記、下）

右の如く、終止形が連用修飾語になるのは、古語の例で、「終止形―見ゆ」の形は、平安時代以後は和歌にだけ用ゐられた。終止形を重ねて、連用修飾語とすることは、慣用句として固定されたものが用ゐられた。

世の中はむなしきものと知るときし、いよよ、ますます悲しかりけり（万葉集、七九三）

ぬば玉の黒髪山の山すげに小雨降りしき、益益《しくしく》おもほゆ（同、二四五六）

「益益」を、「しくしく」と訓めば、それは、「頻く」意味の動詞の終止形を重ねたものである。

かやうに夜ふかし給ふもなま憎くて、入り給ふをも聞く聞く、寝たるやうにて物し給ふべし（源氏、横笛）

今日の「見る見る」「恐る恐る」に当るものである。

㈤　形容詞の語幹は、そのまま、連用修飾語として用ゐられることがある。形容詞の語幹は、それだけで、一体言とみなすことが出来るから、結局第三の場合と同じになる。

高光る日の御子（古事記、中、美夜受比売の歌）

天飛《あまだ》む軽のをとめ、いた泣かば、人知りぬべし（同、下、木梨之軽太子の歌）

下つ岩根に宮柱、太しり立て、高天原に千木、高しります（出雲国造神賀詞）

体言の場合と同様に、助動詞「に」が附いて「高《たか》に」「遠《とほ》に」なども用ゐられる。

㈥　形容詞或は動詞の終止形に、指定の助動詞の「に」を附けて、連用修飾語に用ゐられることがある。(3)

しな照る片岡山に、飯に飢《ゑ》て臥《こや》せる其の旅人《たびと》あはれ、親なしに、なれなりけめや（推古紀）

大船の津守の占に告《の》らむとは、益為爾知りて我が二人寝し（万葉集、一〇九）

右の「益為爾」は、訓法に諸説があるが、和歌童蒙抄に「マサシニ」とあるのが、肯定されるならば、それは、「正《まさ》し」といふ終止形に「に」が附いたものと云へるのである。

この夜すがらに、寝《い》もねずに今日もしめらに恋ひつゝぞ居る（万葉集、三九六九）

「いもねずに」は、打消の助動詞の終止形に「に」が附いた場合である。

朝なぎに満ち来る潮の、夕なぎに寄り来る波の、その潮のいや益升二《ますますに》、その浪のいや敷《しく》布二《しくに》わぎもこに恋ひつゝ来れば（万葉集、三二四三）

「益升二」「敷布二」を、それぞれ「ますますに」「しくしくに」と訓むことが許されるならば、それは、動詞の終止形に、指定の助動詞「に」が附いたものである。

（1）古くは、体言だけで連用修飾格に立つたものが、今日では、指定の助動詞「に」を附けていふもの、その反対に、今日体言だけで云ふものが、古くは「に」を附けたりして、そこには一定の法則が認められないやうである。

外道忽ニ此ヲ見テ、悲ノ心ヲ発シテ愚ニ謀ツル事共ヲ一々ニ仏ニ申ス（今昔物語）

法ヲ聞キ専ニ布施ヲ可レ行（同）

毎夜ニ聊ニ勤ル事有也（同）

（2）体言に附く「なす」については、義門が『山口栞』（中巻）に、「似」字を、「のり」「のす」「なす」「にす」と訓むことがあることを指摘し、安藤正次氏も、また、この説を承けて、「なす」は「似す」の意味であると云はれた（『古代国語の研究』二四四頁）。山田孝雄博士は、「なす」の「な」は、格助詞で、「す」は、形式動詞であるとされた（『奈良朝文法史』第二章第五節）。そのいづれにしても、それが終止形であると見ることは一致してゐる。

（3）指定の助動詞「に」は、体言、動詞連用形（体言相当格）、動詞形容詞の連体形（体言相当格）に附くのを原則とするのであるが、ここに、終止形接続の場合もあることとしたのである。

（三）対象格

対象語格或は対象格の名称を設定する根拠は、国語の述語となる語に、両様の主語を想定することが可能であることから来ることである。例へば、「高し」といふ語が述語となつた場合、その主語として想定される語は、「高し」といふ属性の所有者、例へば、「山」とか、

「木」とかに限られる。これに対して、例へば、「あやし」といふやうな語が、述語になつた場合は、「あやし」といふ属性の所有者である「人」或は「有様」等を主語と想定出来ると同時に、「あやし」と感ずる感情の主体、「我」或は「彼」をも主語と想定出来る。この場合、感情の主体である「我」或は「彼」を主語と呼ぶならば、そのやうな感情を触発する機縁となり、或は感情の志向対象となるものを、ここに対象語或は対象格と呼ぶのである。ある語が、客観的な属性概念と同時に、それに対応する主観的な情意概念を同時に表現することは、現代語においても見られることで、「恐ろしい」といふ語は、物に即して、その物の容貌、性情等をいふことも出来ると同時に、そのやうな物に対する主観的な情意をも表はし、屢〻この両者の意味を同時に表現するものである。そこで、情意の主体に対する述語として、

私は恐ろしい。

と云つた場合、「私」を主語とするならば、その場合の感情の機縁となつた「物」に対する述語として、

虎は恐ろしい。

と云つた場合、主語「私」に対して、「虎」を対象語といふのである。これは全く相対的関係から生ずる概念であるから、もし、「虎は恐ろしい」の「恐ろしい」を、専ら、虎の属性のみを云つたものとするならば、その主語は、「虎」であるといふことが出来るのである。

命婦もたばかり聞えむ方なく、宮（藤壺の宮）の御気色も、ありしよりはいとゞ憂き節に思しおきて、心解けぬ御気色もはづかしう、いとほしければ、何のしるしもなくて過ぎゆく（源氏、紅葉賀）

右の文中の「はづかし」「いとほし」は、命婦の感情をいつた語で、「心解けぬ御気色」は、そのやうな感情の対象となつた事物を表はす語であるが故に、これを対象語とするのである。

紫の匂へる妹をにくくあらば、人妻故に我れ恋ひめやも（万葉集、二一）

右の「にくし」は、この作者の感情を云ひ表はした語で、「紫の匂へる妹」は、その対象語である。

いと気高う心はづかしき御有様に、さこそはいひしかどつゝましうなりて、わが思ふ事は、心のまゝにもえ打ち出で聞えぬを、心もとなう口惜しと、母君といひ合はせて歎く（源氏、明石）

右の「心もとなし」は、ある事に対して不安不満に感ずる気持ちで、こゝでは、「心のまゝにもえ打ち出で聞えぬ（こと）」が、不安不満の気持ちを起こさせる機縁になつてゐることを表はしてゐる。

つらつきいとらうたげにて、眉のわたり打けぶり、いはけなくかいやりたるひたひつき、髪ざし、いみじう美し。ねびゆかむ様ゆかしき人かなと目とまり給ふ（源氏、若紫）

右の「ゆかし」は、ある事の実現を待望する気持ちで、ここは、紫上の成人してゆく姿が、早く見たいといふ源氏の気持ちを表はす。「ゆかし」は、今日の語感で云へば、属性を表現してゐるやうに理解されるのであるが、平安時代には、情意的意味として多く使はれてゐる。従つて、「ねびゆかむ様」は、「ゆかし」の主語としてよりも、対象語と見るのが適切である。

なほ、対象語については、『古典解釈のための日本文法』（単元一二、一三）、『古典の解釈文法』（第一七課）に詳説したので、ここでは簡略に止めた。

（四）独立格

独立格とは、独立格の文における格の意味で、独立格の文とは、詞と辞との結合によつて文が構成される場合、陳述以外の辞によつて統一される文である。これを詞について云へば、詞が述語格でない文を独立格の文といふのである。いはゆる一語文といはれるものは、これに入る。

犬！

は、詞だけで成立する文であるが、これは単なる語の表出ではなく、「！」に相当する詠嘆或は呼びかけの辞が、言語記号によつては、表出されてゐない、換言すれば、零記号の辞によつて統一された文である。この場合、「犬」は、述語格でなく、独立格である。述語格と独立格の相違は、

「あれは何か」

といふ問に対して、

「犬」

と答へた場合、この「犬」は、外形上前者の一語文と同じであるが、この場合は、

「犬なり」

の指定の助動詞「なり」の省略と考へられる。「なり」が省略されたとすれば、「犬」は述語格で、前者の例とは異なるのである。

独立格の文については、第三章文論二文の構造（三）文の二つの類型の中で詳述した。

（五）条件格 附 並列格

従来、接続助詞といはれてゐる「ば」「ど」「ども」「と」「とも」「を」「が」等によつて総括された事柄を、条件格と名づけることとする。条件格を表はす助詞、即ち接続助詞は、格助詞の一種と見ることが出来ることは既に述べた（第二章二（二）ハ）。

格助詞とは、例へば、

猫が鼠を食ふ。

における「が」「を」のやうに、事柄と事柄との関係を表はすために、事柄に加へられた論理的意味の表示である。「猫」と「鼠」との論理的関係は、「が」「を」によつて表示され、「猫」を主語、「鼠」を客語の格といふのである。

次に、例へば、

天気だから、出かける。

において、「から」は、「天気であること」が、「出かけること」の前提条件になつてゐることを表はしてゐるのであるから、これも、事柄と事柄との関係を表はす語であるといはなければならないのである。一方、格助詞といはれてゐる「から」について、例へば、

不養生から、病気になる。

における「から」と比較して見れば、これも、「不養生」と「病気になる」といふ二つの事柄の論理的関係から「不養生」が、その条件になつてゐることを表はして、前例と本質的に差別の無いことを知るのである。また、例へば、

僅かの資本で‖店を開いた。

の「で」は、格助詞であるが、

体が健康なので‖、どうにか頑張り通した。

の「で」は、指定の助動詞「だ」の連用形（『口語篇』一九二頁）、或は「ので」を接続助詞と見てゐる（『中等文法』口語、七六頁）。両者異なつた取扱ひがされてゐるが、ともに、ある条件的事実を表はしてゐることにおいて共通してゐる。このやうに見て来ると、いはゆる接続助詞が、接続機能を持つといふことは、それらが、条件的事実を表はすことから来る結果的な事実と見てよいのである（『口語篇』一三二頁）。

条件格は、種々な方法によつて表はされるが、その一つは、用言及び助動詞の活用形によつて表はされる。

なぞかう暑きに‖、この格子は下されたる（源氏、空蟬）

右は、指定の助動詞の連用形によつて、「暑いこと」が、「格子を下したこと」の逆態条件になつてゐることを表はしてゐる。「かう暑き」は条件格といふことが出来る（これらのことについては、「活用形の用法」中に説いた）。

その二は、いはゆる接続助詞によつて表はされる。接続助詞は、常に陳述を表はす助動詞（零記号の場合をも含めて）とともに用ゐられる。

見ずもあらず見もせぬ人の恋しくば‖、あやなく今日やながめ暮さむ（古今集、恋一、伊勢物語）

右は、「見ずもあらず……恋しく」といふことが、未然の条件的事実である。助詞「ば」は、そのやうな格を表はしてゐる。

次に、

月明かに‖、星稀れに‖、烏鵲南に飛ぶ。

花咲き■‖、鳥歌ふ。

において、「月明かに」「星稀れに」「花咲き」は、それぞれ、助動詞及び動詞の連用形で、文意が中止してゐる。しかし、これらの句は、下の句に対して、因果関係或は条件関係に立つてゐるわけではない。そこで今、これらの「月明か」「星稀れ」「花咲き」を、下の句に対して並列格と呼ぶこととする。

並列格は、右のやうに、用言、助動詞の連用形で表はされると同時に、接続助詞「て」「ば」「して」(「し」は、サ変動詞が陳述の表現に用ゐられたもの)等によつて表はされる。前例の文は、

月明かにして‖、星稀にして‖、烏鵲南に飛ぶ。
花咲きて‖、鳥歌ふ。

のやうにも云へるのである。「ば」が並列格に附くことは、接続助詞「ば」の項に述べた。

四　活用形の用法

㈠ 総　説

活用形とは、語論的見地からいへば、用言及び助動詞が、他の語に接続する場合の語形変化で、通常、未然、連用、終止、連体、已然、命令の六活用形を備へてゐることは、既に述べたことである（語によつては、六活用形を具備しない場合もある）。

今、これを文論的見地において見るならば、一活用形〔は〕必ずしも、一文論的機能を表はしてゐるのでなく、種々な機能を持つものであることは、文の意味的脈絡を考へる上に、極めて重要なことである。例へば、

花咲き、鳥歌ふ。

花、咲き乱る。

における「咲き」は、ともに、動詞の連用形であるが、前者の「咲き」は、述語の中止法としての機能を持ち、後者の「咲き」は、述語「乱る」の連用修飾法としての機能を持つ。また、例へば、

花咲く時、

赤き花咲く。

心の貧しきは幸なり。

における「咲く」「赤き」「貧しき」は、それぞれ動詞、形容詞（ク活用）、形容詞（シク活用）の連体形であるが、「咲く」は、主語「花」の述語であり、「赤き」は、「花」の連体修飾語であり、「貧しき」は、主語「心」の述語であつて、「心の貧しき」で、一体言相当格で、主語となつてゐる。このやうに、各活用形と、その文論的機能とは、一応別個のものとして、各別に考察する必要がある。しかしながら、各活用形の文論的機能には、大体の範囲を限定することが出来るのであつて、決して無統制に用ゐられてゐるものではないのである。各活用形の用法を知ることは、古文の解釈の重要な基礎となるものであるから、私は、古文解釈の手がかりを、先づこの活用形の用法に置くことを試みた（『古典解釈のための日本文法』、『古典の解釈文法』）。

従来の文法研究においては、活用形は、専ら語論的見地からのみ取扱はれて、例へば、未然形には、どのやうな助詞、助動詞が接続するかといふことが研究されて来た。勿論、この研究は、必要な研究であつて、その価値は、充分高く認めなければならないのであるが、一方、文論的立場に立つ時、ただそれだけでは不充分であるといはなければならないのである。

（二）　未然形の用法

「ば」が附いて、未然の条件格を表はす。

誠にうしなど思ひて、絶えぬべき気色ならば、かばかり我に従ふ心ならば、思ひこりなむと思ひ給へて（源氏、帚木）

右の「なら」は、助動詞「なり」の未然形で、助詞「ば」を伴つて、「絶えぬべき気色」「かばかり我に従ふ心」が、下の「思ひこる」の未然的条件であることを表はす。

若鮎つる松浦の川の川なみのなみにしもはば、われ恋ひめやも（万葉集、八五八）

右の「なみにしもはば」は、「並にし思《も》はば」の意味で、「思は」が、「われ恋ひめやも」の未然的条件になつてゐることを表はすのであるが、この場合、前例の指定の助動詞「なら」に相当する陳述が、動詞の未然形によつて代行されてゐる。前例に倣つて、これを図解するならば、

なみにしもは■ば（現代語では、「思ふならば」と、助動詞「なら」を用ゐて、条件的陳

述を表はす。）

のやうになる。

立ちしなふ君が姿を忘れずは、世の限りにや恋ひ渡りなむ（万葉集、四四四一）

右の「ず」は、打消助動詞「ず」の未然形で、助詞「は」を伴つて、「君が姿を忘る」といふことの非存在の事実、換言すれば、「君が姿を常に胸に抱く」といふことが、「世の限りに恋ひ渡る」ことの将然的条件になつてゐることを表はす。(1)

(1)　橋本進吉博士の「奈良朝語法研究の中から」及び「上代の国語に於ける一種の『ずは』について」（『橋本博士著作集』第五冊）においては、この「ずは」の「ず」を、連用形とし、「ずは」を、「ずして」の意味に解された。今、本書では、この「ず」を未然形として、「ずは」を、未然形に「ば」の附いた一般の条件法と同じに見た。それは、「ずは」の表はす内容は、必ずしも常に厳密な意味における条件的事実ばかりでなく、橋本博士の云はれる「ずして」の意味の、事柄の平行関係或は単純な先後関係をも表はし得ると認めたからである。

「ば」は、ある事柄が、他の事柄の条件になつてゐることを表はす格助詞とも認めることが出来る。

（三）連用形の用法

一　述語格の中止法を表はす。

もの心細げに、里がちなるを（源氏、桐壺）

右の「に」は、指定の助動詞の連用形で、「もの心細げ」が、この文では表現されてゐない主語「更衣」の述語格であることを示し、かつその叙述が、中止されてゐることを表はす。この場合、助詞「て」を附けても同じである。

花咲き、鳥歌ふ。
水清く、風涼し。

右は、前例の「に」に相当する陳述が零記号になつて、用言の連用形が、それを代行し、「花咲く」ことが、「鳥歌ふ」ことに、平行し或は先後することを表はす。もし、

涙を流し、忠告す。

の如き文において、「涙を流し」を、連用形による連用修飾格とするならば、「花咲き」は、「鳥歌ふ」に対して並列格とでも、いふことが出来るであらう（第三章三（五）参照）。

二　連用修飾格を表はす。

風、静かに吹く。
花、美しく■咲く。
花、咲き■乱る。

右は、指定の助動詞連用形「に」、及び零記号の陳述によつて、「静か」「美しく」「咲き」が、それぞれ、下の述語の連用修飾語となつてゐることを表はす。この場合、連用形に助詞「て」が附くことがある。

いざ、たゞこのわたり近きところに、心安くて明さむ（源氏、夕顔）
鳥虫のひたひつき、いとうつくしうて飛びありく、いとをかし（枕草子、三月三日）

三　条件格を表はす。

庭の面はまだかはかぬに、夕立の空さりげなくすめる月かな（新古今集、夏）

「悩ましきに、牛ながら引き入れつべからむ所を」とのたまふ（源氏、帚木）

右の「に」は、ともに指定助動詞の連用形で、「庭の面がまだぬれてゐること」「悩ましいこと」が、下の文の条件になつてゐることを表はす。前者は逆態で、後者は順態条件を表はす。「かはかぬ」「悩ましき」は、それぞれ打消助動詞及び形容詞の連体形で、下に被修飾語になる体言が省略されてゐると見ることが出来る。従つて、意味は、「庭の面はまだ濡れてゐる状態だのに」「私は悩ましい状態だから」のやうになる。

光源氏、名のみことぐ〵しう、いひ消たれ給ふとが多かなるに（源氏、帚木）

うちひそみつつ見給ふ御様、例は心強う鮮かに誇りかなるみ氣色、名残なく、人悪し（源氏、柏木）

前者は、「ことぐ〵しけれど」と逆態条件を、後者は、「み気色、名残なければ」と順態条件を表はす。

右のやうな連用形に、助詞「て」を加へて用ゐることが多い。

かく心細くておはしまさむより、内住せさせ給ひて、御心なぐさむべくなど思しなりて参らせ奉り給へり（源氏、桐壺）
我ひとりさかしき人にて、思しやるかたぞなき（同、夕顔）

前者は、「内住せさせ給へば」、後者は、「さかしき人なれど」の意味である。現代の口語でも、「雨が降つて寒い」は、「雨が降るから寒い」の意味を表はす。この場合も、「雨が降り」が、「寒い」の条件、原因を表はすために用ゐられてゐる。連用形或はそれに「て」の加つたものが、逆態条件を表はすことは、現代語に無い云ひ方である。

形容詞の連用形に、「とも」が附いて、逆態条件を表はす（動詞の場合は終止形に附く）。

(四) 終止形の用法

一　述語格を表はす。

けはひあはれなり。（源氏、桐壺）

右の「なり」は、指定の助動詞の終止形で、体言「あはれ」が、主語「けはひ」の述語格であることを表はす。

宮は大殿ごもりにけり（源氏、桐壺）

右の「にけり」は、完了の助動詞「ぬ」「けり」の複合した助動詞の終止形で、動詞「大殿ごもる」が、主語「宮」の述語格であることを表はす。

風涼しかりき（風涼しくありき）

右の「ありき」は、指定の助動詞「あり」と過去の助動詞「き」との複合助動詞の終止形で、「涼しく」が、主語「風」の述語であることを表はす。

風涼し（風涼し■）

右は、前諸例の陳述の表現である助動詞に相当するものが、零記号で表現され、形容詞の終止形で代用されてゐる。従つて、「涼し」が、主語「風」の述語である。

二　動詞、助動詞の終止形に、助詞「とも」を伴つて、逆態的条件格を表はす。(1)

世になくかたはならむことなりとも、ひたぶるに随ふ心は、いとあはれげなる人と見給ふに（源氏、夕顔）

右は指定の助動詞「なり」の終止形に「とも」が附いて、「世になくかたはならむこと」が、「ひたぶるに随ふ」ことの逆態条件になつてゐることを表はす。

三　連用修飾格を表はす（文における格、連用修飾格㈣を参照）。

くらげなすたゞよへる（古事記、上）

「くらげなす」は、動詞の終止形で、そのまゝ、「たゞよへる」の副詞的修飾語として用ゐられる。

(1)「とも」は、一般に、接続助詞として説かれてゐる。本書では、「とも」が、格助詞の一つとしても考へられることを提案した（接続助詞「とも」の項参照）。

（五）連体形の用法

一　連体修飾格を表はす。

かりそめなること
をかしげなる人

右の「なる」は、指定の助動詞「なり」の連体形で、体言「かりそめ」「をかしげ」が、それぞれ、「こと」「人」の連体修飾語であることを表はす。

流るる水
美しき花

右は、「流るる」「美しき」が、それぞれ、「水」「花」の連体修飾語になつてゐるのであるが、連体修飾語であることを表はす指定の助動詞「なる」に相当するものが省略されて、用言の連体形がその代用となつてゐる。従つて、これを前例に倣つて図解すれば、

流るる■水
美しき■花

のやうになる。

二　主語客語を含んで連体修飾語となつてゐることを表はす。

人ずくなる所
火ともしたるすきかげ

「すくな」「ともし」は、それぞれ、主語「人」客語「火」に対して述語であり、それらの主語及び客語を含んで、「人ずくな」「火ともし」が、それぞれ、「所」「すきかげ」の連体修飾語になつてゐることを表はす。

虫の音しげき野辺
花散る里

は、形容詞、動詞の連体形によつて、主語「虫の音」「花」を含んで、下の「野辺」「里」の連体修飾語となつてゐることを表はす。「なる」に相当するものが省略されてゐることは、第一の後の場合と同じである。

因みに、国語においては、屡〻主語が省略されることがあるので、形式上では、下の語の修飾語のやうに見えて、実は、省略された主語の述語である場合が多い。

思はむ子を法師になしたらむこそ心苦しけれ（枕草子、思はむ子）

右は、「む」が連体形で、「思は」が、「子」の連体修飾語となつてゐるやうに解せられるところであるが、実は省略された主語「我」の述語であり、「我が思ふ」が、「子」の連体修飾語となるのである。

我が（主）　思は（述）　む子
（連体修飾語）

三　被修飾語の省略された連体形。

かの中の品に取り出でていひし、このなみならむかしと思し出づ（源氏、帚木）

右の「し」は、過去の助動詞「き」の連体形であるから、上接の語が、連体修飾語であることが明かである。しかし、この場合、この連体修飾語によつて修飾される体言「女」が省略されてゐる。この省略された体言「女」は、下に続く文中の述語「なみ」の主語である。

いとやむごとなき際にはあらぬが、すぐれてときめき給ふありけり（源氏、桐壺）

右の「にあらぬ」は、打消助動詞の連体形であるから、「いとやむごとなき際」が、その反対の意味で、連体形の下に省略された体言「御方」の連体修飾語となる。この省略された体言は、下に続く「すぐれてときめき給ふ」の主語となる。

宿直人《とのゐ》めく男《をのこ》、なま頑しき出で来たり（源氏、橋姫）

右の「頑しき」は、連体形で、下に省略された体言の連体修飾語であるが、この場合は、省略された体言が、この形容詞連体形の主語として、「宿直人めく男」と上に提示されてゐる。従つて、この主語を、被修飾語として連体形の下に補つて見れば、次のやうになる。

宿直人めく男の、なま頑しいのが出て来た

右の「の」は、口語に用ゐられる形式体言で、「もの」「こと」の意味を持つてゐる。右のやうな連体形は、古文に頻出する特異な用法である（『古典解釈のための日本文法』単元五参照）。

白き鳥の、嘴《はし》と脚と赤き、鴫の大きさなる、水の上に遊びつゝ魚《いを》を食ふ（伊勢物語）

み山いでて夜はにや来つる時鳥あかつきかけて声の聞ゆる（拾遺集、夏）

右の下句の留り「聞ゆる」は、連体形で、「あかつきかけて声の聞ゆる」が、連体修飾語であると同時に、その下に来る被修飾語が省略された場合である。このやうに、連体形を以て、下句を留めるのは、そこに余情を残す技法であつて、一首の意味は、

あかつきかけて声の聞ゆるコトカナ

と同じになる。従つて、原歌の留りは、純然たる終止（切れ）とはいふことが出来ないものである。

四　「ぞ」「なむ」「や」「か」等の係の助詞が上にある場合に、陳述の完結形式として用ゐられる。

霞たつ春の山辺はとほけれど吹き来る風は花の香ぞするゝ(1)（古今集、春下）

中の品になむ、人の心々おのがじゝの立てたる趣も見えて、わかるべき事かた〳〵多かるべき(2)（源氏、帚木）

五　係助詞が無い場合でも、「いつ」「いかで」「いづれ」「たれ」「なに」「など」等の問ひかける疑問代名詞がある場合は、同じく陳述を連体形とする。

秋の虫なにわびしらに声のする、頼みし陰に露やもりゆく（菅家万葉集、下）

夏草はしげりにけれど、郭公などわが宿に一声もせぬ（新古今集、夏）

(1)　用言が述語になる場合には、陳述は零記号になる。従って、係の助詞に応ずる完結形式は、用言自身の活用形による。ここは、「花の香す」に、係の助詞が加つたがために、用言の連体形を以て完結した。

(2)　述語に助動詞が附いた場合は、係の助詞に応ずる完結形式は、陳述を表はす助動詞の活用形による。

ここでは、述語は、「多し」であるが、それに推量判断を表はす助動詞「べし」が附き、それが、「なむ」の影響によつて連体形で完結したのである。

（六）已然形の用法

一　「ば」「ど」「ども」が附いて、已然の条件格を表はす。

怪しく夢のやうなりしことの心に離るゝ折なき頃にて、心解けたるいだに寝られずなむ、昼はながめ、夜は寝ざめがちなれば、春ならぬこのめ、いとなく嘆かしきに（源氏、空蟬）

右の「なれば」は、指定の助動詞「なり」の已然形に、接続助詞「ば」（条件格を表はす格助詞とも考へられる）が附いて、「昼はながめがちに、夜は寝ざめがちなること」が、下の文の「嘆かし」の已然の条件格になつてゐることを表はす。

稲つけば、かゞるあが手をこよひもか、とののわくごが取りて嘆かむ（万葉集、三四五九）

右は、「稲つく」ことが、「かがる」の条件になつてゐることを表はす。前例の指定の助動詞「なり」に相当するものが、ここでは零記号になつている。

もみち葉に置く白露のにほひにも出でじと念者《おもへば》、ことの繁けく（万葉集、二三〇七）

右は、已然形に「ば」が附いたものであるが、前諸例が、順態条件を表はすのに対して、逆態条件を表はす場合である。

天の川浅瀬白波たどりつゝ渡りはてねば、明けぞしにける（古今集、秋）

右は、打消助動詞「ず」の已然形に「ば」が附いたもので、「渡りはつ」の反対の事実、即ち「川の途中にあること」が、条件になつてゐる。この場合は、逆態になる。

世のおぼえ花やかなる御方々にも劣らず、何事の儀式をももてなし給ひけれど、取立てゝはか〴〵しき御後見しなければ、事とある時は、なほよりどころなく心細げなり（源氏、桐壺）

右は、過去の助動詞「けり」の已然形に「ど」が附いたもので、「儀式をもてなし給ふ」ことが、後の述語「心細げ」の逆態条件になつてゐる。この場合、「ども」が附いても同じである。

二　已然形は、それだけで条件格を表はす。

家さかりいますわぎもを止めかね山がくりつれ、心どもなし（万葉集、四七一）

右の「つれ」は、完了の助動詞「つ」の已然形で、この活用形だけで、「山がくる」といふことが、「心どもなし」の条件になつてゐることを表はす。「山がくりつれば」の意である。

雪こそは春日消ゆらめ、心さへ消え失せたれや言も通はぬ（万葉集、一七八二）

右は、「らむ」の已然形。「雪が春の日に消えること」が、逆態条件になつて、「雪は消えることがあらうが」の意味で、次の「心は消えることがない」に懸るのである。逆態になる場合には、上に係助詞「こそ」を伴ふことが多い。

ももしきの大宮人はいとまあれや。梅をかざしてここにつどへる（万葉集、一八八三）

右も前例と同じく、「大宮人はいとまあり」といふことが、下句の「ここにつどへる」の条件格になつてゐる。「や」は疑問の係助詞で、「いとまあればか」の意味となり、下句の結びが連体形になる。この已然形に「や」の附いた形は、次に掲げる反語或は詠嘆の表現と誤られ易い。

三　「已然形—や」が、反語或は詠嘆となる場合。

さざなみの滋賀の大わだ淀むとも、昔の人にまたもあはめやも一云あはむともへや。（万葉集、三一）

右の「めや」は、推量の助動詞「む」の已然形に「や」が附いたもので、形の上では、前例と同じであるが、これは、後の「むや」といふべきところである。「昔の人にまたも会はむや」、「一云」に従へば、「あはむともふや」の意味で、疑問或は反語になる。多く文末に置かれる語法である。

津の国の難波の春は夢なれや、蘆の枯葉に風わたるなり（新古今集、冬）

右の「なれや」も、散文における「なりや」に相当し、「や」は疑問の助詞で、疑問は、屢〻詠嘆に通ずる。ここは、詠嘆で、「夢なるかな」の意味となる。従つて、この「や」は下句の結びに影響を及ぼすことなく、ここで切れるのである。

ももしきの大宮人はいとまあれや、桜かざして今日も暮しつ（新古今集、春下）

これも、「いとまありや」「いとまあるかな」と詠嘆する云ひ方である。従つて、「や」は、下句の結びに影響を及ぼさない（もし、「や」が係の助詞ならば、下句は、「暮しつる」とならなければならない）。右は、既に挙げた万葉集の本歌と比較すれば、その相違を明かにすることが出来る。

ももしきの大宮人はいとまあれや、梅をかざしてここにつどへる

四　係助詞「こそ」の終止となる。

春の夜のやみはあやなし梅の花色こそ見えね香やはかくるゝ（古今集、春上）

右の「ね」は、打消助動詞「ず」の已然形で、ここで終止する。しかしながら、已然形は、それだけで条件を表はすので、ここでも、「ね」で、完全に文意が完結したとはいへないので、「色こそ見えねど」の意味が寓せられてゐることが多いのである。従つて、この歌のやうに、逆態条件に対する結論とも見るべき「香やはかくるる」の如きものが表現されてゐない場合でも、多くの場合に、余韻を残してゐることが多いのである。

おほかたの秋来るからにわが身こそ悲しきものと思ひしりぬれ（古今集、秋上）

（七）命令形の用法

一　四段、ラ変、ナ変活用では、そのまゝで、他の活用では、助詞「よ」「ろ」（東国方言）が附いて、命令、許容、勧誘等の意を表はす。(1)

二　四段、サ変活用では、完了の助動詞「り」が附く。(2)

（1）四段、ラ変、ナ変以外の動詞でも、下二段、カ変の動詞は、「よ」を附けずに、命令の意味に用ゐられることがある。

うるはしとさ寝しさ寝てば刈薦の美陀礼婆美陀礼さ寝しさ寝てば（古事記、下）

人の身は得難くあれば法のたのよすがとなれり都止米もろもろすゝめもろもろ（仏足跡歌）

大伴の遠つかむおやのおくつきは、しるく之米多底、人の知るべく（万葉集、四〇九六）

旅にても喪無くはや許（来）とわぎもこが結びし紐はなれにけるかも（同、三七一七）

また、四段動詞にも「よ」を附けて用ゐることがある。以上のやうな用例から推して、「よ」は、人を促す意を表はす助詞で、動詞の語尾でないことが明かである。後に、四段、ラ変、ナ変以外には、必ず「よ」を附けて命令を表はすことになつたが、その場合でも、「よ」の附いたものを活用語尾とすることは出来ない。それは、既定条件を表はすには、古くは、已然形だけで、これを表はす場合が、あつたが、後に、「思へば」「咲けば」と、必ず、「ば」を伴つて用ゐることになつても、「ば」の附いたものを、活用語尾と見ないのと同じである。

「ろ」を用ゐたものは、

高麗錦紐ときさけて寝るがへにあど世呂とかもあやに悲しき（万葉集、三四六五）

草枕旅のまる寝の紐絶えば、あが手と都気呂これのはるもし（同、四四二〇）

（2）橋本進吉博士の上代特殊仮名遣の研究によつて、四段活用の已然形の語尾は、乙類の仮名に属し、命令形の語尾は、甲類の仮名に属することが明かにされた。完了の助動詞「り」は、常に甲類の仮名に接続してゐるので、これは、命令形に接続すると云はなければならない（「上代文献に存する特殊の仮名遣と当時の語法」『橋本博士著作集』第三冊、一八七頁)。従つて、本書では、「り」の接続を、命令形の用法中に加へた。

また、サ変動詞の場合も、従来「り」は、未然形に接続すると云はれて来たが、四段動詞と同様に、命令形に接続するとした(第二章語論二辞「り」の註(2)を参照)。

第四章　文章論

一　文章論の課題

文法研究上、文章論がどのやうな意味を持ち、またどのやうな研究課題があるかは、『口語篇』第四章に概説したことであるが、その後、この研究課題を、具体化するに当つて、二三の試論的なものに手をつけた以外に、私としては、未だ全面的にこれを体系づけるところにまでは到達してゐない。

以下、列挙するところの文章論の課題は、その全部が、決して、文法論における文章の問題とはいふことが出来ないものであらうが、これらの中から、文法論に所属するものを、選択して行くといふことは、文章論の位置を決定する上から云つて、必要な手続きであり、また方法であると云つてよいであらう。

その一は、連歌俳諧における附句による文章の展開の考察である（『古典解釈のための日本文法』単元三二）。

その二は、散文中に占める韻文の位置と機能とに関する考察である（『同上書』単元三二）。

その三は、文章展開における冒頭文の意義についての考察である（昭和二十六年五月五日松山市における全国大学国語教育学会講演、愛媛県国語研究会編『国語研究』第八号掲載）。

その四は、言語における主体的なものは、文においては、辞である助詞、助動詞によつて表現されるが、文章特に文学においては、それがどのやうに表現されるかを追求しようとしたものである（「言語における主体的なもの」金田一京助博士古稀記念『言語民俗論叢』所収）。

その五は、接続詞と感動詞との文章論的意義についてである。接続詞については、『口語篇』にも述べたことであるが、本書では、新たに、感動詞をこれに加へることとした。

二　連歌俳諧における附句による文章の展開

文が文章として展開する場合、一般に、前文と後文との間には、論理的関係があり、論理的脈絡を以て展開する。その関係を明かにするために、接続詞が用ゐられることがあるが、接続詞がない場合でも、我々は、そこに論理的脈絡を把握することが出来る。

桜がり雨は降り来ぬ同じくは濡るとも花の下に隠れむ（古今六帖、一）

右の歌は、文法的にいへば、「桜がり雨は降り来ぬ」「同じくは濡るとも花の下に隠れむ」の二つの文よりなり、前文は、後文の思想の出て来る原因となつた事実を表現したものであることは明かである。

連俳は、前句を承け、後句が続いて、そこに文章が展開するのであるが、前句と後句とは、論理的に関連するよりも、情景、情趣が承応しつゝ展開するといふ、一般文章の展開とは異なつた技法の上に立つものである。かつ、附句は、前句に承応しつゝも、全体の文脈に対しては、新しい境地を開拓して行かなければならないといふ制約の下に、文脈における語の用法も、一般の表現における語の受渡しとは別の約束に従つてゐる。次に、水無瀬三吟百韻を例にとつて見れば、

雪ながら山もとかすむ夕べかな
行く水遠く梅にほふ里
川風に一むら柳春見えて
舟さす音もしるき明け方
月やなほ霧渡る夜に残るらむ

霜置く野原秋は暮れけり

（以下略）

において、発句より第三句までは、春季の連続で、情景境地は緊密に展開するのであるが、第四に至つて、用語の上では、春季を離れた。しかしながら、一般の文章表現の場合ならば、「舟さす音もしるき明け方」は、当然前句との関係において春の明け方を指したものと理解されなければならない筈であるが、これに対する附句は、むしろこの文脈における理解を遮断して、これを秋の明け方と理解して、第五を出したのである。第五の「月やなほ霧渡る夜に残るらむ」においても同様で、前句の関係から云へば、それは当然水辺の景と見なければならないのであるが、附句は、これを暮秋の野原の景と見て第六を出したのである。

以上のやうな附句の発展は、語の意味の文脈における制約を脱却するところに可能とされるのであつて、この技法は、すでに平安時代の和歌に盛に用ゐられた懸詞の方法の中に見られるものなのである。例へば、

梓弓はるの山辺を越え来れば、道もさりあへず花ぞ散りける（古今集、春下）

において、「はる」は、それに先行する語との関係からいへば、専ら一義的に「張る」の意

味に決定されてゐなければならない筈であるが、ここでは、「はる」の音が喚起することの出来る別の意味を利用して、「春の山辺を」と続けたのである。懸詞による思想の展開と、附句によるそれとは、形式的に見れば、甚だ、異なつたものではあるけれども、文脈を離れれば、語の喚起するところの意味内容は、極めて非限定的で、「明け方」と云つても、それは「春の明け方」でも、「秋の明け方」でも表現し得るといふ言語の非限定的な表現性を利用した点においては同じものといふことが出来るのである。

連歌俳諧における文章の展開は、中古末期を、下限とする本書の限界を越えるものではあるが、これを、懸詞の発展と見る立場から、仮に本書に附説することとした。

三　散文中における韻文の意義と機能

日本文学においては、散文中に、屢〻韻文（和歌及び俳句）が挿入されて、文章表現の一つの形式をなしてゐる。このやうな、文章の中に占める韻文の位置と機能とについて考察するといふことも、文章論上の一つの重要な課題と考へられるのである。

韻文が散文の中に挿入される場合、二つの全く異なつた事情が考へられる。第一の場合、韻文が、散文の叙述して来たものを、集約し、点睛する意味で挿入される場合である。

その春世の中いみじうさわがしうて、まつさとのわたりの月かげあはれに見しめのとも三月ついたちになくなりぬ。せんかたなく思ひ歎くに、物語のゆかしさもおぼえずなりぬ。いみじく泣きくらして見いだしたれば、夕日のいと花やかにさしたるに、さくらの花のこりなく散りみだる。

ちる花もまた来む春は見もやせむやがて別れし人ぞこひしき（更級日記）

右の文章の散文も韻文も、これを、内容的に見れば、大差が無いのであつて、和歌が、散文の内容を、再び繰返して、これを凝縮させたところに意義を見出すことが出来るのである。これは、万葉集における長歌と反歌の関係と同じである。

曙の空になりて、瀬田の長橋うち渡すほどに、湖はるかにあらはれてかの満誓沙弥が、比叡山にて此のうみを望みつゝよめりけん歌おもひ出でられて、漕ぎゆく舟のあとの白波、まことにはかなく心ぼそし。

世の中を漕ぎゆく舟によそへつゝながめし跡を又ぞながむる（東関紀行）

右の文章も同じであつて、この形式は、「奥の細道」以下の芭蕉の紀行文にも採用されてゐるところのものである。そこでは、俳句が、和歌の位置を占めるのである。

第二の場合は、韻文が、散文中に描かれる人物の言葉として挿入される場合である。その代表的なものは、源氏物語において見ることが出来る。

藤壺の宮悩みたまふ事ありて、まかで給へり。（中略）宮も浅ましかりしを思し出づるだに、世とともの御ものおもひなるを、さてだにやみなむと深う思したるに、いと心うくて、いみじき御気色なるものから、なつかしうらうたげに、さりとてうち解けず、心深う恥かしげなる御もてなしなどの、なほ人に似させ給はぬを、などかなのめなる事だにうちまじり給はざりけむと、つらうさへぞ思さるゝ。何事をかは聞えつくし給はむ、くらぶの山に宿りも取らまほしげなれど、あやにくなる短夜にて、あさましうなかなかなり。

（源氏）「見てもまた逢ふ夜まれなる夢の中にやがてまぎるゝわが身ともがな」

とむせ返らせ給ふさまも、さすがにいみじければ、

（藤壺）「世がたりに人やつたへむたぐひなくうき身をさめぬ夢になしても」

思ほし乱れたるさまも、いとことわりにかたじけなし（源氏、若紫）

右は、源氏と藤壺の宮との会合の場面であるが、ここに挿入された和歌は、源氏と宮との言葉として挿入されたもので、作者の思想とは直接の関係がなく、今日の小説における会話の文に相当するものである。このやうな和歌の機能は、登場人物相互の思想の伝達を第一の目

的とし、それが鑑賞されるといふことは、附随的にしか考へられてゐない場合が多い。従つて、それは、勅撰集的和歌(1)とは著しく性格の異なつたものといはなければならないのである。

前栽の花いろ〳〵咲き乱れ、おもしろき夕暮に、海見やらるゝ廊に出で給ひて、たゝずみ給ふ御様のゆゝしう清らなること、ところがらは、まして、この世のものとも見え給はず。(中略)さま〴〵心細げなるに、雁の連ねて鳴く声楫の音に紛へり。うちながめ給ひて、御涙のこぼるゝを、かき払ひ給へる御手つきの、黒木の御数珠にはえ給へるは、故郷の女恋しき人々の心地、みな慰みにけり。

(源氏)「はつかりは恋しき人のつらなれや旅の空飛ぶ声のかなしき(2)」

と宣へば、

(良清)「かきつらね昔のことぞおもほゆる雁はそのよの友ならねども」

(民部大輔)「心からとこ世を捨てゝなく雁を雲のよそにも思ひけるかな」

(前右近丞)「常世いでて旅の空なるかりがねも、つらにおくれぬほどぞなぐさむ」(源氏、須磨)

右は、八月十五夜、須磨において、雁の鳴き連ねて行くを聞いて、源氏及び側近の人たちの詠んだ歌であるが、これは、歌会でもなく、また、鑑賞会でもない。漂泊の悲しさをかこつ人々が、雁に托して、銘々の心境を述べ合ふ言葉として、散文中に位置づけられてゐるのである。従つて、いふならば、座談会における感想の言葉に相当するものである。平安時代の物語は、すべてこのやうな意味において、和歌を散文中に用ゐた。

以上述べて来た二つの形式は、その性質において甚だしく異なつたものではあるが、韻文を散文中に混在させるといふ点では共通したものである。韻文が、このやうに散文中に織交ぜられるといふことは、詩と散文とを全く別のジャンルとして扱ふヨーロッパ文学と比較する時、日本文学の特異な現象と認めることが出来るのであるが、これは、日本文学における韻文といふものが、ヨーロッパ文学における韻文とは、その性格を異にしたものであることを想像させるのである。日本文学においては、韻文は、散文の延長線上に成立するものであつて、散文と全く異なつた表現形式とは考へられてゐないもののやうである。換言すれば、韻文と散文との間に一線を劃すことが出来ないことを意味するのである。

(1)　勅撰集的和歌の性格とは、ここでは、題詠或は歌合せを契機として生まれて来た和歌を云ふ。それは、古今集仮名序に示された規範、即ち、「花をめで、鳥を羨み、霞を憐び、露を悲しぶ」心の表現としての歌であつて、「色好み」の家に翫ばれるやうな歌に対立し、専ら鑑賞批判の対象として制作されたものである。これに反して、物語中の和歌は、人間の愛憎の表現の媒介としての機能を持つのである。

(2) この歌の解釈として一般に採られてゐるものは、初雁を、都に残して来た女たちに喩へて、女たちが泣いてゐるであらうことを思ひやつたものとするのである。しかしながら、ここに登場する他の人物、良清、民部大輔、前右近丞は、ともに、自分たちが、故郷を離れて漂泊の旅をしてゐる雁と同じ運命であることを述べてゐるのであるから、源氏の歌も、初雁は、都の人たちを恋ひしたつて泣く我々と同じ運命のものであることを詠んだものと考へなくては、三人の歌は承応しない。「恋しき人」は、「都を恋うてゐる我々」の意味に解さなければならない。諸註、「恋しき人」を、「我が恋しく思ふ都の人たち」の意に解するところから、自他が転倒してしまつたのである。

四　文章における冒頭文の意義とその展開

文章は、音楽と同様に、時間的に展開するものであるから、全体を、同時的に大観し、把握することは不可能である。その点、造型美術の場合と異なる。従つて、文章の全体的把握は、冒頭よりこれを読み下してゆく、時間的、継起的な体験としてのみ成立する。その際、文章の冒頭文は、多くの場合において、文章全体の主題、輪廓、発端等を示す重要な意義を持つてゐる。嘗て、垣内松三教授が、文章の理解は、先づ文章自体から出発しなければならないというセンテンス、メソッドを唱道された時、ヴントの説を引いて、次のやうに述べられた。

ヴントが文を読む時の心を説明して、恰もこみ入つた画の上に、突然光がさしこんで来た時に、初はただ全体の印象のみであるが、それから全体との関係に於て部分部分が引続いて見えて来るやうに、文も初は輪廓が見え、それから初めには暗かつた部分々々が分つて来ると述べたやうに、大意はこれを示す「言語の縁暈」であり「輪廓」である。

（『国語の力』一、解釈の力二五）

しかしながら、文章の全体的把握が、文章の通読によつてなされるとする考へは、文章の構造を、造型美術と同一視するところから来たことで、文章の構造の正しい認識から来たものとは考へることは出来ないのである。確かに、造型美術の鑑賞は、その朧気な全体的印象に出発して、更にその細部の技巧の鑑賞に目を転ずるといふ方法が可能とされる。それは、ものそのものが、そのやうな構造形式を持つからである。文章は、たとへ、それが俳句のやうな短詩形の場合においても、その全体を同時的に把握するといふことは不可能なことである。いつ如何なる場合においても、冒頭より読下すといふ体験においてしか、これを把握することが出来ない。時間的体験を、同時的体験に引移すとしたならば、それは既に文章的体験から遠ざかつたものと考へなければならないのである。それならば、文章の理解においては、もはや全体的把握といふことはあり得ないのであらうかといふのに、文章において、それに相当するものは、冒頭の文である。冒頭の文が、絵画の構図と同様な意味で、文章全体の輪廓を示すものであることは、表現の場合を考へて見れば明かなことで、冒頭の文を正しく据ゑ得たといふことは文章制作のなかばを成就し得たことを意味するのである。冒頭の文が、文章の全体を提示するものであるといふことは、種々な意味で云はれることで、決して一様ではあり得ない。ある場合には、作者の全編に対する主題を示す場合もあり、単に内容の輪廓を示す場合もあり、また執筆の動機意図を明かにするやうな場合もある。

男もすなる日記といふものを、女もしてみむとてするなり（土佐日記）

右は、作者の執筆の動機を明かにしたものであつて、以下展開する日記の記事とは、性質の異なつたものであつて、いはゞ全編の支柱となるべき性質のものである。従つて、この一文は、直にそれに続くところの「それの年、師走の二十日あまり一日の日の戌《いぬ》の時に門出す」の文と関係するものと考へることは出来ないので、むしろ、土佐日記全体との関係においてその意義を見なければならないのである。

東路の道のはてよりも、なほ奥つ方に生ひ出でたる人、いかばかりかはあやしかりけむを
——下略——（更級日記）

同じく旅行記の発端に据ゑられた冒頭文であるが、ここでは、執筆の意図が述べられてゐるのでなく、京へ上ることが、作者にとつてどのやうな意義があるかが、先づ述べられたのである。

行く川の流れは絶えずして、しかももとの水にあらず。よどみに浮ぶうたかたは、かつ消えかつ結びて、久しく止まる事なし。世の中にある人とすみかとまたかくの如し（方丈記）

右は、方丈記全編の主題ともいふべきもので、以下展開する天変地異と、人事の有為転変とに対する作者の総論となつてゐる。

文章は、冒頭文の分裂、細叙、説明等の形において展開するので、冒頭文の展開の必然性を辿ることは、正しい文章体験の基礎である。右に掲げた方丈記の冒頭文は、「玉敷の都の中に、棟を並べ甍を争へる尊き卑しき人のすまひは」以下の文に展開し、それらが集つて、全体で、更に大きな冒頭文を構成するのであるが、次の

およそ物の心を知りしよりこのかた、四十あまりの春秋を送れる間に、世の不思議を見る

こと、やゝ度々になりぬ

以下は、万物流転の主題を、具体的に説明する各論的展開である。海道記の文章構成には、次のやうな珍らしい方法が採られてゐる。先づ、最初に、

白川ノ渡《ワタリ》、中山ノ麓ニ、閑素幽栖ノ侘士《ワビビト》アリ（岩波文庫本による）

以下、

今便《スナハチ》芳縁ニ乗テ俄ニ独身ノ遠行ヲ企ツ（同、四九頁）

までは、東国下向の趣旨を叙したところの冒頭文であるが、

貞応二年卯月ノ上旬、五更ニ都ヲ出《イデ》テ一朝ニ旅ニ立ツ（同、四九頁）

より、

此《コレ》ハコレ文ヲ用《モツ》テサキトセス、歌ヲ以テ本《モト》トセス、只境ニ牽《ヒカ》レテ物ノ哀ヲ記スルノミ也。外見ノ処ニ其嘲《ソノアザケリ》ヲユルセ（同、五三頁）

に至るまでは、京より鎌倉に至るまでの旅行の概略を叙して、更に、再び立戻つて、

四月四日、暁、都ヲ出《イツ》（同、五三頁）

と都を出発することを述べてゐる。同様の文章構成法が、源氏物語の光源氏須磨下向の条にも用ゐられてゐる。

弥生廿日あまりのほどになむ、都離れ給ひける。人には、今としも知らせ給はず、ただいと近う仕うまつりなれたるかぎり、七八人ばかり御供にて、いとかすかにて出で立ち給ふ（源氏、須磨）

と、出発のことを述べて、更に立返つて、出発に際しての方々への御いとまごひの有様を詳細に述べて、最後に、紫上との別れを叙して、

明けはてなばはしたなかるべきにより、急ぎ出で給ひぬ。道すがら、面かげにつと添ひて、胸もふたがりながら、御船に乗り給ひぬ。日長き頃なれば、追風さてそひて、まだ申の時ばかりに、かの浦に着き給ひぬ

と、須磨到着のことを述べてゐる。しかしながら、こゝでも、叙述は、再び途中のことに立返つて、

大江殿（難波国渡辺の館）といひける所は、いたく荒れて、松ばかりぞしるしなりける

として、都を想ひ、前途を憂ふる感慨の歌を詠ませてゐる。このやうな叙述形式は、文章の錯乱といふよりも、冒頭において、大意を概説し、更にそれが各論に展開する方法の発展と認めるべきではないかと考へられる。(1)

もとより、冒頭に、全編の大意や輪廓や主題が述べられるといふことは、その方が、全編の理解を導くに効果的であると考へられたところから、生まれた技法であるから、場合によつては、冒頭に相当するものを設けずに、直に中心問題に入つて行く方法もあり得るわけである。特に近代小説の形式は、読者を直に事件の核心に導くためにこの方法がとられることが多い。しかしながら、これは近代の、特に小説における方法であつて、わが古典文学や、

近代においても、論文等には冒頭が置かれることは、極めて一般的な事実である。

（1）　金子元臣は、こゝのところを、「出発したと一往総括的に略叙して置き、以下更に立返つて出発の際の事件を細叙する一種の文法」と解説してゐる（『定本源氏物語新解』上、四〇七頁頭註）。

五　文章の展開と接続詞

接続詞の性質を考へる前に、文章表現における文の接続の事実を考へてみよう。

雨が降る。風が吹く。とても外へは出られない。

といふ文の連続においては、個々の文は、それぞれに完結し、独立はしてゐるが、意味の脈絡の上からいへば、個々に孤立してゐるのではなく、連続したものとして表現され、かつ理解される。しかも、これらの個々の文は、相互に対等の関係で、次の文に関係してゐるのでもない。先づ、「雨が降る。風が吹く。」は、それだけで一団となつて、次の「とても外へは出られない。」に関係するものとして表現され、かつ理解されるのである。その関係は、いはば、前者が原因であり、後者が結果となつてゐる。以上のやうな文の連続における文の群団化とその相互関係は、我々はただ文脈において、或は言外の余白において感じとるだけで、右のやうな話手の思考の屈折は、言語の形には表現されてゐない。これが、文の接続を表はす一つの方法である。

次に、右と同じ思想を次のやうに表現することも出来る。

雨が降る。風が吹く。それだから、とても外へは出られない。

右の表現においては、「雨が降る。風が吹く。」といふ文の群団が、「とても外へは出られない。」といふ表現の原因になつてゐるといふ思考過程が「それだから」といふ語によつて表現されてゐる。前例において、言外に余白として表現されてゐたものが、ここでは、明かに言語の形をとつて表現されたことになるのである。「それだから」は、右のやうな機能を持つところから、これを文法上接続詞といふのである。接続詞を用ゐることも、文の接続を表はす一つの方法である。

次に、右と同じ思想を次のやうにも表現することが出来る。

雨が降り、風が吹くから、とても外へは出られない。

右の表現においては、「雨が降り、風が吹く」といふ思想が、「から」といふ助詞を加へることによつて、その思想が、後続文に対して原因になつてゐるものであることを表現して、前例の場合と同じ結果になつたのである。「から」は、「だから」と同様な語の性質を持ち、辞に属するのであるが、「から」は常に詞と結合して用ゐられるところから、これを助詞といふのである。右のやうに、助詞を用ゐた場合は、「雨が降り、風が吹く」は、もはや完結を失つて、全体として、一文の中に包摂されたものと考へられるから、文の接続とは云へないやうであるが、それは結果から見た見解であつて、思想の表現過程に即していふならば、完結させるべき文を、助詞を用ゐることによつて、未完結にして、次の文に接続させたと見るべきである。右の文中、「雨が降り、」は、「雨が降る」といふ完結形式を用ゐずに、次の「風が吹く」に接続させるためにとつた方法で、この場合は、活用形の中の連用形がその役目を果してゐるのであるが、表現過程から云へば、文を接続させたと見るのが至当である。文を、その出来上つた形において見ずに、表現過程において見るといふことは、言語が時間的に、線条的に展開するものであるといふ性質から云つても極めて当然なことである。

以上述べて来たところで明かなやうに、接続詞を用ゐるといふことは、文を接続させる技法の一つに過ぎないのであつて、従つて、接続詞を考へるに当つては、既に述べた言外の表現、即ち文脈、接続助詞、活用形（連用形中止法及び已然形）などと併行して考へて行かなければならないのである。と同時に、接続の表現といふことは、言語における主体的表現として、辞の一般的性質とも関連させて考へる必要があるのである。

接続詞は、文と文とを接続させるものであり、これを話手の立場からいふならば、文脈の継承、転換を表明するものであるといふことになるのである。そのためには、先づ、接続詞は、それに先行する思想を総括する機能を必要とする。多くの接続詞は、これを起源的に見れば、代名詞と陳述と接続助詞とから構成されてゐる。前例の「それだから」は次のやうに分析される。

それ……代名詞

だ……指定の助動詞（陳述）

から……接続助詞

勿論、すべての接続詞が、右の構成をとるとは限らないが、その場合でも、接続詞が先行の文を予想することは必至であつて、それなくしては、接続詞とはいへないのである。

以下、実例について解説することとする。

（僧都）「ただこの尼君一人にてあつかひ侍りしほどに、いかなる人のしわざにか、兵部卿の宮なむ忍びて語ひつき給ひけるを、もとの北の方やむごとなくなどして、安からぬこと多くて、あけくれ物を思ひてなむ亡くなり侍りにし。物思ひに病づくものと目に近く見給へし」など申し給ふ。（源氏）「さらば、その子なりけり」と思し合はせつ（源氏、若紫）

右の文は、次のやうに、僧都と源氏との会話として、整理することが出来る。

（僧都）「ただこの尼君一人にて……物思ひに病づくものと目に近く見給へし」
（源氏）「さらば、その子なりけり」

接続詞「さらば」は、源氏物語の草子地の文とは何の関係もないものであつて、右の僧都と源氏との会話を接続させる機能を持つのである。即ち、「さらば」の先行文は、僧都の言葉であり、「さらば」は、それを総括して、次の文「その子なりけり。」をおこすことを表明したものである。「さらば」は、甲乙二人の会話の文脈において機能するものであつて、文脈といふことが、一人の話手の思考過程においていはれるばかりでなく、会話の場合にも適用されることは、感動詞についても云へることである。言語が、会話の相手の文脈をも取入れることは、代名詞の機能にもあることであつて、そこにも、文法学が文論を越えて、文章論にまで至らなければならない理由を見出すのである。

（大徳）「御もののけなど加はれるさまにおはしましけるを、今宵はなほ静に加持など参りて、出でさせ給へ」と申せば、「さもある事」と皆人申す。君（源氏）もかゝる旅寝もならひ給はねば、さすがにをかしくて、「さらば、暁に」と宣ふ（源氏、若紫）

右の源氏の言葉の「さらば」も、大徳や周囲の人々の言葉を承けて、そのやうな条件を仮定して、暁に参らむといふ判断が出て来たことを表はしたものである。文脈は、前例同様に、会話の文脈であつて、源氏物語の地の文の文脈とは無関係である。

げにいふかひなの御けはひや、さりともいとよう教へてむと思す（源氏、若紫）

右の「さりとも」は、前文を承けて、それに対する逆説的な結論を述べることを表はすのである。この場合は、文脈は同一話者のものである。

接続詞は、常に必ずしも、独立した文と文とを接続するとは限らない。前文の文末を、未完結の接続形式とし、接続詞と併せて、文の接続をする場合がある。

女（空蟬）もさる御消息ありけるに、思したばかりつらむほどは、浅くしも思ひなされねど、さりとて、うち解け人げなき有様を見え奉りても、あぢきなく夢のやうにて過ぎにし

なげきを、またや加へむと思ひ乱れて（源氏、帚木）

右の「さりとて」の先行文は、已然形に「ど」の加つた未完結の接続形式である。接続助詞「ど」と「さりとて」と合して接続を構成した場合である。もし、先行文を完結させれば、「浅くしも思ひなされず。」となつて前諸例と同じになる。

次の例は、接続詞によつて総括されるべき先行文に相当するものが、文脈の中に表はされてゐない場合である。

限あらむ道にも、後れ先だたじと契らせ給ひけるを、さりとも、うち捨てゝはえ行きやらじ（源氏、桐壺）

会話者相互によつて事情が理解されてゐるので、特にこれを文脈の中に表はす必要がなかつたのである。金子元臣は、右の接続詞を、「重態ではあつても」と現代語訳した（『定本源氏物語新解』上、六頁）。

なほ、接続詞に次のやうなものがある。「かかれば」「かれ」[1]「ここに」[2]「さて」[3]「さば」「さりや」「さるは」[4]「されど」「されば」「そもそも」等。

(1)　古事記にある「爾」「故」の訓法（増補『本居宣長全集』巻一ノ四二、四三頁）。宣長は、「かれ」は、「かゝれば」の約であり、「上を承けて、次の語を発す言なり」と説明してゐる。

春日政治博士は、「カ」といふ副詞と「アレ」との結合で、「アレ」を「アレバ」と同じ意味に用ゐることは、古言であると説明された（『金光明最勝王経古点の国語学的研究』研究篇、二六六頁）。

(2)　増補『本居宣長全集』巻一ノ四二頁参照。

(3)　この語、「さては」「さても」などとも用ゐられ、なほ、副詞としての用法もあり、その意味が的確には知り難いが、文脈を転換して、別個のことを云ひ添へる意味に用ゐられるもののやうである。例へば、源氏物語若紫の条に、良清が前の播磨守の入道の物語をした言葉を承けて、源氏が、「さて、その女は」と質問をしてゐる。また次のやうにも用ゐられてゐる。

「あはれなる人を見つるかな。かかれば、このすき者どもは、かゝるありきをのみして、よくさるまじき人をも見つくるなりけり。たまさかに立ち出づるだに、かく思の外なることを見るよ」とをかしう思す。「さても、いと美しかりつるちごかな。何人ならむ。かれを得て、かの人の御かはりに、あけくれのなぐさめにも見ばや」と思ふ心深うつきぬ（源氏、若紫）

「これはまだ難波津をだに、はかぐくしう続け侍らざめれば、かひなくなむ。さても、あらしふくをのへの桜散らぬまを心とめけるほどのはかなさいとゞうしろめたう」とあり（同、若紫）

(4)　逆説を結ぶ接続詞（『国語国文』三ノ三、同、三ノ九参照）。

六　感動詞の文章における意義

従来の文法論は、品詞を、主として文の成分論の立場から考察して来た。橋本博士は、感動詞が、文における他の成分と文法的関係を持たないところから、これを独立語と呼んでゐる（橋本進吉『新文典』、文部省『中等文法』）。また、山田孝雄博士は、感動詞の名目を特立させず、これを副詞の中に包摂された（『日本文法学概論』六九頁）。感動詞は、その下に来る句を限定するものであるといふ見解に出てゐるのである。もし、そのやうな見解に立つならば、感動詞は、当然、文論の問題とならなければならないのである。

しかしながら、既に『口語篇』（一八八頁）にも述べたやうに、感動詞は、辞の性質を持つと同時に、それだけで、「文」として取扱ふことが出来る性質を持つてゐる。

契りおきしさせもが露を命にて、あはれ、今年の秋もいぬめり（千載集、雑上）

右は、韻律上、感動詞「あはれ」が、一首の中間に挿入された形になつてゐるが、散文の形に改めるならば、「あはれ、契りおきしさせもが露を命にて、今年の秋もいぬめり」となるべきものである。そして、「契りおきし云々」以下は、感動詞「あはれ」を分析叙述したものである。してみれば、「あはれ」は、それだけで、独立した文と同等に見ることが出来るのである。感動詞をこのやうに見て来るならば、それは、もはや文論において取扱はれる事柄ではなく、文と文との関係、即ち文章論において取扱はれなければならない問題であることを知るのである。

あゝ、悲しいかな。
あら、面白の歌や。
あゝ、多年の苦心は遂に報いられたり。

等における傍線の感動詞は、皆、後続の文と同格であり、後続の文は、感動詞の内容を、分析して叙述したものである。

感動詞の中には、右のやうな感動の直接的表現に属するものの外に、呼びかけ、応答に属するものがある。これらの語になると、それは、一層文脈の中に重要な位置を占め、文章論の課題としての性質を濃厚に示して来る。

昨日の文の色と見るに、いといみじく胸つぶ〳〵と鳴る心地す。御粥など参る方に目も見やらず。「いで、さりともそれにはあらじ。いといみじくさることはありなむや」と思ひ

なす（源氏、若菜下）

右は、源氏が女三宮のもとで、柏木の手紙を発見した時の、宮の女房小侍従の気持ちを叙したものであるが、「いで」は、それに先行するところの小侍従の気持ち、即ち、「あの手紙は正しく柏木のものに違ひない」といふ驚きの気持を打消すところの感動詞である。換言すれば、小侍従自身の思考過程を反転させる役目を持つてゐるのである。このやうな「いで」の分析叙述されたものが、「さりともそれにはあらじ云々」といふ後続の文となるのである。

右の「いで」は、同一人である話手の文脈において、文の展開に関係する場合であるが、これが甲乙の二人の会話の間に用ゐられた場合は、いはゆる応答の感動詞といふべきもので、それは、会話といふ文章の展開形式に重要な役目を持つて来るのである。

（大進生昌）「これ参らせ給へ」とて御硯などさし入る。（清少納言）「いで、いとわろくこそおはしけれ」（枕草子、大進生昌が家に）

右の枕草子の記述を、その会話の部分だけを取出してみると次のやうになる。

「これ参らせ給へ」

「いで、いとわろくこそおはしけれ」

右の清少納言の「いで」は、前例のやうに、彼女自身の思考過程を反転させたものでなく、会話の相手である生昌の発言を反転させる役目を持つてゐる。『雅言集覧』の「いで」の(補)の部に、「少しもどく意なり」と註された用例に当るものである。即ち、会話といふ文章の発展形式において、文と文とを繋ぐ役目を持つのである。[1]

いで、われを人なとがめそ、大船のゆたのたゆたに物思ふころぞ(古今集、恋一)

右の「いで」は、その後続の文によつて分析叙述されてゐることは、前例の場合と同じであるが、更にこの語は、この歌に先行するものとして、作者に対するその周囲の人々の批難の言葉を前提とするものであつて、それらに対する作者の反撥の感情が「いで」として表現されたものと解さなければならないのである。

この例では、「いで」を具体的な文脈の中に位置づけることは困難であるが、この歌が、純粋にそれだけ独立した、例へば、「君がため春の野に出でて若菜つむわが衣手に雪は降りつつ」(古今集、春上)などと同列には考へられないことは明かである。

「いで」には、以上の例のやうに、文脈を反転させることとは反対に、相手を勧誘し、自分の気持ちを進展させる場合があることは、一般に知られてゐることである。

この世にのゝしり給ふ光源氏、かゝるついでに見奉り給はむや。世を捨てたる法師の心地にも、いみじう世のうれへわすれ、齢のぶる人の御有様なり。いで、御消息聞えむ（源氏、若紫）

右の「いで」は、源氏を礼賛する北山の僧都が、自分自身の言葉を肯定し、御消息を聞えるといふ行動にまで我が身を促す気持ちの表現である。「いで」或は「いでや」と同様な機能を持つ感動詞として、「いさ」「いざ」「さりや」「よし」等がある。

感動詞の中で、応答、許諾、拒否を表現するものは、文脈の転換に関与するといふ点で、接続詞とその機能が似て来る。両者ともに、辞に属するといふ点で、その本質をひとしくするのであるが、感動詞はどこまでも、感情的な応接を表現する。従つて、その後続の文は、感動の分析と叙述になるのであるが、接続詞は、文脈の論理的転換の意図の表現で、先後の文を媒介するところに相違が認められるのである。

（1）文章においては、その中に含まれる個々の文の話手は、常に同一個人であるとは限らない。多人数の登場する劇の会話も、これを全体として見れば、一の統一体としての文章である。話手甲と、話手乙との間には文脈が考へられるのである。数人の合作になる一座の連歌、俳諧も、異なつた話手からなる一文章である。

注意すべき動詞活用例

この表は、本居春庭の『詞八衢』、釈義門の『山口栞』、鹿持雅澄の『用言変格例』等を基にして、比較的によく用ゐられる動詞について、その活用の種類の所属について問題のあるもの、紛らはしいものを摘出して、解説を加へたものである。

動詞	活用	備考
あくがらす	サ四	「あくがらさざらまし」（源氏、帚木）、「あるまじきさまにあくがらし給ふ」（源氏、若菜上）等の例により、四段活と推定される。次の語は、すべて四段活である。「あそばす」「あはす」[1]「いそがす」「うながす」「おくらす」「おびやかす」「おほす」（生）「かくす」「かざす」「かへす」「かよはす」[2]「くだす」「くゆらす」「くらす」「こやす」「すぐす」「つかはす」「ならはす」[3]「にほはす」[4]「根ざす」「はるかす」「ひやす」「ほのめかす」「まぎらはす」「ます」「まを（う）す」「めぐらす」「もやす」「もらす」「わすらす」「わたす」等。右の動詞が、過去の助動詞「き」の連体形「し」に接続する時は、「あそばしし」と云ふのが正しく、「あそばせし」といふのは、後の転である。

あはす	サ下二	(1) 下二段にも活用する。 (2) 「かよはせ給ふ」は、「かよふ」に、下二段活の敬語の接尾語「す」が附いたもので、「せ給ふ」とのみ用ゐられる。「かよはせん」「かよはせし」とは用ゐない。 (3) 『詞八衢』には、四段活と同時に、下二段活にも入れてゐるが、証拠とした「手本をかきてならはせ給ふ」(源氏、紅葉賀)は、『源氏物語大成』によれば、一本に「ならはし給ふ」とあり、また『源氏物語大成』の索引によれば、すべて四段活である。 (4) 「にほはす」も、『詞八衢』に、四段下二段両様として出してあるが、「赤ばなをかきつけ、匂はして見給ふに」(源氏、末摘花)とあるやうに、四段活である。「後拾遺集」春に、「梅が香を桜の花ににほはせて柳が枝に咲かせてしがな」とあるのは、後の転に属するものであらう。 「荒き風浪にあはせず」(万葉、四二四五)、「小鈴もゆらに、あはせやり」(万葉、四一五四)、「おやのあはすれどもきかで」(伊勢)等の例により、下二段活と推定される。次の語は、すべて下二段活である。「おこす(遣)」「きかす」「くはす」「にす」「のたまはす」「はしらす」「ふす」「まかす」「まず」「まゐらす」「みす」「むす」「よす」等。
あたふ	ハ四	「さ寝床もあたはぬかもよ」(神代紀)、「声聞独覚も知ルこと能(は)ヌ(不)所なり」(西大寺本金光明最勝王経、春日政治博士の解読による)。ただし、未然形しか例が見えない。
あらびる	ハ上一	「陸奥国に荒備流蝦夷らを」(宣命、第六二)。古くは「荒夫琉神」(古事記)「荒

		備な行きそ」（万葉、一七二）などがあるから上二段活であつた。「ひる」の項参照。
いく（生）	カ　四 カ上二 カ下二	『詞八衢』に、四段、中二段（上二段）の両方に所属せしめてゐるが、『山口栞』上、三一丁表に、四段、中二段は、自然の意味で、この他に、下二段に活用して、使然を意味するものがあることを指摘す。奈良時代では「五十寸手（いきて）あらめやも」（万葉、二九〇四）とあつて、連用形が甲類であるから四段活であつたと推定され、平安時代も「いかまほしきは命なりけり」（源氏、桐壺）など確実な用例は四段活である。鎌倉時代以後、自動詞で上二段活のものが多くなる。「などか生きざらん」（徒然草）、「いけみ、ころしみいましめおはする」（源氏、蛍）、「猪をいけながらおろしけるをみて」（宇治拾遺）、また、「いけど り」「いけにへ」等の「いけ」は、下二段活で、他動詞の意味である。
います	サ　四 サ下二	自動。「降りしく雪に君いまさめやも」（万葉、四二三三）、「磯松の常にいまさね今も見るごと」（同、四四九八）は、四段活である。なほ、「いかでかいまする」（伊勢）、「右大将の宇治へいますること」（源氏、浮舟）、「まことぞをこなりとてかくわらひいまするがはづかしなど」（枕草子）の例は、下二段活である。
うらむ	マ上二 マ　四	「思ひとりてうらみざりけり」（源氏、帚木）、「いみじううらむれば」（源氏、総角）など、平安時代には上二段活であるが、鎌倉以後、四段活を生じた。「入道にうらまれ奉り候べし」（延慶本、平家物語）
うれふ	ハ下二	『詞八衢』に、「三代実録」に「憂礼比」とあるによつて、四段活と推定した。しかし、この三字は古写本すべてに欠けてゐるので証とならない。平安初期の点本に「憂怖」をウレヘオソルと訓んでゐるのが最も古い（唐写阿毘達磨雑集論古

		点）。以後平安朝の確実な例はすべてウレへで院政期以降の点本にウレイの例が見えはじめる。
おそる	ラ上二 ラ下二	「おそり無く通ひし君」（万葉、五一八）、「かつは人の耳におそり」（古今集序）、「懼ルル所有（る）こと無ケむ」（金光明最勝王経古点）、「オソロラクハ」（玄奘三蔵表啓古点）などの例によつて、奈良平安時代初期には上二段活と推定される。下二段活の古い例は「いかなるおほせ事にかとおそれ申侍といふ」（源氏、浮舟）で、下二段活は院政鎌倉時代以後上二段活にとつて代る。平安末期には、オソラバ、オソラズ、オソラムなど四段活を思はせる例が点本にあるが、古形か否か不明である。
かくる	ラ　四 ラ下二	「古事記」上に、「青山に日がかくらば」、「同」下に、「明日よりはみやまがくりて」等の例により、四段活と推定され、また「万葉」三四七五に、「ゆふま山かくれし君を」、「同」三六九二に、「高々に待つらむ君しやまがくれぬる」等の例により、下二段活と推定される。平安時代以後は、専ら下二段にのみ活用させた。「垂る」「触る」「離る」等も同様に、四段より下二段へ移った。
きる（着）	カ上一	ただし、「我がける妹が衣の垢つく見れば」（万葉、三六六七）、「わがけるおすひのうへに」（熱田縁起）は、「着―あり」であるとの説がある（山田孝雄『奈良朝文法史』語論第二節「あり」の項）。また、「吾が背子がけせる衣」（万葉五一四）は、「着る」の連用形「き」に尊敬の「す」が接続し、さらに完了の「り」が接続した形である。
く（来）	カ　変	「うらみより漕ぎこし舟を」（万葉、三六四六）、「かたらひてこしひのきはみ」（同、三九五七）と未然形より、「し」（過去の助動詞「き」の連体形）に続く。

ける（蹴）	カ下一	また、「まかずけばこそ」（古事記、下）の「け」を「く」の活用形とする。ただし「簑笠着ずて、ける人や誰」（万葉、三一二五）「たまづさの使のければ」（万葉、三九五七）などは、「来あり」の約つた形と考へられる。 『詞八衢』には、「ける」を下一段活として特立させず、連体形を「くうる」と推定して、ワ行下二段に出し、「ける」を「くうる」の俗言「くゑる」の転のやうに見た。即ち、「日本書紀」に「蹴散此云二倶穢簸邏々箇須一」とあるを証としてゐる。『山口栞』中、二八丁表には、「ける」の「け」は、「こゆ」（越）の連用形「こえ」のつゞまつたものとした。大槻文彦は『広日本文典別記』第八七節に、「ける」には、ワ行下二段活「くゑ」と、ヤ行下二段活「こえ」の両様の活用が存在し、それがつゞまつたものが「ける」であるとした。新村出は、この語は「蹶」の字音に由来するといふ説を立ててゐる。「ける」を下一段活として特立させたのは、林圀雄の『詞の緒環』である。平安時代から鎌倉時代までの漢和字書には、クヱル、化ルの訓が見えるので、平安時代を通じて一段活用であつたとの推定も可能である。
こころみる	マ上一	義門は、『山口栞』中、二七丁裏に、中古の文献には、「こころむる」の用例は、見あたらず、すべて「こころみる」となつてゐるところから、上一段活と推定した。
――さす	サ下二	敬意（「させ給ふ」と用ゐる）及び他動の意を表はす接尾語。「きこえさす」「興ぜさす」「御覧ぜさす」「せさす」等。
しのぶ	ハ四 バ上二	「妹が形見とかつもしのはむ」（万葉、一六二六）、「しのひつつありと」（万葉、三八一八）、「黄葉をば取りてぞしのふ」（万葉、一六）、「まそ鏡かけてしのへ

		と」（万葉、三七六五）など、思慕する、賞美する意を表はす場合は活用語尾はハ行清音で四段活、語幹は「の」の甲類。「吾が背子が抓みし手見つつしのびかねつも」（万葉、三九四〇）、「人目多み目こそしのぶれ」（万葉、二九一一）など、こらへる、隠す意を表はす場合は、連用形の活用語尾は「び」の乙類で、バ行濁音で上二段活、語幹は「の」の乙類。奈良時代には、このやうに、二語の区別が明らかであつた。しかし、平安時代に入つて、特殊仮名遣の区別が無くなると、意味と形が似てゐるため、両者の混同が起り、こらへる意味に四段活を用ゐ、「えしのばぬなるべし」（源氏、花宴）などの例が現はれるやうになり、語尾もすべて濁音化したが、活用と意味との対応は大体において、もとの区別を保つてゐる。
――す	サ四	敬意及び他動の意を表はす接尾語。次の語は、すべて四段活である。「あくがらす」「おこす」（起こす）「おほす」「おぼす」「おもほす」「かくす」「きこす」「くたす」「くらす」「けす」「さすらはす」「ながす」「鳴《な》す」「寝《な》す」「はなす」「はふらかす」「ほす」「まぎらはす」「まどはす」「まをす」「めす」「もやす」「もよほす」等。
――す	サ下二	敬意（「せ給ふ」と用ゐる）及び他動の意を表はす接尾語。「かよはし給ふ」の「かよはし」は、サ四段活連用形で、他動の意を表はすが、「かよはせ給ふ」の「かよはせ」は、ここに云ふ接尾語の附いたもので、敬語である。次の語は、すべて下二段活である。「あはす」①「います」②「おこす」（遣す）「きかす」「くはす」「しらす」「せさす」「とらす」「はしらす」「まかす」「まず」「まゐらす」「みす」等。

		（1）四段にも活用する。 （2）「君いまさずして」（万葉、八七八）、「万代にいましたまひて」（同、八七九）等によれば、四段活であるが、「かゝる道はいかでかいますする」（伊勢）によれば、下二段活である。
——す	サ変	「怨ず」「具す」「敬す」「念ず」「論ず」「御覧ず」「ほりす」「ものす」等。
たくはふ	ハ四 ハ下二	「万葉」四二二〇に、「みくしげに、たくはひおきて」とあるが、連用形の「ひ」が比で書かれてゐて、甲類であるから、奈良時代には四段活。しかし、平安時代には、「たくはへのことども」（源氏、松風）、「貯タクハヘ」（類聚名義抄）など、下二段活に転じた。
たけぶ（健ぶ）	バ上二	「思ひたけびて」（万葉、二三五四）のやうに、連用形がビ乙類であるからバ行上二段活。「叫び」は連用形がビ甲類で四段活。全然別語である。
たつ	タ四 タ下二	「たつ白波の」（万葉、三三六〇）、「波立てば」（同、四〇三三）、「あだの名をや立ちなむ」（古今集）、「名を立ためやは」（源氏、夕霧）は四段活である。「きべの林に名を立てて」（万葉、三三五四）、「大船にかしふり立てて」（同、三六三二）、「そのかなしきをとに立てめやも」（同、三三八六）、「錦木は立てながらこそ」（後拾遺、一一）は下二段活である。
たてまつる	ラ四	ただし、「給ふ」に続けて「たてまつれ給ふ」と云ふことがある（『雅言集覧』の補に、広足按として、「たてまつれは、たてまつらせの約にて」とあり）。
たむ（廻む）	上二	「漕ぎたみ行きし」（万葉、五八）、「漕ぎたむる浦のことごと」（万葉、九四二）のやうに、連用形が「味」で、ミの乙類であるから上二段活。ミル（廻る）参照。

とゞむ	マ下二	ただし、「ときのさかりを、とゞみかね」（万葉、八〇四）の例あり。「み」には、乙類の仮名が用ゐられてゐるので、奈良時代には上二段活も行はれたと推定される。
なく（泣）	カ四 カ下二	「万葉」三三六二に、或本歌曰として「あをねしなくる」の例がある。自然可能の意である。
はく（佩）	カ四 カ下二	「万葉」四四五六に、「たちは吉《き》て」の例がある。「吉」は、甲類の仮名であるから、四段活と推定される。「同」九九に、「つらをとりは気《け》」の例があり、「気」は、乙類の仮名であるから、下二段連用形と推定されるが、使役の意味である。
はなる	ラ四 ラ下二	「万葉」三八二二に「うなゐはなり」、「万葉」四四一四に、「真子が手はなり」の例がある。四段活から下二段活に移つたものである。
はらふ	ハ四 ハ下二	『山口栞』中、一六丁裏に、四段活の「はらふ」は寛く、露など払ふにも、みそぎ祓ふにも用ゐ、下二段活の「はらふ」は狭く、祓禳に限つて用ゐるとした。
はるく	カ四 カ下二	継体紀の「天国排開広庭尊」を古事記で「あめくにおし波流岐ひろにはの命」と訓んでゐる。「岐」は甲類の仮名であるから、「はるく」は四段活と推定される。しかし、平安朝の確実な例はみな下二段活である。「はるけんかたなくおぼしわたる」（源氏、帚木）、「はるけどころ」（源氏、賢木）。
ひきゐる	ワ上一	ただし『詞八衢』に、「急居」を「菟岐于」（崇神紀）と訓んでゐるところから、「ひきゐる」も、「ひきう」と活用するものとして、上二段活と推定してゐる。『山口栞』中巻には、「古事記伝にはつねに『ひきゐる』とのみつかへるやなほよからん」としてゐる。
ひづ	ダ四	「古今集」夏に、「わが衣手のひづをからなん」、「古今六帖」に、「袖ひづまで

	ダ上二	に」とあり。 『拾遺集』恋に、「さをしかのつめたにひぢぬ」、「蜻蛉日記」に、「袖ひづる時をだにこそ」、「源氏」総角に、「かく袖ひづる」とあり。
ひる（干、嚔）	ハ上一 ハ上二	『詞八衢』は、「和名鈔」に、「嚔和名波奈比流噴ルレ鼻也」、「古今集」に、「はなもひぬか」などある例を以て、これを上一段活用と推定した。橋本進吉は「ひる」の連用形の語尾「ひ」の仮名が、乙類に属するものであるところから、上代においては、上二段活用であつたらうと推定された（上一段活用の連用形には、甲類が用ゐられてゐる）。「上代に於ける波行上一段活用に就いて」『橋本博士著作集』㈤。 上代において上二段に活用したものが、後に上一段活に転じたものに、「荒ぶ」「ゐる（居）」がある。
――ふ	ハ四 ハ下二	継続の意を表はす接尾語。 住まふ　語らふ　まもらふ　霧らふ　うつろふ　たたかふ　ねがふ　のろふ　はからふ（以上四段活）、おさふ　ながらふ　せかふ　とらふ　ふまふ　まじふ（以上下二段活）。
――ぶ	バ上二	「振舞ふ」、「感じをいだく」意を表はす接尾語。 あやしぶ　いやしぶ　うつくしぶ　うるはしぶ　うれしぶ　かなしぶ　たのしぶ　ほしぶ　たふとぶ　ふとぶ　いなぶ　たけぶ これらは奈良平安時代にはバ行上二段活であつたが平安末期から、あやしむ、かなしむ、たのしむなどの形を生じた。延慶本平家物語などには、すでに新しい形が多数を占めてゐる。

ふる（触）	ラ四	「万葉」四三二八、「磯にふり、うのはらわたる」の用例より四段活と推定される。従つて奈良時代には四段活と下二段活が並び行はれ、中古以後、下二段活として用ゐられた。
みつ（満）	ラ下二 タ四	「後撰集」に、「汐みたぬ海」、「うつぼ物語」藤原君の巻に、「ねがひみたじやは」、「古今集」に、「汐みてば」、「後拾遺集」冬に、「朝みつしほに」等の例により、四段活と推定される。「寛喜女御入内屏風」に家隆卿の「うゑみつるたのものさなへ水みちてにごりなきよの影ぞ見えける」とある「みつる」は、「みたする」意味で使然の詞、「みち」は、自然の詞である。『八衢補遺』には、「玉葉ころまでも此詞つかひはみだれざりしなり」とある上二段に活く例は、中古には無い。
みる（廻る）	マ上一	古事記の「うち微流島の崎々かき微流磯の崎落ちず」、万葉、四一八八の「浦漕ぎみつつ」、万葉、三五八の「漕ぎみる小舟」などによつて、上一段活と推定される。ただし、これは連用形ミが乙類と認められ、上二段活とならない唯一の例外をなす。（有坂博士説）「たむ」参照。
もちゐる	ワ上一	本居宣長は『古事記伝』巻十七に、源仲正家集、元日恋「千代までも影をならべて逢ひ見むと祝ふ鏡のもちひざらめや」とあるを引いて、「恋ふ」「強ふ」と同格のもの、即ち、ハ行上二段活と推定し、同春庭も『詞八衢』に、ハ行中二段即ち上二段に所属せしめた。義門は、『山口栞』中巻、四一丁に、「蜻蛉日記」の「夢をも仏をももちゐるべしや、もちゐるまじや」、「源氏物語」夕霧の「そこに心清うおぼすともしかもちゐる人はすくなくこそあらめ」などとあるによつてワ行上一段活とした。榊原芳野は、上一段より上二段に転じたのは、元亨建武の頃、関

		東方言の影響によるものであらうとした。「もちゐる」については、なほ、ハ行上一段説、ワ行上二段説等があるが、古訓点本の傍訓によつても、ワ行上一段であることは明かである（『疑問仮名遣』学説の部）。「荒びる」「いさちる」「ひきゐる」「ひる（干）」「ゐる」も、上一段活である。「荒びる」は、奈良時代には、上二段活であり、「ひる」は、橋本進吉によつて、古くは、上二段活であつたことが推定され、「ひきゐる」「ゐる」については、『詞八衢』は、「急居此云菟岐于」（崇神紀）を根拠として、「ひきうる」「うる」の活用形を推定してゐる。思ふに、これらの語は、上二段より上一段に移つて行つたものであらう。
もみつ（紅葉、黄葉）	タ　四	「つ」は、古くは清音。『詞八衢』は、タ行中二段即ち上二段に所属せしめたが、義門は『山口栞』中巻、三丁裏に、「万葉」三四九四に「こもち山若かへるでのもみつまで」、「同」一六二八に、「秋風も未だ吹かねばかくぞもみてる」、「後撰集」秋に、「雁鳴きて寒き朝の露ならし立田の山をもみたすものは」等の例によつて、タ行四段活と推定した。
もる（漏）	ラ　四	「水ももらんやは」（源氏、藤裏葉）、「岩もる水に」（源氏、胡蝶）などによつて平安時代に四段活が行はれたことが分る。室町時代以降に至つて下二段活の例が多く現はれる。
よく（避）	カ　四 カ上二	「後撰集」秋に、「宿をよかなん」、「貫之集」に、「よく処なき秋の夜の月」、「狭衣」四に、「ひきよかぬわざもがな」等の例によつて、四段活と推定される。また「万葉」一六九七に、「春雨のよくれどわれをぬらす思へば」、「古今集」春に、「この一もとはよきよといはまし」、「好忠集」に、「草葉をよきず」等の例によつて上二段活と推定される。この動詞は、同じ意味で両様に活用したものであ

よろこぶ	ハ上二	る。 『詞八衢』に、四段活に所属せしめてゐるが、古くは、「喜備牟」（承和八年十一月詔）の如き例あり、また、連用形の語尾に、「備」即ちビの乙類の仮名を用ゐてゐるところから、上二段活と推定される（有坂秀世「祝詞宣命の訓疑に関する考証」『国語と国文学』昭和一二、五）。
ゐる	ワ上一	『詞八衢』に、「和名鈔」に、「艘、俗云二為流一」とある例を挙げて、一段活と推定してゐるが、また、ラ行四段活かと疑つてゐる。また、「日本書紀」の「急居此云二菟岐于一」（崇神紀）とあるによつて、「ゐる」を、中二段活かとも見てゐる。しかし、「万葉」三三五七に、「かすみゐる富士の山びに」、また、「同」三五二三に、「あべの田のもに、ゐるたづの」とあるによつて、上一段活と推定される。橋本進吉は、「菟岐于」の例によつて、「ゐる」は、古く、ヰ、ウ、ウル、ウレと上二段に活用した時代があつたのかも知れないとした（「上代に於ける波行上一段活用に就いて」『橋本博士著作集』㈤）。

解説　時枝文法が創造したもの

前田英樹

一

時枝誠記は、一九〇〇年（明治三十三年）に生まれ、一九六七年（昭和四十二年）に亡くなっている。生まれは東京神田、父は横浜正金銀行サンフランシスコ支店長を務める人であった。フランス語教育で知られた暁星中学に進み、岡山の旧制第六高等学校で学んだ後、東京帝国大学文学部国文学科に入学した。大学を卒業と同時に旧制第二東京市立中学の教員となり、二年後に、京城帝国大学に満二十六歳の国語学者として赴任した。一九四三年に東京帝国大学文学部に戻って国語学教授となり、一九六一年に定年となるまで、そこで勤めた。

時枝が生きた時代は、日露戦争に勝利した日本が、最大の高揚期を迎え、やがて次第に沈滞していく国情のなかで、大陸との苛酷な戦争に突入、無残な敗戦の後に、経済の復興へと向かった、激しい変動の期間であった。彼が志した〈国語学〉という近代の学問が、こうした時代との困難を極める闘いのなかで形成されていったものであることは、むしろ今日の眼から見てこそ、よくわかるのである。

明治の近代化、西欧化は、千何百年を通じて形成され、熟成された文化の根を、深く、急激に変えた。自然科学はもちろんのこと、学問も文芸も美術、演劇、音楽の領域も、何もかもが変わっていった。この変化は、世界の情勢によって強いられたものであると同時に、新しく押し寄せる西欧世界に骨の髄まで魅せられた日本人みずからの痛切な経験そのものであったと言うほかない。科学、文学、芸術といった私たちにお馴染みの概念は、みなこの時に輸入され、ぎごちない翻訳を通して育ったものだ。

日本語文法を科学の体裁をもって組織する、という考えは、明治の新政府が迫られた教育の近代化から起こってきた。独立した近代国家が、自身によって整備された統一言語を持たないということは、あり得ぬことである。また、そのような言語は、国家によって敷かれた教育制度を通して、国民のすべてに行き渡らねばならない。欧米では、まさにそのような教育が施されている。日本語および日本文法の統一、整備は、最も急を要する近代化政策のひとつとしてあった。私たちが学校で習い覚え、暗記させられて試験に臨んだ日本文法は、そのようにして生み出されてきたものである。

国語学者、時枝誠記の業績を思う時、彼の生涯は、日本語文法なるものを、近代西欧の論理によって組織しようとする時代の意思との、いかに辛抱強い、見事な思索の闘いであったかがわかる。このことを忘れて、彼の日本語論を単にひとつの理論として取り扱っても、その真価は決して捉えられまい。

明治の代に流入した西欧の諸学は、日本人が学問を行なう意味、態度を一変させたと言ってよい。人文学と呼ばれる領域にあってすら、学問は、明確に固定された対象を、科学の方法で追求するものになった。この方法は、近代の自然科学が、専ら物質を扱う際に用い慣れてきたものである。物質は、それ自身の意思では動かず、それを扱う科学者の分割を、望むままに許す。こうした分割が、言語に適用され得るであろうか。いや、され得るはずはない。言語に関する時枝の学問が出発するのは、まずは、こうした否定からである。彼が最初に聴いたこの否定の声が、彼の心中、どれほどの深みから響いていたかを、私たちは想像してみたほうがいい。

時枝は、江戸期の国学者、たとえば、本居宣長、春庭《はるにわ》の親子、富士谷成章《ふじたになりあきら》、鈴木朖《あきら》、などが行なった日本語研究に、最大の敬意を抱きつつ、みずからの学問を築いた人であった。近代西洋の言語学、文法論に対して湧き起こった最初の否定の感情は、時枝に古い国学の優秀さをありありと発見させた。この発見の喜びは、彼に燃え上がった創造の火とひとつのものであっただろう。

その優秀さは、どこにあったか。言語の働きを、ひたすら「心の声」（鈴木朖）とし、そのほかには格別な実体を、対象として決して据えなかったところにあった。少なくとも、時枝にとっては、そうである。国学者たちは、この「声」が、「詞」と「辞」の結びつきによって響くことを、一致して唱えた。「詞」は、それ自身に対応するものの意味を必ず産むが、「辞」は、「詞」に繋がって言葉を心に生きさせる働きそのものだ。言葉のすべてを「心の声」と成すものは、「辞」である。そうした働きの絶え間ない運動の外に、言語の体系だの、構造だのという実体は、ありはしない。この考え、あるいは直観は、時枝自身の「言語本質観」を生涯にわたって決定づけた。

時枝は、まず己の国語学の基礎づけを、国学の系譜のなかに摑み直すところから、慎重に出発している。彼が最初の著書としてまとめたのは、一九四〇年(昭和十五年)の『国語学史』(岩波書店)だが、この本が示す、古い日本語学に向かって力いっぱいに試された若々しい回顧は、すでにひとつの思想宣言のようになっている。

明治以降に組織された国語学、あるいは日本語文法が、あわただしく取り入れ、模範とした西欧の言語学は、近代の物質科学を模範として建てられたものだ。その理想形は、数学を土台とした物理学にほかならない。言うまでもなく、この領域は近代で大きな成功を収め、結果として、物質文明の今の繁栄がある。この領域で行われる観察、実験、証明に適した方法、つまり研究対象の置き方は、やがて生物学にも、心理学にも、歴史学にも、社会学にも拡がっていった。近代の言語学も、むろんその例外ではない。時枝が終生闘った言語学は、こうした意味での一種の近代科学である。

物質を扱う時に華々しく成功してきた考え方が、生命や社会や歴史を扱う時には、ほとんど必ず何らかの失敗を犯す。まして言語という、人間精神の精髄で、絶え間なく働くものを実際に捉えようとする時には。江戸期の国学が、古典読解のために心血を注いだ言語研究のなかには、まさに言語を、心中に在る働きのままに捉えようとする生々しい努力が脈打っている。時枝の国語学は、この努力を、近代言語学との闘いを通して、明瞭に結晶させたものである。そこから引き出しうるひとつの理論を、彼は「言語過程説」と名付けた。

彼の最初の主著『国語学原論』（岩波書店、一九四一年）は、日本語を実例とした「言語過程説」の徹底した展開であった。戦時のさなかに送り出されたこの本は、学界の無視、無関心に耐えて敗戦後を生き延び、次第に熱い共鳴者を生み出していった。その後、一九五〇年に刊行された『日本文法　口語篇』、一九五四年に出た『日本文法　文語篇』（共に岩波書店）は、日本語に潜む文法の実相を、広い読者に向けて、全力で説き明かそうとしたものである。本文庫版は、その二冊を一本にまとめている。

二

「言語過程説」とは、言語をあくまでも話し手、聞き手の行為、運動として考え抜くための原理であり、また方法であると言ってよい。自然科学は、研究の対象を観察、実験する者の外に置き、それに仮の静止を与え、いろいろな要素に分析する。言語の学に携わる者は、そういうわけにはいかない。彼自身が話し、聞き、言葉を生きる者でなかったら、一切の言語分析は不可能となる。そのことを忘れて、論を成す言語学者、文法学者がどれほど多いことか。彼らは、いつも自然科学者の真似をしたがる。この事実には、驚愕のほかない。既存の日本文法に対する時枝のやむことない批判は、すべてこの事実への正直な驚きから出ている。そこにあるのは、論争家の面貌ではいささかもない。

たとえば、時枝は、日本文法の組織を支える「単位」とは何か、という問いかけを、始めに徹底して行なう。他の文法論には、こうした問いかけがない。なぜか。言語上のすべての「単位」は、その辺に在る物なみに眼前に、明確に与えられていると思っているからである。ところが、文法が扱う「単位」とは何であるかを考え抜くことは、実は文法を考える努力それ自体とぴったりと一致してしまう。時枝は、『日本文法』のいたるところで、そうした努力の実例を鮮やかに演じてみせる。言葉の内側を直接に生きるひとりの人間として、である。

この本では、『口語篇』、『文語篇』共に「語論」、「文論」、「文章論」の三区分が、独立の章として与えられている。「語」、「文」、「文章」の区分は、もちろん文法論一般が行なっているものだが、区分の根拠は、ほとんど考えられたことがない。時枝はそう見る。「語」という「単位」が自明のようにしてあり、それらが集まって「文」になり、またそれらが集まって「文章」になる。そんな具合にしか考えられていない。だが、言語の単位は、物質を作る諸原子のように、始めからそこにあって結合を待っているわけではない。さまざまな言語単位は、言葉を生きる者のなかで、絶えず新たに生まれ、融合と分離との運動を繰り返しているのである。時枝にとって、言語が在る、とはそういうことだ。

何が融合し、分離してゆくのか。それは、実のところ極めて語り難いことであるが、

「語」と呼ばれる一種の「統一体」が話し、聴かれる声のかたまりのなかに絶えず生起し、運動していることは、疑いようがない。おそらく、「語」という呼び方は、不正確なものであろう。はっきり言えるのは、そこには何らかの強度で意味を持つ差異の運動が、ひとつの「統一体」として、あるいは心の「過程」として現われ続けていることである。時枝は、このことをさまざまな言い方で、執拗に、慎重に説き、最後には、いたって簡単にこう定義づけている。

「語の構造がどのやうなものであるかを、結論的に云ふならば、語は思想内容の一回過程によつて成立する言語表現であるといふことが出来る」(『口語篇』第二章「語論」一「総説」)。

「思想内容」とは、単に意味のことだと言ってもいい。言葉の意味は、いつも言葉の外にある何ものかと関わりを持ち、それを使用する人の心の内にうねっている。そのうねりを成す最も小さい「単位」が「語」と呼ばれている。そのような「語」は、母語を持つ私たちの意識のなかに瞭然と生きて、働いているものだ。時枝は、そう言っているのである。「語」という実在のこうした性質を、西洋言語学に倣う近代の国語学者たちは、根本から取り逃がしている。さまざまな誤りは、まずここからくる。

近代日本の学校文法が、大きく取り入れている橋本進吉（一八八二―一九四五年）の文法理論を、時枝がさまざまな局面で批判しているのは、そこに「言語過程説」の対極に立つ、最もよく整備された考え方、時枝の言い方では「構成主義的」あるいは「原子論的」な言語観が見られるからである。

たとえば、私たちはみな学校で、「形容動詞」という品詞が日本語にあることを憶え込まされた。「静かだ」（文語なら「静かなり」）、「丈夫だ」、「堂々たる」といったような語群である。橋本がこれらの語を「形容動詞」という一品詞に括り、一単語として扱うのは、「静か」、「丈夫」、「堂々」などの語が、それだけで単独に用いられる名詞ではない、例えば主語に立つことはない、つまり一単語ではない、という理由からである。このような観点は、母語を生きる私たちの言語感情からは、まったくかけ離れている。「静かだ」と言うのも、「夜だ」と言うのも、私たちには、ふたつの単位の同じ結びつき、同じ抑揚や響きが感じられる。「静かだ」は形容動詞の終止形で一語だが、「夜だ」は名詞と指定の助動詞とが結びついた二語だ、というような説明には、私たちはどうも合点がいかない。いかなくとも、それが理に適った文法論だ、と言うのなら、学校で文法論など憶え込まされることに一体何の意味があるのだろう。

子供が学校で母語の文法を学ぶとは、自分自身が、かく語り、言葉をもってかく考える、その理由の底に降りて行くことである。そこに働き続ける言語組織の精妙と深さとに驚く経験をすることである。その驚きは、自己の成り立ちを発見する喜びと、結局は同じものであろう。母語を生きる自己の感情を無視して、文法を、言語を語る路はない。時枝の『日本文法』は、このたったひとつの自明の事実から出発して、母語のすべてを、その内側から語り通そうとした努力の結実である。

「形容動詞」を立てることについての時枝の批判は、端的なものだ。「静か」が、それだけで単独に用いられることがない、というような事実は、これを一単位として認めない理由には決してならない。「静か」は、状態を表わすひとつの名詞、あるいは体言として、私たちのなかにはっきりと在る。それが主語として現われるか否かは、問題ではない。言葉の単位は、現われたものを外から観察して得られる単一要素ではないからである。単位は、母語を生きる者のなかに潜在し、運動し、言葉の意味に向けて展開され続けていく。

そうした単位を、私たちはいつも明瞭に感じて語り、聞いている。「静かだ」は、体言「静か」と指定の助動詞「だ」とが結びついた句として説明するよりほかないものだろう。その働き、抑揚は、「夜だ」の場合とまったく同じ質をもって感じられる。むろん、これは、ひとつのささやかな事実に過ぎない。だが、言語とは、母語を生きる者のなかに潜在する運動である、という思想を確固として持ち、日本文法の全領域を歩き通してみることは、少しもささやかなことではない。

　　　　三

私たちが学校で教えられた明治の日本文法の用語法は、ヨーロッパ言語（主として英語）の構造を説明する際の言葉が、明治の学界で翻訳され、速やかに定着したものである。名詞、動詞、形容詞、副詞、補語、目的語などのいわゆる品詞名は、みなそうであって、基本文型と呼ばれるものなども、こういった語を用いて定式化されている。

ヨーロッパ諸国が自国の文法を正式に組織し始めるのは、十七世紀頃からだが、こうした試みが対象としていた諸言語とその成立地盤は、日本語の歴史上の在り方とほとんど無関係である。そのような諸言語を体系として説明し、規範化するための言葉遣いが、近代の、さらには古語となった日本語の仕組みを明らかにする、そんなことは、あからさまに言えば不可能である。時枝の『日本文法』は、この不可能を片時も忘れずに書かれている。

時枝の考えでは、「品詞」という西洋文法の発想は、固定された語に備わる「属性」、つまり意味内容に基づいている。ものを表わす「名詞」を修飾するのは「形容詞」、というようなものである。実際には、そのような品詞を日本語のなかに固定させることは、いたって難しい。「美しい」は形容詞で、「綺麗な」は形容動詞の連体形、「咲く花」の「咲く」は動詞の連体形ということになる。これは、理屈が複雑なのではない、分類法が私たちの生きる母語についての感情にまるでそぐわないのである。

江戸期国学者たちの分類では、無論そのようなことはなかった。「詞」、「辞」の別を始めとし、「体」と「用」との類別や、「係《かかり》」と「結《むすび》」との呼応は、母語の連続する働きそのものに即し、あたかも言霊《ことだま》から強いられた分類法であるかのように、それらの性質の差異が慎重な手ぶりで語られた。近代の国語学といえども、前代のこうした分類には頼らざるを得なかった。そこで、「体言」、「用言」あるいは、「連体形」、「連用形」、「未然形」といった言葉が、明治以後の日本文法には保存されていくことになった。

西洋流の「品詞」は、語を孤立させ、繫がりの運動を止めさせた時にのみ考えられる「属性」に依っている。「詞」、「辞」や「体」、「用」の分類は、繫がりの運動それ自体を支えている活きた性質の差異に依っている。前者は抽象された静止に基づくが、後者は実在の運動に基づく。ここにこそ、時枝が『日本文法』で述べようとした思想の核心がある。

さまざまな「語」を固定も、孤立もさせず、それらが繫がる運動と働きそのもののなかで捉えようとする努力は、当然ながら「文」や「文章」とは何かを考え詰める路にまっすぐ通じる。「語」の運動は、「文」の働きを生み出す運動を前提とし、目的とするのでなかったら、在りようもない。時枝は、「文」の働きを生むこの運動を、言葉の「統一形式」と呼んでいる。「詞」と「辞」という古くからの分類法は、「文」に潜むこの動的な図式を、息を殺すように捉えようと努めた時、まさに言葉それ自体の方から顕わにしてきたものである。そこには何の恣意もなかった。

「辞」はいろいろな「詞」に繫がって、それらを「入子型《いれこがた》」に何重にも包み込んでいき、多彩極まりない伸縮を示して「句」となり、やがて「文」に達する。「梅の花が咲いた」という短い一文を、このような「統一形式」に解きほぐして語る時枝の説明法は、実に見事である。が、このような説明法が、まだ空間のイメージに頼っていることを、時枝は自戒している。言葉は、運動であり、働くつど、新たになる時間の湧出である。このことを忘れて、言語の学や文法論が、正確な表現に達することなどあり得ない。これは、国学直伝の思想だと言ってもよいのだが、西洋式文法論より、はるかに普遍の真実を語っている。

〈A is B〉という命題に文の根本構造を見るようなヨーロッパの思考法は、行動の主体となる個人が、対象を明確なものと視《み》て捕獲し、切り離し、支配する文明を土壌にしている。これを、仮に主語中心の文明と呼ぶならば、こうした文明の上に立つ言語の「統一形式」は、言わば「天秤型」モデルを核としている、そう時枝は言う。

文が、「詞」と「辞」との繋がりで入子状に膨らんでいく私たちの母語では、「主語」が変わらぬ中心となり、動詞を従えていく、といった結合モデルは、ほんとうには存在していない。在るものは、膨張収縮を繰り返す自在な「述語」の運動である。その運動のなかに陳述が、問いが、命令が、渦を巻くように形成される。西洋文法が「主語」と呼ぶものは、その渦のなかにたまたま含まれているか、あるいは、始めから含まれていない場合があるのだ。主語の省略とか欠落とかという事実は、ほんとうにはない。西洋とはまったく異なる文明の土壌に根差した言葉の「統一形式」が、日本語を母語とする人々の心に絶えず渦巻いている。

「まったく腹が立つ」の「腹」は、この文の主語と言えば言える。「私は腹が立つ」ではどうだろう。主語は「私」なのか、「腹」なのか。いずれもが「主語」だということは、「主語」という用語の意味から言ってあり得まい。要するに、西洋文法に拘束されたこのような議論は、意味がないのだ。「早くも芽生える」、「まったく歯がゆい」、「おそろしく気が長い」の「芽」、「歯」、「気」は、どれもが主語と言えば言える程度の独立性しか持たない。

時枝は書いている。結論として重要な点は、「国語に於いては、主語は述語に対立するものではなくて、述語の中から抽出されたものであるといふことである。国語の特性として、主語の省略といふことが云はれるが、右の構造から判断すれば、主語は述語の中に含まれたものとして表現されてゐると考へる方が適切である」（『口語篇』第三章「文論」六「文の成分と格」）。

主語の「抽出」は、語る際の必要に応じて為され、不要なら述語だけで文は完全に成り立つ。これは、単なる分析から来る一学説ではない。ここに表われているのは、運動する言葉の内側から為される潑溂とした洞察であり、〈文法を書く〉という仕事の深い一個の創造である。このような時枝文法が、たとえば、連歌俳諧といった日本古来の文学形式の秘密を、いかに見事に照らし出すかを、読者は目の当たりにするであろう。

（批評家）

ユ

ヨ

ラ

リ

ル

ロ

ワ

ヰ

ヱ

ヲ

ヒ

フ

ヘ

ホ

マ

オ

カ

キ

ク

文語篇

ヒ

フ

ヘ

タ

ス

セ

ソ

サ

シ

キ

ク

口語篇

ア

イ

ウ

オ

カ

索　引

・本索引は、「口語篇」、「文語篇」それぞれについて、原本に掲載された「索引」を基に作成したものである。
・原本の方針に従って項目を追加した箇所がある。
・「口語篇」については、原本に注記されているとおり「現代かなづかいにもとづく五十音順」で各項目を配列した。

KODANSHA

本書は、『日本文法 口語篇』（一九五〇年）および『日本文法 文語篇――上代・中古』（一九五四年）の表題で、ともに岩波書店から「岩波全書」として刊行された二冊を一冊にまとめたものです。「現代かなづかい」に疑念を表明していた著者の意思を重視して「旧字旧かな」で表記されている原本を学術文庫版では「新字旧かな」に改めました。原則として原本を可能なかぎり尊重する方針に則っていますが、今日における読みやすさに配慮して、引用や文例の体裁を整理・統一したほか、原本では漢数字になっている注番号をアラビア数字にし、編集部による最低限の注記を小字の〔 〕で示してあります。なお、本書には現在では差別的とされる表現が含まれていますが、差別を助長する意図はないこと、また著者が故人であり、本書はすでに古典的な著作として認知されていることを考慮して、そのままにしました。

時枝誠記（ときえだ　もとき）

1900-67年。国語学者。東京帝国大学卒業。京城帝国大学教授を経て、東京帝国大学教授を務める。ヨーロッパの言語学に依拠した明治以降の国語学に抗して独自の考察を深め、「時枝文法」と称される体系を築いた。本書（「口語篇」1950年、「文語篇」1954年）は、その集大成。他に『国語学史』（1940年）、『国語学原論』（1941年）、『国語学原論 続篇』（1955年）など。

講談社学術文庫

定価はカバーに表示してあります。

日本文法《にほんぶんぽう》

口語篇《こうごへん》・文語篇《ぶんごへん》

時枝誠記《ときえだもとき》

2020年3月10日　第1刷発行
2022年4月5日　第3刷発行

発行者　鈴木章一
発行所　株式会社講談社
東京都文京区音羽 2-12-21 〒112-8001
電話　編集（03）5395-3512
販売（03）5395-4415
業務（03）5395-3615
装　幀　蟹江征治
印　刷　株式会社新藤慶昌堂
製　本　株式会社若林製本工場

2020 Printed in Japan

ISBN978-4-06-519009-8

「講談社学術文庫」の刊行に当たって

これは、学術をポケットに入れることをモットーとして生まれた文庫である。学術は少年の心を養い、成年の心を満たす。その学術がポケットにはいる形で、万人のものになることは、生涯教育をうたう現代の理想である。

こうした考え方は、学術を巨大な城のように見る世間の常識に反するかもしれない。また、一部の人たちからは、学術の権威をおとすものと非難されるかもしれない。しかし、それはいずれも学術の新しい在り方を解しないものといわざるをえない。

学術は、まず魔術への挑戦から始まった。やがて、いわゆる常識をつぎつぎに改めていった。学術の権威は、幾百年、幾千年にわたる、苦しい戦いの成果である。こうしてきずきあげられた城が、一見して近づきがたいものにうつるのは、そのためである。しかし、学術の権威を、その形の上だけで判断してはならない。その生成のあとをかえりみれば、その根は常に人々の生活の中にあった。学術が大きな力たりうるのはそのためであって、生活をはなれた学術は、どこにもない。

開かれた社会といわれる現代にとって、これはまったく自明である。生活と学術との間に、もし距離があるとすれば、何をおいてもこれを埋めねばならない。もしこの距離が形の上の迷信からきているとすれば、その迷信をうち破らねばならぬ。

学術文庫は、内外の迷信を打破し、学術のために新しい天地をひらく意図をもって生まれた。文庫という小さい形と、学術という壮大な城とが、完全に両立するためには、なおいくらかの時を必要とするであろう。しかし、学術をポケットにした社会が、人間の生活にとってより豊かな社会であることは、たしかである。そうした社会の実現のために、文庫の世界に新しいジャンルを加えることができれば幸いである。

一九七六年六月

野間省一

ことば・考える・書く・辞典・事典

本を読む本
M・J・アドラー、C・V・ドーレン著／外山滋比古・槇　未知子訳

知的かつ実際的な読書の技術を平易に解説。読書の本来の意味を考え、読者のレベルに応じたさまざまな読書の技術を紹介し、読者を積極的な読書へと導く。世界各国で半世紀にわたって読みつがれてきた好著。

1299

いろはうた　日本語史へのいざない
小松英雄著（解説・石川九楊）

千年以上も言語文化史の中核であった「いろはうた」に秘められた日本語の歴史と、そこに見えてくる現代語表記の問題点。言語をめぐる知的な営為のあり方を探り、従来の国文法を超克した日本語の姿を描く一冊。

1941

敬語再入門
菊地康人著

現代社会で、豊かな言語活動と円滑な人間関係の構築に不可欠な、敬語を使いこなすコツとは何か？　豊富な実例に則した百項目のQ＆A方式で、敬語の疑問点を解説。敬語研究の第一人者による実践的敬語入門。

1984

蕎麦の事典
新島　繁著（解説・片山虎之介）

故・司馬遼太郎が「よき江戸時代人の末裔」と賞賛した市井の研究者によって体系化された膨大な知見。蕎麦の歴史、調理法、栄養、習俗、諺、隠語、方言――あらゆる資料を博捜し、探求した決定版〈読む事典〉。

2050

四字熟語・成句辞典
竹田　晃著

見出し項目約四五〇〇、総索引項目約七〇〇〇を誇る本格派辞典。「感情表現」「リーダーシップ」「人をほめる」など、時に応じてぴったりの言葉に出会えるガイドも充実。人生の知恵がきらめく豊かな表現の宝庫。

2163

関西弁講義
山下好孝著

読んで話せる関西弁教科書。強弱ではなく高低のアクセント（≒声調）を導入してその発音法則を見出し、文法構造によるイントネーションの変化など、標準語とは異なる独自の体系を解明する。めっちゃ科学的。

2180

ことば・考える・書く・辞典・事典

タブーの漢字学
阿辻哲次著

はばかりながら読む漢字の文化史！「且」は男性、「也」は女性の何を表す？「トイレにいく」が「解手」となるわけ――。豊富な話題をもとに、性、死、名前、トイレなど、漢字とタブーの関係を綴る会心の名篇。

2183

五十音引き中国語辞典
北浦藤郎・蘇 英哲・鄭 正浩編著

親字を日本語で音読みにして、あいうえお順で配列。だから、中国語のピンインがわからなくても引ける！「家」は普通「jiā」で引くが、本書では「か」。初学者に親切な、他に類のないユニークな中国語辞典。2色刷。

2227

雨のことば辞典
倉嶋 厚・原田 稔編著

甘霖、片時雨、狐の嫁入り、風の実……。日本語には雨をあらわすことば、雨にまつわることばが数多くある。季語や二十四節気に関わる雨から地方独特の雨のことばまで、一二〇〇語収録。「四季雨ごよみ」付き。

2239

日本語とはどういう言語か
石川九楊著

漢字、ひらがな、カタカナの三種の文字からなる日本語。書字中心の東アジア漢字文明圏においても構造的に最も文字依存度が高い日本語の特質を、言（はなしことば）と文（かきことば）の総合としてとらえる。

2277

日本人のための英語学習法
松井力也著

英語を理解するためには、英語ネイティブの頭の中にある、英語によって切り取られた世界の成り立ちや、イメージを捉える必要がある。日本語と英語の間にある乖離を乗り越え、特有の文法や表現を平易に解説。

2287

擬音語・擬態語辞典
山口仲美編

「しくしく痛む」と「きりきり痛む」、「うるうる」と「うるっ」はいったいどう違うのか？ 約二千語を集大成した、オノマトペ辞典の決定版。万葉集からコミックまで用例満載。日本語表現力が大幅にアップ！

2295

ことば・考える・書く・辞典・事典

平田オリザ著（解説・高橋源一郎）
対話のレッスン　日本人のためのコミュニケーション術
異なる価値観の相手と、いかにコミュニケーションを図るか。これからの私たちに向けて、演説・スピーチ・説得・対話から会話まで、話し言葉の多様な世界を指し示す。人間関係を構築するための新しい日本語論。

2299

倉嶋　厚監修／岡田憲治・原田　稔・宇田川眞人著
風と雲のことば辞典
『雨のことば辞典』の姉妹篇。気象現象のほか比喩表現、ことわざ、季語から漢詩、詩歌、歌謡曲に至るまで、「風」と「雲」にまつわる表現を豊富な引用で伝える。日本の空には、こんなにも多彩な表情がある！

2391

長田順行著
暗号大全　原理とその世界
時代や社会の変化とともに発展、進化し、数千年におよぶ人類の叡智がこめられている暗号。さまざまな暗号の原理と実際、そして歴史的変遷を平易に解説した、情報化時代に必読の〈日本暗号学〉不朽の古典！

2439

田中克彦著
言語学者が語る漢字文明論
漢字は言葉ではない、記号である。漢字にオトは必要ない。どの言語でも漢字を「訓読み」できる。周辺地域の文化は漢字をどのように取り入れたのか。また、日本語にとって漢字とはいったい何なのか。

2445

ルートヴィヒ・ヴィトゲンシュタイン著／丘沢静也・荻原耕平訳
小学生のための正書法辞典
ヴィトゲンシュタインが生前に刊行した著書は、たったの二冊。一冊は『論理哲学論考』、そして教員生活を送っていた一九二六年に書かれた本書である。長らく未訳のままだった幻の書、ついに全訳が完成。

2504

倉嶋　厚監修／宇田川眞人編著
花のことば辞典　四季を愉しむ
古来、人々は暮らしの中の喜びや悲しみを花に託して神話や伝説、詩歌にし、語り継いできた。その逸話の数々を一〇四一の花のことばとともに蒐集。四季折々の花模様と心模様を読む！　学術文庫版書き下ろし。

2545

《講談社学術文庫　既刊より》

ことば・考える・書く・辞典・事典

《講談社学術文庫　既刊より》